机械工业出版社精品教材

普通中等专业教育机电类规划教材

数控加工及程序编制基础

唐 健 编

龚汉生 审

机 械 工 业 出 版 社

该书全面系统地介绍了数控机床的工作原理、数控编程方法及应用等。主要内容包括计算机数控系统（CNC）原理、现代数控技术的新发展及性能介绍；数控车床、数控铣床、加工中心、数控线切割机床的数控编程方法、实例及数控机床的操作系统；自动编程的原理及数控语言 APT 的编程和实例。

该书是中等专业学校模具设计与制造专业教材，也可作为数控技术应用、机电技术应用、机械制造以及与之相近专业的教材；也可供从事机械加工、数控技术应用、数控编程及加工工艺等方面工作的工程技术人员参考使用。

图书在版编目（CIP）数据

数控加工及程序编制基础/唐健编. —北京：机械工业出版社，1998.10（2014.8 重印）

ISBN 978-7-111-04885-5

Ⅰ.数… Ⅱ.唐… Ⅲ.数控机床-程序设计-专业学校-教材 Ⅳ.TG659

中国版本图书馆 CIP 数据核字（2000）第 65599 号

机械工业出版社（北京市百万庄大街 22 号 邮政编码 100037）
责任编辑：汪光灿 王霄飞 倪少秋
版式设计：张世琴 责任校对：肖新民
责任印制：李 妍
唐山丰电印务有限公司印刷
2014 年 8 月第 1 版第 18 次印刷
184mm×260mm · 15.5 印张 · 373 千字
标准书号：ISBN 978-7-111-04885-5
定价：30.00 元

凡购本书，如有缺页、倒页、脱页，由本社发行部调换

电话服务
社服务中心：(010)88361066
销 售 一 部：(010)68326294
销 售 二 部：(010)88379649
读者服务部：(010)68993821

网络服务
门户网：http://www.cmpbook.com
教材网：http://www.cmpedu.com

前　　言

近年来，随着微电子、计算机、自动化元件、检测等技术的迅速发展，现代数控系统已普遍采用微处理器及大规模或超大规模集成电路，硬件式数控系统的控制功能已由一系列控制程序所取代，进入了计算机数控（CNC）的新阶段。数控机床的功能日趋完善，性能指标更加优越、先进。许多企业都逐步在生产中应用了数控加工技术。为了适应人们对数控加工新技术知识的迫切需要，作者在总结近年工作实践的基础上编著了此书。

编著此书的指导思想是满足数控加工新技术的教学要求，使读者不仅对数控机床的工作原理和数控编程的方法有比较全面深入的了解，而且能掌握数控机床的使用，并进行开发实践，从而解决实际生产中的应用问题。因此在内容安排上首先较全面地讲述了数控机床的基本原理和程序编制的基本知识，为读者掌握数控加工技术奠定较好的基础；在此基础上，对常用的数控车床、数控铣床、加工中心、线切割机床等典型机床的程序编制和操作方法作了深入细致的讲述。

该书具有实用性和系统性较强的特点。学生在学习本课程前，应具备金属切削机床、切削加工工艺、微机原理及应用等课程的知识。

全书由重庆机器制造学校唐健编著，重庆大学龚汉生教授主审。对原稿进行了详细审阅，并提出了许多详细的意见和建议。重庆市工业学校蒋维同、重庆市机械职工大学敖朝华等同志在审稿会上也提出了许多宝贵意见和建议，在此一并表示衷心的感谢。

由于作者水平有限，书中不妥之处，恳请读者批评指正。

编　者

目　录

第一章　数控加工概述

第一节　数控机床的基本概念

一、数字控制的概念

数字控制简称数控或 NC (Numerical Control)，是指用输入数控装置的数字信息来控制机械执行预定的动作。其数字信息包括字母、数字和符号。计算机数控简称 CNC (Computer Numerical Control)，是采用具有存储程序的计算机，按照存储在计算机内读写存储器中的控制程序去执行数控装置的一部分或全部数控功能，在计算机外的唯一装置是接口。目前应用较普遍的是由 8 位和 16 位微处理器构成的微机 CNC 系统，即 MNC（Microcomputer Numerical Control）系统。

数控机床即用数字信息进行控制的机床。它是用输入专用或通用计算机中的数字信息来控制机床的运动，自动将零件加工出来。

数控机床加工零件的过程如图 1-1 所示。

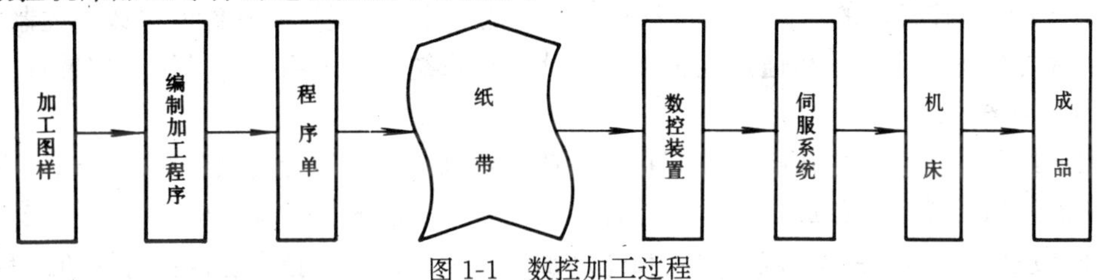

图 1-1　数控加工过程

1）根据零件加工图样的要求确定零件加工的工艺过程、工艺参数和位移数据。

2）用规定的代码和程序格式编写零件加工程序单，或应用 APT（Automatically Programmed Tool）自动编程系统进行零件加工程序设计。

3）根据程序单上的代码，用纸带穿孔机或 APT 系统制作记载加工信息的穿孔纸带，通过光电阅读机将穿孔纸带上记载的加工信息（即代码）输入数控装置；或用 MDI（手动数据输入）方式，在操作面板的键盘上，直接将加工程序输入数控装置；或采用微机存贮加工程序，通过串行接口 RS-232 将加工程序传送给数控装置或计算机直接数控 DNC (Direct Numerical Control）通信接口，可以边传送边加工。

4）数控装置在事先存入的控制程序支持下，将代码进行处理和计算后，向机床的伺服系统发出相应的脉冲信号，通过伺服系统使机床按预定的轨迹运动，以进行零件的加工。

二、数控机床的组成

数控机床主要由程序输入设备、数控装置、伺服系统和机床本体等四部分组成，如图 1-2 所示。

图 1-2　数控机床的组成

1. 程序输入设备

信息载体上记载的加工信息（如零件加工的工艺过程、工艺参数和位移数据等）要经程序输入设备输送给数控装置。常用的程序输入设备有光电阅读机、磁盘驱动器和磁带机等。

对于用微机控制的数控机床，也可用操作面板上的键盘直接输入加工程序。

信息载体又称控制介质，它是指操作者与数控机床发生联系的中间媒介物。它用于记载零件加工过程中所需要的各种加工信息，以控制机床的运动，实现零件的加工。常用的信息载体有穿孔纸带、磁盘和磁带等。

2. 数控装置

数控装置一般是指控制机床运动的微型计算机，它是数控机床的“大脑”。其功能是接受由输入设备输入的加工信息，经处理与计算，发出相应的脉冲送给伺服系统，通过伺服系统使机床按预定的轨迹运动。

数控装置一般有专用数控装置和通用数控装置两种类型。

(1) 专用数控装置　专用数控装置简称NC数控装置，它是指根据零件加工功能的要求，采用专用硬接线逻辑电路的方法构成的控制装置。要想增加或更改某种功能，就必须改变控制装置内部的逻辑电路。因此这种数控系统灵活性差，使用很不方便，现已逐渐被淘汰。

(2) 通用数控装置　通用数控装置简称CNC数控装置，它是由一台小型或微型计算机作为控制硬件，再配以适当的接口电路构成的数控装置。将预先设计调试好的控制软件存入计算机内，以实现数控机床的控制逻辑和各种控制功能，只要改变控制软件就可改变控制功能。因此这种数控装置的灵活性和通用性很强，现代数控系统大都采用这种通用数控装置。

3. 伺服系统

伺服系统是数控系统的执行部分，它是由速度控制装置、位置控制装置、驱动伺服电动机和相应的机械传动装置组成。其功能是接受数控装置输出的指令脉冲信号，使机床上的移动部件作相应的移动，并对定位的精度和速度加以控制。每一个指令脉冲信号使机床移动部件产生的位移量称为脉冲当量，常用的脉冲当量为0.01mm/脉冲、0.005mm/脉冲、0.001mm/脉冲等。因此，伺服系统的精度、快速性及动态响应是影响加工精度、表面质量和生产率的主要因素之一。

目前在数控机床的伺服系统中，常用的位移执行机构有功率步进电动机，直流伺服电动机和交流伺服电动机，后两种都带有感应同步器、光电编码器等位置测量元件。所以，伺服机构的性能决定了数控机床的精度和快速性。

4. 机床本体

数控机床加工时，零件的粗、精加工通常是在机床上一次安装，自动完成整个加工过程，进给量的变换是靠伺服电动机本身变速来实现的。因此数控机床的机床本体要具有刚性好、热变形小、精度高和机械传动系统比较简单等特点。

三、数控机床的加工特点

1. 加工精度高、加工质量稳定

数控机床的机械传动系统和结构都有较高的精度、刚度和热稳定性；数控机床的加工精度不受零件复杂程度的影响，零件加工的精度和质量由机床保证，完全消除了操作者的人为误差。所以数控机床的加工精度高，加工误差一般能控制在0.005～0.01mm之内，而且同一批零件加工尺寸的一致性好，加工质量稳定。

2. 加工生产效率高

数控机床结构刚性好、功率大、能自动进行切削加工，所以能选择较大的、合理的切削用量，并自动连续完成整个切削加工过程，能大大缩短机动时间。在数控机床上加工零件，只需使用通用夹具，又可免去划线等工作，所以能大大缩短加工准备时间。又因数控机床定位精度高，可省去加工过程中对零件的中间检测，减少了停机检测时间，所以数控机床的生产效率高。

3. 减轻劳动强度，改善劳动条件

数控机床的加工，除了装卸零件，操作键盘、观察机床运行外，其它的机床动作都是按加工程序要求自动连续地进行切削加工，操作者不需进行繁重的重复手工操作。所以能减轻工人劳动强度，改善劳动条件。

4. 对零件加工的适应性强、灵活性好

因数控机床能实现几个坐标联动，加工程序可按对加工零件的要求而变换，所以它的适应性和灵活性很强，可以加工普通机床无法加工的形状复杂的零件。

5. 有利于生产管理

数控机床加工，能准确地计算零件的加工工时，并有效地简化刀、夹、量具和半成品的管理工作。加工程序是用数字信息的标准代码输入，有利于与计算机联接，构成由计算机来控制和管理的生产系统。

第二节　数控机床的分类

目前数控机床的品种数量很多，功能各异，通常可按下列三种方法进行分类。

一、按加工路线分类

1. 点位控制系统

点位控制系统又称点到点控制系统，它是指刀具从某一位置向另一目标点位置移动，不管其中间刀具移动轨迹如何而最终能准确到达目标点位置的控制方式。点位控制的数控机床在刀具的移动过程中，并不进行加工，而是作快速空行程的定位运动。图 1-3 为点位控制系统加工示意图。

属于点位控制的数控机床有数控钻床、数控镗床和数控冲床等。

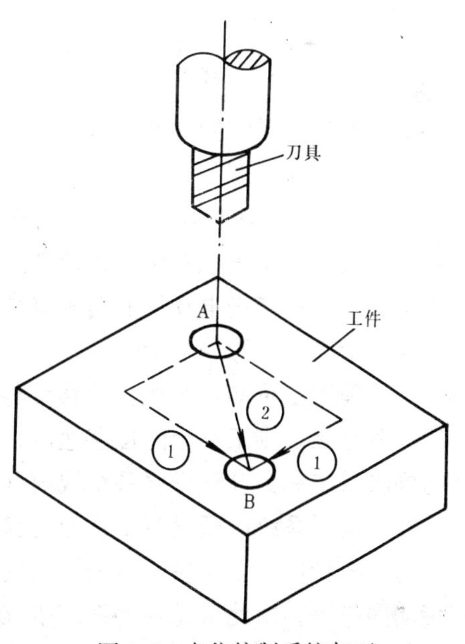

图 1-3　点位控制系统加工

①一沿直角坐标轴方向分两步到达目标点

②一沿直角坐标的斜线方向直接到达目标点

2. 直线控制系统

直线控制系统是指控制刀具或机床工作台以适当速度，沿着平行于某一坐标轴方向或与坐标轴成45°的斜线方向进行直线加工的控制系统。但该系统不能沿任意斜率的直线进行直线加工。图 1-4 为直线控制系统加工示意图。

直线控制系统一般具有主轴转速控制、进给速度控制和沿平行于坐标轴方向直线循环加工的功能。一般的简易数控系统均属于直线控制系统。

将点位控制和直线控制结合起来的控制系统称为点位直线控制系统，该系统同时具有点位控制和直线控制的功能。此外，有些系统还具有刀具选择、刀具长度和刀具半径补偿功能。采用点位直线控制系统的数控机床有数控镗铣床，数控加工中心等。

3．连续控制系统

连续控制系统又称轮廓控制系统，该系统能对刀具相对于零件的运动轨迹进行连续控制，以加工任意斜率的直线、圆弧、抛物线或其它函数关系的曲线。这种系统一般都是两坐标或两坐标以上的多坐标联动控制系统，其功能齐全，可加工任意形状的曲线或型腔。图 1-5 为连续控制系统加工示意图。

采用连续控制系统的数控机床有数控铣床、功能完善的数控车床、数控凸轮磨床和数控线切割机床等。

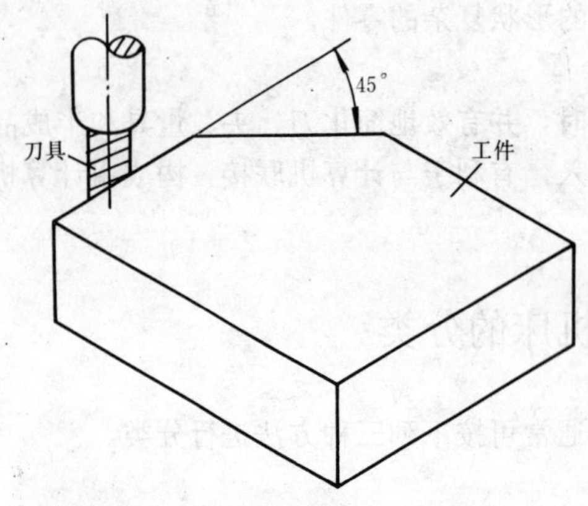

图 1-4　直线控制系统加工

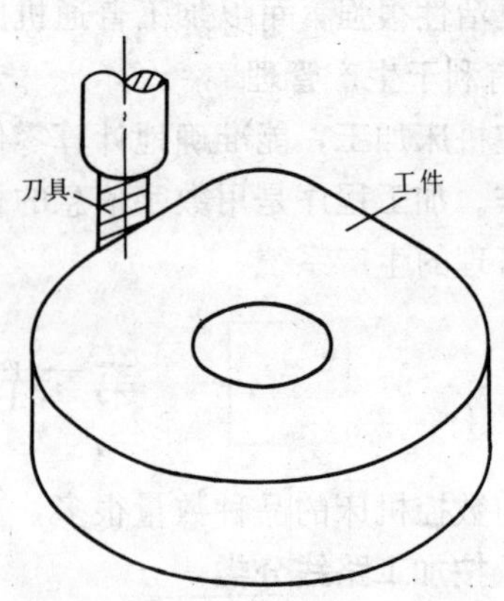

图 1-5　连续控制系统加工

二、按伺服系统的类型分类

1．开环伺服系统

图 1-6 为采用步进电动机驱动的开环伺服系统原理图。它一般是由环形分配器、步进电动机功率放大器、步进电动机、齿轮箱和丝杠螺母传动副等组成。每当数控装置发出一个指令脉冲信号，就使步进电动机的转子旋转一个固定角度，该角称为步距角，而机床工作台将移动一定的距离，即脉冲当量。

从原理图上可知，工作台位移量与进给指令脉冲的数量成正比，即数控装置发出的指令脉冲频率越高，则工作台的位移速度越快。这种只含有信号放大和变换，不带有位移检测反馈的伺服系统称为开环伺服系统或简称开环系统。

开环伺服系统因既没有工作台位移检测装置，又没有位置反馈和校正控制系统，所以工作台的位移精度完全取决于步进电动机的步距角精度、齿轮箱中齿轮副和丝杠螺母副的精度与传动间隙等，由此可见这种系统很难保证较高的位置控制精度。同时由于受步进电动机性能的影响，其速度也受到一定的限制。但这种系统的结构简单、调试方便、工作可靠、稳定性好、价格低廉，因此被广泛用于精度要求不太高的经济型数控机床上。

2．闭环伺服系统

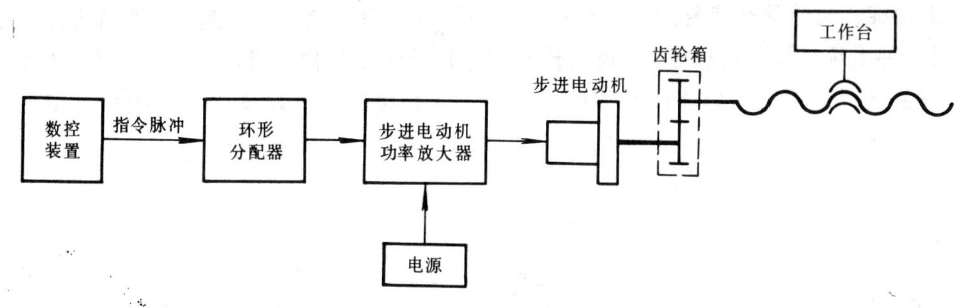

图 1-6　开环伺服系统

图 1-7 为采用宽调速直流电动机驱动的闭环伺服系统原理图。它主要是由比较环节（位置比较和放大元件、速度比较和放大元件）、驱动元件、机械传动装置和测量装置等组成。其中驱动元件可采用宽调速直流电动机或宽调速交流电动机，测量元件可采用感应同步器或光栅等直线测量元件。

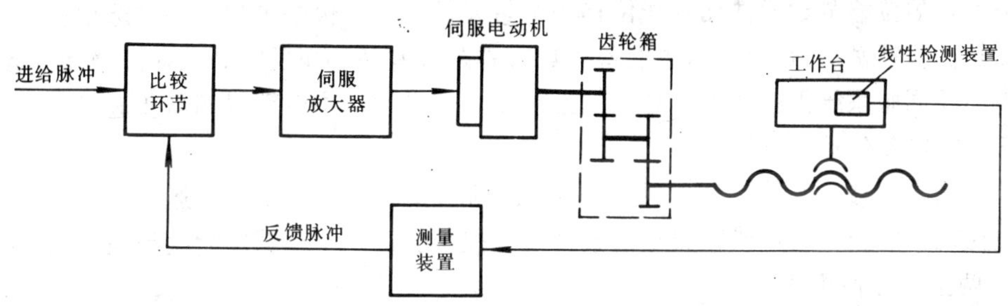

图 1-7　闭环伺服系统

闭环伺服系统的工作原理是当数控装置发出位移指令脉冲，经电动机和机械传动装置使机床工作台移动时，安装在工作台上的位置检测器把机械位移变成电学量，反馈到输入端与输入信号相比较，得到的差值经过放大和变换，最后驱动工作台向减少误差的方向移动。如果输入信号不断地产生，则工作台就不断地跟随输入信号运动。只有在差值为零时，工作台才静止，即工作台的实际位移量与指令位移量相等时，电动机停止转动，工作台停止移动。由于闭环伺服系统有位置反馈系统，可以补偿机械传动装置中的各种误差、间隙和干扰的影响，因而可以达到很高的定位精度，同时还能达到较高的速度。因此，在数控机床上得到广泛应用，特别是在精度要求高的大型和精密机床上应用十分广泛。

从理论上讲，闭环伺服系统的精度主要取决于测量元件的精度和数/模转换器的精度。但由于该系统受进给丝杠的拉压刚度、扭转刚度及摩擦阻尼特性和间隙等非线性因素的影响，给调试工作造成很大困难。若各种参数匹配不当，将会引起系统振荡，造成系统不稳定，影响定位精度，因此闭环伺服系统要比开环伺服系统的安装调试更加困难复杂，价格较贵，维护费用也较高。

3. 半闭环伺服系统

若在闭环伺服系统中，用安装在进给丝杠轴端或电动机轴端的角位移测量元件（如旋转变压器、脉冲编码器、圆光栅等）来代替安装在机床工作台上的直线测量元件，用测量丝杠或电动机轴旋转角位移来代替测量工作台直线位移的伺服系统称为半闭环伺服系统，如图 1-8 所示。因这种系统未将丝杠螺母副、齿轮传动副等传动装置包含在闭环反馈系统中，不能补偿该部分装置的传动误差，所以半闭环伺服系统的加工精度低于闭环伺服系统的加工精度。但半闭环伺服系统将惯性大的工作台安排在闭环之外，使这种系统调试较容易，稳定性也较好。

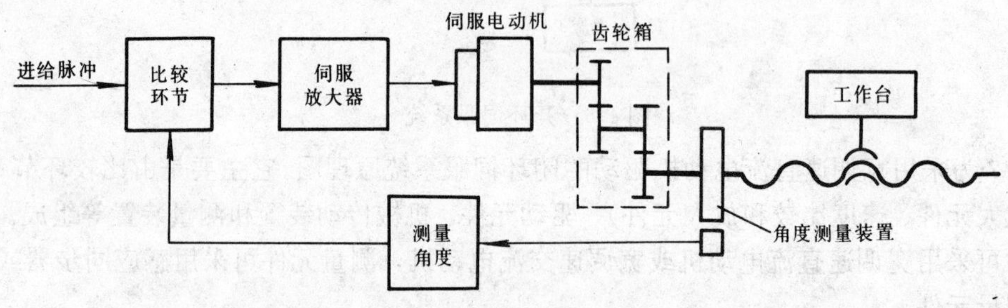

图 1-8　半闭环伺服系统

另外，角位移测量元件比直线位移的测量元件简单，价格也较低。如选用传动精度较高的滚珠丝杠和精密消隙齿轮副，再配备存贮有螺距误差补偿和反向间隙补偿功能的数控装置，那么半闭环伺服系统仍能达到较高的加工精度，这在生产中应用得相当普遍。

三、按控制坐标数分类

数控机床的移动部件较多，现多按直角坐标系对机床移动部件的运动进行分类和数字控制。数控机床的坐标数目或轴数是指数控装置控制的机床移动部件的联动坐标数目。

1. 两坐标数控机床

两坐标数控机床是指同时控制两个坐标联动的数控机床。例如数控车床中的数控装置可同时控制 X 和 Z 方向的运动，实现两坐标联动，可用于加工各种曲线轮廓的回转体类零件。数控铣床本身虽有 X、Y、Z 三个方向的运动，但数控装置只能同时控制两个坐标，实现两坐标联动，但在加工中能实现坐标平面的变换，可用于加工图 1-9 所示形状的零件沟槽。

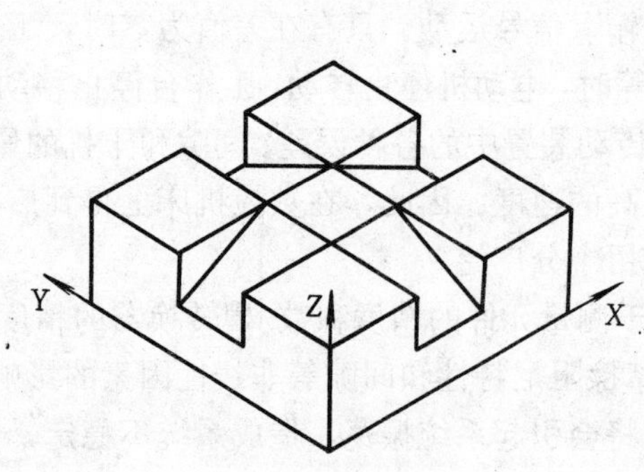

图 1-9　变换加工坐标平面的两坐标联动零件沟槽加工

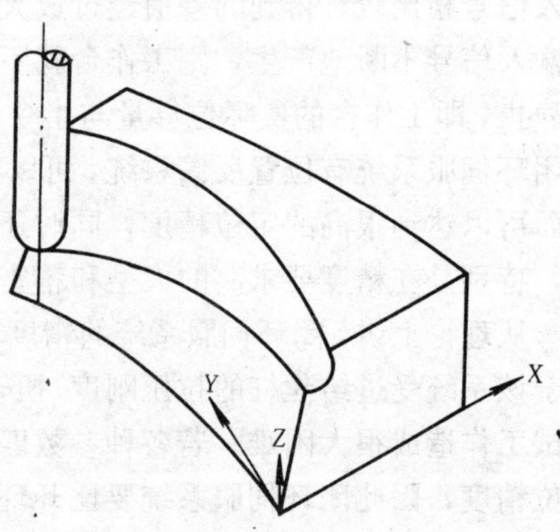

图 1-10　三坐标数控铣床曲面加工

2. 三坐标数控机床

三坐标数控机床是指能同时控制三个坐标，实现三坐标联动的数控机床。如数控铣床能实现三坐标联动，则称为三坐标数控铣床，可用于加工图 1-10 所示的曲面零件。

3. 两个半坐标数控机床

这种数控机床本身有三个坐标，能作三个方向的运动，但控制装置只能同时控制两个坐标，而第三个坐标仅能作等距的周期移动。例如用两个半坐标数控机床加工图 1-11 所示的空间曲面形状的零件时，在 ZX 坐标平面内控制 X、Z 两坐标联动，加工竖截面内的轮廓表面，控制 Y 坐标作等距周期移动，即能将零件空间曲面加工出来。

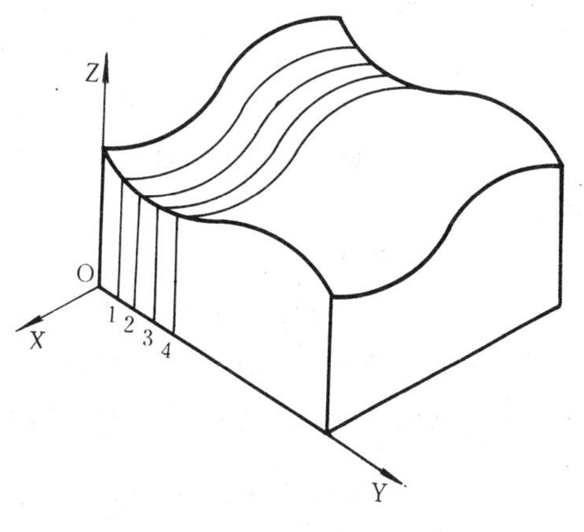

图 1-11 两个半坐标数控机床加工空间曲面

4. 多坐标数控机床

四坐标以上的数控机床称为多坐标数控机床。多坐标数控机床结构复杂、机床精度高、加工程序设计复杂，主要用于加工形状复杂的零件。

第三节 插补原理及 CNC 系统原理

一、插补原理

机床数控系统轮廓控制的主要问题就是怎样控制刀具或工件的运动轨迹。无论是硬件 NC 系统，还是 CNC 系统或 MNC 系统，都必须有完成插补功能的部分，只是采取的方式不同。在 CNC 系统或 MNC 系统中，以软件完成插补或软、硬件结合实现插补，而在 NC 系统中有一个专门完成脉冲分配计算（即插补计算）的运算装置（称为插补器）。无论是软件数控还是硬件数控，其插补运算原理基本相同，其作用都是根据给定的信息进行数字计算，在计算过程中不断向各坐标发出相互协调的进给脉冲，使被控机械部件按指定的路线移动。

在数控系统中常用的插补方法有逐点比较法、数字积分法、时间分割法等，下面只介绍逐点比较法。

1. 逐点比较法的插补过程

逐点比较法的插补原理可概括为“逐点比较，步步逼近”八个字。如图 1-12 所示，若以坐标原点为始点，加工直线 OA，则需沿 X 方向走 4 步，沿 Y 方向走 5 步，最后到终点。逐点比较法的插补过程分四个节拍，见图 1-13。

(1) 偏差判别　根据偏差值判断刀具当前位置与理想线段的相对位置，以确定下一步走向。

(2) 坐标进给　根据判别结果，使刀具向 X 或 Y 方向移动一步。

(3) 偏差计算　当刀具移到新位置时，计算与理想线段间的偏差，以确定下一步走向。

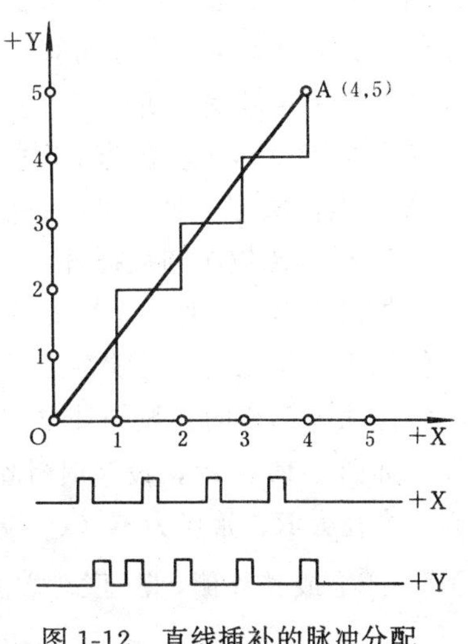

图 1-12 直线插补的脉冲分配

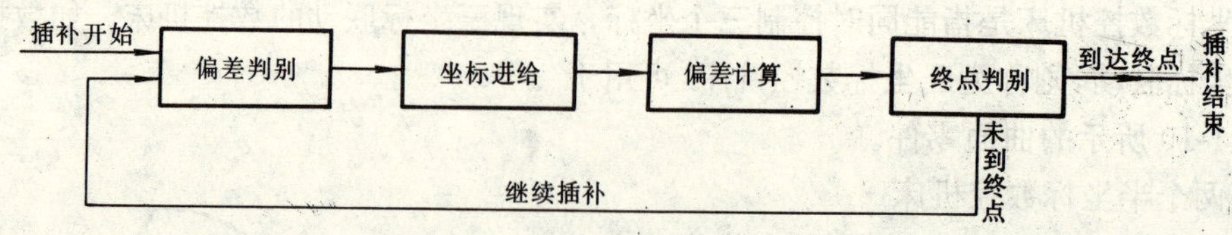

图 1-13　逐点比较法的插补过程

(4) 终点判断　判断刀具是否到达终点，未到终点，继续插补，若已到终点，则插补结束。

2. 逐点比较法直线插补

偏差计算是逐点比较法的关键。下面以第一象限直线为例说明直线插补过程。

如图 1-14 所示，设直线 OA 的始点为坐标原点，终点为 A(x_e, y_e)，当前加工点为 P(x_i, y_i)，若 P 点在直线 OA 上或其上方，则下式成立

$$\frac{y_i}{x_i} \geqslant \frac{y_e}{x_e}$$

即

$$x_e y_i - x_i y_e \geqslant 0$$

若 P 点在直线 OA 的下方，则下式成立

$$\frac{y_i}{x_i} < \frac{y_e}{x_e}$$

即

$$x_e y_i - x_i y_e < 0$$

取判别式 F 函数为

$$F = x_e y_i - x_i y_e$$

由 F 的值（称为偏差）就可以判别出 P 点与直线 OA 的相对位置。即

当 $F \geqslant 0$ 时，P 点正好在直线上或其上方；

当 $F < 0$ 时，P 点在直线的下方。

由图 1-14 可知，当 P 点在直线上或其上方（$F \geqslant 0$）时，应向 +X 方向发一个脉冲，使刀具向 +X 方向前进一步，以逼近直线 OA；当 P 点在直线下方（$F < 0$）时，应向 +Y 方向发一个脉冲，使刀具向 +Y 方向前进一步，逼近直线 OA。这样从坐标原点开始，走一步，算一算，偏差判别 F，逐点逼近直线 OA，步步前进。当两个方向所走的步数和终点 A 的坐标值相等时，发出终点到达信号，停止插补。

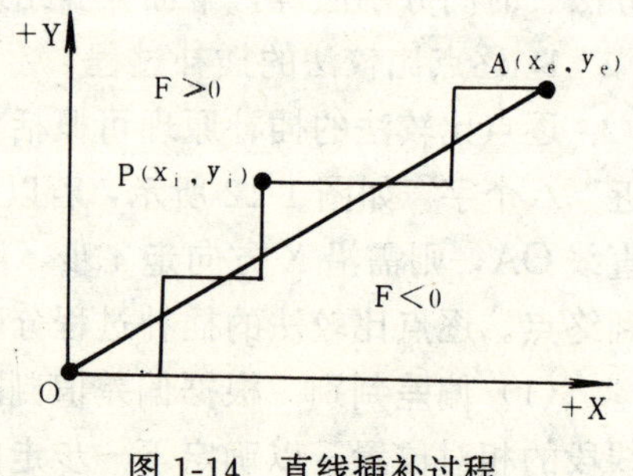

图 1-14　直线插补过程

3. 逐点比较法圆弧插补

加工圆弧，可把当前加工点到圆心的距离与被加工圆弧的半径相比较来反映加工偏差。下面以第一象限逆时针圆弧为例说明圆弧插补过程。

如图 1-15 所示，设逆时针圆弧 $\overset{\frown}{AB}$ 以坐标原点为圆心，半径为 R，始点为 A (x_s, y_s)，终点为 B (x_e, y_e)，当前加工点为 P (x_i, y_i)。若 P 点在圆弧 $\overset{\frown}{AB}$ 上或其外侧，则下式成立

$$x_i^2 + y_i^2 \geqslant R^2$$

即
$$x_i^2+y_i^2-R^2\geqslant 0$$

取偏差判别式 F 函数为

$$F=x_i^2+y_i^2-R^2$$

利用偏差判别式，就可获得图 1-15 所示的近似圆弧。

当 P 点在圆弧上或圆弧外侧（F≥0）时，应向−X 方向发一个脉冲，使刀具向圆弧内进给一步，当 P 点在圆弧内侧（F<0）时，应向+Y 方向发一个脉冲，使刀具向圆外进给一步。这样每走一步就进行一次计算和判断，直至终点为止。

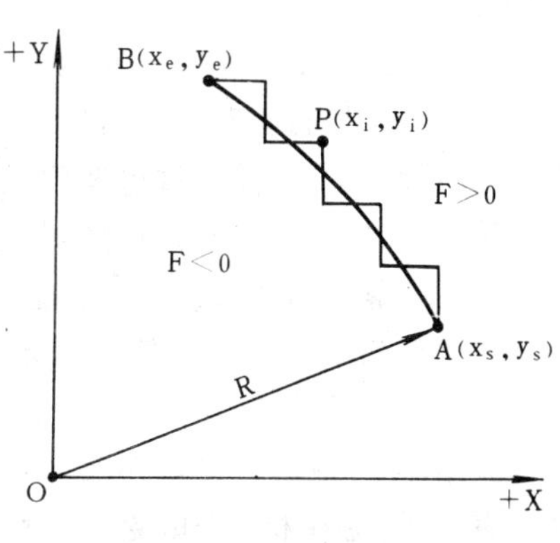

图 1-15 圆弧插补过程

二、CNC 系统原理

在 20 世纪 70 年代，随着大规模集成电路的出现，小型计算机与微型计算机相继问世，由于其优良的性能、低廉的价格，因此自然而然地取代了硬件数控系统，形成了新一代的数控系统。

1. CNC 系统基本工作原理

早期的 CNC 系统及现代的 MNC 系统都是采用通用计算机元件与结构及相应的控制软件来取代硬件数控系统专用电子线路，并配备适当的输入/输出部件构成的。在必要的硬件电路基础上，用控制软件程序来实现加工程序存储、译码、插补运算、辅助动作逻辑连锁以及其它各种复杂功能，故可统称为 CNC 系统。

图 1-16 为 CNC 系统构成简图。完整的 CNC 系统分为 NC 部分与 PC 部分，NC 部分主要控制机床的运动，PC 部分称为可编程序控制器，它的主要工作是从操作面板接收操作指令、控制信号状态显示及各种辅助动作连锁等。

NC 部分称为数控部分，是 CNC 系统的核心。NC 部分又可划分为计算机部分、位置控制

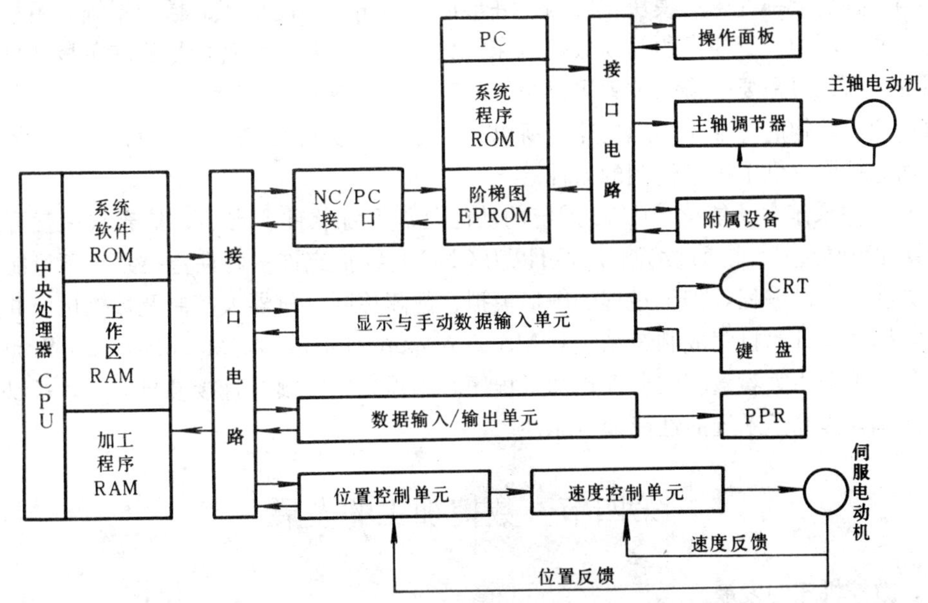

图 1-16 CNC 系统的构成

部分、数据输入/输出接口及外部设备。

与通用计算机一样，NC 系统计算机部分由中央处理器（CPU）及存储数据与程序的存储器等组成。存储器分为系统控制软件程序存储器（ROM）、加工程序存储器及工作区存储器（RAM）。ROM 中的系统控制软件程序是由数控系统生产厂家写入的，用来完成 CNC 系统的各项功能。数控机床操作者将各自的加工程序存贮在 RAM 中，供数控系统用来控制机床加工零件。工作区存储器是系统程序执行过程中的活动场所，用于堆栈、参数保存、中间运算结果保存等。

CPU 执行系统程序，读取加工程序，经过加工程序段译码，预处理计算，然后根据加工程序段指令，进行实时插补与机床位置伺服控制，同时将辅助动作指令通过可编程序控制器 PC 送往机床，并接受通过可编程序控制器返回的机床各部分信息，以确定下一步操作。

位置控制部分又分为位置控制单元和速度控制单元。将经插补运算得到的每个坐标轴在单位时间间隔内的位移量送往位置控制单元，由它生成伺服电动机速度指令送往速度控制单元。速度控制单元接受速度反馈信号，来控制伺服电动机以恒定速度运转，同时位置控制单元接收实际位置反馈，并修正速度指令，实现机床运动的准确控制。

数据输入/输出接口与外部设备用来实现数控系统与操作者之间的信息交换。操作者通过磁盘驱动器、磁带机、光电阅读机或手动数据输入装置（键盘），将加工程序等输入数控系统，并通过显示器 CRT 显示已输入的加工程序以及其它信息，或用磁盘、磁带、穿孔纸带复制加工程序。

2.CNC 系统的特点

随着计算机技术的飞速发展，许多高新技术全面应用于计算机数控系统中，使 CNC 系统具备了对用户来说颇具吸引力的特点。

（1）硬件结构的标准化、通用化　由于采用了通用计算机芯片、结构及外部设备，促进了 CNC 系统硬件的标准化与通用化。如国外一些专业生产厂为自己的 CNC 系统配备标准的总线结构，各功能部件采用模块化结构，并形成系列化，不同机床的数控系统采用相同的硬件结构。又如国内广泛使用的简易数控机床的数控系统，甚至是直接把标准单板计算机用于数控系统，因此只需要变换软件就可以用于车床、铣床或其它机床。

由于硬件结构的标准化和通用化，所以大大增强了数控系统的灵活性，并为数控系统的改型、功能扩展提供了极其便利的条件。

（2）软件系统多功能化　CNC 系统的功能是靠系统软件实现的，扩充软件就可以扩展 CNC 系统的功能。因此通过编制软件可以为 CNC 系统扩充许多硬件数控系统不可能实现的功能，如在线自动编程，加工过程的图形模拟、故障诊断、机器人控制及数控机床并入计算机网络，以实现计算机集成制造系统 CIMS（Computer Integrated Manufacturing System）。

此外由于采用大容量存贮器存贮加工程序，不需光电阅读机直接参与加工，所以大大减少了故障率，提高了系统的性能和可靠性。

第四节　数控加工的发展

一、数控机床的发展

自 1952 年美国麻省理工学院研制成功第一台数控铣床以来，随着电子技术、计算机技术、自动控制和精密测量技术的发展，数控机床也在迅速地发展和不断地更新换代。

数控机床以微电子技术发展为推动力，先后经历了第一代电子管NC、第二代晶体管NC、第三代小规模集成电路NC、第四代小型计算机CNC和第五代微型机MNC数控系统等五个发展阶段。前三代系统是20世纪70年代以前的早期数控系统，它们都是采用专用电子电路实现的硬接线数控系统，因此称之为硬件式数控系统，也称为普通数控系统或NC数控系统。第四代和第五代系统是20世纪70年代中期开始发展起来的软件式数控系统，称之为现代数控系统，也称为计算机数控或CNC系统。软件式数控是采用微处理器及大规模或超大规模集成电路组成的数控系统，它具有很强的程序存贮能力和控制功能，这些控制功能是由一系列控制程序（驻留系统内）来实现的。软件或数控系统通用性很强，几乎只需要改变软件，就可以适应不同类型机床的控制要求，具有很大的柔性。目前微型机数控系统几乎完全取代了以往的普通数控系统。

我国早在1958年就开始研制数控机床，但没有取得实质性的成果。20世纪70年代初期，我国曾掀起研制数控机床的热潮，但当时的控制系统主要是采用分立电子元器件，性能不稳定，可靠性差，不能在生产中稳定可靠地使用。1980年开始，北京机床研究所从日本FANUC公司引进FANUC5、7、3、6数控系统，上海机床研究所引进美国GE公司的MTC-1数控系统，辽宁精密仪器厂引进美国Bendix公司的Dynapth LTD10数控系统。在引进、消化、吸收国外先进技术的基础上，北京机床研究所又开发出BS03经济型数控系统和BS04全功能数控系统，航天部706所研制出MNC864数控系统。目前我国已能批量生产和供应各类数控系统，并掌握了3～5轴联动、螺距误差补偿、图形显示和高精度伺服系统等多项关键技术，基本上能满足全国各机床厂的生产需要，已使我国数控机床生产达到了20世纪80年代中期的国际先进水平。

二、自动编程系统的发展

自动编程系统发展也非常迅速。在20世纪50年代后期，美国首先研制成功了APT（Automatically Programmed Tools）系统。由于它具有语言直观易懂，制带快捷、加工精度高等优点，很快就发展成为美国功能最全、使用最广的自动编程系统。到20世纪60年代发展成APTⅢ，20世纪70年代发展成APTⅣ。现在它已成为世界上广泛采用的NC机床标准。除美国外，西欧和日本在20世纪60年代也相继研制出了各种APT的变型。如英国的NELAPT、德国的EXAPT、法国的IFAPT、日本和德国联合研制的MINAPT等。

我国的自动编程系统发展较晚，但进步很快，目前主要有用于航空零件加工的SKC系统以及ZCK、ZBC和用于线切割加工的SKG等系统。

三、自动化生产系统的发展

近年来，随着微电子和计算机技术的飞速发展及数控机床的广泛应用，使加工技术跨入一个新的里程，并建立起一种全新的生产模式，在日、美、德、意等国出现了以数控机床为基础的自动化生产系统。如计算机直接数控系统DNC（Direct Numerical Control）、柔性制造单元FMC（Flexible Manufacturing Cell）、柔性制造系统FMS（Flexible Manufacturing System）和计算机集成制造系统CIMS（Computer Integrated Manufacturing System）。我国已开始在这方面进行了初步的探索，并取得了可喜的成果。

第二章　程序设计的基本知识

第一节　数控技术中的常用术语

数控机床经过 30 多年的发展，在坐标系统、输入代码、加工程序格式、工艺指令等方面已逐步趋向统一。我国也制定了相应的数控标准。

一、数控机床的坐标系

数控机床的各个运动部件，在加工过程中有各种运动，为表示各运动部件的运动方位和方向，我国制订了 JB3051—82《数控机床坐标和运动方向的命名》标准，它与 ISO441 等效。

1. 坐标轴的命名

在标准中统一规定采用右手直角笛卡尔坐标系对机床的坐标系进行命名。如图 2-1 所示，这个坐标系的各个坐标轴与机床的主要导轨相平行，它与安装在机床上，并且按机床主要直线导轨找正的工件相关。A、B、C 表示以 X、Y、Z 的坐标轴线或与 X、Y、Z 的轴线相平行的直线为轴的转动，其转动的正方向用右手螺旋定则确定。

通常在命名或编程时，不论机床在加工中是刀具移动，还是被加工工件移动，都一律假定被加工工件相对静止不动，而刀具在移动，并同时规定刀具远离工件的方向作为坐标的正方向。

在坐标轴命名时，如果把刀具看作相对静止不动，工件移动，那么在坐标轴的符号上应加注标记“′”，如 X′、Y′、Z′等。

2. 机床坐标轴的确定方法

确定机床坐标轴时，一般是先确定 Z 轴，再确定 X 轴和 Y 轴。

(1)Z 轴　一般是选取产生切削力的轴线方向作为 Z 轴方向。对于有主轴的机床，如图 2-2 和图 2-3 所示的卧式车床、立式升降台铣床等，则以机床主轴轴线方向作为 Z 轴方向。对于没有主轴的机床，如图 2-4 所示的牛头刨床等，则以与装卡工件的工作台面相垂直的直线作为 Z 轴方向。如果机床有几个主轴，则选择其中一个与工件工作台面相垂直的主轴为主要主轴，并以它来确定 Z 轴方向。同时规定刀具远离工件的方向作为 Z 轴的正方向。

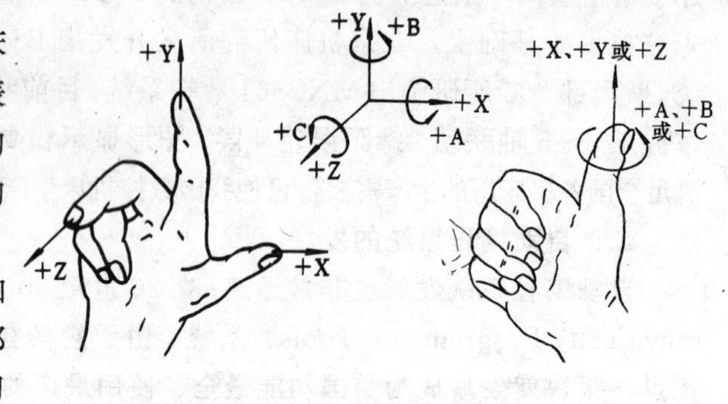

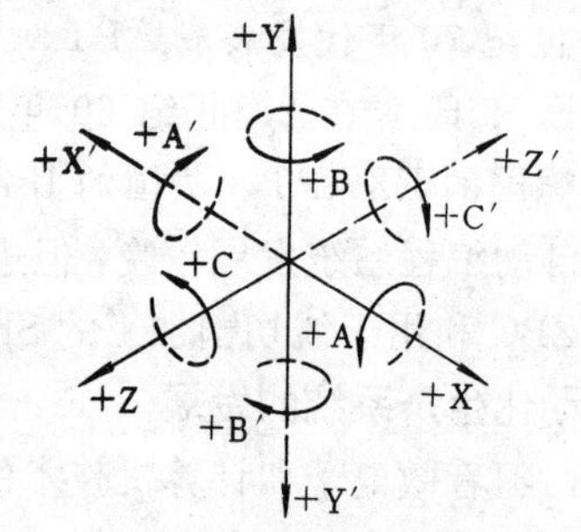

图 2-1　机床坐标系与转动方向的确定

(2)X 轴　X 轴一般位于与工件安装面相平行的水平面内。对于机床主轴带动工件旋转的机床，如车床、磨床等，则在水平面内选定垂直于工件旋转轴线的方向为 X 轴，且刀具远离主轴轴线方向为 X 轴的正方向。

对于机床主轴带动刀具旋转的机床，若主轴是水平的，如图 2-5 所示的卧式升降台铣床等，由主要刀具主轴向工件看，选定主轴右侧方向为 X 轴正方向；若主轴是竖直的，如立式铣床、立式钻床等，由主要刀具主轴向立柱看，选定主轴右侧方向为 X 轴正方向。对于无主轴的机床，如刨床等，则选定主要切削方向为 X 轴正方向。

(3) Y 轴　Y 轴方向可根据已选定的 Z、X 轴按右手直角笛卡尔坐标系来确定。

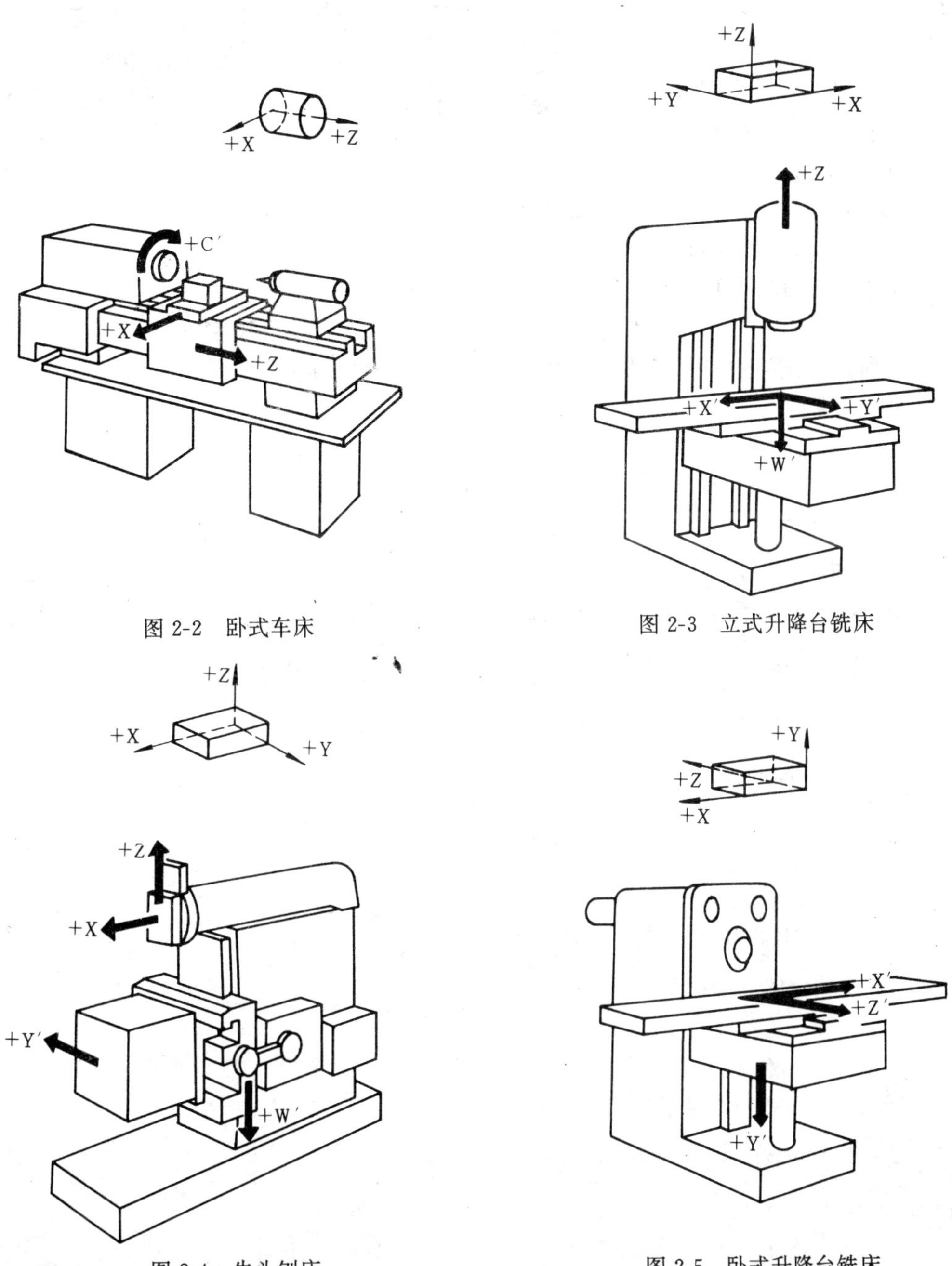

图 2-2　卧式车床

图 2-3　立式升降台铣床

图 2-4　牛头刨床

图 2-5　卧式升降台铣床

(4) A、B、C 的转向　当选定机床的 X、Y、Z 坐标轴后，根据右手螺旋定则来确定 A、B、C 三个转动的正方向。

(5) 附加坐标　如果机床除有 X、Y、Z 主要直线运动之外，还有平行于它们的坐标运动，则应分别命名为 U、V、W。如果还有第三组运动，则应分别命名为 P、Q、R。如果还有不平行或可以不平行于 X、Y 或 Z 轴的直线运动，则可相应命名为 U、V、W、P、Q 或 R。

如在第一组 A、B 和 C 作回转运动的同时，还有平行或不平行 A、B 和 C 回转轴的第二组回转运动，可命名为 D 或 E。

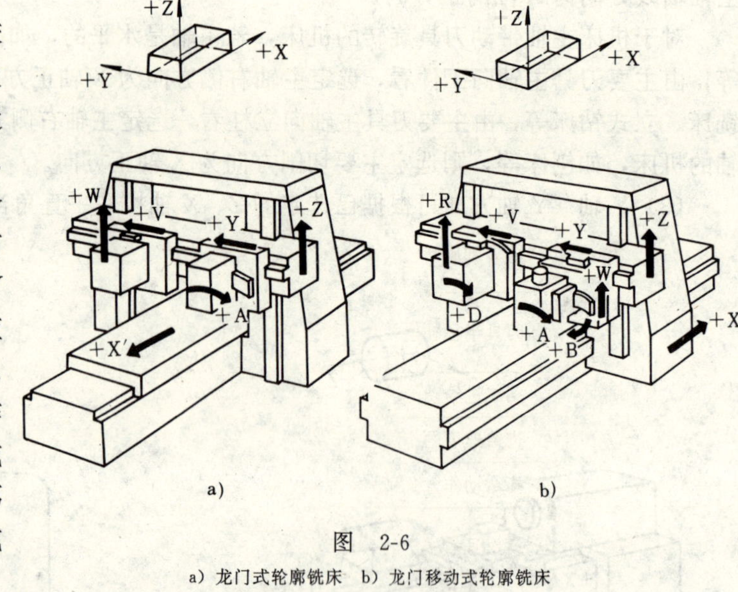

图　2-6
a) 龙门式轮廓铣床　b) 龙门移动式轮廓铣床

图 2-6 所示的龙门式和龙门移动式轮廓铣床就是含有这种坐标类型的机床。

二、程序结构

1. 加工程序的组成

数控加工中零件加工程序的组成形式，随数控装置功能的强弱而略有不同。对功能较强的数控装置，加工程序可分为主程序和子程序。将重复出现的程序（如依次加工几个相同的形面）单独组成子程序，数控装置按主程序运行，在主程序中遇到调用子程序就转入某子程序运行，在子程序中遇到返回指令，则又返回到主程序继续运行，其关系如下：

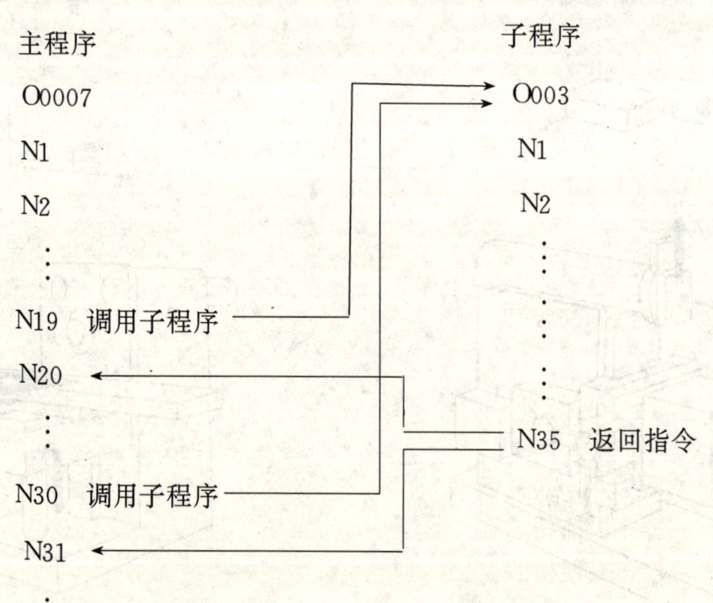

一个主程序按需要可以有多个子程序，并可重复调用。主程序和子程序的内容各不相同，但程序格式是相同的。

表 2-1　地址字母表

地址	功能		地址	功能	
A	坐标字	绕 X 轴旋转	N	顺序号	程序段顺序号
B	坐标字	绕 Y 轴旋转	O	程序号	程序号、子程序号的指定
C	坐标字	绕 Z 轴旋转	P		暂停或程序中某功能的开始使用的顺序号
D	补偿号	刀具半径补偿指令	Q		固定循环终止段号或固定循环中的定距
E		第二进给功能	R	坐标字	固定循环中定距离或圆弧半径的指定
F	进给速度	进给速度的指令	S	主轴功能	主轴转速的指令
G	准备功能	指令动作方式	T	刀具功能	刀具编号的指令
H	补偿号	补偿号的指定	U	坐标字	与 X 轴平行的附加轴的增量坐标值或暂停时间
I	坐标字	圆弧中心 X 轴向坐标	V	坐标字	与 Y 轴平行的附加轴的增量坐标值
J	坐标字	圆弧中心 Y 轴向坐标	W	坐标字	与 Z 轴平行的附加轴的增量坐标值
K	坐标字	圆弧中心 Z 轴向坐标	X	坐标字	X 轴的绝对坐标值或暂停时间
L	重复次数	固定循环及子程序的重复次数	Y	坐标值	Y 轴的绝对坐标值
M	辅助功能	机床开/关指令	Z	坐标字	Z 轴的绝对坐标值

不论是主程序还是子程序，每一个程序都是由若干个程序段组成。程序段是由一个或若干个字组成，它表示数控机床为完成某一特定动作或一组操作而需要的全部指令。字是由表示地址的字母（表 2-1）、数字和符号组成，它表示控制数控机床完成一定功能的具体指令。例如：

```
O1234
N100 G92 X25 Y45 Z15
G00 Z2
M30
```

上面每一行称为一个程序段，N100、G92 及 X25 等都是一个字。

（1）加工程序号

ISO 代码　：　　　　EIA 代码　O

其号码可为 0001～9999。存入数控系统中的各零件加工程序号不能相同。

（2）程序段顺序号 N　其号码可为 N0001～N9999，前零可以省略。

程序中可以在程序段前任意设置顺序号，可以不写，也可以不按顺序编号，或只在重要程序段前按顺序编号，以便检索。如在不同刀具加工时给出不同的顺序号

N100

⋮　　1 号刀具加工

N200
⋮　　　2 号刀具加工
N300
⋮　　　3 号刀具加工

(3) 程序段结束　每个程序段结束用 EOB 表示，但在书写或 CRT 显示器上用“；”或“＊”表示；在制作穿孔纸带时，EIA 代码用“CR”表示，ISO 代码用“LF”表示。

2. 程序段格式

程序段格式是指在同一个程序段中关于字母、数字和符号等各个信息代码的排列顺序和涵义的规定表示方法。数控机床有以下三种程序段格式：

(1) 固定顺序程序段格式　在这种格式中，各字无地址码，字的顺序即为地址的顺序，各字的顺序及字符个数是固定的，任何一个数字即使是“0”也不能省略，所以各程序段长度都一样。这种格式的控制系统简单，但编程不直观，穿孔带较长，应用较少。

(2) 表格顺序程序段格式　在这种格式中，各字间用分隔符隔开，以表示地址的顺序。由于有分隔符号，不需要的字或与上一程序段相同的字可以省略，但必须保留相应的分隔符，因此各程序段的分隔符数目相等。这种格式较上一种格式清晰，易于检查和核对，常用于功能不多的数控装置，如线切割机床和某些数控铣床等。

(3) 文字地址程序段格式　简称字地址格式。在这种格式中，每个坐标轴和各种功能都是用表示地址的字母（表 2-1）和数字组成的特定字来表示，而在一个程序段内，坐标字和各种功能字常按一定顺序排列（也可以不按顺序排列，但编程不方便），且地址字的数目可变，根据实际需要一个程序段可长可短。这种格式编程直观灵活，便于检查，广泛用于车、铣等数控机床。

在上述三种程序段格式中，目前国内外用得最广的是文字地址程序段格式。

对于米制输入程序的文字地址格式可缩写为

$$\text{N04 G02}\left\{\begin{matrix}\text{XL}+053\\ \text{UD053}\end{matrix}\right\}\left\{\begin{matrix}\text{YL}+053\\ \text{VD053}\end{matrix}\right\}\left\{\begin{matrix}\text{ZL}+053\\ \text{WD053}\end{matrix}\right\}\left\{\begin{matrix}\text{RD053}\\ \text{ID053 JD053 KD053}\end{matrix}\right\}\left\{\begin{matrix}\text{F032}\\ \text{F050}\end{matrix}\right\}\left\{\begin{matrix}\text{S02}\\ \text{S04}\end{matrix}\right\}\left\{\begin{matrix}\text{T02}\\ \text{T04}\end{matrix}\right\}\text{M02} *$$

对于英制输入程序的文字地址格式可缩写为

$$\text{N04 G02}\left\{\begin{matrix}\text{XL}+044\\ \text{UD044}\end{matrix}\right\}\left\{\begin{matrix}\text{YL}+044\\ \text{VD044}\end{matrix}\right\}\left\{\begin{matrix}\text{ZL}+044\\ \text{WD044}\end{matrix}\right\}\left\{\begin{matrix}\text{RD044}\\ \text{ID044 JD044 KD044}\end{matrix}\right\}\left\{\begin{matrix}\text{F024}\\ \text{F032}\end{matrix}\right\}\left\{\begin{matrix}\text{S02}\\ \text{S04}\end{matrix}\right\}\left\{\begin{matrix}\text{T02}\\ \text{T04}\end{matrix}\right\}\text{M02} *$$

上述格式中符号的涵义如下：

N04——程序段顺序号，以四位数表示，前面的零可以省略，G02——准备功能，以二位数 G00～G99 表示，前面的零可以省略。

米制输入时，F032、F050 可用参数设定变换为 F033、F051；F032（米制输入）、F024（英制输入）是每转进给方式；F050（米制输入）、F032（英制输入）是每分进给方式。

每个地址输入的最大数值范围因控制系统不同而异，虽然输入到±99999.999，但此数值并不代表机床能移动此数值的距离，还必须根据机床本身的大小来定。

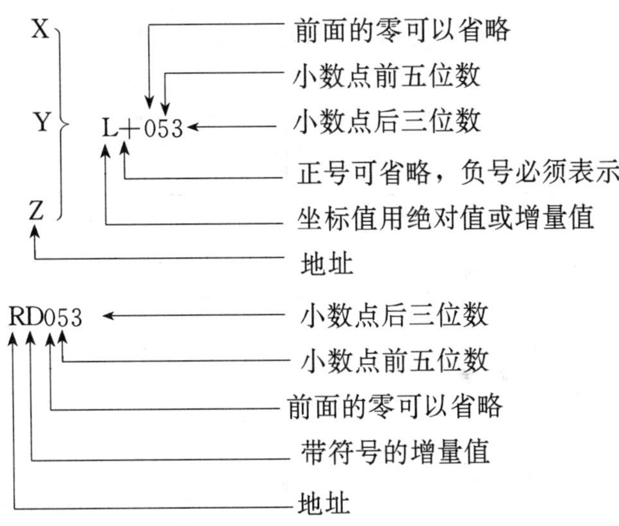

三、穿孔纸带和代码

记载加工程序的信息载体，随数控装置的类型不同而异，但一般常用的是穿孔纸带、磁盘、磁带或用手动数据输入（MDI）方式。在数控装置中，不论采用什么形式输入，加工程序的内容总是以代码形式输入数控装置中。功能较强的数控装置，输入方式可以是多样的，既能用穿孔纸带、磁带、磁盘或手动输入，又能与外围计算机互相通讯。所以不论采用什么信息载体，输入的代码形式应是一致的。

穿孔纸带是一种机械式的代码孔，不受电磁干扰的影响，能长期保存重复使用，且程序的贮存量大，故仍是目前数控机床常用的一种信息输入方式。图 2-7 为数控机床常用的标准八单位穿孔纸带。国际标准化组织规定，八单位穿孔纸带的宽度为 25.4mm。在纸带宽度方向上，每行有八个直径为 ϕ1.83mm 的孔位，组成由低到高的八位二进制数。程序单上给出的字母、数字和符号都是按规定在纸带上穿制出孔，有孔为“1”，无孔为“0”。每行孔的不同组合便

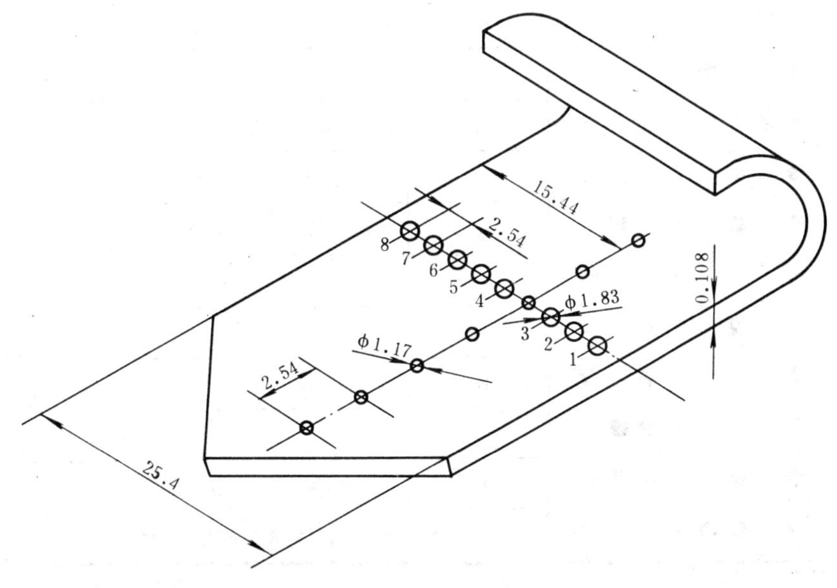

图 2-7　穿孔纸带

表 2-2 EIA 标准代码

代码孔 8	7	6	5	4		3	2	1	代码符号	含义
		●			·				0	数字0
					·			●	1	数字1
					·		●		2	数字2
			●		·		●	●	3	数字3
					·	●			4	数字4
			●		·	●		●	5	数字5
			●		·	●	●		6	数字6
					·	●	●	●	7	数字7
				●	·				8	数字8
			●	●	·			●	9	数字9
	●	●			·			●	A	绕着X轴的转角
	●	●			·		●		B	绕着Y轴的转角
	●	●	●		·		●	●	C	绕着Z轴的转角
	●	●			·	●			D	中间停留机能
	●	●	●		·	●		●	E	第二进给速度功能或其它用
	●	●	●		·	●	●		F	进给速度功能
	●	●			·	●	●	●	G	准备功能
	●	●		●	·				H	输入或引入（刀具补偿数）
	●	●	●	●	·			●	I	圆弧起点对圆心沿X轴坐标
	●		●		·			●	J	圆弧起点对圆心沿Y轴坐标
	●		●		·		●		K	圆弧起点对圆心沿Z轴坐标
	●				·		●	●	L	其它用
	●		●		·	●			M	辅助功能
	●				·	●		●	N	程序号
	●				·	●	●		O	不用
	●		●		·	●	●	●	P	平行于X轴的第三坐标/其它用
	●		●	●	·				Q	平行于Y轴的第三坐标/其它用

（续）

代码孔									代码符号	含　义
8	7	6	5	4		3	2	1		
	●			●	·			●	R	平行于Z 轴的第三坐标
			●		·		●		S	主轴速度 功能
		●			·		●	●	T	刀具 功能
		●	●		·	●			U	平行于X轴的第二坐标
		●			·	●		●	V	平行于Y轴的第二坐标
		●			·	●	●		W	平行于Z 轴的第二坐标
		●	●		·	●	●	●	X	X轴方向的主运动坐标
		●	●	●	·				Y	Y轴方向的主运动坐标
		●		●	·			●	Z	Z 轴方向的主运动坐标
	●	●		●	·		●	●	.	小数点（句号）
	●	●	●		·				＋	加
	●				·				－	减
	●			●	·	●			*	乘
		●	●		·			●	/	除/省略/跳带
		●	●	●	·		●	●	,	逗号
			●		·	●	●		＝	等号
		●		●	·	●			(	括号开
	●	●	●	●	·	●			)	括号闭
	●		●	●	·		●	●	$	美元符号
		●	●					●	:	选择（或计划）倒带停止
				●	·		●	●	STOP（或ER）	纸带倒带停止
		●	●	●	·	●	●		TAB	制表（或分隔符号）
●					·				CR（或EOB）	程序段结束
	●	●	●	●	·	●	●	●	DELETE	注销
			●		·				SPACE	空格

表 2-3　ISO 标准代码

代码孔									代码符号	含　义
8	7	6	5	4		3	2	1		
		●	●		·				0	数字0
●		●	●		·			●	1	数字1
●		●	●		·		●		2	数字2
		●	●		·		●	●	3	数字3
●		●	●		·	●			4	数字4
		●	●		·	●		●	5	数字5
		●	●		·	●	●		6	数字6
●		●	●		·	●	●	●	7	数字7
●		●	●	●	·				8	数字8
		●	●	●	·			●	9	数字9
	●				·			●	A	绕着X轴的转角
	●				·		●		B	绕着Y轴的转角
●	●				·		●	●	C	绕着Z轴的转角
	●				·	●			D	中间停留机能或特殊坐标的角度尺寸
●	●				·	●		●	E	特殊坐标的角度尺寸或第二进给速度功能
●	●				·	●	●		F	进给速度功能
	●				·	●	●	●	G	准备功能
	●			●	·				H	输入（刀具补偿数）
●	●			●	·			●	I	沿X坐标圆弧起点对圆心值
●	●			●	·		●		J	沿Y坐标圆弧起点对圆心值
	●			●	·		●	●	K	沿Z坐标圆弧起点对圆心值
●	●			●	·	●			L	永不指定
	●			●	·	●		●	M	辅助功能
	●			●	·	●	●		N	程序号
●	●			●	·	●	●	●	O	不用
	●		●		·				P	平行于X轴的第三坐标/其它用
●	●		●		·			●	Q	平行于Y轴的第三坐标/其它用
●	●		●		·		●		R	平行于Z轴的第三坐标

（续）

代码孔									代码符号	含　义
8	7	6	5	4		3	2	1		
	●		●		·		●	●	S	主轴速度功能
●	●		●		·	●			T	刀具功能
	●		●		·	●		●	U	平行于X坐标的第二坐标
	●		●		·	●	●		V	平行于Y坐标的第二坐标
●	●		●		·	●	●	●	W	平行于Z坐标的第二坐标
●	●		●	●	·				X	X轴方向的主运动坐标
	●		●	●	·			●	Y	Y轴方向的主运动坐标
	●		●	●	·		●		Z	Z轴方向的主运动坐标
		●		●	·	●	●		·	小数点（句号）
		●		●	·		●	●	+	加/正
		●		●	·	●		●	—	减/负
●		●		●	·		●		*	星号/乘号
●		●		●	·	●	●	●	/	跳过任选程序段（省略/除）
●		●		●	·	●			,	逗号
●		●	●	●	·	●		●	=	等号
		●		●	·				(	左圆括号/控制暂停
●		●		●	·			●	)	右圆括号/控制恢复
		●			·	●			S	美元符号
		●	●	●	·		●		:	冒号，对准功能/选择（或计划）倒带停止
				●	·		●		NL or LF	程序段结束，新行或换行
●		●			·	●		●	%	程序开始/百分比
				●	·			●	HT	制表（或分隔符号）
●				●	·	●		●	CR	滑座返回（仅对打印机适用）
●	●	●	●	●	·	●	●	●	DEL	注销
●		●			·				SP	空格
●				●	·				ES	反绕（退格）
					·				NUL	空白纸带
●			●	●	·				EM	载体终了

可表示字母、数字和符号，即组成一个传递信息的字符，称为代码。纸带经光电阅读机阅读后，便将信息输入了数控装置。位于第三和第四列孔道之间的 ϕ1.17mm 孔，称为同步孔，它是用来产生同步信号，控制每行代码准确读入。

代码是数控系统传递信息的语言。国际上通用的标准代码有 ISO（International Organization for Standardization）代码和 EIA（Electronics Industries Association）代码两种，见表 2-2、表 2-3。

这两种代码的特点是以每行的第一列到第四列孔形成二进制代码，可构成 16 种不同组合；不同类型的字符由第五列到第七列的不同组合来区分。例如 ISO 代码中，数字码必须在第五列和第六列穿孔；字母码必须在第七列穿孔；各类符号码仅在第六列穿孔。ISO 代码每行为偶数个孔，其第八列为补偶孔；EIA 代码每行为奇数个孔，其第五列为补奇孔；补偶或补奇的作用主要是检验纸带孔是否漏穿，孔道是否被弄脏、堵塞、断裂，以及阅读装置线路元件是否完好。由于补奇补偶孔只作为检验用，并不构成信息代码的组成部分，故常见的八单位孔带又称为“七单位编码字符”。

ISO 代码具有信息量大、可靠性高、与计算机数据传输系统的编码统一等优点。所以目前许多国家生产的软件与硬件数控系统已采用 ISO 代码，但在数控系统中，EIA 和 ISO 代码均可使用，且机床能自动识别。

加工程序在纸带上的穿孔格式包含下列七部分内容（如图 2-8 所示）：

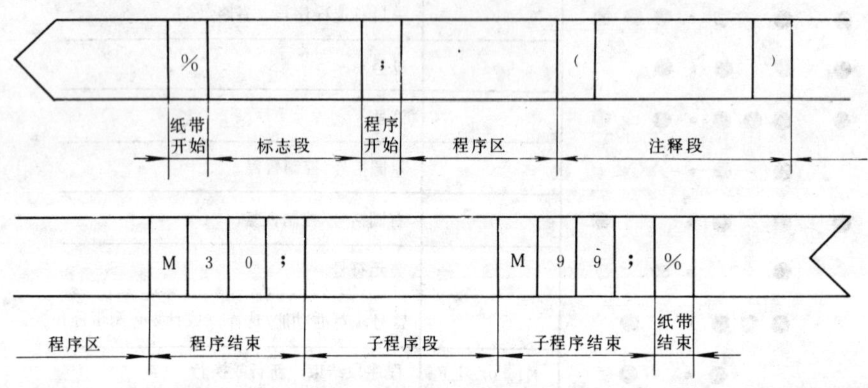

图 2-8　纸带穿孔格式

1. 纸带开始

EIA 代码　ER　　　ISO 代码　%

2. 标志段

3. 程序开始

EIA 代码　CR　　　ISO 代码　LF

4. 程序区

5. 注释段

EIA 代码　;　　　ISO 代码　2—4—5

6. 程序结束

EIA 代码　M02 CR　程序结束
　　　　　M30 CR　程序结束，返回起点
　　　　　M99 CR　子程序结束

ISO 代码　M02 LF　程序结束
　　　　　M30 LF　程序结束，返回起点
　　　　　M99 LF　子程序结束

7. 纸带结束

EIA 代码　ER　　ISO　%

四、最小输入增量和最小命令增量

最小输入增量是指由控制带或手动数据输入装置给出的最小位移量。最小命令增量是指由数控装置给予数控机床操作部分的命令所含有的最小位移量。它们的区别是前者输入数控系统，而后者是数控系统输出。它们的单位是 mm 或 in。

五、进给速度

进给速度是指刀具向工件进给的相对速度。单位一般为 mm/min。当进给速度与主轴转速有关时（如车床车削螺纹），单位为 mm/r。进给速度是用地址字母 F 和字母 F 后面的五位、四位、三位、二位或一位数字来表示的。

1. 三位数代码法

三位数代码法是在字母 F 后面有三位数字，其中第一位数字是进给速度的整数位数加上“3”，后两位数字是进给速度前两位的有效数字。如 F717表示进给速度为1728mm/min，F046表示0.000462mm/min。

2. 二位数代码法

二位数代码法是用 F00～F99表示100种进给速度。在 F01～F98之间的各级进给速度可按等比级数排列，公比为$\sqrt[20]{10}=1.12$，如 F40表示进给速度为100mm/min，F41表示进给速度为112mm/min，而 F00表示停止进给，F99表示高速进给。

3. 一位数代码法

一位数代码法是用 F0～F9表示10种进给速度值，这种表示法比较简单，但分级比较粗糙。

4. 直接数字法

直接数字法是在字母 F 后面直接写上进给速度值。如 F100表示进给速度为100mm/min。

不论何种方法表示的进给速度都与各坐标轴的进给速度不同。例如刀具以 F50表示的进给速度从始点 O 向终点 A 进行直线插补(图2-9)，则刀具在 X 轴方向的进给分速度为

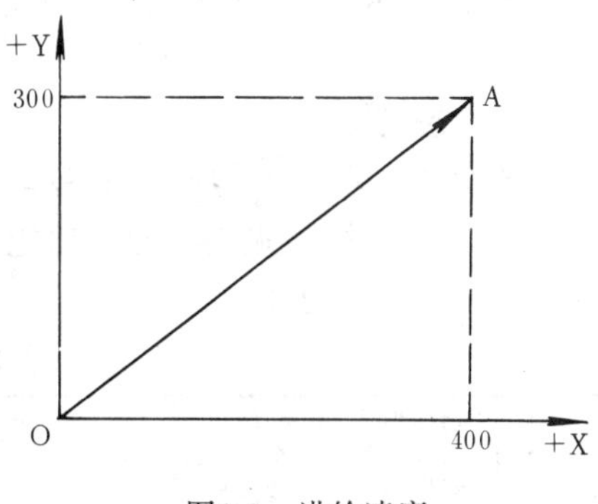

图2-9　进给速度

$$F_x=\frac{FX}{\sqrt{X^2+Y^2}}=\frac{50\times400}{\sqrt{400^2+300^2}}\text{mm/min}=40\text{mm/min}$$

刀具在 Y 轴方向的进给分速度为

$$F_y=\frac{FY}{\sqrt{X^2+Y^2}}=\frac{50\times300}{\sqrt{400^2+300^2}}\text{mm/min}=30\text{mm/min}$$

六、小数点输入

一般的数控系统允许使用小数点输入数值，也可以不用。小数点可用于距离、时间和速度等单位。

1）对于距离，小数点的位置单位是 mm 或 in[㊀]；对于时间，小数点的位置单位是 s。例如：

X35.0即为 X（坐标）35mm 或35in；

F1.35即为F1.35mm/r 或1.35mm/min（米制）

F1.35in/r 或1.35in/min（英制）

G04 X2.0表示暂停2s。

2）程序中有无小数点的含义根本不同。无小数点时，与参数设定的最小输入增量有关。例如：

G21 X1.即为 X1mm；

G21 X1即为 X0.001mm 或0.01mm（因参数设定而异）；

G20 X1.即为 X1in；

G20 X1即为 X0.0001in 或0.001in（因参数设定而异）。

3）在程序中，小数点的有无可混合使用。例如：

X1000 Z5.7

X10. Z4256

4）在暂停指令中，小数点输入只允许用于地址 X 和 U，不允许用于地址 P。

5）最小命令增量以下的值因无效将被舍去。例如：

G21 X1.23456则只接受 X1.234，其余0.00056被舍去；

G20 X1.23456则只接受 X1.2345，其余0.00006被舍去。

第二节　编制程序时的工艺指令

在程序的编制中，工艺指令是用来描述工艺过程的各种操作和运动特征的，它有准备功能 G 指令和辅助功能 M 指令两种。

一、准备功能

准备功能又称 G 功能或 G 指令。它是用来指令机床进行加工运动和插补方式的功能。按我国 JB3208—83标准规定，准备功能 G 代码是以地址 G 为首后跟二位数字组成，共100种（G00～G99），见表2-4。

表2-4　准确功能 G 指令

代码 (1)	功能保持到被取消或被同样字母表示的程序指令所代替 (2)	功能仅在所出现的程序段内有作用 (3)	功能 (4)	代码 (1)	功能保持到被取消或被同样字母表示的程序指令所代替 (2)	功能仅在所出现的程序段内有作用 (3)	功能 (4)
G00	a		点定位	G02	a		顺时针方向圆弧插补
G01	a		直线插补	G03	a		逆时针方向圆弧插补

㊀ 1in＝25.4mm

（续）

代码 (1)	功能保持到被取消或被同样字母表示的程序指令所代替 (2)	功能仅在所出现的程序段内有作用 (3)	功能 (4)	代码 (1)	功能保持到被取消或被同样字母表示的程序指令所代替 (2)	功能仅在所出现的程序段内有作用 (3)	功能 (4)
G04		*	暂停	G52	#（d）	#	刀具偏置－/0
G05	#	#	不指定	G53	f		直线偏移，注销
G06	a		抛物线插补	G54	f		直线偏移X
G07	#	#	不指定	G55	f		直线偏移Y
G08		*	加速	G56	f		直线偏移Z
G09		*	减速	G57	f		直线偏移XY
G10～G16	#	#	不指定	G58	f		直线偏移XZ
G17	c		XY平面选择	G59	f		直线偏移YZ
G18	c		ZX平面选择	G60	h		准确定位1（精）
G19	c		YZ平面选择	G61	h		准确定位2（中）
G20～G32	#	#	不指定	G62	h		快速定位（粗）
G33	a		螺纹切削，等螺距	G63		#	攻螺纹
G34	a		螺纹切削，增螺距	G64～G67	#	#	不指定
G35	a		螺纹切削，减螺距	G68	#（d）	#	刀具偏置，内角
G36～G39	#	#	永不指定	G69	#（d）	#	刀具偏置，外角
G40	d		刀具补偿/刀具偏置注销	G70～G79	#	#	不指定
G41	d		刀具补偿—左	G80	e		固定循环注销
G42	d		刀具补偿—右	G81～G89	e		固定循环
G43	#（d）	#	刀具偏置—正	G90	j		绝对尺寸
G44	#（d）	#	刀具偏置—负	G91	j		增量尺寸
G45	#（d）	#	刀具偏置＋/＋	G92		#	预置寄存
G46	#（d）	#	刀具偏置＋/－	G93	k		时间倒数，进给率
G47	#（d）	#	刀具偏置－/－	G94	k		每分钟进给
G48	#（d）	#	刀具偏置－/＋	G95	k		主轴每转进给
G49	#（d）	#	刀具偏置0/＋	G96	i		恒线速度
G50	#（d）	#	刀具偏置0/－	G97	i		每分钟转数(主轴)
G51	#（d）	#	刀具偏置＋/0	G98～G99	#	#	不指定

注：1. #号：如选作特殊用途，必须在程序格式说明中说明。

2. 如在直线切削控制中没有刀具补偿，则从G43到G52可指定作其它用途。

3. 在表中左栏括号中的字母（d）表示：可以被同栏中没有括号的字母d所注销或作替，亦可以被有括号的字母（d）所注销或代替。

4. G45到G52的功能可用于机床上任意两个量预定的坐标。

5. 数控装置中没有G53、G59～G63功能时，可以指定作其它用途。

二、辅助功能

辅助功能又称M功能或M指令。它是控制机床在加工操作时做一些辅助动作的开/关功能。按我国JB3208－83标准规定，辅助功能M代码是以地址M为首后跟二位数字组成，共100种（M00～M99），见表2-5。

表2-5　辅助功能M指令

代码	功能开始时间		功能保持到被注销或被适当程序指令代替	功能仅在所出现的程序段内有作用	功能
	与程序段指令运动同时开始	在程序段指令运动完成后开始			
(1)	(2)	(3)	(4)	(5)	(6)
M00		#		#	程序停止
M01		#		#	计划停止
M02		#		#	程序结束
M03	#		#		主轴顺时针方向
M04	#		#		主轴逆时针方向
M05		#	#		主轴停止
M06	#	#		#	换刀
M07	#		#		2号切削液开
M08	#		#		1号切削液开
M09		#	#		切削液关
M10	#	#	#		夹紧
M11	#	#	#		松开
M12	#	#		#	不指定
M13	#		#		主轴顺时针方向，切削液开
M14	#		#		主轴逆时针方向，切削液开
M15	#			#	正运动
M16	#			#	负运动
M17～M18	#	#	#	#	不指定
M19		#	#		主轴定向停止
M20～M29	#	#	#	#	永不指定
M30		#		#	纸带结束

（续）

代　码	功能开始时间		功能保持到被注销或被适当程序指令代替	功能仅在所出现的程序段内有作用	功　　能
	与程序段指令运动同时开始	在程序段指令运动完成后开始			
(1)	(2)	(3)	(4)	(5)	(6)
M31	#	#		#	互锁旁路
M32～M35	#	#	#	#	不指定
M36	#		#		进给范围1
M37	#		#		进给范围2
M38	#		#		主轴速度范围1
M39	#		#		主轴速度范围2
M40～M45	#	#	#	#	如有需要作为齿轮换档，此外不指定
M46～M47	#	#	#	#	不指定
M48		#	#		注销　M49
M49	#		#		进给率修正旁路
M50	#		#		3号切削液开
M51	#		#		4号切削液开
M52～M54	#	#	#	#	不指定
M55	#		#		刀具直线位移，位置1
M56	#		#		刀具直线位移，位置2
M57～M59	#	#	#	#	不指定
M60		#		#	更换工件
M61	#		#		工件直线位移，位置1
M62	#		#		工件直线位移，位置2
M63～M70	#	#	#	#	不指定
M71	#		#		工件角度位移，位置1
M72	#		#		工件角度位移，位置2
M73～M89	#	#	#	#	不指定
M90～M99	#	#	#	#	永不指定

注：1. # 号表示：如选作特殊用途，必须在程序说明中说明。

2. M90～M99可指定为特殊用途。

第三节　编制程序时的工艺处理

在普通机床上加工零件时，首先要对零件进行工艺分析，确定加工路线，选择切削用量、机床、刀具及定位夹紧方法，然后编制出零件的工艺规程。数控机床是高度自动化的机床，在数控机床上加工零件，也必须把上述工艺因素用数控机床能够接受的代码和规定的指令信息来表示，通过信息载体（即控制介质）输入到数控装置中，控制数控机床进行加工。从零件图样到控制介质的全过程，称为数控加工的程序设计。虽然数控加工的程序设计与普通机床加工工艺规程中的工艺设计相似，但前者比后者严格、复杂，工艺处理问题各有特点。

一、分析零件图

首先要分析零件的材料、形状、精度、热处理及批量等要求。通过分析，可以确定零件的哪几道工序适宜在某种类型的数控机床上加工。

二、确定加工路线

加工路线是指数控机床加工过程中，刀具相对零件的运动轨迹和方向。

1）确定的加工路线应能保证零件的加工精度和表面粗糙度要求。

当铣削平面零件外轮廓时，一般是采用立铣刀侧刃切削。刀具切入工件时，应避免沿零件外廓的法向切入，而应沿外廓曲线延长线的切向切入，以避免在切入处产生刀具的刻痕，保证零件曲线平滑过渡（图2-10）。同理，在切离工件时，也应避免在工件的轮廓处直接退刀，要沿零件轮廓延长线的切向逐渐切离工件。

铣削封闭的内轮廓表面时（图2-11），因内轮廓曲线不允许外延，刀具只能沿轮廓曲线的法向切入和切出，此时刀具的切入和切出点应尽量选在内轮廓曲线两几何元素的交点处。

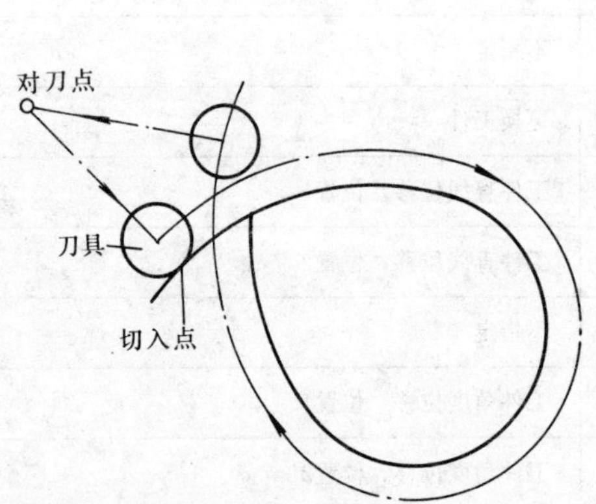

图2-10　刀具的切入和切出过渡

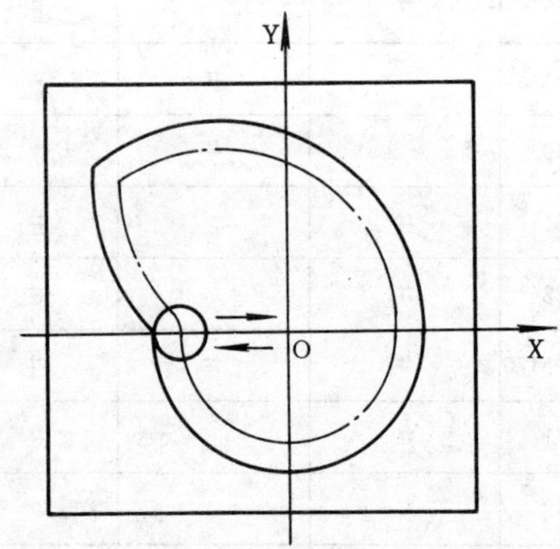

图2-11　内轮廓加工刀具的切入和切出过渡

在轮廓铣削过程中要避免进给停顿，否则会因铣削力突然变化而在停顿处的轮廓表面上留下刀痕。

为提高零件尺寸精度和表面粗糙度，当加工余量较大时，可采用多次进给切削的方法，最后精加工留较少余量，一般留0.2～0.5mm 作为精加工余量。

2）为提高生产效率，在确定加工路线时，应尽量缩短加工路线，减少刀具空行程时间（图2-12）。

按一般规律是先加工均布在同一圆周上的八个孔后，再加工另一圆周上的孔（图2-12a）。但对点位控制的数控机床，这并不是最短的加工路线，应按图2-12b 所示的加工路线进行加工，使各孔间距离的总和最小，以节省加工时间。

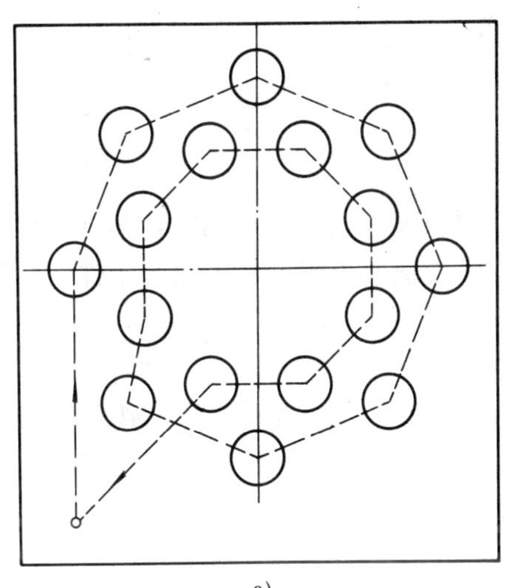
a)

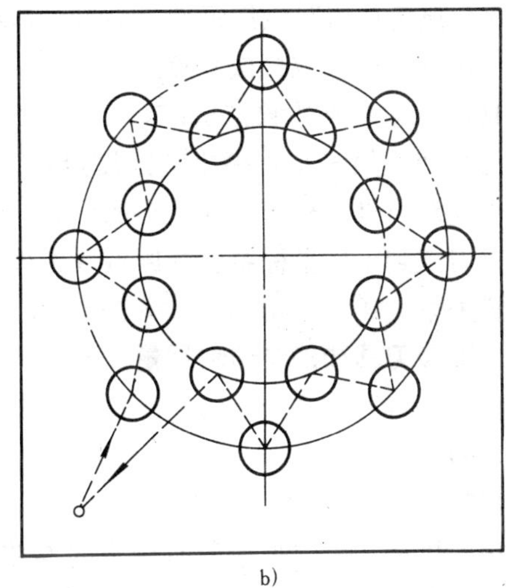
b)

图2-12　最短加工路线的选择

3）为减少编程工作量，还应使数值计算简单，程序段数量少，程序短。

三、确定零件的安装方法和选择夹具

1）尽量选用组合夹具、通用夹具装夹工件，避免采用专用夹具。

2）尽量减少装夹次数，装夹零件要迅速方便，要多采用气动、液压夹具，以减少数控机床停机时间。

3）零件定位基准应尽量与设计基准重合，以减少定位误差。

4）零件上的加工部位要外露，以免因夹具而影响进给。

四、对刀点和换刀点的确定

对刀点是指在数控机床上加工零件时，刀具相对零件运动的起始点。对刀点应选择在对刀方便、编程简单的地方。

对于采用增量编程坐标系统的数控机床，对刀点可选在零件孔的中心上、夹具上的专用对刀孔上或两垂直平面（定位基面）的交线（即工件零点）上，但所选的对刀点必须与零件定位基准有一定的坐标尺寸关系，这样才能确定机床坐标系与工件坐标系的关系（图2-13）。

对于采用绝对编程坐标系统的数控机床，对刀点可选在机床坐标系的机床零点上或距机床零点有确定坐标尺寸关系的点上。因为数控装置可用指令控制自动返回参考点（即机床零点），不需人工对刀。但在安装零件时，工件坐标系与机床坐标系必须要有确定的尺寸关系（图2-13）。

对刀时，应使刀具刀位点与对刀点重合。所谓刀位点，对于立铣刀是指刀具轴线与刀具底面的交点；对于球头铣刀是指球头铣刀的球心；对于车刀或镗刀是指刀尖。

对数控车床、数控镗、铣床或加工中心等常需换刀，故编程时还要设置一个换刀点。换刀点应设在工件的外部，避免换刀时碰伤工件。一般换刀点选择在第一个程序的起始点或机械零点上。

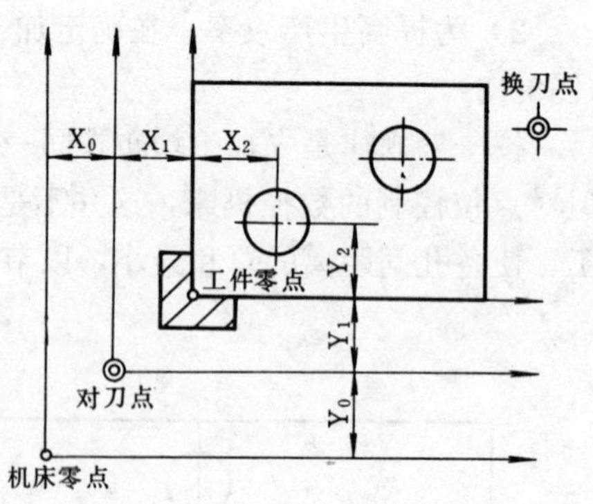

图2-13　对刀点和换刀点

对具有机床零点的数控机床，当采用绝对编程坐标系编程时，第一个程序段就是设定对刀点坐标值，以规定对刀点在机床坐标系中的位置；当采用增量编程坐标系编程时，第一个程序段则是设定对刀点到工件坐标系坐标原点（工件零点）的距离，以确定对刀点与工件坐标系间的相对位置关系。

五、选择刀具和确定切削用量

数控加工对刀具的选择比较严格，所选择的刀具应满足安装调整方便、刚性好、精度高、耐用度好的要求。

编程时，常需事先规定刀具的结构尺寸和调整尺寸。特别是自动换刀数控机床，在刀具安装到机床上以前，应根据编程时确定的参数，在机床外的预调装置（对刀仪）中调整到所需尺寸或测出精确的尺寸。加工前，将刀具有关尺寸手动输入数控装置。图2-14中的刀具尺寸 Z_T 要事先确定和调整。

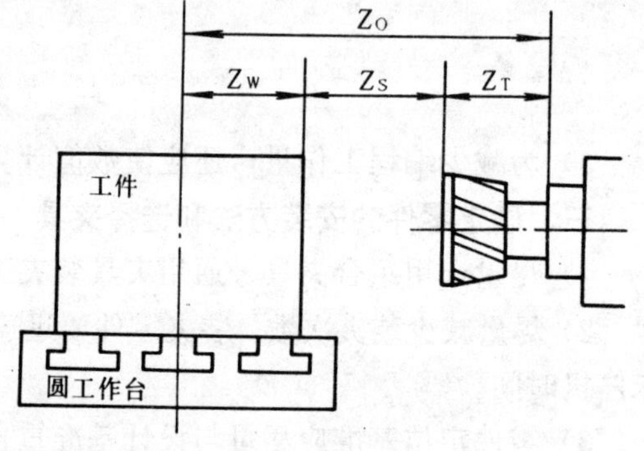

图2-14　刀具尺寸的确定和调整

切削用量的选择应根据机床说明书、切削原理中的有关理论，并结合实践经验来确定。

背吃刀量应根据机床、刀具和工件的刚度来确定。在刚度允许的情况下，尽量使背吃刀量等于工件加工余量，以减少进给次数，提高加工效率。为保证加工质量，可留少量的精加工余量以便再精加工一次。

进给量应根据对零件加工精度和表面粗糙度的要求来选取。要求较高时，进给量应选得较小些。最大进给量受机床特性限制，并与脉冲当量有关。

主轴转速根据允许的切削速度和工件直径来选取。

第四节　现代数控机床的性能

集高效率、高精度、高柔性于一身的现代数控机床，目前可以说是很成熟的高科技产品，它具有许多普通机床无法实现的特殊功能。

一、控制功能

1.控制轴数

指数控系统可以控制并按加工要求运动的轴数，如三轴（X、Y、Z轴）。

2.联动轴数

指数控系统可以同时控制并按加工要求运动的轴数，如二轴联动（XY、ZX、YZ）。

3.设定单位

指数控系统约定的最小尺寸单位，如0.001mm。

4.最大编程尺寸

指数控系统可以表示的工件最大尺寸，如±8位数（99999.999mm）。

5.快移速度

指数控系统可以实现的进给部件快速移动（非加工）速度，如24000mm/min。

6.进给速度

指机床进给（加工）速度范围，如1～15000mm/min。

7.插补功能

指数控系统可以实现的插补加工线型能力，如点位和直线插补功能、多象限圆弧插补功能、正弦曲线插补功能等。

8.自动加减速功能

指数控系统可以实现在升速和降速时，自动地用斜线或折线，或用指数曲线的平缓过渡，代替阶跃式的升降速变化，以防止产生冲击等不稳定因素。如FANUC-BESK 6TE系统的快速移动:斜线加减速；切削速度:指数加减速。

9.暂停功能

指数控系统可以根据加工需要,用程序或外部按钮实现机床运动的暂停去进行某种操作，然后或依程序控制，或操作外部按钮，又继续加工的功能。

10.急停功能

在数控设备工作时，当发生任何异常现象需要紧急处理时，可设置相应的急停按钮，以便停止设备运行。

11.空运行

指数控系统仅执行插补等工作，机床与伺服机构不工作。

12.单步进给

指每起动一次，只进给一个脉冲当量的控制。

13.点动进给

每按下点动按钮，即产生进给系统的移动；当不按时，即进给停止。

14.单程序段操作

每起动一次，仅执行一个程序段的功能。此功能便于核查程序执行情况。

15.选择程序段跳过

指系统对零件程序中某个或某些指定的程序段跳过不执行的功能。

16.固定循环

指数控系统为常见的加工工艺所编制的、可多次循环加工的约定功能。使用该固定循环前，要由用户选择合适的进给量和重复次数等参数，然后按该固定循环的约定进行循环加工。当用户需编制适用自己的固定循环程序时，可借助用户宏程序功能。

17.手动备用控制

当控制系统前级部分发生故障时，可用人工调节执行机构的控制方法。

18.手控方式

完全用手动控制某种运动或循环。

19.逐段工作方式

纸带读出器一次读出一个程序段，执行完后，按下起动按钮，再开始读出下一段……。

20.进给保持

在自动或手动控制的运行中，能使所有轴或某个轴的进给暂时停止或解除的功能。

21.轴禁止

这是一种控制功能，该功能禁止一台数控机床所有轴的移动。

22.互锁

为了封锁机床移动部件的信号而设置的功能。当互锁信号出现时，数控机床的X、Y、Z各运动轴在减速后停止。当互锁信号取消后，原来运动的部件开始加速，继续运动。

23.机械锁住

此功能禁止数控机床的自动换刀装置主轴和冷却液系统的机械动作，而数控系统内部的分配仍在进行。

24.任选停止

如预先启用了使该功能成为有效的开关时，相应指令就无效。

25.间隙补偿

指系统可以依靠程序，按用户约定，自动地补偿机床机械传动部件因间隙而产生的误差。

26.刀具补偿

垂直于刀具轨迹的位移，可用来修正刀具实际半径或直径与其程序规定的值之差。

27.刀具位置补偿

是刀具位置沿平行于控制坐标方向的补偿。

28.刀具半径补偿

车刀刀尖有一个很小的R值，为了在加工中实现对其磨损量的补偿，可沿假设的刀尖方向，在刀尖的半径值上，附加一个刀具偏移量。

29.刀具长度补偿

一般指数控铣床或加工中心等在三维加工时，沿深度方向对刀具长度变化的补偿功能。

30.刀具寿命管理

检测型刀具寿命管理功能是系统借助刀具检测系统监视刀具磨损与磨损情况，并根据情况决定是否由刀库备用刀自动进行调换。

约定型刀具寿命管理功能是指按约定，刀具完成若干套工件加工后，能自动用刀库备用刀完成调换。

31.主轴准停

指系统在换刀时，对主轴准确定位的控制。

32. 刀具选择

数控机床加工时，可进行必要的刀具自动选择，如数控机床上的自动换刀装置。

33. 刀具偏置

这是按规定的部分或全部程序作用于机床轴的相对位移。而受控轴的位移方向仅由偏置值的正负号来确定。

34. 刀具长度偏置

适用于旋转工件的一种刀具偏置方法，其位移是沿着 Z 轴方向，位移量等于偏置值。

35. 刀具直径偏置

适用于旋转工件的一种刀具偏置方法。其位移是沿着 X 轴或 Y 轴方向，或同时沿 X 轴和 Y 轴方向，位移量等于偏置值的一半。

36. 刀具半径偏置

与刀具直径偏置的区别是其位移量等于偏置值。

37. 恒线速度控制

指数控系统对旋转工件切削点的线速度自动保持不变的一种控制功能。

38. 存贮型行程限位

指由存贮单元在开始加工时存放最大允许加工范围；而当加工到约定尺寸时，系统能够自动停止。

二、编程功能

1. 会话型自动编程功能

指数控系统在编程时，采用人机对话的交互式菜单编程方式。系统将刀具、材料、加工工艺等的选择都以菜单的样式，分组编号寄存在系统的存贮器中。用户使用时，只要在屏幕上调出每个菜单，根据需要，按下相应的选择键，即选出菜单中的某一条件。

2. 用户宏程序

供用户针对某种工艺所需，自己编制相应的自动循环加工程序的族程序。它以某一种程序号寄存在系统的存贮器中，亦可以用保密号码贮存起来，用简单命令调出。用户宏程序可以发挥用户软件的特长，对某种工艺的加工效率将发挥显著作用。

3. 录返功能

指数控系统提供用手动操作，对工件的加工过程进行模拟，系统可将其动作顺序、坐标等参数依次录入系统的存贮器中，然后用返演方式，自动地控制设备完成同样的操作。这种方式，不需再次编制零件程序。

4. 外部镜象

是数控系统简化对称工件编制零件程序的功能。用户只需对对称工件的一半编制零件程序。待加工完后，只需将相应坐标轴（X 或 Y）的镜象开关置 ON（相当于坐标值乘－1），系统即可完成另一对称面的加工，从而简化了零件程序的编制过程。

5. F1位方式

是进给速度的一种表达方式，即用 F0～F9的一位 F 代码来表达使用的某种进给速度。

6. F4位方式

是进给速度的直接指定方式。系统用 F 码后面紧跟的四位数字表示进给速度的实际值，如 F1350表示1350mm/min。

7. 读带缓冲寄存器

为提高读带和加工效率而设置的读带缓冲寄存器，它提高了各程序段间读入的衔接性。

8. 手动数据输入（MDI）

通过操作面板按键，由人工逐个输入序程字符。

9. CRT 显示

CRT 字符显示器可配合 MDI 进行数据输入，亦可用于工件坐标值和报警号显示、事故显示等。

CRT 图形显示器除具有 CRT 字符显示器功能外，还可实现二维图形的刀具轨迹仿真显示，有的可以实现三维彩色动态图形显示。

10. 缩放功能

指系统对 CRT 上显示图形实现缩小和放大的功能，有些系统还可将缩放功能用于加工。

11. 旋转功能

指系统对工件图形显示实现二维或三维旋转若干角度后再显示的功能，有的系统还具有剖面显示功能。

12. 零件程序存贮及编辑

指系统对纸带等输入的零件程序进行存贮及编辑的能力，如容量20/40/80/320/640/1280m 纸带信息。

三、输出功能

1. 当前位置显示

在 CRT 上能同时显示每个轴当前位置的绝对数值。

2. 数控数据显示

在 CRT 上显示出数控程序的全部程序段数据。

3. 偏置值显示

在 CRT 上显示刀具长度每一组的偏置数值，包括在每一个坐标轴上的分量值（相对坐标值）。

4. 参数显示

在 CRT 上显示系统控制用的参数表上的每组参数值。参数值一般是以二进制在寄存器各标值位确定的值，也可以直接以十进制确定其参数值。

5. 报警号显示

数控系统为维修的需要，设置每一种功能的报警号。当系统某功能发生故障时，在 CRT 显示器上，即显示出该功能的报警号。

6. 诊断数据显示

为了检查数控系统输入及输出部件的故障，在对应号码上设置诊断数据。诊断数据的显示可以反映输入或输出部分的状态。

7. 顺序号显示

指对零件源程序的程序段号码的自动显示，可方便用户了解加工进程。

8. 顺序号检索

指对零件源程序的顺序号的检索功能，使用户便于了解及核查各程序段数据。

9. 程序号显示

指对程序号（工件号）的显示功能。

10. 通信功能

数控系统为与外围设备及其它数控系统或上级机通信而设置的通信功能。常用的是串行接口 RS-232或 RS-244及 DNC 等多种用途的通信接口。

第三章　数控车床的编程

第一节　数控车床概述

数控车床品种繁多，结构各异，但在许多方面仍有共同之处。本节只介绍CK7815型数控车床。

一、数控车床的用途与组成

CK7815型数控车床配有FANUC-6T系统，为两坐标，连续控制CNC车床。该车床能车削直线，斜线，圆弧，米制、英制螺纹，圆柱螺纹，锥螺纹及多头螺纹。因有刀尖半径补偿等多种功能，故适合于加工形状复杂、精度高的盘形零件和轴类零件。

机床的主要部件有：床身、主轴箱、转塔刀架、纵向滑板（Z轴）、横向滑板（X轴）、尾座、液压控制系统及电气控制系统。

二、车床的主要技术参数

盘类零件最大车削直径　400mm

轴类零件最大车削直径　150mm

外圆最小车削直径　10mm

最大车削长度　500mm

刀架纵向行程　660mm

刀架横向行程　240mm

主轴锥孔锥度　莫氏5$^{\#}$

主轴转速范围(无级)　高速区　直流电动机 38～3000r/min　交流电动机 37.5～5000r/min

　　　　　　　　　　低速区　直流电动机 22～1800r/min　交流电动机 15～2000r/min

刀具数　8或12

进给速度　0.01～500mm/r　0.0001～50in/r

　　　　　1～2000mm/min　0.01～600in/min

快移速度　纵向（Z轴）　12m/min

　　　　　横向（X轴）　9m/min

尾座行程　90mm

锥孔锥度　莫氏4$^{\#}$

主电动机　连续　5.5kW

　　　　　30min　7.5kW

伺服电动机　额定功率　1.4kW

　　　　　　额定转速　1500r/min

外形尺寸（长×宽×高）　2395mm×1385mm×1860mm

三、车床的传动系统

传动系统如图3-1所示。主传动系统由交流或直流电动机驱动，具有电气系统无级调速和恒线速度切削性能。电动机的运动经两级宝塔带轮直接传至主轴。

纵向Z轴进给是由伺服电动机直接带动滚珠丝杠，实现纵向滑板的进给。横向X轴进给是由伺服电动机驱动，通过同步齿形带传给滚珠丝杠，实现横向滑板的进给。

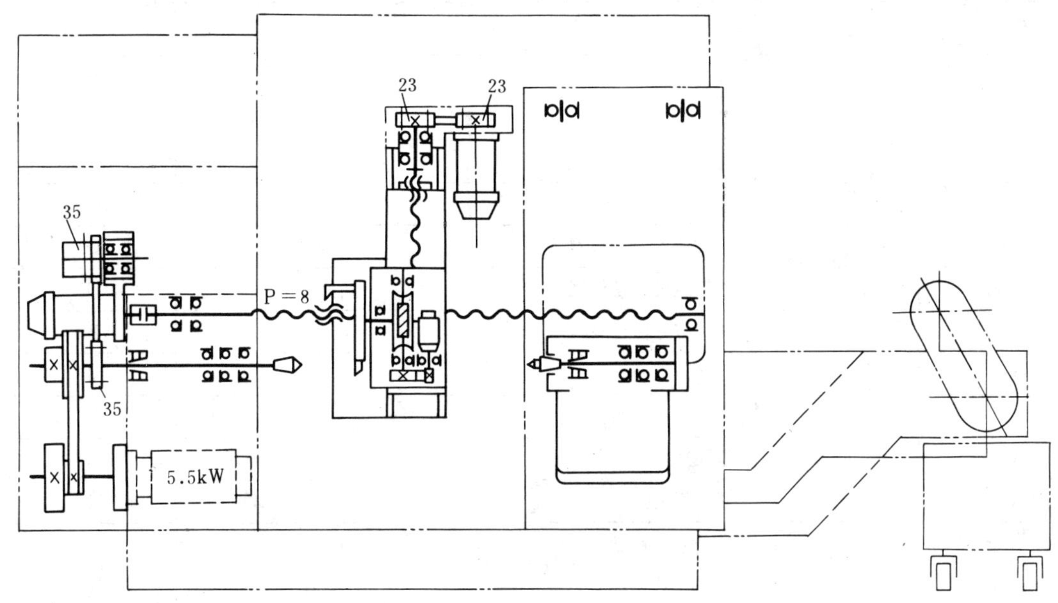

图3-1 CK7815型数控车床传动系统

刀盘转位是由电动机驱动，经齿轮副、蜗杆副实现的。

尾座套筒内活顶尖支承在前后两组轴承上，由液压缸来操纵。

第二节 数控车床编程基础

一、数控系统的功能

1. 准备功能G代码

准备功能G代码是用地址字G和后面的二位数来表示的，见表3-1。

表3-1 准备功能G代码表

FANUC 6T/OTE－A				
B：基本功能；O：选择功能；X：无此功能				
代 码	组 号	功 能	6T	OTE-A
*G00	01	快速定位	B	B
G01		直线插补	B	B
G02		圆弧插补（顺时针）	B	B
G03		圆弧插补（逆时针）	B	B

（续）

FANUC 6T/OTE－A

B：基本功能；O：选择功能；X：无此功能

<table>
<tr><th>代 码</th><th>组 号</th><th>功 能</th><th>6T</th><th>OTE-A</th></tr>
<tr><td>G04</td><td rowspan="2">00</td><td>暂停</td><td>B</td><td>B</td></tr>
<tr><td>G10</td><td>数据设定</td><td>O</td><td>O</td></tr>
<tr><td>G20</td><td rowspan="2">06</td><td>英制输入</td><td>O</td><td>O</td></tr>
<tr><td>*G21</td><td>米制输入</td><td>O</td><td>O</td></tr>
<tr><td>*G25</td><td rowspan="2">08</td><td>主轴速度波动检测断</td><td>X</td><td>O</td></tr>
<tr><td>G26</td><td>主轴速度波动检测通</td><td>X</td><td>O</td></tr>
<tr><td>G27</td><td rowspan="3">00</td><td>参考点返回检验</td><td>O</td><td>B</td></tr>
<tr><td>G28</td><td>参考点返回</td><td>O</td><td>B</td></tr>
<tr><td>G29</td><td>从参考点返回</td><td>O</td><td>B</td></tr>
<tr><td>G32</td><td rowspan="2">01</td><td>螺纹切削</td><td>B</td><td>B</td></tr>
<tr><td>G33</td><td>螺纹切削</td><td>X</td><td>X</td></tr>
<tr><td>G36</td><td rowspan="2"></td><td>自动刀具补偿 X</td><td>O</td><td>X</td></tr>
<tr><td>G37</td><td>自动刀具补偿 Z</td><td>O</td><td>X</td></tr>
<tr><td>*G40</td><td rowspan="3">07</td><td>取消刀尖半径补偿</td><td>O</td><td>B</td></tr>
<tr><td>G41</td><td>刀尖半径左补偿</td><td>O</td><td>B</td></tr>
<tr><td>G42</td><td>刀尖半径右补偿</td><td>O</td><td>B</td></tr>
<tr><td>G50</td><td rowspan="10">00</td><td>1. 坐标系设定；2. 主轴最大速度限定</td><td>BO</td><td>BB</td></tr>
<tr><td>G65</td><td>调用宏指令</td><td>X</td><td>O</td></tr>
<tr><td>G70</td><td>精加工复合循环</td><td>O</td><td>O</td></tr>
<tr><td>G71</td><td>外圆粗加工复合循环</td><td>O</td><td>O</td></tr>
<tr><td>G72</td><td>端面粗加工复合循环</td><td>O</td><td>O</td></tr>
<tr><td>G73</td><td>固定形状粗加工复合循环</td><td>O</td><td>O</td></tr>
<tr><td>G74</td><td>端面钻孔复合循环</td><td>O</td><td>O</td></tr>
<tr><td>G75</td><td>外圆切槽复合循环</td><td>O</td><td>O</td></tr>
<tr><td>G76</td><td>多头螺纹复合循环</td><td>O</td><td>O</td></tr>
<tr><td>G90</td><td rowspan="3">01</td><td>外圆切削循环</td><td>O</td><td>O</td></tr>
<tr><td>G92</td><td>螺纹切削循环</td><td>O</td><td>O</td></tr>
<tr><td>G94</td><td>端面切削循环</td><td>O</td><td>O</td></tr>
<tr><td>G96</td><td rowspan="2">02</td><td>主轴恒线速控制</td><td>O</td><td>B</td></tr>
<tr><td>*G97</td><td>取消主轴恒线速控制</td><td>O</td><td>B</td></tr>
<tr><td>G98</td><td rowspan="2">05</td><td>每分钟进给量</td><td>B</td><td>B</td></tr>
<tr><td>*G99</td><td>每转进给量</td><td>B</td><td>B</td></tr>
</table>

注：1. 00组的 G 代码为非模态，其它均为模态 G 代码。

2. 标有 * 的 G 代码为数控系统通电后的状态。

G 代码按其功能的不同分为若干组。G 代码有两种模态：模态式 G 代码和非模态式 G 代码。00组的 G 代码属于非模态式的 G 代码，只限定在被指定的程序段中有效，其余组的 G 代码属于模态式 G 代码，具有续效性，在后续程序段中，只要同组其它 G 代码未出现之前一直有效。

不同组的 G 代码在同一个程序段中可以指令多个，但如果在同一个程序段中指令了两个或两个以上属于同一组的 G 代码时，只有最后面那个 G 代码有效。如果在程序中指令了 G 代码表中没有列出的 G 代码，则显示报警。

2. 辅助功能

辅助功能是用地址字 M 及二位数字表示的。它主要用于机床加工操作时的工艺性指令。其特点是靠继电器的通断来实现其控制过程。

（1）M00程序暂停　执行 M00后，机床所有动作均被切断，重新按动程序启动按钮后，再继续执行后面的程序段。

（2）M01任选暂停　执行过程和 M00相同，只是在机床控制面板上的“任选停止”开关置于接通位置时，该指令才有效。

（3）M02主程序结束　切断机床所有动作，并使程序复位。

（4）M03启动主轴正转。

（5）M04启动主轴反转。

（6）M05主轴停止。

（7）M06刀塔转位　M06必须与相应的刀号（T 代码）结合，才构成完整的换刀指令。

（8）M08切削液开。

（9）M09切削液关。

（10）M10车螺纹45°退刀。

（11）M11车螺纹直退刀。

（12）M12误差检测。

（13）M13误差检测取消。

（14）M19主轴准停 。

（15）M20ROBOT 工作启动。

（16）M30程序结束、纸带终了。

3. N、F、T、S 功能

（1）N 功能　程序段号是用地址 N 和后面的四位数字来表示的。通常是按顺序在每个程序段前加上编号（顺序号），但也可以只在需要的地方编号。

（2）F 功能　进给功能是表示进给速度，进给速度是用字母 F 和其后面的若干位数字来表示的。

1）每分钟进给（G98）：系统在执行了一条含有 G98的程序段后，再遇到 F 指令时，便认为 F 所指定的进给速度单位为 mm/min。如 F25.54即为 F25.54mm/min。

G98被执行一次后，系统将保持 G98状态，即使断电也不受影响。直至系统又执行了含有 G99的程序段，G98便被否定，而 G99将发生作用。

2）每转进给（G99）：若系统处于 G99状态，则认为 F 所指定的进给速度单位为 mm/r。如 F0.2即为 F0.2mm/r。

要取消G99状态，必须重新指定G98。

(3) T功能　刀具功能是表示换刀功能，根据加工需要在某些程序段指令进行选刀和换刀。刀具功能是用字母T和其后的四位数字表示。其中前两位为刀具号，后两位为刀具补偿号。每一刀具加工结束后必须取消其刀具补偿。例如：

N1 G50 X270.0 Z400.0

N2 G00 S2000 M03

N3 T0304　　　　　(3号刀具、4号补偿)

N4 X40.0 Z100.0

N5 G01 Z50.0 F20

N6 G00 X270.0 Z400.0

N7 T0300　　　　　(3号刀具补偿取消)

(4) S功能　主轴功能主要是表示主轴转速或速度。主轴功能是用字母S和其后面的数字表示的。

1) 恒线速度控制（G96）：G96是接通恒线速度控制的指令。系统执行G96指令后，便认为用S指定的数值表示切削速度。例如：

G96 S200

表示切削速度是200m/min。

在恒线速度控制中，数控系统根据刀尖所在处的X坐标值，作为工件的直径值来计算主轴转速，所以在使用G96指令前必须正确地设定工件坐标系。

2) 主轴转速控制（G97）：G97是取消恒线速度控制的指令。此时，S指定的数值表示主轴每分钟的转数。例如：

G97 S1500

表示主轴转速为1500r/min。

3) 主轴最高速度限定（G50）：G50除有坐标系设定功能外，还有主轴最高转速设定的功能，即用S指定的数值设定主轴每分钟的最高转速。例如：

G50 S2000

表示把主轴最高转速设定为2000r/min。

用恒线速度控制加工端面、锥度和圆弧时，由于X坐标不断变化，故当刀具逐渐移近工件旋转中心时，主轴转速会越来越高，工件有可能从卡盘中飞出。为了防止事故，有时必须限制主轴的最高转速，这时可使用G50 S____指令达到此目的。

二、坐标系统

1.机床的坐标轴

数控车床是以机床主轴轴线方向为Z轴方向，刀具远离工件的方向为Z轴的正方向。X轴位于与工件安装面相平行的水平面内，垂直于工件旋转轴线的方向，且刀具远离主轴轴线的方向为X轴的正方向。

2.机床原点、参考点及机床坐标系

机床原点为机床上的一个固定点。车床的机床原点定义为主轴旋转中心线与车头端面的交点。如图3-2所示，O点即为机床原点。

参考点也是机床上一固定点。该点与机床原点的相对位置如图3-2所示（点O′即为参考点)，其固定位置由Z向与X向的机械挡块来确定。当进行回参考点的操作时，装在纵向和横向滑板上的行程开关碰到相应的挡块后，向数控系统发出信号，由系统控制滑板停止运动，完成回参考点的操作。

如果以机床原点为坐标原点，建立一个Z轴与X轴的直角坐标系，则此坐标系就称为机床坐标系。

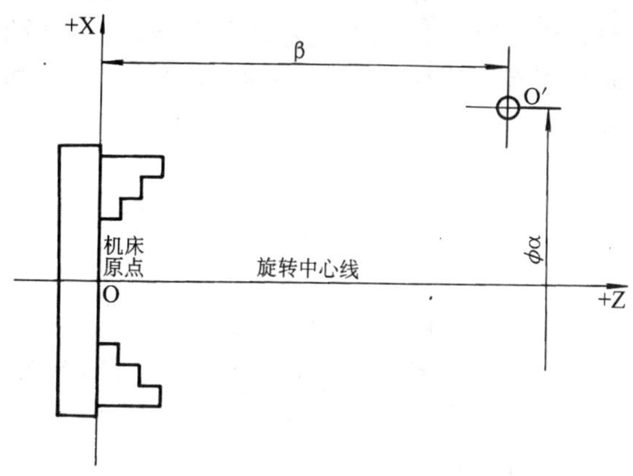

图3-2　机床原点和参考点

机床通电之后，不论刀架位于什么位置，此时显示器上显示的Z与X的坐标值均为零。当完成回参考点的操作后，则马上显示此时刀架中心(对刀参考点)在机床坐标系中的坐标值，就相当于数控系统内部建立了一个以机床原点为坐标原点的机床坐标系。

3.工件原点和工件坐标系

零件图样给出以后，首先应找出图样上的设计基准点。其它各项尺寸均是以此点为基准进行标注的。该基准点称之为工件原点。以工件原点为坐标原点建立一个Z轴与X轴的直角坐标系,称为工件坐标系。

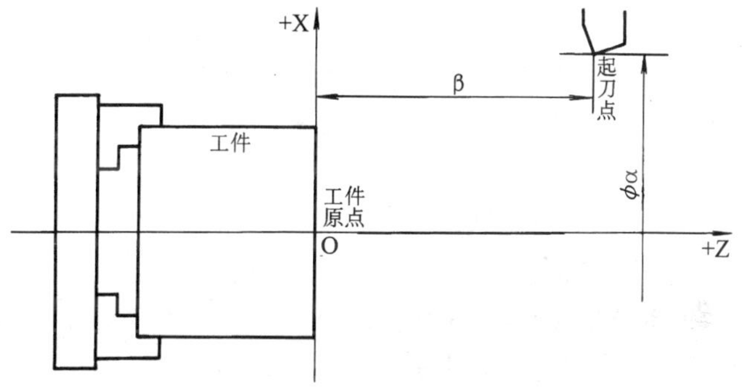

图3-3　工件原点和工件坐标系

工件原点是人为设定的,设定的依据是既要符合图样尺寸的标注习惯，又要便于编程。通常工件原点选择在工件右端面、左端面或卡爪的前端面。将工件安装在卡盘上，则机床坐标系与工件坐标系是不重合的。而工件坐标系的Z轴一般与主轴轴线重合、X轴随工件原点位置不同而异；各轴正方向与机床坐标系相同。如图3-3所示为以工件右端面为工件原点的工件坐标系。

4.绝对编程与增量编程

X轴和Z轴移动量的指令方法有绝对指令和增量指令两种。绝对指令是对各轴移动到终点的坐标值进行编程的方法，称为绝对编程法。增量指令是用各轴的移动量直接编程的方法，称为增量编程法。

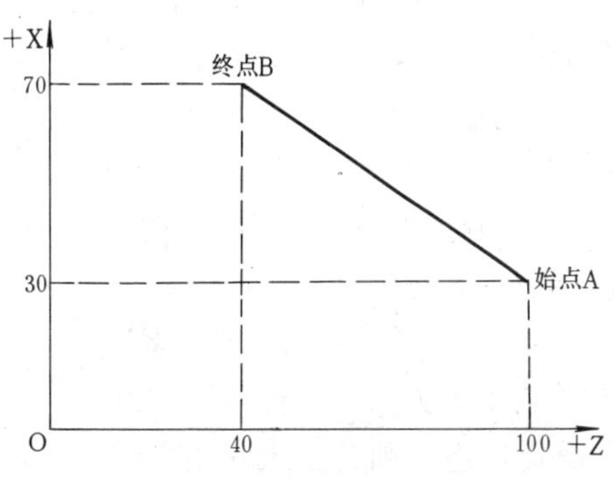

图3-4　增量值与绝对值

绝对编程时,用X、Z表示X轴与Z轴的坐标值；增量编程时，用U、W表示在X轴和Z轴上的移动量。如图3-4所示,增量指令时为U40.0 W−60.0,绝对指令时为X70.0 Z40.0，绝对编程和增量编程可在同一程序中混合使用，这样可免去编程时一些尺寸值的计算，如X70.0 W−60.0。

5. 直径编程与半径编程

编制轴类零件的加工程序时，因其横截面为圆形，所以尺寸有直径指定和半径指定两种方法，采用哪种方法要由系统的参数决定。当用直径值编程时，称为直径编程法；用半径值编程时，称为半径编程法。车床出厂时设定为直径编程，所以在编制与X轴有关的各项尺寸时，一定要用直径值编程。如需用半径编程，则要改变系统中相关的几项参数，使系统处于半径编程状态。

第三节　基本编程方法

一、坐标系设定（G50）

工件安装在卡盘上，机床坐标系与工件坐标系是不重合的。为便于编程，应建立一个工件坐标系，使刀具在此坐标系中进行加工。

1. 工件坐标系设定

G50 X____ Z____

该指令是规定刀具起刀点（或换刀点）至工件原点的距离。坐标值X、Z为刀尖（刀位点）在工件坐标系中的起始点（即起刀点）位置。如图3-3所示，假设刀尖的起始点距工件原点的Z向尺寸和X向尺寸分别为β和α（直径值），则执行程序段

G50 Xα Zβ

后，系统内部即对（α，β）进行记忆，并显示在显示器上，这就相当于系统内部建立了一个以工件原点为坐标原点的工件坐标系。

例如，图3-5所示坐标系设定，当以工件左端面为工件原点时：

G50 X200.0 Z263.0

当以工件右端面为工件原点时：

G50 X200.0 Z123.0

当以卡爪前端面为工件原点时：

G50 X200.0 Z253.0

显然，当α、β不同或改变刀具的当前位置时，所设定出的工件坐标系的工件原点位置也不同。因此在执行程序段G50 Xα Zβ前，必须先进行对刀，通过调整机床，将刀尖放在程序所要求的起刀点位置（α、β）上。其方法有下述两种。

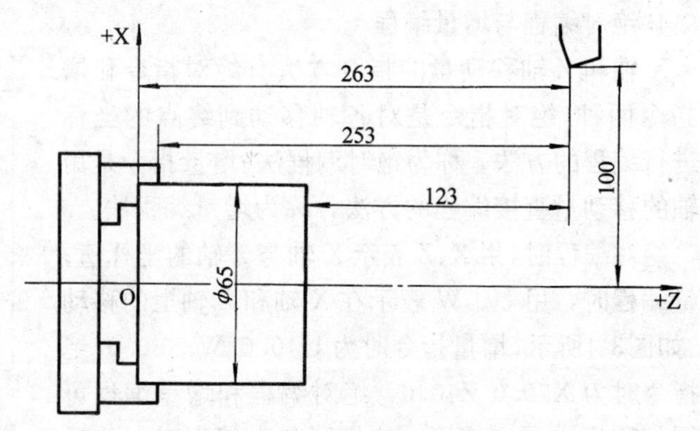

图3-5　工件坐标系设定

（1）试切对刀　具体步骤如下：

1）回参考点操作：用ZRN（回参考点）方式，进行回参考点的操作，建立机床坐标系。此时CRT上将显示刀架中心（对刀参考点）在机床坐标系中的当前位

置坐标值。

2）试切测量：用 MDI 方式操纵机床将工件外圆表面试切一刀，然后保持刀具在横向（X 轴方向）上的位置尺寸不变，沿纵向（Z 轴方向）退刀；测量工件试切后的直径 D 即可知道刀尖在 X 轴方向上的当前位置坐标值，并记录 CRT 上显示的刀架中心（对刀参考点）在机床坐标系中 X 轴方向上的当前位置坐标值 x_t。用同样的方法再将工件右端面试车一刀，保持刀具纵向（Z 轴方向）位置不变，沿横向（X 轴方向）退刀，同样可以测量试切端面至工件原点的距离（长度）尺寸 L，并记录 CRT 上显示的刀架中心（对刀参考点）在机床坐标系中 Z 轴方向上的当前位置坐标值 z_t。

3）计算坐标增量：根据试切后测量的工件直径 D、端面距离长度 L 与程序所要求的起刀点位置（α、β），算出将刀尖移到起刀点位置所需的 X 轴坐标增量 α-D 与 Z 轴坐标增量 β-L。

4）对刀：根据算出的坐标增量，用手摇脉冲发生器移动刀具，使前面记录的位置坐标值（x_t，z_t）增加相应的坐标增量，即将刀具移至使 CRT 上所显示的刀架中心（对刀参考点）在机床坐标系中位置坐标值为（x_t＋α-D，z_t＋β-L）为止。这样就实现了将刀尖放在程序所要求的起刀点位置（α，β）上。

5）建立工件坐标系：若执行程序段为 G50 Xα Zβ，则 CRT 将会立即变为显示当前刀尖在工件坐标系中的位置（α，β），即数控系统用新建立的工件坐标系取代了前面建立的机床坐标系。

例如，如图3-5所示。设以卡爪前端面为工件原点（G50 X200.0 Z253.0），若完成回参考点操作后，经试切，测得工件直径为 ϕ67mm，试切端面至卡爪前端面的距离尺寸为131mm，而 CRT 上显示的位置坐标值为 X265.763 Z297.421。为了将刀尖调整到起刀点位置 X200.0 Z253.0上，只要将显示的位置 X 坐标增加200－67＝133，Z 坐标增加253－131＝122，即将刀具移到使 CRT 上显示的位置为 X398.763 Z419.421即可。执行加工程序段 G50 X200.0 Z253.0，即可建立工件坐标系，并显示刀尖在工件坐标系中的当前位置 X200.0 Z253.0。

对具有刀具补偿功能的数控机床，其对刀误差还可以通过刀具偏移来补偿，所以调整机床时的要求并不严格。

（2）改变参考点位置　通过数控系统参数设定功能或调整机床各坐标轴的机械挡块位置，将参考点设置在与起刀点相对应的对刀参考点上。这样在进行回参考点操作时，即能使刀尖到达起刀点位置。

2.坐标系平移

G50 U____ W____

该指令能把已建立起来的某个坐标系进行平移，其中 U 和 W 分别代表坐标原点在 X 轴和 Z 轴上的位移量。

如图3-6所示，在执行“G50 Uα Wβ”以前，系统所显示的坐标值为 X＝a、Z＝b，执行完该指令后，系统所显示的坐标值将变为 X＝a＋α、Z＝b＋β，即相当于将坐标原点从 O 点平移到了 O′ 点。

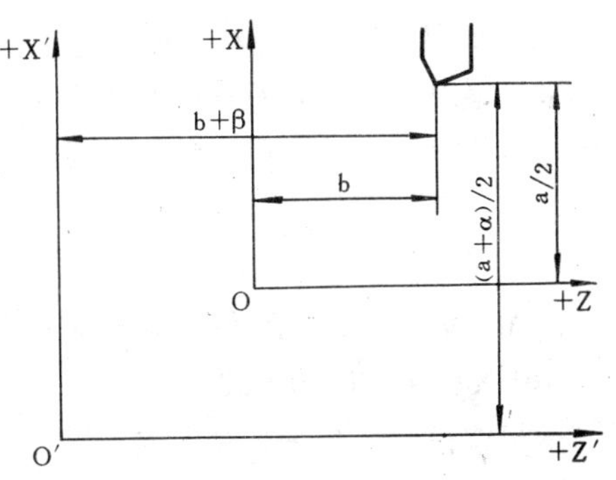

图3-6　坐标系的设定与平移

由此可见，G50的作用就是让系统内部用新的坐标值代替旧的坐标值，从而建立新的坐标系。工件坐标系一旦建立，就取代了原来的机床坐标系，反之，如果重新建立机床坐标系，又会取代旧的工件坐标系。

应当注意，在机床坐标系中，坐标值是刀架中心点（对刀参考点）相对机床原点的距离；而在工件坐标系中，坐标值则是刀尖相对工件原点的距离。

二、快速定位（G00）

G00 X（U）___ Z（W）___

采用绝对编程时，刀具分别以各轴快速进给速度移动到工件坐标系中坐标值为X、Z的点上；采用增量编程时，则刀具移动到距始点（当前点）距离为U、W值的点上。执行该指令时，刀具的进给路线可能为一折线，这与参数设定的各轴快速进给速度有关。

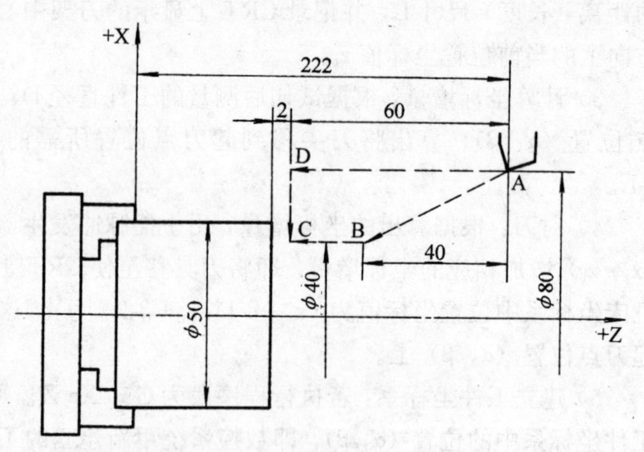

图3-7 快速定位

例如，如图3-7所示，若X轴的快速进给速度为3000mm/min，Z轴的快速进给速度为6000mm/min，刀具的始点位于工件坐标系的A点。当程序为：

G50 X80.0 Z222.0　　坐标系设定

G00 X40.0 Z162.0　　A→B→C

（或：G00 U−40.0 W−60.0）

则刀具先沿X轴和Z轴同时移至B点，然后再沿Z轴移至C点。若此进给路线A→B→C不合适时，可将指令分两个程序段，两个轴分别移动：

G50 X80.0 Z222.0　　坐标系设定

G00 Z162.0　　A→D

X40.0　　D→C

三、直线插补（G01）

G01 X（U）___ Z（W）___ F___

采用绝对编程时，刀具以F指令的进给速度进行直线插补，移至坐标值为X、Z的点上；采用增量编程时，刀具则移至距当前点（始点）的距离为U、W值的点上。而F代码是进给路线的进给速度指令代码，在没有新的F指令以前一直有效，不必在每个程序段中都写入F指令，如图 3-8 所示。

例如，如图3-9所示。绝对编程时：A→B

G01 X45.0 Z13.0 F30

增量编程时：A→B

G01 U20.0 W−20.0 F30

例如（图3-10）：

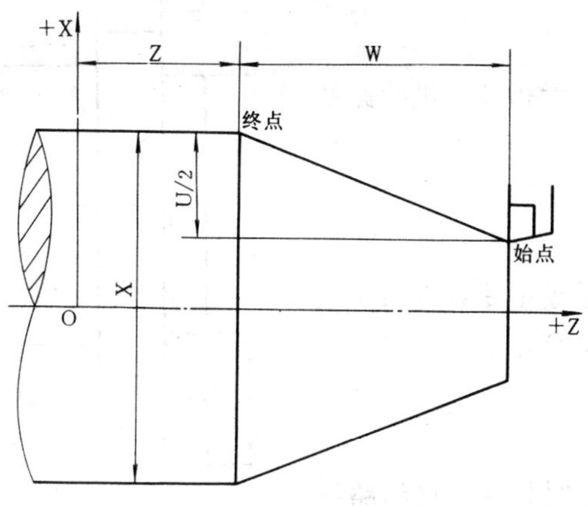

图3-8 直线插补

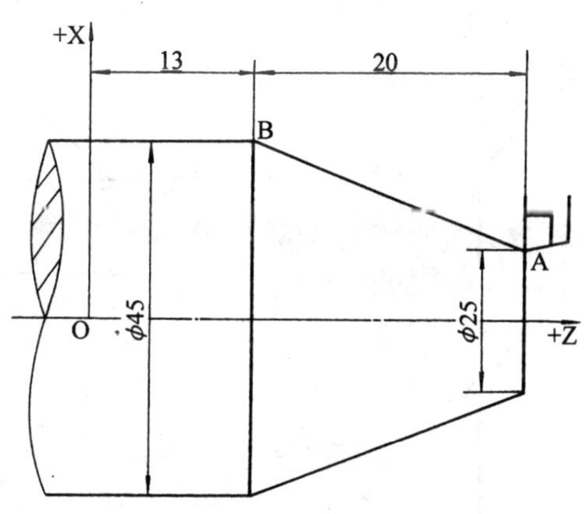

图 3-9

G01 Z10.0 F50

或 G01 W−182.0 F50

四、倒角与倒圆（G01）

回转体类零件的台阶和端面可用G01指令来实现倒角与倒圆。

1.倒角 Z→X

G01 Z（W）b I ±i

b 点的移动用绝对或增量指令，进给路线为：A→D→C，如图 3-11a 所示。

2. 倒角 X→Z

G01 X（U）$\underline{b}$ K $\underline{\pm k}$

b 点的移动用绝对或增量指令，进给路线为：A→D→C，如图 3-11b 所示。

3. 倒圆 Z→X

G01 Z（W）$\underline{b}$ R $\underline{\pm r}$

b 点的移动用绝对或增量指令，进给路线为：A→D→C，如图 3-11c 所示。

4. 倒圆 X→Z

G01 X（U）$\underline{b}$ R $\underline{\pm r}$

b 点的移动用绝对或增时指令，进给路线为：A→D→C，如图 3-11d 所示。

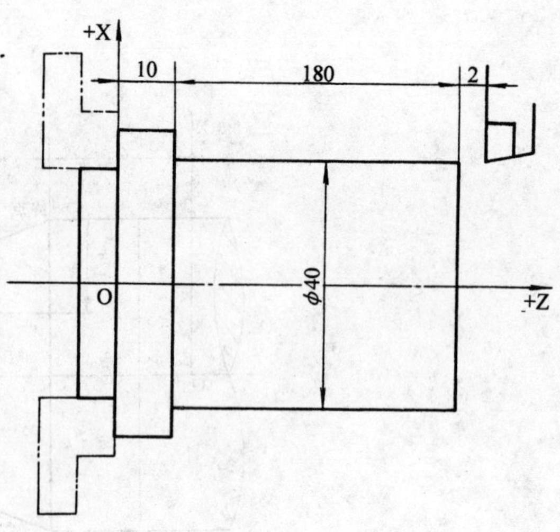

图 3-10

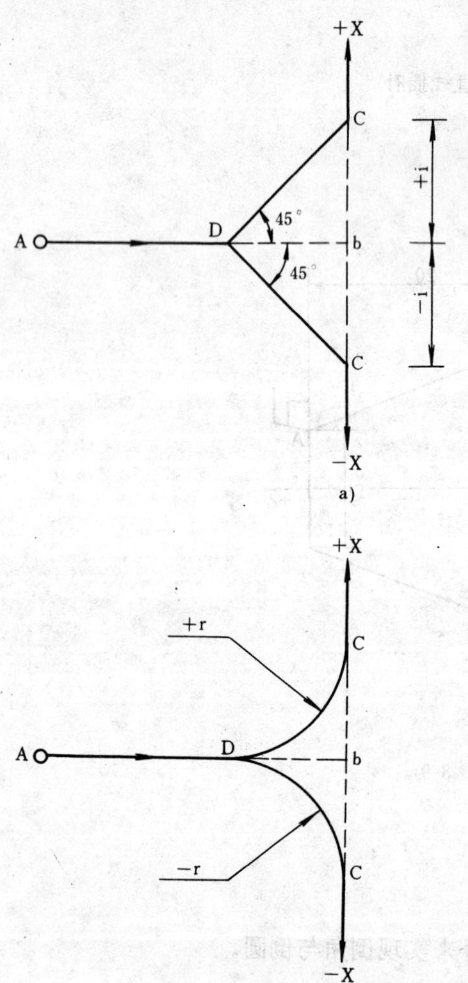

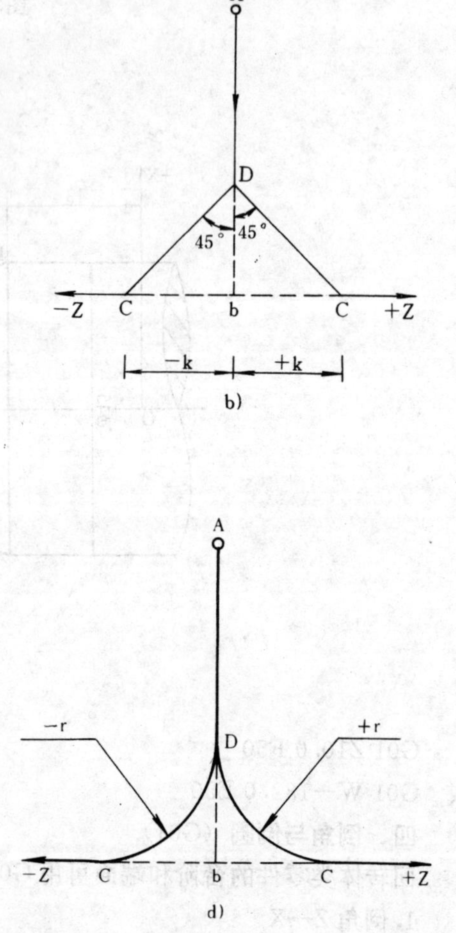

图3-11 倒角与倒圆

五、圆弧插补（G02、G03）

$\begin{Bmatrix} G02 \\ G03 \end{Bmatrix}$ X（U）____ Z（W）____ $\begin{Bmatrix} I\_\_\_\_ K\_\_\_\_ \\ R\_\_\_\_ \end{Bmatrix}$ F____

圆弧插补G02、G03指令刀具相对工件以F指令的进给速度从当前点（始点）向终点进行圆弧插补。G02是顺时针圆弧插补指令，G03是逆时针圆弧插补指令。见图3-12，绝对编程时，X、Z为圆弧终点坐标值；增量编程时，U、W为终点相对始点的距离。R是圆弧半径，当圆弧所对的圆心角为0°～180°时，R取正值；当圆心角为180°～360°时，R取负值。I、K为圆心在X、Z轴方向上相对始点的坐标增量，当I、K为零时可以省略；I、K和R同时给予指令的程序段，以R为优先，I、K无效。

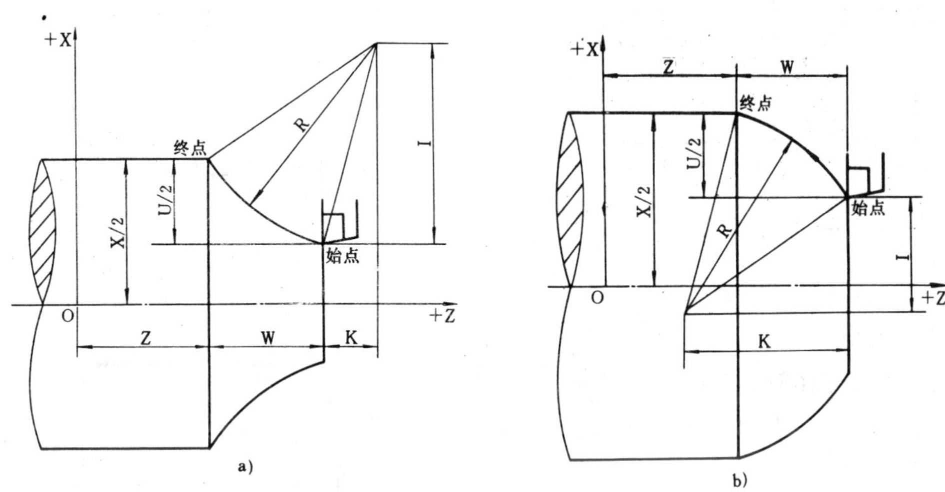

图3-12　圆弧插补

a）G02　b）G03

例如（图3-13）：

绝对编程时：

G01 Z25.0 F100　　A→B

G02 X46.0 Z17.0 I8.0（或R8.0）　　B→C

G01 X50.0　　C→D

增量编程时：

G01 W－10.0 F100

G02 U16.0 W－8.0I8.0（或R8.0）

G01 U4.0

例如（图3-14）：

绝对编程时：

G01 X20.0 F100　　A→B

G03 X44.0 Z23.0 K－12.0（或R12.0）　　B→C

G01 Z10.0　　C→D

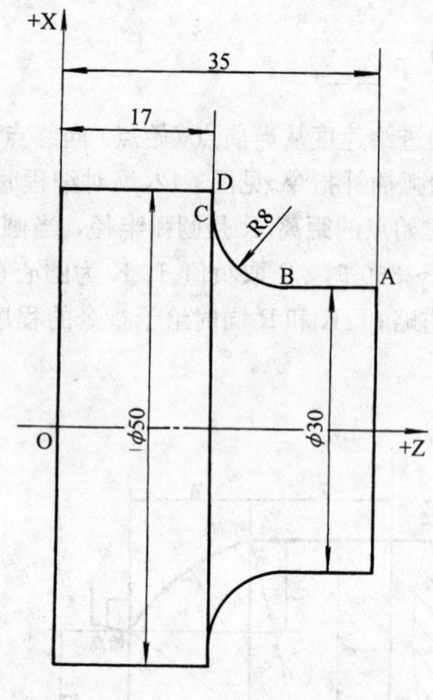

图 3-13

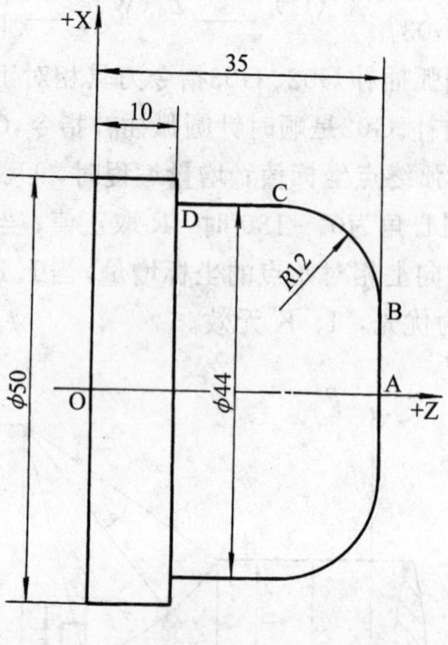

图 3-14

增量编程时：

G01 U20.0 F100

G03 U24.0 W－12.0K－12.0（或 R12.0）

G01 W－13.0

例如（图3-15）：

G01 W－5.0 F100　　　　A→B

G02 X36.0 W－20.0 R20.0　　　　B→C

G01 W－5.0　　　　C→D

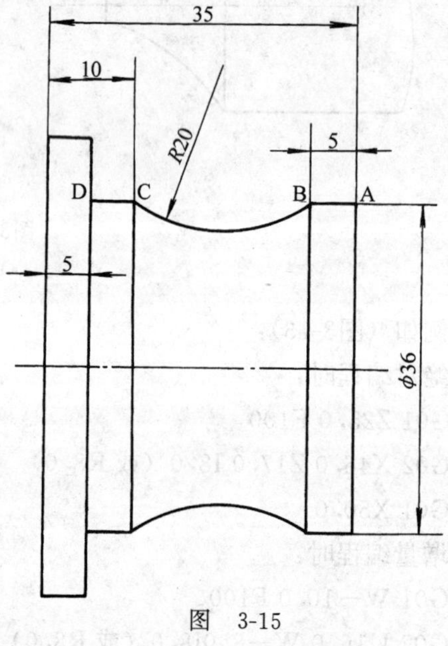

图 3-15

六、暂停（G04）

G04 $\left\{\begin{matrix} P \_\_\_\_ \\ X\ (U)\ \_\_\_\_ \end{matrix}\right\}$

X、U、P 的指令值是暂停时间，其中 P 后面的数值为整数，单位为 μs，X（U）后面为带小数点的数，单位为 s。

该指令除常在切削或钻、镗孔时使用外，还可用于拐角轨迹控制。由于系统的自动加减速作用，刀具在拐角处的轨迹并不是直角。如果拐角处的精度要求很严，其轨迹必须是直角时，可在拐角处使用暂停指令。

例如欲停留1.5s 时，则程序段为：

G04 X1.5

或　G04 U1.5

或　G04 P1500

七、米制输入与英制输入（G21，G20）

G21和G20是两个互相取代的G代码，机床出厂时一般设定为G21状态，车床的各项参数均以米制单位设定，所以车床一般适用于米制尺寸零件的加工。如果一个程序开始用G20指令，则表示程序中相关的一些数据均为英制（单位为in）；如果程序用G21指令，则表示程序中的数据是米制（单位为mm）。在一个程序内，不能同时使用G20与G21指令，且必须在坐标系确定之前指定。G20或G21指令断电前后一致，即停机前使用的G20或G21指令，在下次开机时仍有效，除非再重新设定。

八、回参考点检验（G27）、**自动返回参考点**（G28）、**从参考点返回**（G29）

1. 回参考点检验（G27）

G27 X（U）____ Z（W）____ T0000

G27用于检查X轴与Z轴是否能正确返回参考点。执行G27指令的前提是机床在通电后必须返回过一次参考点（手动返回或用G28指令返回）。

执行该指令时，各轴按指令中给定的坐标值快速定位，且系统内部检测参考点的行程开关信号。如果定位结束后检测到开关信号发令正确，参考点的指示灯亮，说明滑板正确回到了参考点位置；如果检测到的信号不正确，系统报警，说明程序中指令的参考点坐标值不对或机床定位误差过大。

该指令之后，如欲使机床停止，须加入一辅助功能M00指令。否则机床将继续执行下一个程序段。

2. 自动返回参考点（G28）

G28 X（U）____ Z（W）____ T0000

执行该指令时，刀具先快速移动到指令值所指令的中间点位置，然后自动返回参考点。到达参考点后，相应坐标方向的指示灯亮，如图3-16所示。

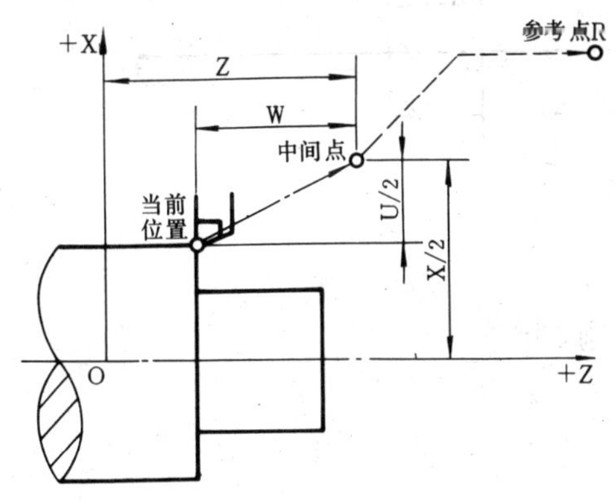

图3-16　自动返回参考点

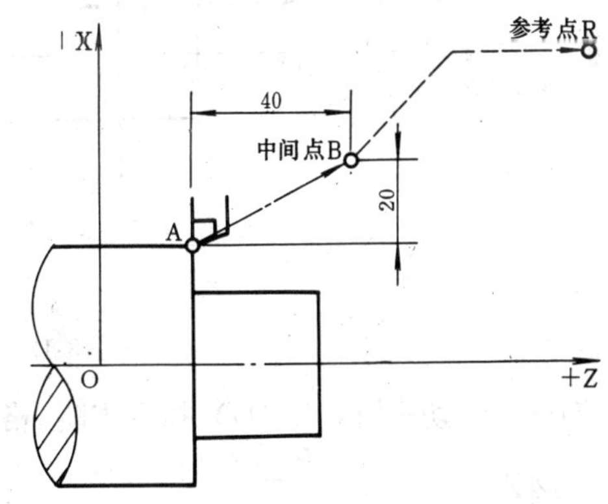

图　3-17

注意使用G27、G28指令时，须预先取消刀补量（T0000），否则会发生不正确的动作。

例如（图3-17）：

G28 U40.0 W40.0 T0000　　　（A→B→R）

3. 从参考点返回（G29）

G29 X（U）____ Z（W）____

G29指令各轴由参考点经由中间点，移至指令值所指令的返回点位置定位。增量编程时，指令值 U、W 是从中间点到返回点位移在 X、Z 轴方向的坐标增量。执行 G29指令时，被指令的各轴快速移动到前面 G28所指令的中间点，然后再移到 G29所指令的返回点定位。

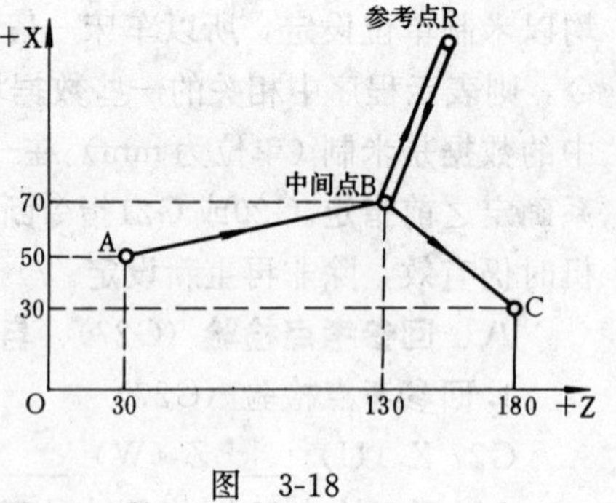

图 3-18

例如（图3-18）：

G28 U40.0 W100.0　　　A→B→R

T0202　　　换刀

G29 U－80.0 W50.0　　　R→B→C

九、螺纹切削（G32、G33、G34、G92）

1.整数导程螺纹切削（G32）

G32 X（U）＿＿ Z（W）＿＿ {F＿＿ / E＿＿}

螺纹导程用 F（单位0.01mm/min）或 E（单位0.0001mm/min）直接接令。E 指令仅在螺纹切削时有效；用于英制螺纹换算为米制螺纹时，可以获得高精度的加工。对锥螺纹（图3-19），其斜角 α 在45°以下时，螺纹导程以 Z 轴方向的值指令；45°以上至90°时，以 X 轴方向的值指令。

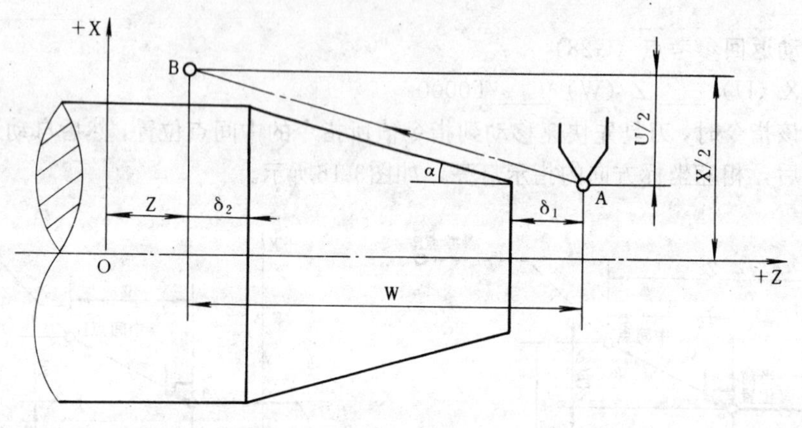

图3-19　螺纹切削 G32

圆柱螺纹切削时，X（U）指令省略。格式为：

G32 Z（W）＿＿ {F＿＿ / E＿＿}

端面螺纹切削时，Z（W）指令省略。格式为：

G32 X（U）＿＿ {F＿＿ / E＿＿}

螺纹切削应注意在两端设置足够的升速进刀段 δ_1 和降速退刀段 δ_2。

如螺纹牙型深度较深、螺距较大时，可分数次进给，每次进给的背吃刀量用螺纹深度减精加工背吃刀量所得的差按递减规律分配，如图 3-20 所示。

常用螺纹切削的进给次数与背吃刀量见表3-2。

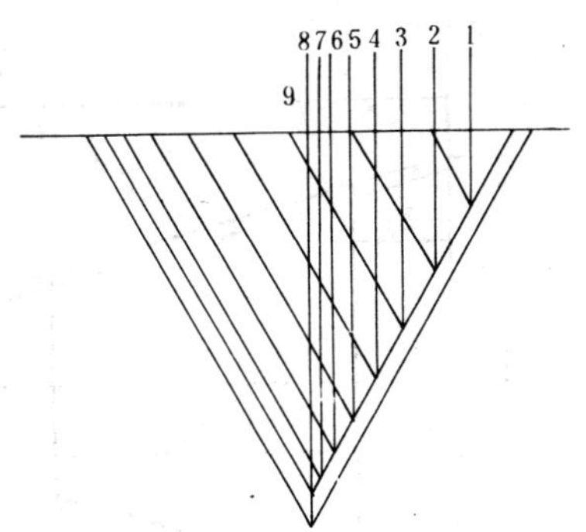

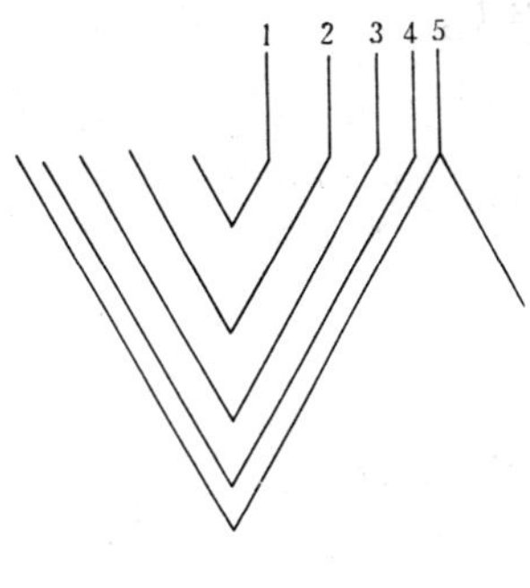

图3-20　螺纹进刀切削方法

表3-2　常用螺纹切削的进给次数与背吃刀量　(mm)

米制螺纹								
螺　距		1.0	1.5	2.0	2.5	3.0	3.5	4.0
牙　深		0.649	0.974	1.299	1.624	1.949	2.273	2.598
背吃刀量及切削次数	1次	0.7	0.8	0.9	1.0	1.2	1.5	1.5
	2次	0.4	0.6	0.6	0.7	0.7	0.7	0.8
	3次	0.2	0.4	0.6	0.6	0.6	0.6	0.6
	4次		0.16	0.4	0.4	0.4	0.6	0.6
	5次			0.1	0.4	0.4	0.4	0.4
	6次				0.15	0.4	0.4	0.4
	7次					0.2	0.2	0.4
	8次						0.15	0.3
	9次							0.2
英制螺纹								
牙/in		24牙	18牙	16牙	14牙	12牙	10牙	8牙
牙　深		0.678	0.904	1.016	1.162	1.355	1.626	2.033
背吃刀量及切削次数	1次	0.8	0.8	0.8	0.8	0.9	1.0	1.2
	2次	0.4	0.6	0.6	0.6	0.6	0.7	0.7
	3次	0.16	0.3	0.5	0.5	0.6	0.6	0.6
	4次		0.11	0.14	0.3	0.4	0.4	0.5
	5次				0.13	0.21	0.4	0.5
	6次						0.16	0.4
	7次							0.17

例如（如图3-21），锥螺纹切削，螺纹导程为3.5mm，δ_1=2mm，δ_2=1mm，每次背吃刀量为1mm。则程序为：

```
G00 X12.0
G32 X41.0 W−43.0 F3.5
G00 X50.0
    W43.0
    X10.0
G32 X39.0 W−43.0
G00 X50.0
    W43.0
```

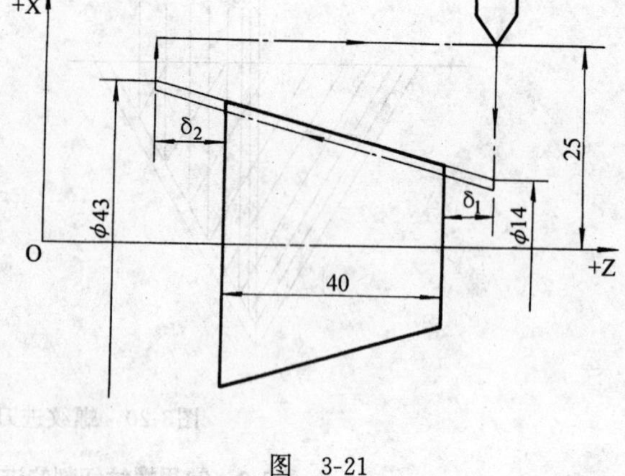

图　3-21

例如，如图3-22所示圆柱螺纹切削。螺纹导程为4mm，δ_1=3mm，δ_2=1.5mm，每次进给的背吃刀量为1mm。则程序为：

```
G00 U−62.0
G32 W−74.5 F4.0
G00 U62.0
    W74.5
    U−64.0
G32 W−74.5
G00 U64.0
    W74.5
```

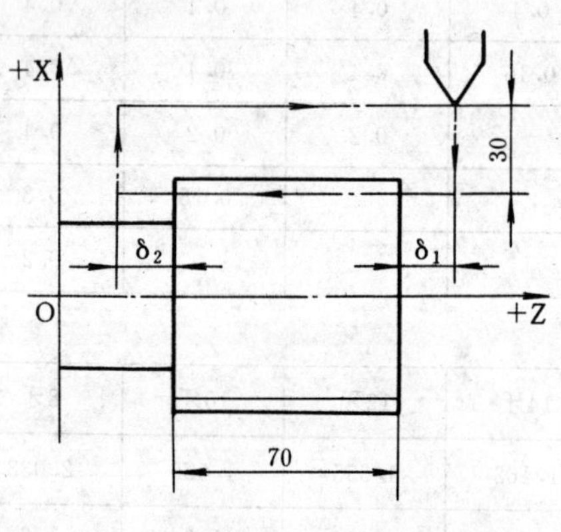

图　3-22

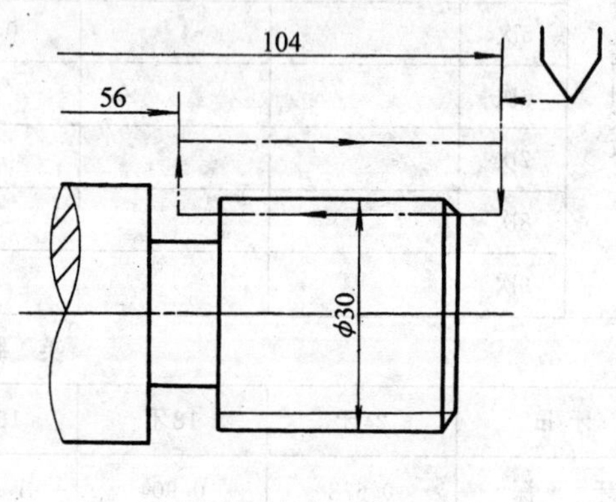

图　3-23

例如，如图3-23所示圆柱螺纹切削。螺纹导程为1.5mm。

```
G00 Z104.0
    X29.3        ap1=0.35mm
G32 Z56.0 F1.5
G00 X40.0
    Z104.0
    X28.9        ap2=0.2mm
```

```
G32 Z56.0
G00 X40.0
    Z104.0
    X28.5        ap3=0.2mm
G32 Z56.0
G00 X…
⋮
```

2. 非整数导程螺纹切削（G33）

G33 X（U）____ Z（W）____

英制螺纹参数以每英寸长度上的牙数 a 表示。当数控系统输入输出设定为米制状态时，必须把英制螺纹的参数 a 换算成用导程 L 来表示：

$$L = \frac{25.4K}{a}$$

式中，K 为螺纹线数。

然后用 G32指令中的 E 指令导程。为避免导程换算中四舍五入造成在车削时产生累积误差，可用 G33指令。如图 3-24 所示。

U 值与导程的关系。

$$U = \frac{2W}{L} \times 40.96\alpha$$

式中，$L \leqslant 0.4096\alpha$；W 为切削行程；α 为进给速率修调旋钮设定的百分比（0%、10%、20%、…、200%），操作时，必须将进给速率修调旋钮调至所设定的百分比位置上。通常 α 值均由参数设定为10%，不受进给速率修调旋钮旋转的影响。

注意主轴转速（r/min）限制：$n \leqslant \dfrac{11700}{\alpha}$

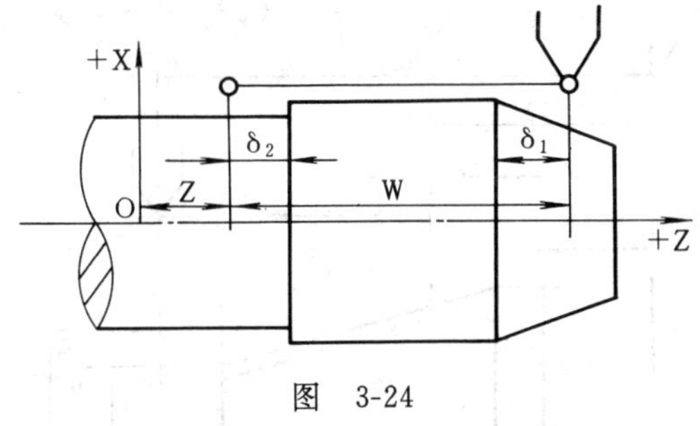

图 3-24

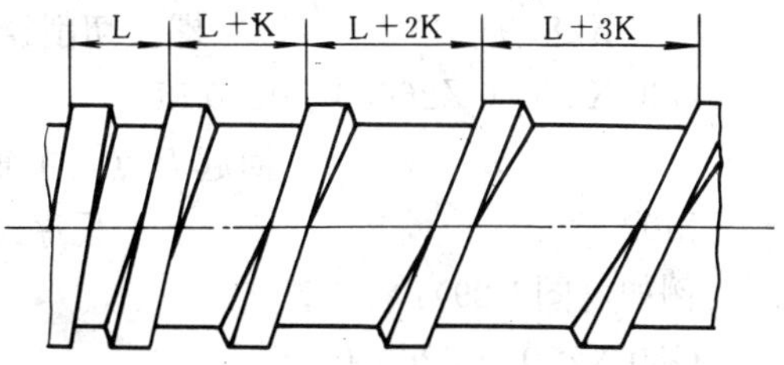

图3-25 可变导程螺纹切削

3. 可变导程螺纹切削（G34）

G34 X（U）____ Z（W）____ $\begin{Bmatrix} F \text{\_\_\_\_} \\ E \text{\_\_\_\_} \end{Bmatrix}$ K ____

X、Z、F、E 与 G32指令相同（图3-25）；K 为螺纹每导程的增（或减）量。K 值范围：米制±0.0001～100.00mm/r，英制±0.000001～1.000000in/r。

4. 螺纹切削循环（G92）

G92 X（U）____ Z（W）____ I ____ $\begin{cases} F \text{\_\_\_\_} \\ E \end{cases}$

该指令可切削锥螺纹和圆柱螺纹（图3-26）。刀具从循环起点开始按梯形循环，最后又回到循环起点。图中虚线表示按 R 快速移动，实线表示按 F（或 E）指令的工件进给速度移动；X、Z 为螺纹终点坐标值，U、W 为螺纹终点相对循环起点的坐标分量，I 为锥螺纹始点与终点的半径差。加工圆柱螺纹时，I 为零，可省略（如图 3-27 所示）。其格式为：

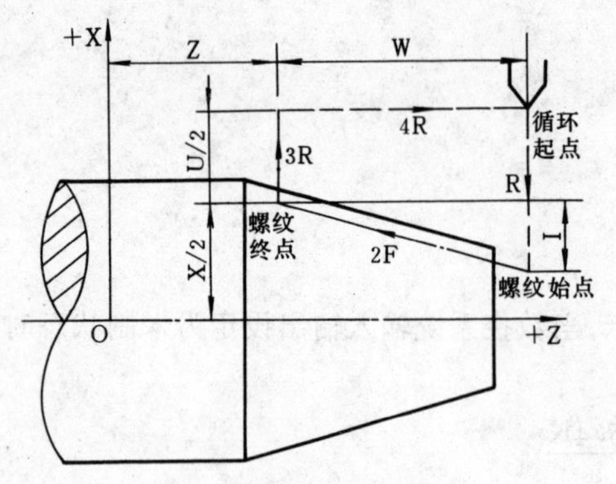

图3-26 锥螺纹切削循环

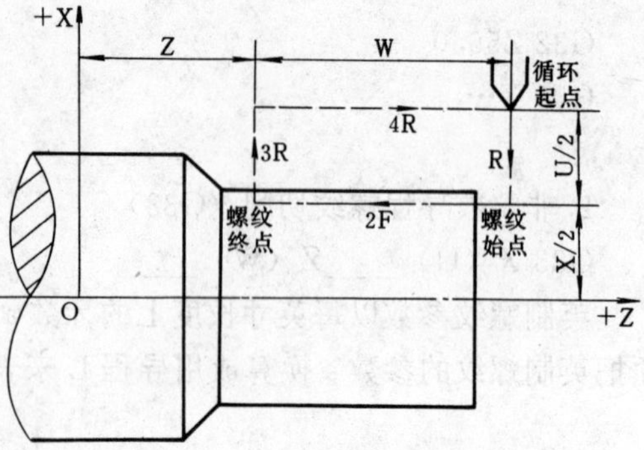

图3-27 圆柱螺纹切削循环

G92 X（U）____ Z（W）____ {F ____ / E ____}

例如（图3-28）：

```
G50 X270.0 Z260.0          坐标系设定
G97 S300                   主轴300r/min
T0101 M03                  主轴正转
G00 X35.0 Z104.0
G92 X29.2 Z56.0 F1.5       螺纹切削循环1
    X28.6                  螺纹切削循环2
    X28.2                  螺纹切削循环3
    X28.04                 螺纹切削循环4
G00 X270.0 Z260.0 T0000 M05
                           回起刀点，主轴停
M02                        程序结束
```

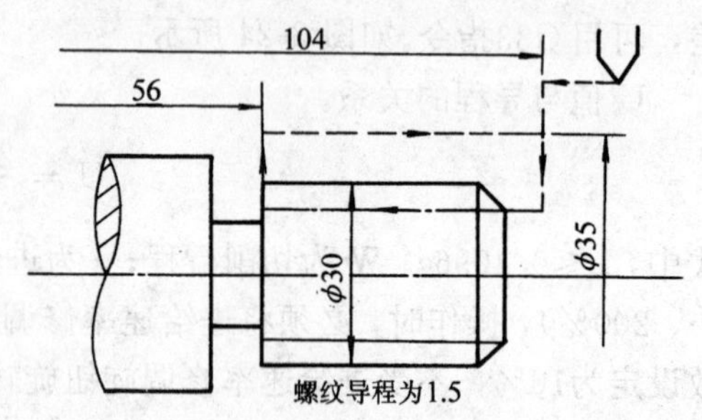

图 3-28

例如（图3-29）：

```
G50 X270.0 Z260.0
G97 S300
M03
T0101
G00 X80.0 Z62.0
G92 X49.6 Z12.0 I−5.0 F2.0
    X48.7
    X48.1
    X47.5
```

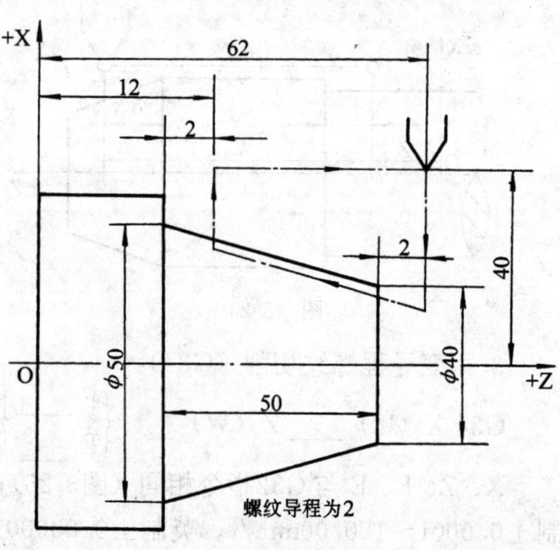

图 3-29

X47.1

X47.0

G00 X270.0 Z260.0 T0000 M05

M02

十、单一固定循环切削（G90、G94）

1.外圆切削循环（G90）

切削圆柱面时，格式为：

G90 X（U）____ Z（W）____ F ____

如图3-30所示，刀具从循环起点开始按矩形循环，最后又回到循环起点。图中虚线表示按R快速移动，实线表示按F指定的工件进给速度移动。X、Z为圆柱面切削终点坐标值；U、W为圆柱面切削终点相对循环起点的坐标分量。

切削锥面时，格式为：

G90 X（U）____ Z（W）____ I（或R）____ F ____

如图3-31所示，I（或R）为切削始点与圆锥面切削终点的半径差。

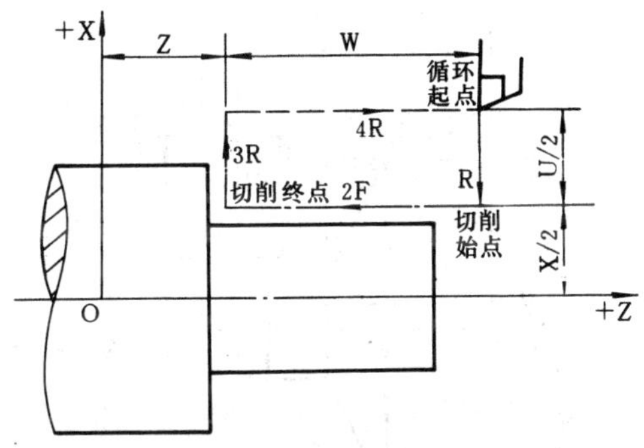

图3-30　外圆切削循环

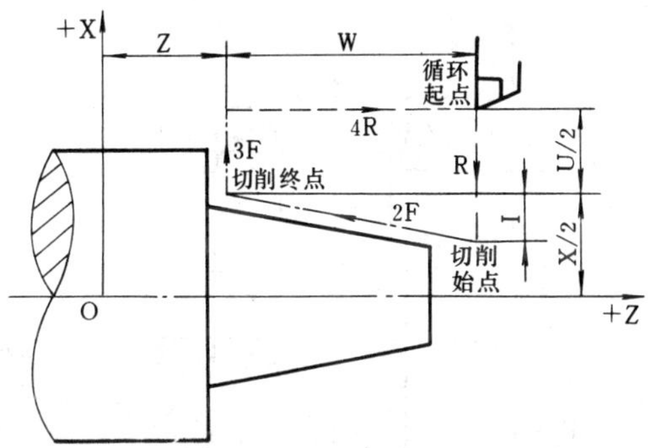

图3-31　锥面切削循环

例如（图3-32）：

G90 X40.0 Z20.0 F30.0　　A→B→C→D→A

X30.0　　A→E→F→D→A

X20.0　　A→G→H→D→A

例如（图3-33）：

G90 X40.0 Z20.0 I−5.0 F30.0　　A→B→C→D→A

X30.0　　A→E→F→D→A

X20.0　　A→G→H→D→A

2.端面切削循环（G94）

切削端平面时，格式为：

G94 X（U）____ Z（W）____ F ____

如图3-34所示，X、Z为端平面切削终点坐标值，U、W为端面切削终点相对循环起点的坐标分量。

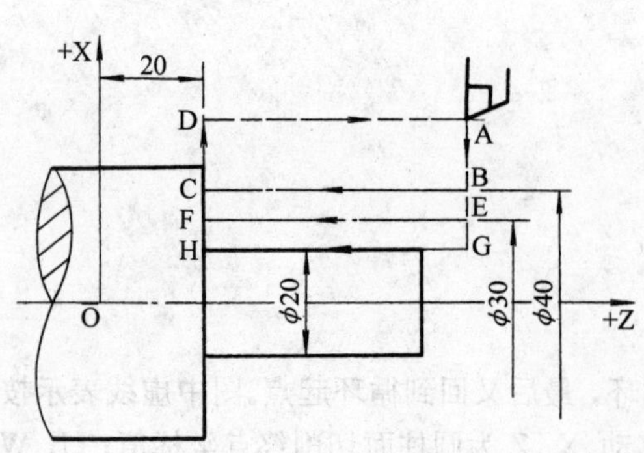

图 3-32

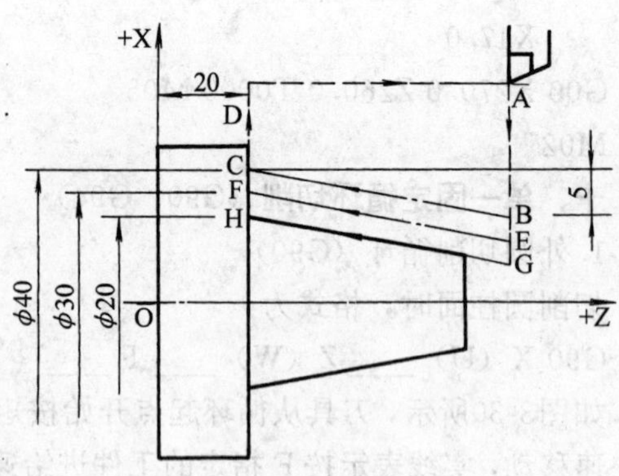

图 3-33

切削带有锥度的端面时，格式为：

G94 X（U）____ Z（W）____ K（或 R）____ F

如图 3-35 所示，K（或 R）为端面切削始点至终点位移在 Z 轴方向的坐标增量。

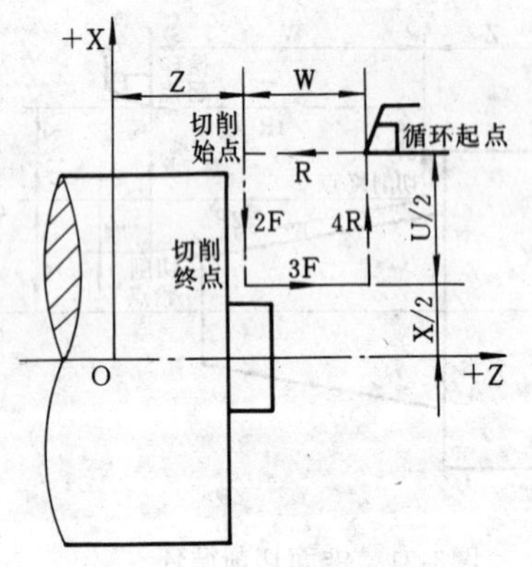

图3-34 端面切削循环

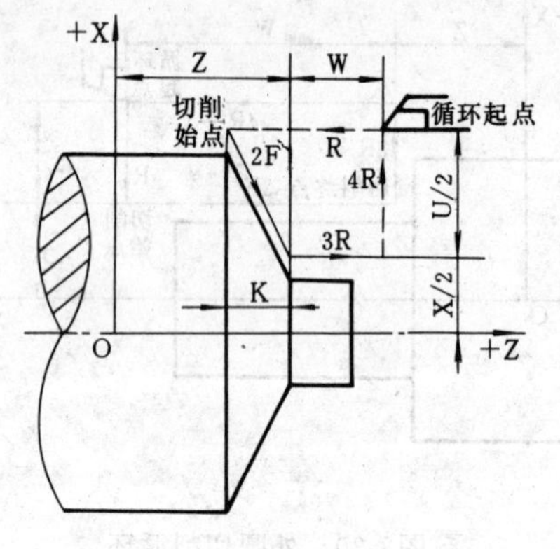

图3-35 带锥度的端面切削循环

例如（图3-36）：

```
G94 X50.0 Z16.0 F30.0          A→B→C→D→A
    Z13.0                      A→E→F→D→A
    Z10.0                      A→G→H→D→A
```

例如（图3-37）：

```
G94 X15.0 Z33.48 K-3.48 F30.0  A→B→C→D→A
    Z31.48                     A→E→F→D→A
    Z28.78                     A→G→H→D→A
```

注意一般在固定循环切削过程中，M、S、T 等功能都不变更；但如有必要变更时，必须在 G00或 G01的指令下变更，然后再指令固定循环。

例如：

N0010 S500

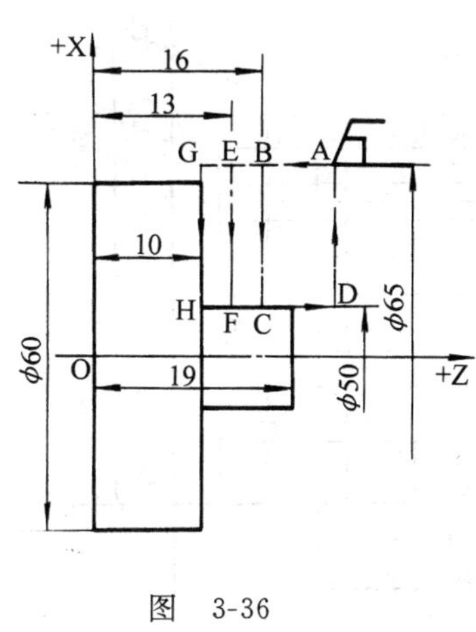

图 3-36

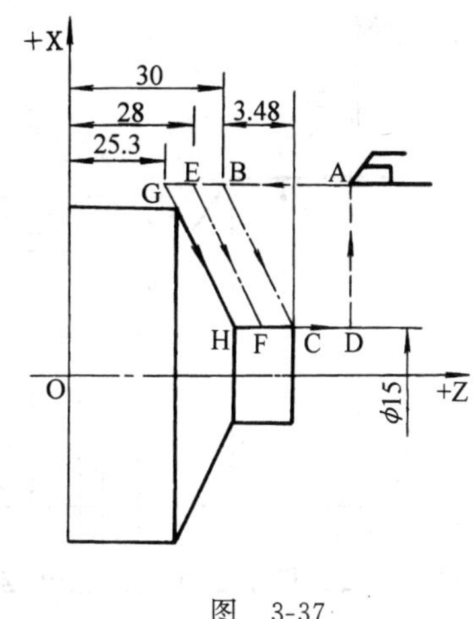

图 3-37

…

N0070 G90 X60.0 Z100.0 F20.0

N0080 S1000

N0090 G90 X55.0 Z100.0

…

十一、多重复合循环（G70～G76）

运用这组G代码，只须指定精加工路线和粗加工的背吃刀量，系统会自动计算出粗加工路线和加工次数，因此可大大简化编程。

1. 外圆粗加工循环（G71）

用于切除棒料毛坯的大部分加工余量。格式为：

G71 U $\underline{\Delta d}$ R $\underline{e}$

G71 P $\underline{ns}$ Q$\underline{nf}$ U$\underline{\Delta u}$ W$\underline{\Delta w}$ F$\underline{f}$

或 G71 P$\underline{ns}$ Q$\underline{nf}$ U$\underline{\Delta u}$ W$\underline{\Delta w}$ D$\underline{\Delta d}$ F$\underline{f}$ S$\underline{s}$

见图3-38，刀具起始点为A，假定在某段程序中指定了由A→A→B的精加工路线，只要用此指令，就可实现背吃刀量为Δd、精加工余量为Δu/2和Δw的粗加工循环。其中Δd为背吃刀量（半径值），该量无正负号，刀具的切削方向取决于AA′方向；e为退刀量，可由参数设定；ns指定精加工路线的第一个程序段的顺序号；nf指定精加工路线的最后一个程序段的顺序号；Δu为X方向上的精加工余量（直径值）；Δw为Z方向上的精加工余量。

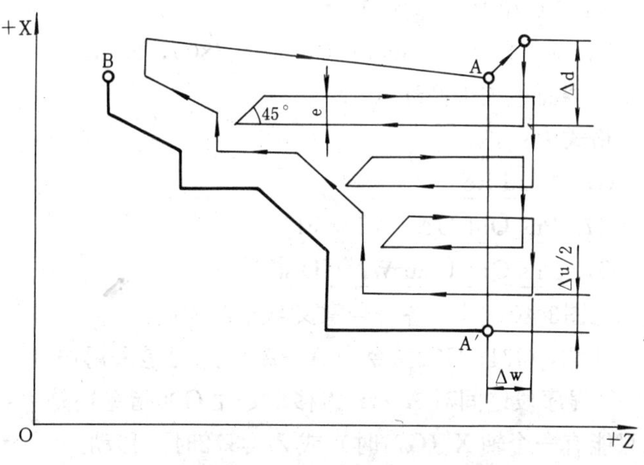

图3-38 外圆粗加工循环

例如，如图3-39所示：

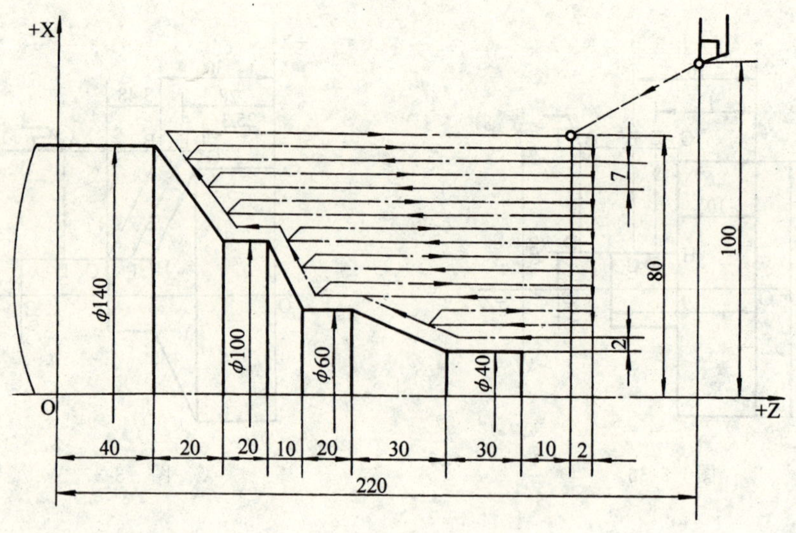

图　3-39

```
N010 G50 X200.0 Z220.0
N020 G00 X160.0 Z180.0
N030 G71 P040 Q100 U4.0 W2.0 D7.0 F30.0 S500
N040 G00 X40.0 S800
N050 G01 W-40.0 F15.0
N060     X60.0 W-30.0
N070     W-20.0
N080     X100.0 W-10.0
N090     W-20.0
N100     X140.0 W-20.0
N110 G70 P040 Q100
```

G71时：S500，F30.0；G70时：S800，F15.0。

2.端面粗加工循环（G72）

格式为：

G72 W$\underline{\Delta d}$ R$\underline{e}$

G72 P$\underline{ns}$ Q$\underline{nf}$ U$\underline{\Delta u}$ W$\underline{\Delta w}$ F$\underline{f}$

或：G72 P$\underline{ns}$ Q$\underline{nf}$ U$\underline{\Delta u}$ W$\underline{\Delta w}$ D$\underline{\Delta d}$ F$\underline{f}$ S$\underline{s}$

见图3-40，其中各符号意义与G71相同。

注意，G71、G72指令中A→A′的进刀是采用快进方式还是工进方式，取决于N（ns）与N(nf)程序段之间对A→A′的移动是用G00指令还是用G01指令。A→A′指令加工路线的程序段只能有一个轴X（G71时）或Z（G72时）移动。

例如（图3-41）：

```
N010 G50 X220.0 Z190.0
N020 G00 X176.0 Z132.0
```

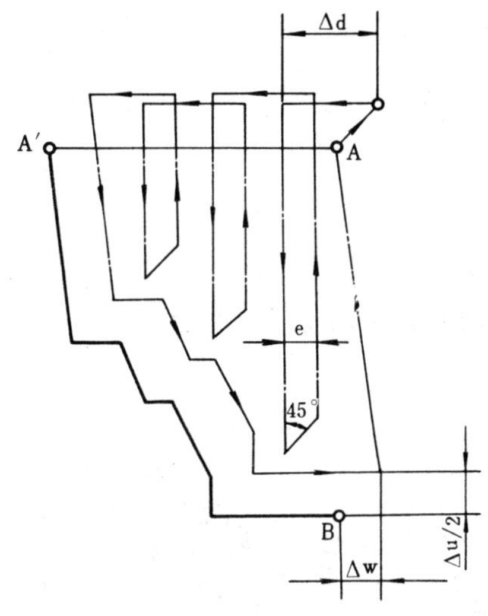

图3-40　端面粗加工循环

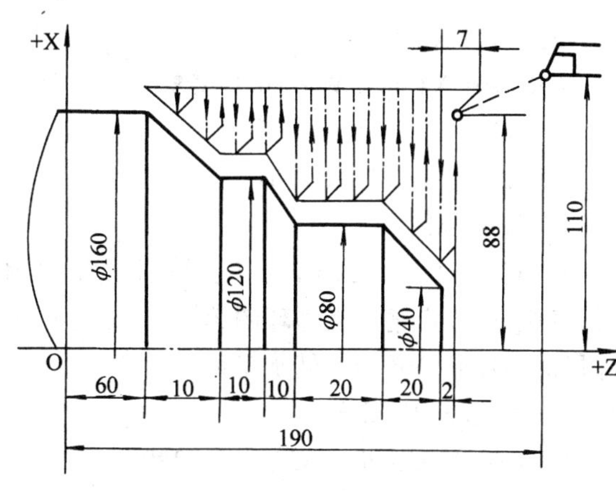

图　3-41

N030 G72 P040 Q090 U4.0 W2.0 D7.0 F30.0 S500

N040 G00 Z56.0 S800

N050 G01 X120.0 W14.0 F15.0

N060　　W10.0

N070　　X80.0 W10.0

N080　　W20.0

N090　　X36.0 W22.0

N100 G70 P040 Q090

3. 固定形状粗加工循环（G73）

该功能适合加工已基本铸造、锻造成形的一类工件。格式为：

G73 Ui Wk Rd

G73 Pns Qnf UΔu WΔw Ff

或：G73 Pns Qnf Ii Kk UΔu WΔw Dd Ff Ss

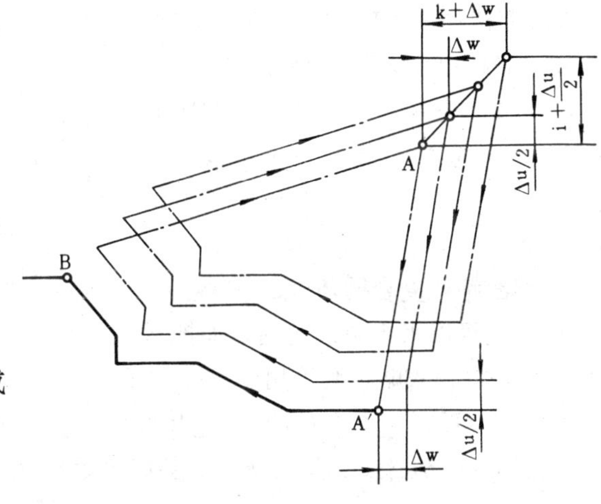

图3-42　固定形状粗加工循环

如图 3-42 所示，其中 i 为 X 轴上的总退刀量（半径值）；k 为 Z 轴上的总退刀量；d 为重复加工的次数；ns 指定精加工路线的第一个程序段的顺序号；nf 指定精加工路线的最后一个程序段的顺序号；Δu 为 X 轴上的精加工余量（直径值）；Δw 为 Z 轴上的精加工余量。

例如（图3-43）：

N010 G50 X260.0 Z220.0

N020 G00 X220.0 Z160.0

N030 G73 P040 Q090 I14.0 K14.0 U4.0 W2.0 D3 F30.0 S500

N040 G00 X80.0 W−40.0 S800

N050 G01W－20.0 F15.0

N060　　X120.0 W－10.0

N070　　W－20.0 S600

N080 G02 X160.0 W－20.0 I20.0

N090 G01 X180.0 W－10.0 S280

N100 G70 P040 Q090

4.精加工复合循环（G70）

G70 P<u>ns</u> Q<u>nf</u>

当用G71、G72、G73粗加工完毕后，用G70代码指定精加工循环，切除粗加工中留下的余量。其中ns指定精加工循环的第一个程序段的顺序号；nf指定精加工循环的最后一个程序段的顺序号。

注意，在粗加工循环G71～G73状态下，如在G71～G73以前或在G71～G73指令中指令了F、S、T，则G71～G73中指令的F、S、T优先有效，而N（ns）至N（nf）程序段中指令的F、S、T无效；在精加工循环G70状态下，如在N（ns）至N（nf）程序段中更改了F、S、T，则后者优先有效。在G70～G73功能中，N（ns）至N（nf）间的程序段不能使用子程序。循环结束后刀具快速回到循环起始点。

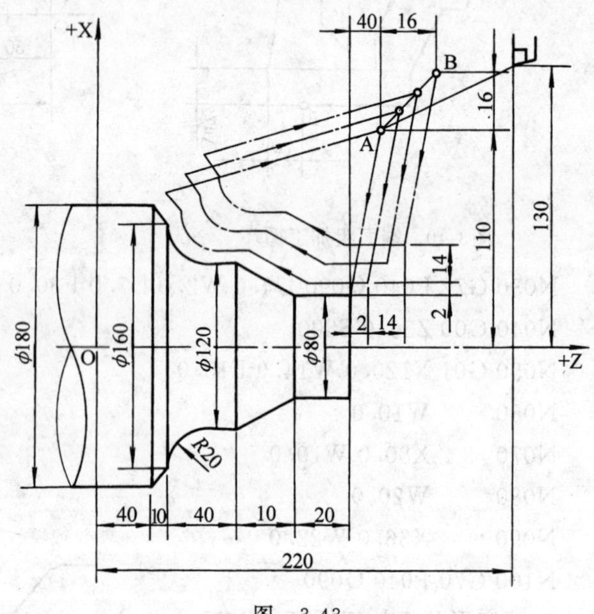

图　3-43

5.端面钻孔复合循环（G74）

此功能可以用于断续切削；如把X（U）和I、D值省略，则可用于钻孔加工。格式为：

G74 X（U）____ Z（W）____ Ii Kk F____ Dd

见图3-44，其中e为退刀量，由参数设定；i为X轴方向的移动量（无±符号）；k为Z轴

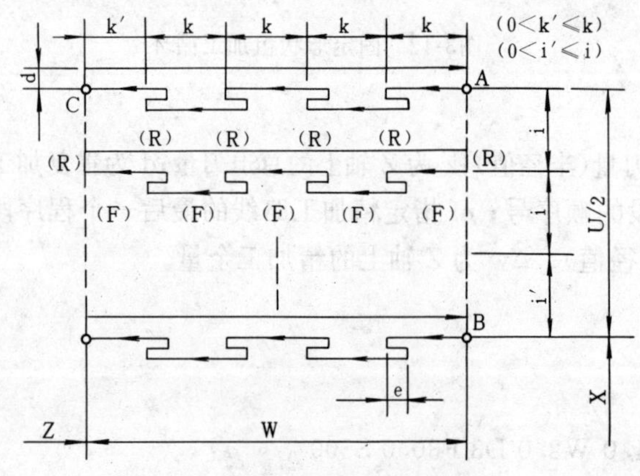

图3-44　端面钻孔复合循环

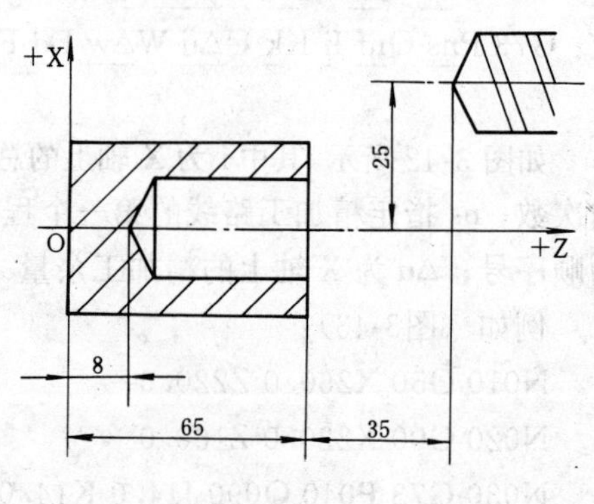

图　3-45

方向的切削量（无±符号）；d 为切削到终点的退刀量。

例如（图3-45）：

G50 X50.0 Z100.0

G00 X0 Z68.0

G74 Z8.0 K5.0 F0.08 S800

G00 X50.0 Z100.0

6.外圆切槽复合循环（G75）

该功能可以用于端面断续切削；如把 Z（W）和 K、D 省略，则可用于外圆槽的断续切削。格式为：

G75 X（U）____ Z（W）____ Ii Kk F ____ Dd

如图 3-46 所示，其中各符号的意义与 G74 相同。

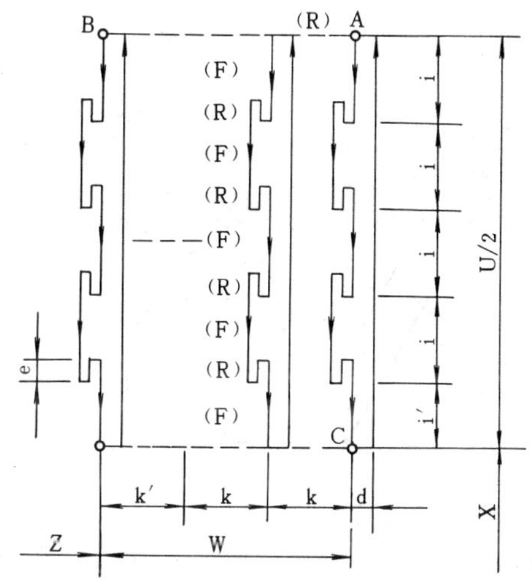

图3-46　外圆切槽复合循环

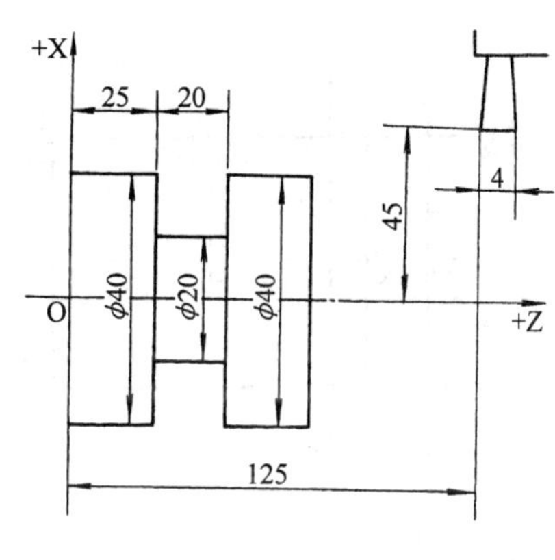

图　3-47

例如（图3-47）：

G50 X90.0 Z125.0

G00 X42.0 Z41.0 S600

G75 X20.0 Z25.0 I3.0 K3.9 F0.25

G00 X90.0 Z125.0

7.螺纹切削复合循环（G76）

此功能比 G32、G92简单，可节省编程计算时间。格式为：

G76 X（U）_ Z（W）_ I _ K _ D _ $\begin{Bmatrix} F\_ \\ E\_ \end{Bmatrix}$ A _

如图3-48为螺纹循环加工路线及进刀法。其中 X、Z 为螺纹终点坐标值；U、W 为螺纹终点相对循环起点的坐标分量；I 为锥螺纹始点与终点的半径差，当 I 为零时可加工圆柱螺纹；K 为螺纹牙型高度（半径值），通常为正值；d 为第一次进给的背吃刀量（半径值），通常为正值；F（或 E）指令螺纹导程；A 为螺纹牙型角。

例如（图3-49）：

G76 X60.64 Z25.0 K3.68 D1.8 F6.0 A60

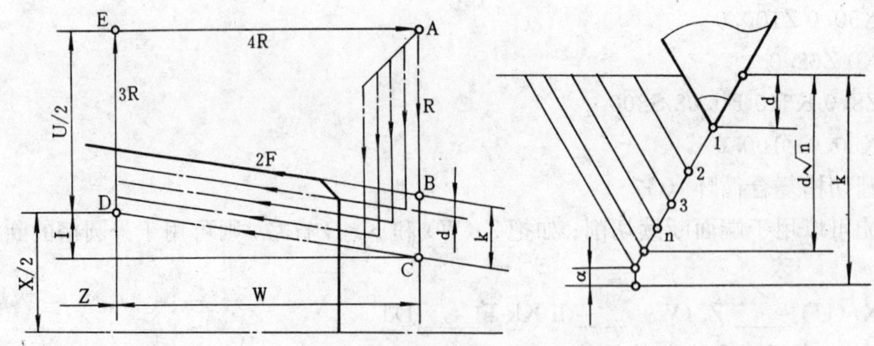

图3-48 螺纹切削复合循环与进刀法

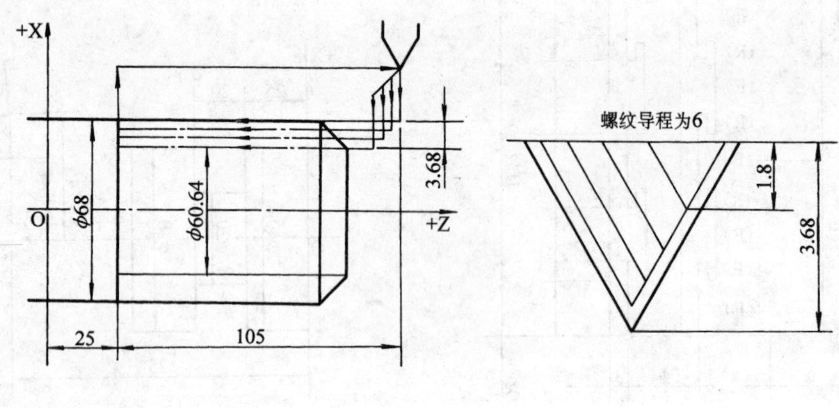

图 3-49

十二、刀具补偿功能

1.刀具的几何、磨损补偿

如图3-50所示，在编程时，一般以其中一把刀具为基准，并以该刀具的刀尖位置A为依据来建立工件坐标系。这样，当其它刀位转到加工位置时，刀尖的位置B就会有偏差，原设定的工件坐标系对这些刀具就不适用。此外，每把刀具在加工过程中都有不同程度的磨损。因此应对偏移量Δx、Δz进行补偿，使刀尖位置B移至位置A。

刀具的补偿功能由程序中指定的T代码来实现。T代码由字母T后面跟4位数码组成，其中前两位为刀具号，后两位为刀具补偿号。刀具补偿号实际上是刀具补偿寄存器的地址号，该寄存器中放有刀具的几何偏置量和磨损偏置量（X轴偏置和Z轴偏置），如图3-62所示。刀具补偿号可以是00～32中的任一个数，刀具补偿号为00时，表示不进行补偿或取消刀具补偿。

系统对刀具的补偿或取消都是通过滑板的移动来实现的。

例如，如图3-51所示，补偿号01寄存器中存有X轴偏置量x，Z轴偏置量z，则刀具移动路线为：

G00 U－20.0 W－30.0 T0100　　　　A→B

G00 U－20.0 W－30.0 T0101　　　　A→C

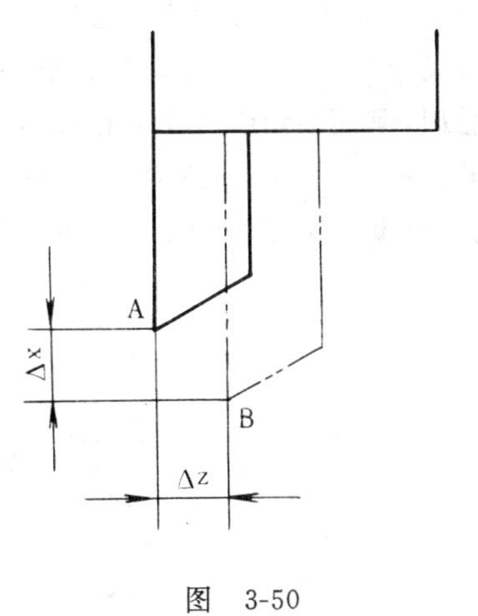

图 3-50

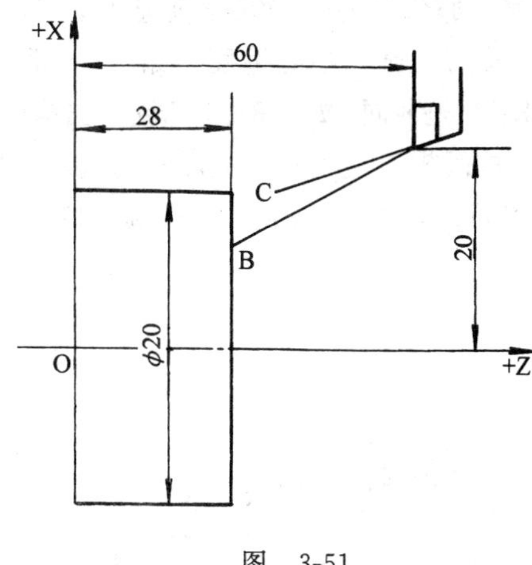

图 3-51

2. 刀尖半径补偿

切削加工时，为了提高刀尖强度，降低加工表面粗糙度，刀尖处可以刃磨成圆弧过渡刃。在切削内孔、外圆或端面时，刀尖圆弧不影响其尺寸、形状；在切削锥面或圆弧时，就会造成过切或少切（见图3-52)。此时可用刀尖半径补偿功能来消除误差。

系统执行到含有 T 代码的程序段时，是否对刀具进行刀尖半径补偿以及用何种方式补偿由 G 代码中的 G40、G41、G42决定（如图 3-53 所示）。

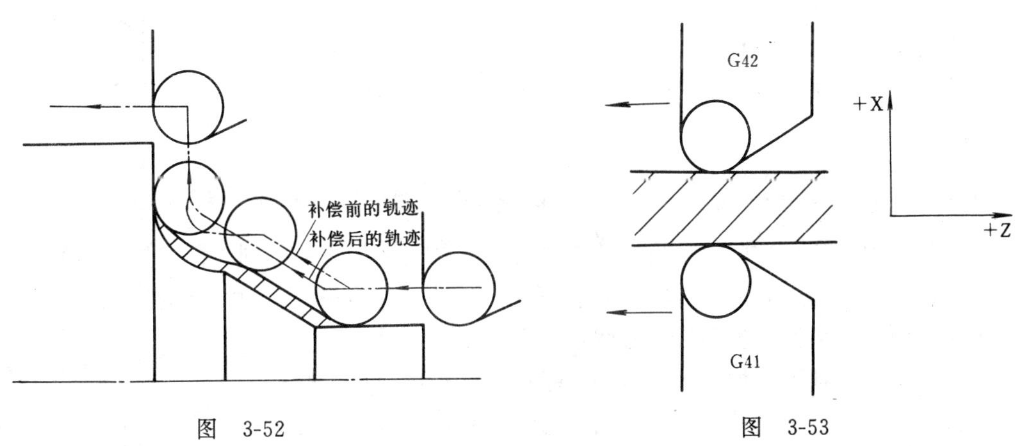

图 3-52　　图 3-53

G40：取消刀尖半径补偿。刀尖运动轨迹与编程轨迹一致。

G41：刀尖半径左补偿。沿进给方向看，刀尖位置在编程轨迹的左边。

G42：刀尖半径右补偿，沿进给方向看，刀尖位置在编程轨迹的右边。

数控车床总是按刀尖对刀，使刀尖位置与程序中的起刀点(或换刀点)重合。但是实际车刀尤其是精车刀有刀尖圆弧，如图 3-54 所示。所以假定刀尖位置可以是假想刀尖 A 点，也可以是刀尖圆弧中心 B 点。在没有刀尖半径补偿时，按哪个假定刀尖

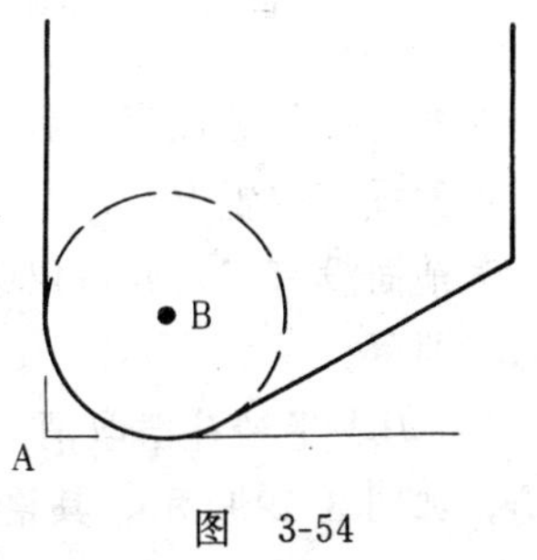

图 3-54

位置编程，那个刀尖就按编程轨迹运动；产生的过切或少切因刀尖位置方向而异。

（1）按刀尖圆弧中心编程　如图3-55所示。当没有刀尖半径补偿时，刀尖圆弧中心的运动轨迹与编程轨迹相同，如图 3-55a 所示；当执行刀尖半径补偿时，则可多切或少切，如图 3-55b 所示。

（2）按假想刀尖编程　如图3-56所示。当没有刀尖半径补偿时，假想刀尖的运动轨迹与编程轨迹相同，如图 3-56a 所示；当执行刀尖半径补偿时，则可以多切或少切，如图 3-56b 所示。

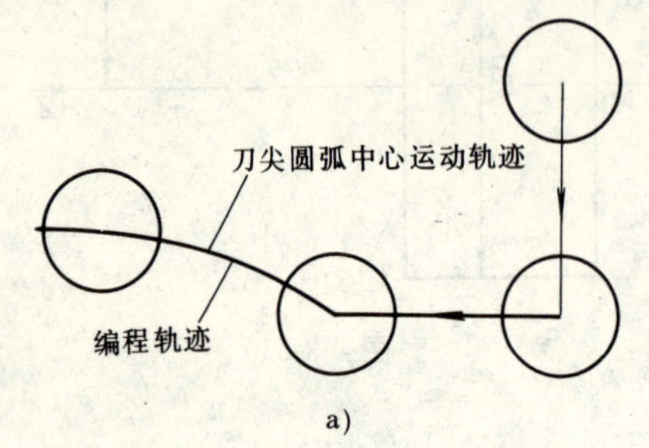

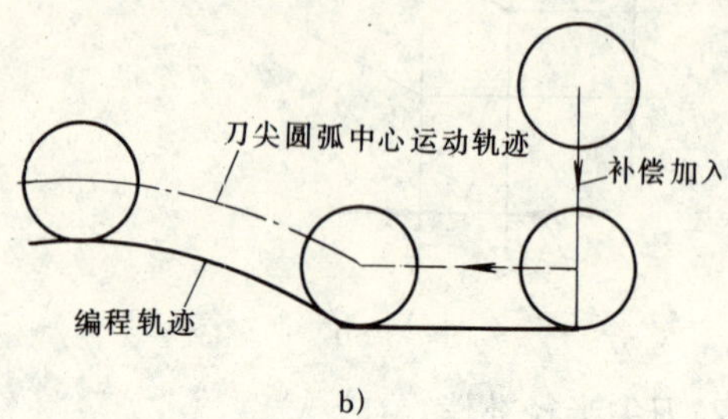

图 3-55

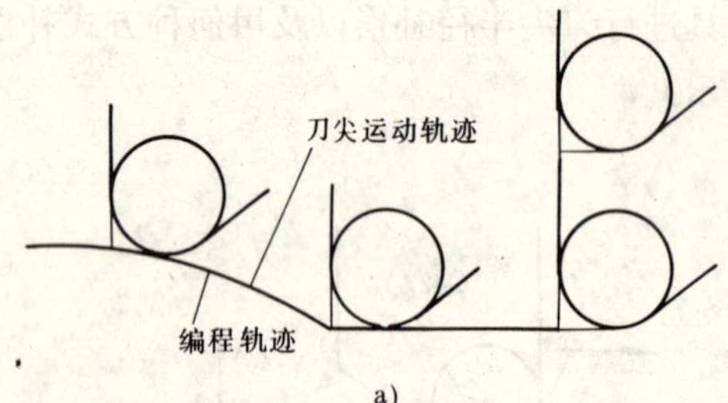

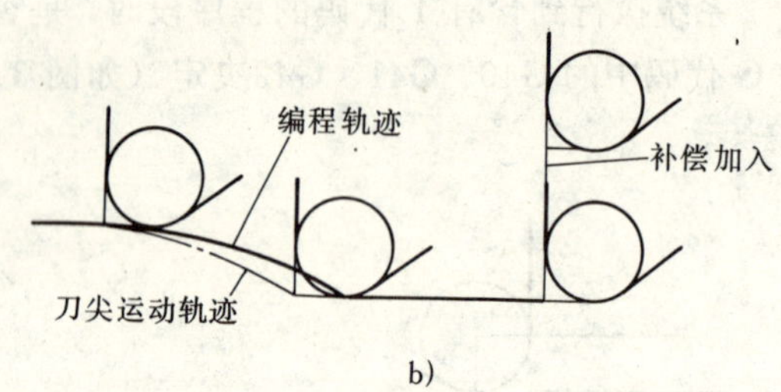

图 3-56

（3）假定刀尖位置方向　从刀尖圆弧中心看假想刀尖的方向不同，即刀具在切削时所摆的位置不同，则补偿量与补偿方向也不同。假想刀尖的方位有8种位置可以选择（图3-57）。箭头表示刀尖方向，如果按刀尖圆弧中心编程，则选用0或9号。

（4）刀尖半径补偿的加入　由 G40功能到使用 G41或 G42时的程序段，即是刀尖半径补偿加入的动作，如图 3-58 所示，其起始程序段格式为：

G40

G41（或 G42）

在执行完起始程序段后，刀尖中心停留在下一程序段编程轨迹起点的垂直位置上。

若前面没有 G41或 G42功能，则可以不用 G40，直接写入 G41或 G42即可。

图3-57　刀尖方向的规定

（5）刀尖半径补偿取消　在 G41或 G42程序段的后面，加 G40程序段，即是刀尖半径补偿取消，如图 3-59 所示。其格式为：

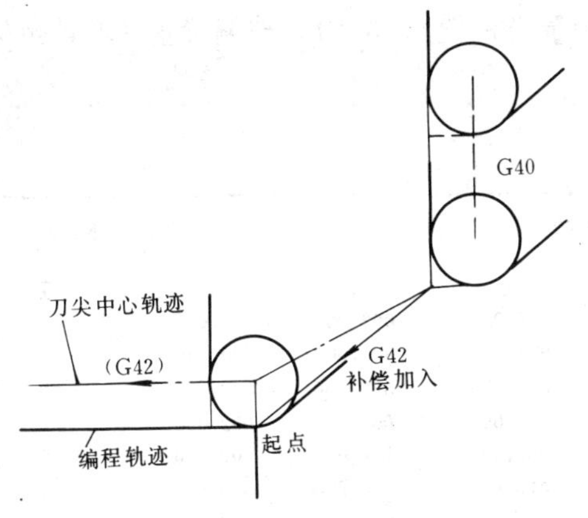

图3-58 刀具补偿过程

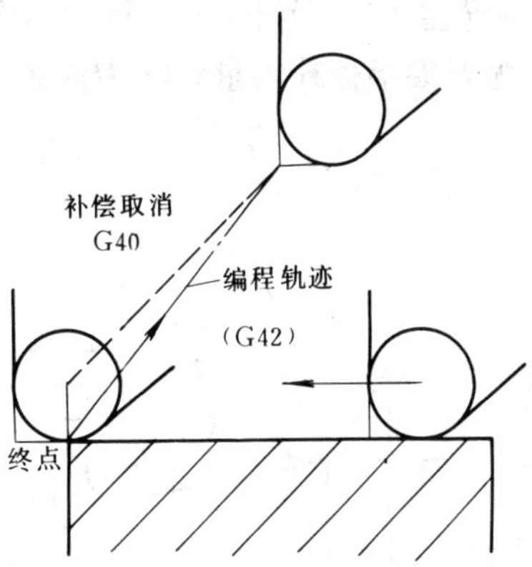

补偿取消
G40
编程轨迹
(G42)
终点

图3-59 取消刀具补偿的过程

G41（或 G42）

G40

刀尖半径补偿取消 G40程序段执行前，刀尖圆弧中心停留在前一程序段终点的垂直位置上。G40程序段是刀具由终点退出的动作。

在刀尖半径补偿取消时，还可以在 G40程序段中用 I、K 值规定工件的位置去向，以防止在转角处产生过切现象，如图 3-60 所示。其格式为：

G40(G00或 G01) X(u)____ Z(w)____ I ____ K ____

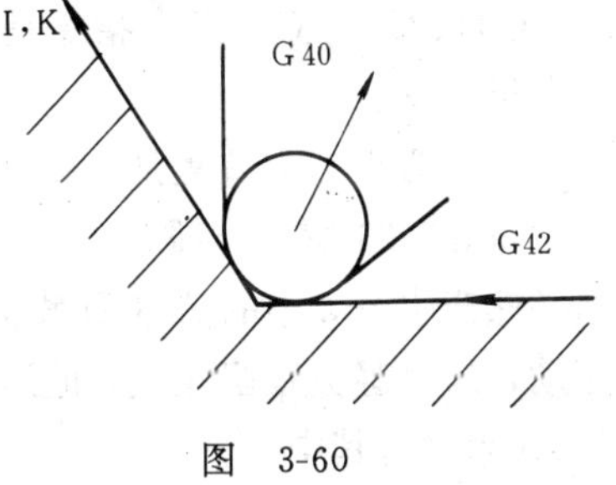

图 3-60

(6) 刀尖半径补偿的执行．G41、G42指令不能重复规定，即在规定 G41之后再规定 G41，G42之后再规定 G42，或 G41之后再规定 G42等。否则会产生一种特殊的补偿方法。当补偿量取负值时，G41和 G42互相转化。

例如（图3-61）：

G42 G00 X60.0　　进给路线①

G01 X120.0 W －150.0 F10.0　　进给路线②

G40 G00 X300.0 W150.0 I40.0K－30.0　　进给路线③

(7) 使用刀尖半径补偿的注意事项　在使用 G41，G42之后的程序段，不能出现连续两个或两个以上的不移动指令，否则 G41、G42会失效。在使用 G74、G75、G76、G92时，不能使用刀尖半径补偿功能。在 G71、G72、G73状态下，如以刀尖圆弧中心编程时，指令中的精车余量 Δu 及 Δw 会与刀尖半径补偿量相加而成为新的 Δu 和 Δw。

3. 刀具补偿量的设定

如图 3-62 所示，对应每个刀具补偿号，都有一组偏置量 X、Z，刀尖半径补偿量 R 和刀尖方位号 T。可以用面板上的功能键 OFSET 分别设定、修改并输入到 NC 中。

刀具补偿量也可以在程序中用 G10指令来设定，其格式为：

G10 P____ X____ Z____ R____ Q____

G10 P____ U____ W____ R____ Q____

其中 P 为刀具补偿号，与 T 代码中的刀具补偿号相对应；X 为 X 轴偏置量（绝对坐标值），Z 为 Z 轴偏置量（绝对坐标值）；U 为 X 轴偏置量（增量坐标值），W 为 Z 轴偏置量（增量坐标值）；R 为刀尖半径补偿量；Q 为假想刀尖方位号。

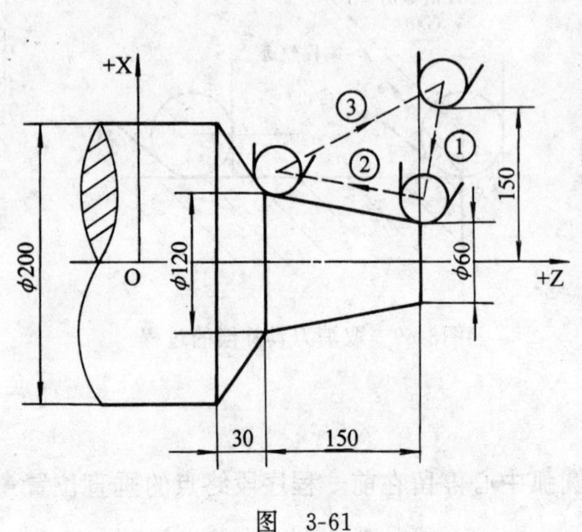

图 3-61

OFFSET 01 O0004 N0030

NO.	X	Z	R	T
01	025,023	002,004	001,002	1
02	021,051	003,300	000,500	3
03	014,730	002,000	003,300	0
04	010,050	006,081	002,000	2
05	006,588	−003,000	000,000	5
06	010,600	000,770	000,500	4
07	009,900	000,300	002,050	0

ACTUAL POSITION (RELATIVE)

U 22,500 W −10,000

W LSK

图 3-62

十三、刀尖半径补偿的计算

G41、G42、G40三个指令是选择功能。如系统没有这三个功能，就要用计算方法来克服刀尖半径补偿。

1. 按假想刀尖编程加工锥面

如图 3-63 所示，若假想刀尖 P 沿工件轮廓 AB 移动（即 P_1P_2 与 AB 重合），并按 AB 尺寸编程，则必然产生图 a 中的 ABCD 残留误差。因此应按图 b 所示使车刀的切削点移至 AB，并沿 AB 移动，从而避免残留误差，但这时假想刀尖轨迹 P_3P_4 与轮廓 AB 在 X 方向和 Z 方向分别相差了 Δx 和 Δz。其中：

$$\Delta x=\frac{2r}{1+\cot\frac{\theta}{2}}$$

$$\Delta z=r\left(1-\cot\frac{\theta}{2}\right)$$

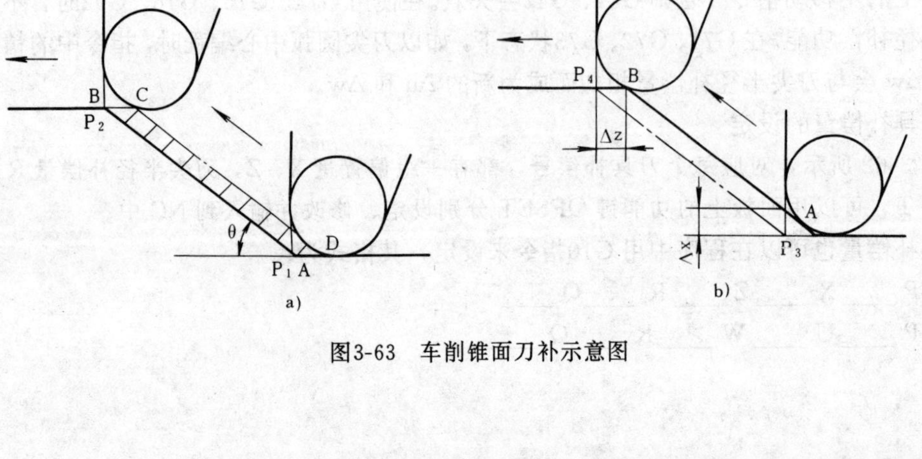

图3-63 车削锥面刀补示意图

式中，r 为刀尖圆弧半径。

因此，可直接按假想刀尖轨迹 P_3P_4的坐标值编程，在 X 方向和 Z 方向予以补偿 Δx 和 Δz 即可。

2. 按假想刀尖编程加工圆弧

当车削圆弧时，会出现图3-64所示的情况。图 a 为车削半径为 R 的凸圆弧，由于刀尖圆弧 r 的存在，则刀尖 P 点所走的圆弧轨迹（图中单点划线）并不是工件所要求的圆弧形状，其圆心为 O′，半径为 R+r，此时应按假想刀尖轨迹（单点划线）编程，在 X 向和 Z 向都加一个补偿量 r。同理，在切削凹圆弧时（图 b），则在 X 向和 Z 向都减一个补偿量 r，其刀尖轨迹半径为 R−r。

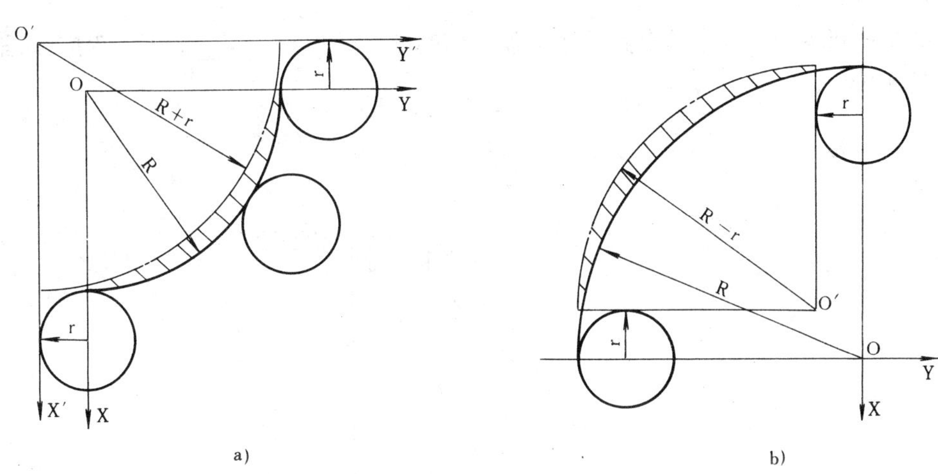

图3-64　车削圆弧刀补示意图

3. 按刀尖圆弧中心轨迹编程

图3-65所示零件由三段圆弧组成，可用单点划线所示的三段等距线编程，即 O_1圆半径为 R_1+r，O_2圆半径为 R_2+r，O_3圆半径为 R_3-r，三段圆弧的终点坐标由等距圆的切点关系求得。

十四、子程序

在程序中，当某一程序反复出现（即工件上相同的切削路线重复）时，可以把这类程序作为子程序，并事先存贮起来，使程序简化。

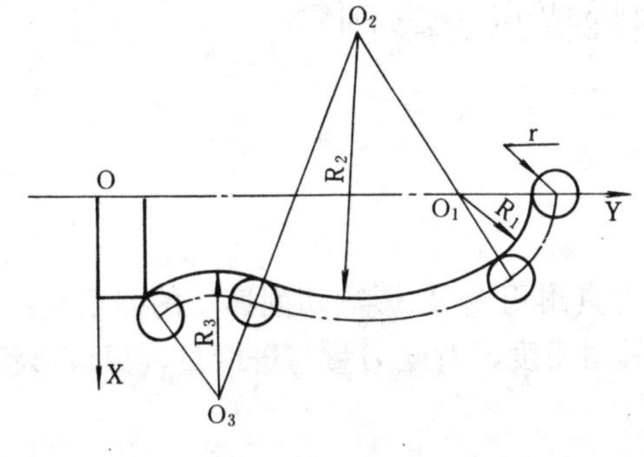

图3-65　按刀尖圆弧中心轨迹编程

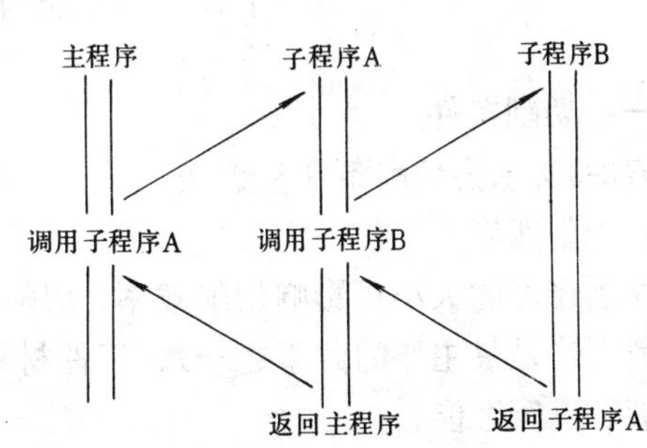

图　3-66

1. 调用子程序（M98）

M98 P ____ L ____

格式中，P 为要调用的子程序号；L 为重复调用子程序的次数，若省略，则表示只调用一次子程序。

如图3-66所示，主程序可以调用两重子程序，即主程序调用一个子程序，而子程序又可调用另一个子程序。主程序也可以重复调用子程序多次。

2. 子程序的格式

O（EIA 代码）或：（ISO 代码）××××

…

M99

其中M99指令为子程序结束并返回主程序M98 P _____ L _____ 的下一程序段，继续执行主程序。例如：

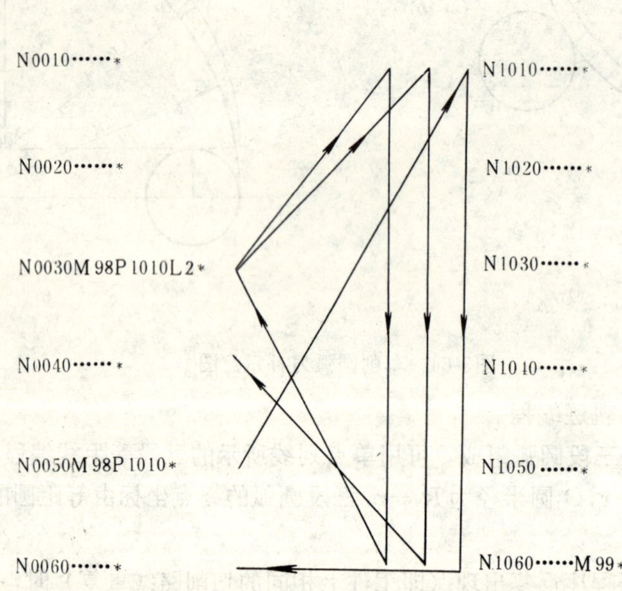

第四节　数控车床编程要点及举例

一、切削条件

表3-3所示为切削条件参数表。

1. 切削速度

切削速度的大小可影响切削效率、切削温度、刀具耐用度等。影响切削速度的因素有：刀具材料（这是最主要的因素之一）、工件材料、刀具耐用度、背吃刀量与进给量、刃口形状、切削液、机床性能。

2. 进给量

进给量影响表面粗糙度。影响进给量的因素有：

表3-3 切削条件参数表

工件材料	加工方法	背吃刀量 /mm	切削速度/(m/min)	进给量/(mm/r)	刀具材料
碳 钢 σ_b=588MPa	粗 车	2～3	60～100	0.2～0.4	P10～P20
		0.5～2	80～120	0.15～0.3	P10～P20
	精 车	0.1～0.15	120～150	0.1～0.2	P01～P10
	车螺纹		70～100	导程	P10～P20 焊接车刀
	钻中心孔		500～800 r/min	0.1～0.2	SKH2
	钻 孔		～25	0.05～0.2	SKH9
	切 断 (<5mm)		70～100	0.1～0.2	P20
合金钢 σ_b=1470MPa	粗 车	2～3	50～80	0.2～0.4	P10～P20
	精 车	0.1～0.15	60～100	0.1～0.2	P01～P10
	切 断 (<5mm)		40～70	0.1～0.2	P20
铸 铁 160HBS	粗 车	2～3	50～70	0.2～0.4	K10～K20
	精 车	0.1～0.15	70～100	0.1～0.2	K01～K10
	切 断 (<5mm)		50～70	0.1～0.2	K20
铝	粗 车	2～3	600～1000	0.2～0.3	K10
	精 车	0.2～0.3	800～1200	0.1～0.2	K10
	切 断 (<5mm)		600～1000	～0.1	K10
黄 铜	粗 车	2～4	400～500	0.2～0.3	K10
	精 车	0.1～0.15	450～600	0.1～0.2	K10
	切 断 (<5mm)		400～500	～0.1	K10

（1）粗、精车工艺　粗车进给量应较大以缩短切削时间；精车进给量应较小以降低表面粗糙度。一般情况下，精车进给量 $f \leqslant 0.25$mm/r 为宜，但要考虑刀尖圆弧半径的影响；粗车进给量 $f > 0.25$mm/r。

（2）机床性能　如功率、刚性等。

（3）工件装卡方式。

（4）刀具材料及几何形状。

（5）背吃刀量。

（6）工件材料　工件材料较软时，可选用较大进给量；反之，可选用较小进给量。

3. 背吃刀量

影响背吃刀量的因素有：粗、精车工艺、刀具强度、机床性能、工件材料及表面粗糙度。

4. 刀具耐用度

切削速度与刀具耐用度的关系为：

$$vT^m = C$$

式中，v 为切削速度 (m/min)；T 为刀具耐用度 (min)；C 为常数；m 为指数，一般经验值为：

高速钢刀具取0.08～0.12，硬质合金刀具取0.13～0.25，陶瓷刀具取0.4～0.55。

二、刀具安排与中途换刀点换刀

编制程序时，首先应考虑零件的工艺过程、零件加工的工艺路线及如何安排刀具，确定坐标系及尺寸，考虑工件的安装方法与尺寸，最后再写出程序。

通常编程的换刀位置是设在机床参考点上。若参考点距工件较远时，每次都在参考点换刀，则浪费时间，且增加机械磨损，所以可用中途换刀点来换刀。所谓中途换刀点换刀即是第一把刀切削完后退到一个无换刀干涉的位置换第二把刀；第二把刀切削完后再退到一个无换刀干涉的位置换刀……；只有第一把刀是从参考点出发，而最后一把刀切削完毕才回参考点。中途换刀点可配合“/”符号（跳步指令）来使用，当试车时，断开跳步开关，使具有“/”符号的程序段有效，每一把刀具试车完毕均回参考点换刀，并可检查工件切削情况；当试车完毕，程序无问题时，即可接通跳步开关，使具有“/”符号的程序段无效而被跳过。

设置中途换刀点时，在编程前应先计算1号刀与2号刀在参考点的尺寸差值，利用其差值在中途换刀点也相同的原理来设置换刀点。

例如（图3-67）：

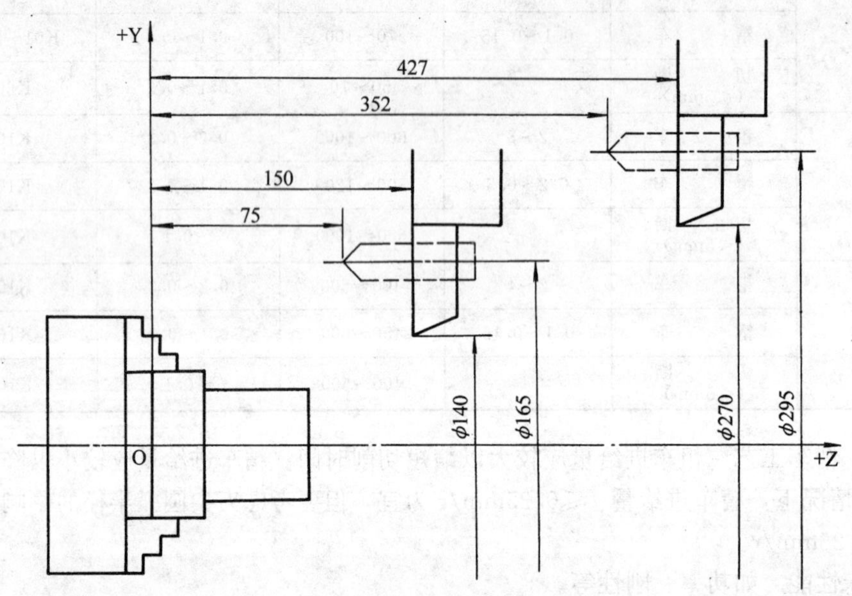

图 3-67

1号外圆车刀：T0101 G50 X270.0 Z427.0

2号钻头：T0202 G50 X295.0 Z352.0

若1号外圆车刀在X140.0 Z150.0时，假想在此处换2号刀，则2号刀位置为X165.0 Z75.0，但机床滑板没有移动。所以要重新设定工件坐标系。程序见表3-4。

三、编程举例

例3-1 如图3-68所示。图a中零件外圆ϕ85mm不加工，要求编制精加工程序。图b为刀具布置图及刀具安装尺寸，三把车刀分别用于车外圆、切槽和车螺纹。对刀时，用对刀显微镜以T01号刀为准进行，螺纹车刀的刀尖相对T01号刀尖在Z向偏置10mm。加工程序见表3-5。

表3-4　中途换刀点换刀程序

回参考点换刀	中途换刀点换刀		
O0001		O0001	
N100 G50 X270.0 Z427.0		N100 G50 X270.0 Z427.0	
T0100		T0100	
G00 X140.0 Z150.0		G00 X140.0 Z150.0	
T0101		T0101	
⋮		⋮	
G00 X140.0 Z150.0		G00 X140.0 Z150.0	
		G50 X165.0 Z75.0（假想换刀后的坐标系）	
T0000		T0000	
G27 X270.0 Z427.0	跳	/ G27 X295.0 Z352.0	跳
M00	步	/ M00	步
N200 G50 X295.0 Z352.0	开	/ N200 G50 X295.0 Z352.0	开
T0200	关	T0200	关
G00 X165.0 Z75.0	ON	/ G00 X165.0 Z75.0	OFF
T0202		T0202	
⋮		⋮	

表3-5　加工程序

程　　序	注　　释
O0003	程序代号
N001 G50 X200.0 Z350.0 T0101	建立工件坐标系
N002 S630 M03	主轴正转，转速630r/min
N003 G00 X41.8 Z292.0 M08	快进至 X=41.8mm，Z=292mm，切削液开
N004 G01 X48.34 Z289.0 F0.15	工进至 X=48.34mm，Z=289mm，速度0.15mm/r（倒角）
N005　Z227.0	Z 向工进至 Z=227mm（精车 ϕ48.34mm 螺纹大径）
N006　X50.0	X 向工进至 X=50mm（退刀）
N007　X62.0 W-60.0	X 向工进至 X=62mm，-Z 向工进60mm（精车锥面）
N008　Z155.0	Z 向工进至 Z=155mm（精车 ϕ62mm 外圆）
N009　X78.0	X 向工进至 X=78mm（退刀）
N010　X80.0 W-1.0	X 向工进至 X=80mm，-Z 向工进1mm（倒角）
N011　W-19.0	-Z 向工进19mm（精车 ϕ80mm 外圆）
N012 G02 W-60.0 I63.25 K-30.0	顺圆-Z 向工进60mm（精车圆弧）
N013 G01 Z65.0	Z 向工进至 Z=65mm（精车 ϕ80mm 外圆）
N014　X90.0	X 向工进至 X=90mm（退刀）
N015 G00 X200.0 Z350.0 T0100 M09	返回起刀点，取消刀具补偿，同时切削液关
N016 M06 T0202	换刀，并进行刀具补偿
N017 S315 M03	主轴正转，转速315r/min
N018 G00 X51.0 Z227.0 M08	快进至 X=51mm，Z=227mm，切削液开
N019 G01 X45.0 F0.16	X 向工进至 X=45mm，速度0.16mm/r（车 ϕ45mm 槽）
N020 G04 U5.0	暂停进给5s
N021 G00 X51.0	X 向快退至 X=51mm（退刀）
N022　X200.0 Z350.0 T0200 M09	返回起刀点，取消刀具补偿，同时切削液关
N023 M06 T0303	换刀，并进行刀具补偿
N024 S200 M03	主轴正转，转速200r/min

（续）

程　　序	注　　释
N025 G00 X62.0 Z296.0 M08	快进至X=62mm，Z=296mm，切削液开
N026 G92 X47.54 Z228.5 F1.5	螺纹切削循环，螺距1.5mm
N027 X46.94	
N028 X46.54	
N029 X46.38	
N030 G00 X200.0 Z350.0 T0300 M09	返回起刀点，取消刀具补偿，切削液关
N031 M05	主轴停止
N032 M30	程序结束

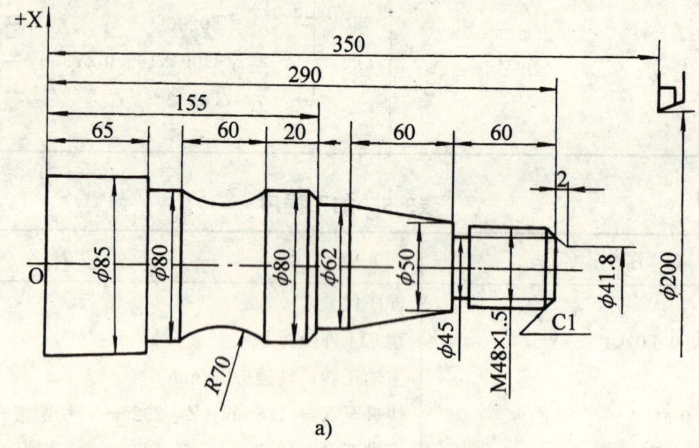

a)

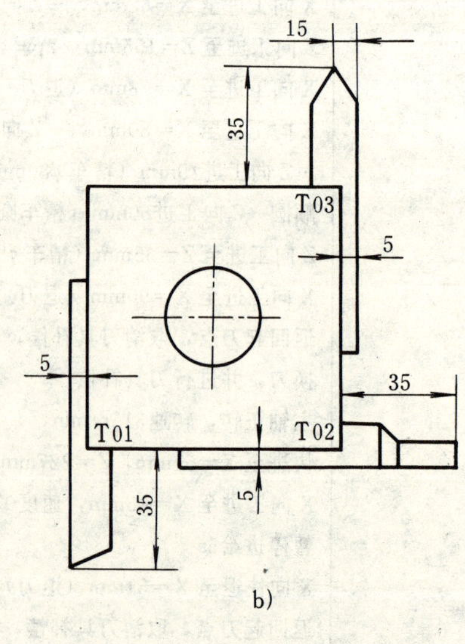

b)

图 3-68

例3-2 图3-69为一缸盖零件简图。该零件用数控车床加工，其加工程序见表3-6。

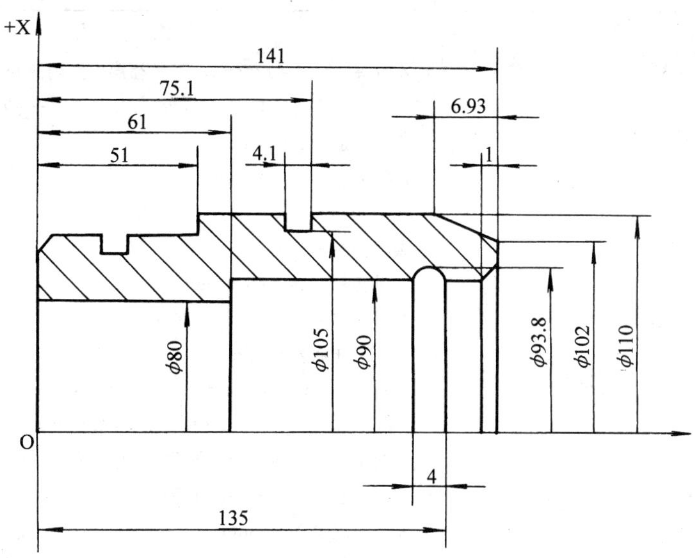

图 3-69

表3-6 加工程序

程 序	注 释
O0002	程序代号
N001 G50 X400.0 Z400.0 T0101	建立工件坐标系
N002 S300 M03	主轴正转，转速300r/min
N003 G00 X118.0 Z141.5	快进至 X=118mm，Z=141.5mm
N004 G01 X82.0 F0.3	X 向工进至 X=82mm，速度0.3mm/r（粗车端面）
N005 G00 X103.0	快退至 X=103mm
N006 G01 X110.5 Z135.0 F0.2	工进至 X=110.5mm，Z=135mm，速度0.2mm/r（粗车短锥面）
N007 Z48.0 F0.3	Z 向工进至 Z=48mm，速度0.3mm/r（粗车 φ110mm 外圆）
N008 G00 X400.0 Z400.0 T0100	返回起刀点，取消刀具补偿
N009 M06 T0303	换刀，并进行刀具补偿
N010 G00 X89.5 Z180.0	快进至 X=89.5mm，Z=180mm
N011 Z145.0	Z 向快进至 Z=145mm
N012 G01 Z61.5 F0.3	Z 向工进至 Z=61.5mm，速度0.3mm/r（粗车 φ90mm 内孔）
N013 X79.5	X 向工进至 X=79.5mm（粗车内孔阶梯面）
N014 Z−5.0	Z 向工进至 Z=−5mm（粗车 φ80mm 孔）
N015 G00 X75.0	X 向快退至 X=75mm
N016 Z180.0	Z 向快退至 Z=180mm
N017 G00 X400.0 Z400.0 T0300	返回起刀点，取消刀具补偿
N018 M06 T0505	换刀，并进行刀具补偿
N019 S600 M03	主轴正转，转速600r/min
N020 G00 X85.0 Z145.0	快进至 X=85mm，Z=145mm
N021 G01 Z141.0 F0.5	Z 向工进至 Z=141mm，速度0.5mm/r
N022 X102.0 F0.2	X 向工进至 X=102mm，速度0.2mm/r（精车端面）
N023 U8.0 W−6.93	X 向工进至 U=8mm，−Z 向工进至 W=−6.93mm（精车短锥面）
N024 G01 Z48.0 F0.08	Z 向工进至 Z=48mm，速度0.08mm/r（精车 φ110mm 外圆）
N025 G00 X112.0	X 向快退至 X=112mm
N026 X400.0 Z400.0 T0500	返回起刀点，取消刀具补偿
N027 M06 T0707	换刀，并进行刀具补偿
N028 S200 M03	主轴正转，转速200r/min
N029 G00 X85.0 Z180.0	快进至 X=85mm，Z=180mm

（续）

程　　序	注　　释
N030 Z131.0 T0707 M08	Z 向快进至 Z=131mm，刀具补偿，切削液开
N031 G01 X93.8 F0.2	X 向工进至 X=93.8mm 速度0.2mm/r（车 ϕ93.8mm 槽）
N032 G00 X85.0	X 向快退至 X=85mm
N033 　　Z180.0	Z 向快退至 Z=180mm
N034 　　X400.0 Z400.0 T0700 M09	返回起刀点，取消刀具补偿，同时切削液关
N035 M06 T0909	换刀，并进刀具补偿
N036 S600 M03	主轴正转，转速600r/min
N037 G00 X94.0 Z180.0	快进至 X=94mm，Z=180mm
N038 　　Z142.0	Z 向快进至 Z=142mm
N039 G01 X90.0 Z140.0 F0.2	工进至 X=90mm，Z=140mm，速度0.2mm/r（内孔倒角）
N040 　　Z61.0	Z 向工进至 Z=61mm（精车 ϕ90mm 内孔）
N041 　　X80.2	X 向工进至 X=80.2mm（精车内孔阶梯面）
N042 　　Z-5.0	Z 向工进至 Z=-5mm（精车 ϕ80mm 内孔）
N043 G00 X75.0	X 向快退至 X=75mm
N044 　　Z180.0	Z 向快退至 Z=180mm
N045 　　X400.0 Z400.0 T0900	返回起刀点，取消刀具补偿
N046 M06 T1111	换刀，并进行刀具补偿
N047 S240 M03	主轴正转，转速240r/min
N048 G00 X115.0 Z71.0	快进至 X=115mm，Z=71mm
N049 G01 X105.0 F0.1 T1111 M08	X 向工进至 X=105mm，速度0.1mm/r，刀具补偿，开切削液（车4.1mm×2.5mm 槽）
N050 　　X115.0	X 向退回至 X=115mm
N051 G00 X400.0 Z400.0 T1100 M09	返回起刀点，取消刀具补偿，并关闭切削液
N052 M05	主轴停止
N053 M30	程序结束

第五节　数控车床操作面板简介

本节仅以 CK7815型数控车床上配置的3T 系统操作面板为例（如图 3-70 所示）。

一、方式选择开关

方式选择开关（MODE）有8个位置：E、M、T、D、J、RT、ZRN、H/S。其中 H/S 有三档1μm、10μm、100μm。

1.E

可进行程序编辑工作，编辑方式为：

1）将程序存储到存储器中。

2）进行程序的插入、删除、修改。

3）将内存的程序穿孔输出。

2.M

存储器工作方式：

1）执行存储器内的程序。

2）检索存储器中的程序号、段号、指令字。

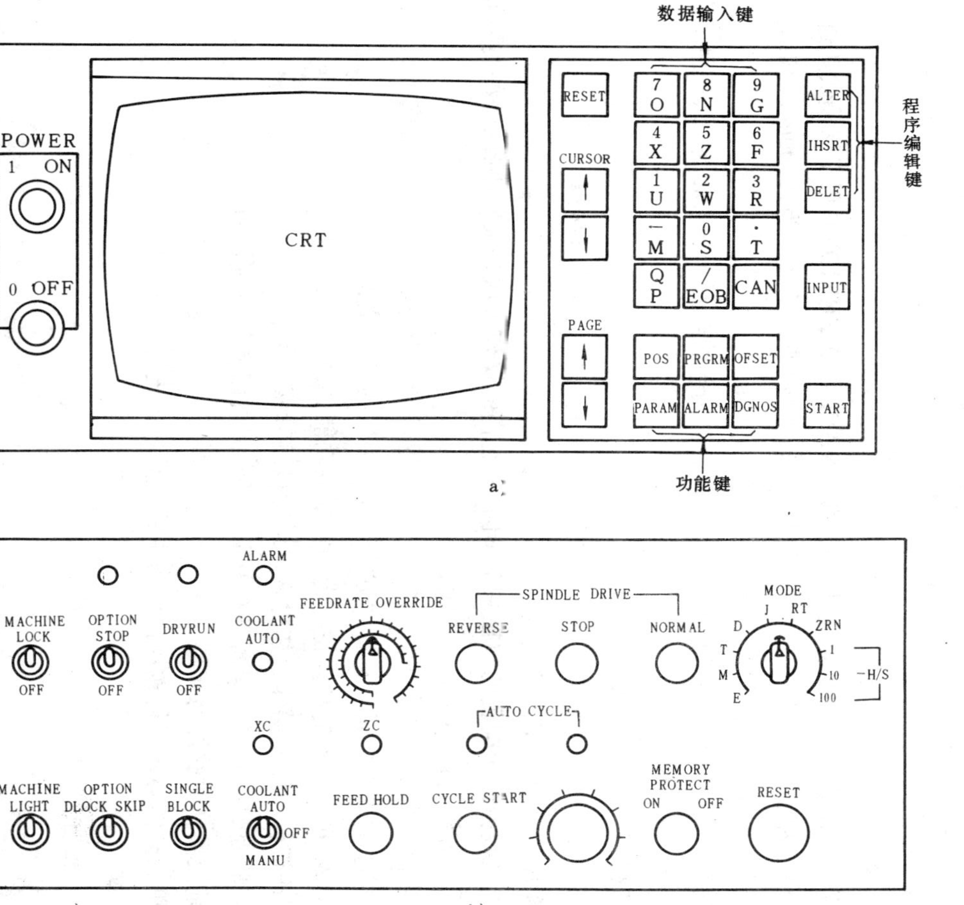

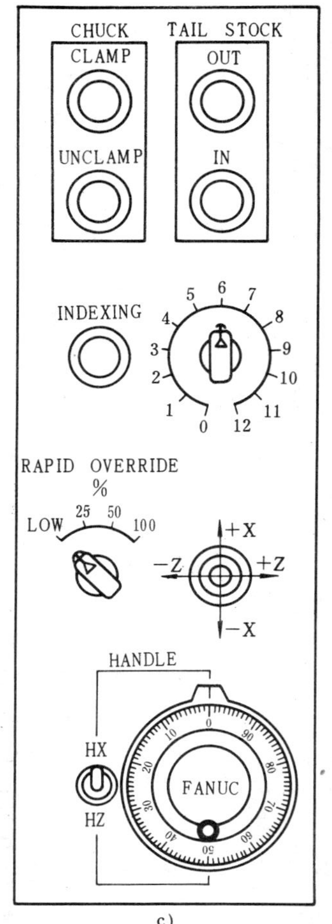

图3-70 3T 系统操作面板

a）CRT/MDI 面板 b）下操作面板 c）右操作面板

3. T

1）由读带机读入程序操作。

2）执行 NC 纸带上的指令顺序号检索。

4. D（MDI）

执行 MDI/DPL 操作。

5. J

连续进给可以执行（JOG）。

6. RT

快速。

7. H/S

1）手摇脉冲发生器进给。

2）决定手摇脉冲发生器每格进给量。

8. ZRN

手动返回参考点方式。

二、修调开关

修调开关用于修调设定的速度。快速修调开关（RAPID OVERRIDE）用于修调快速进给的速度；它有 LOW 和25％、50％、100％等几种。如设定的快速进给速度为10000mm/min，当修调开关在50％位置时，实际的快速进给速度为5000mm/min。

进给速度修调开关（FEEDRATE OVERRIDE）的功用与快速修调开关相同，只是用于修调程序中 F 指令的进给速度。

三、存储器保护（MEMORY PROTECT）

在它处于保护位置时，程序的写入、修改均不能执行，以免程序被抹掉。

四、数控车床的一般操作方法

尽管各种类型数控机床配置的数控系统不同，但它们的操作方法却大同小异。各种类型数控车床的一般操作方法是：

1）手动使各轴返回参考点（方式选择开关置于返回参考点方式），以建立机床坐标系。

2）再根据要求的操作方式，选择“方式选择开关”的工作位置。

3）按 CRT/MDI 面板上的功能键，选择需要的功能。

4）再对程序进行相应的操作，如检索、运行或编辑修改等。

具体操作步骤因数控系统不同而略有差别，可参阅机床操作系统说明书。

五、操作前及操作时的注意事项

任何数控机床操作必须严格按照说明书中的注意事项进行检查。

1）开机检查。

2）装刀试车检查。

3）操作前检查。

第四章　数控铣床的编程

第一节　数控铣床概述

数控铣床有立式和卧式两种，本节以 XK5032 型立式数控铣床为例，介绍数控铣床的特点。

一、数控铣床的用途与组成

XK5032 型数控铣床是配有高精度、高性能、带有固化软件的 CNC 微机数控系统的三坐标数控铣床。该机床功能齐全，具有直线插补、圆弧插补、三坐标联动空间直线插补功能，还有刀具补偿、固定循环和用户宏程序等功能；能完成 90%以上的基本铣削、镗削、钻削、攻螺纹及自动工作循环等工作，故 XK5032 型数控铣床可以加工各种形状复杂的凸轮、样板及模具零件等。

从结构上来说，XK5032 型数控铣床是一种机电一体化设备，可加第四轴。机床的主要部件有床身、铣头、纵向工作台（X 轴）、横向床鞍（Y 轴）、升降台、液压控制系统、气动控制系统及电气控制系统。

二、机床的主要技术参数

工作台工作面积	320mm×1220mm
工作台纵向行程（X 轴）	750mm
工作台横向行程（Y 轴）	350mm
升降台垂向行程（手动）	400mm
主轴孔锥度	ISO40#，7∶24
主轴（套筒）垂向行程（Z 轴）	150mm
主轴中心线至床身垂直导轨的距离	330mm
主轴端面至工作台面的距离	90～490mm
主轴转速范围　高速档	80～4500r/min
低速档	45～2600r/min
进给速度范围（X、Y、Z 轴）	5～2500mm/min
快速移动速度（X、Y、Z 轴）	5000mm/min
主电动机功率	3.7kW/5.5kW
三个坐标的进给电动机的额定转矩	3Nm，3.6Nm（AC）
机床外形尺寸（长×宽×高）	1964mm×2190mm×2673mm
机床净重	2200kg

三、机床的传动系统

1．主传动系统

机床铣头为一整体的刚性结构。由图 4-1 可以看出，主传动采用专用的无级调速主电动机（3.7kW/5.5kW），由带轮将运动传至主轴。主轴转速分为高低两档，通过更换带轮的方法来实现换档。当换上 ϕ96.52mm/ϕ127mm 的带轮时，主轴转速为 80～4500r/min（高速档），当换上带轮 ϕ71.12mm/ϕ162.56mm 时，主轴转速为 45～2600r/min（低速档）。每档内的转速选择可由相应指令给定，也可由手动操作执行。

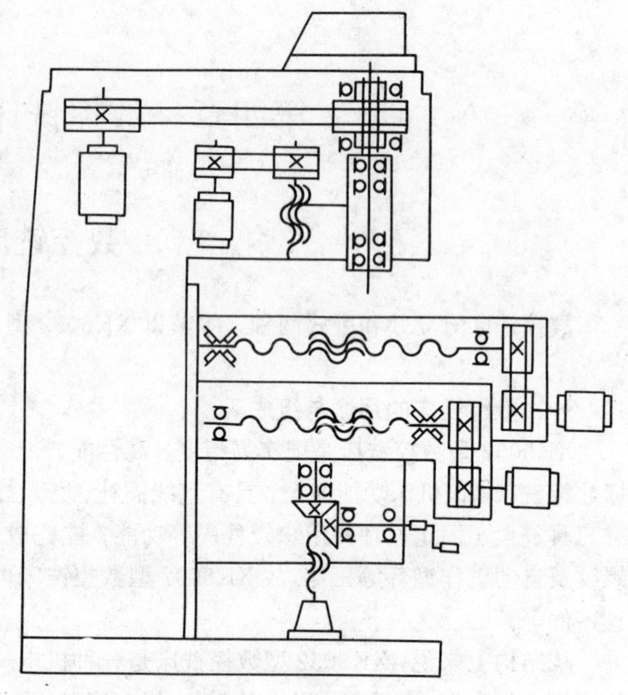

图 4-1　XK5032 型数控铣床传动系统图

2. 进给传动系统

工作台的纵向（X 轴）和横向（Y 轴）进给运动、主轴套筒的垂向（Z 轴）进给运动，都是由各自的交流伺服电动机驱动，分别通过同步齿形带带动带轮传动滚珠丝杠，实现进给。

床鞍的纵、横向导轨面均采用了 TURCITE-B 贴塑面，提高了导轨的耐磨性、运动的平稳性和精度保持性，消除了低速爬行现象。

伺服电动机内装有脉冲编码器，位置及速度反馈信息均由此取得，构成半闭环控制系统。

第二节　数控铣床编程基础

一、数控系统的功能

1. 准备功能代码

准备功能代码是用地址字 G 和后面的二位数字来表示的，见表 4-1。

G 代码按其功能的不同分为若干组。G 代码有两种模态：模态式 G 代码和非模态式 G 代码。00 组的 G 代码属于非模态式的 G 代码，只限定在被指定的程序段中有效，其余组的 G 代码属于模态式 G 代码，具有延续性，在后续程序段中，只要同组其它 G 代码未出现之前一直有效。

表 4-1　准备功能 G 代码

FANUC 3MA/ 10M/ 11M/ 12M						
B：基本功能；　O：选择功能；　X：无此功能						
G 代码	组　号	意　　义	3MA	10M	11M	12M
G00	01	点定位（快速进给）	B	B	B	B
*G01		直线插补	B	B	B	B
G02		顺时针圆弧插补	B	B	B	B
G03		逆时针圆弧插补	B	B	B	B

（续）

G代码	组　号	意　　义	3MA	10M	11M	12M
G04	00	暂停	B	B	B	B
G07		假想轴插补	X	X	O	O
G09		准停检验	X	B	B	B
G10		偏移量设定	O	O	O	O
G15	18	极坐标指令取消	X	X	O	O
G16		极坐标指令	X	X	O	O
*G17	02	XY 平面指定	B	B	B	B
G18		ZX 平面指定	B	B	B	B
G19		YZ 平面指定	B	B	B	B
G20	06	英制输入	B	B	B	B
G21		米制输入	B	B	B	B
G22	04	存贮行程极限 ON	X	O	O	O
G23		存贮行程极限 OFF	X	O	O	O
G27	00	返回参考点检验	B	B	B	B
G28		返回参考点	B	B	B	B
G29		从参考点返回	B	B	B	B
G30		第二参考点返回	X	O	O	O
G31		跳跃功能	O	X	X	X
G39		尖角圆弧插补	B	X	X	X
*G40	07	取消刀具半径补偿	B	B	B	B
G41		刀具半径左补偿	B	B	B	B
G42		刀具半径右补偿	B	B	B	B
G43	08	刀具长度正补偿	B	B	B	B
G44		刀具长度负补偿	B	B	B	B
G45	00	刀具偏置增加	X	B	B	B
G46		刀具偏置减少	X	B	B	B
G47		刀具偏置二倍增加	X	B	B	B
G48		刀具偏置二倍减少	X	B	B	B
*G49	08	取消刀具长度补偿	B	B	B	B
G50	11	比例取消	X	X	O	O
G51		比例	X	X	O	O
G52	00	局部坐标系统	X	B	B	B
G53		机床坐标系选择	X	B	B	B
G54	12	加工坐标系 1	X	B	B	B
G55		加工坐标系 2	X	B	B	B
G56		加工坐标系 3	X	B	B	B
G57		加工坐标系 4	X	B	B	B
G58		加工坐标系 5	X	B	B	B
G59		加工坐标系 6	X	B	B	B

（续）

G代码	组 号	意 义	3MA	10M	11M	12M
G60	00	单一方向定位	X	X	O	O
G61	13	准停	X	B	B	B
G62		自动角隅超驰	X	X	O	O
G63		攻螺纹模式	X	B	B	B
G64		切削模式	X	B	B	B
G65	00	宏指令	O	O	O	O
G66	14	调用宏指令 A	X	O	O	O
G67		调用宏指令 A 取消	X	O	O	O
G68	16	坐标系统旋转	X	X	O	O
G69		坐标系统旋转取消	X	X	O	O
G73	09	钻孔循环	B	B	B	B
G74		反攻螺纹	B	B	B	B
G76		精镗	B	B	B	B
*G80		取消固定循环	B	B	B	B
G81		钻孔循环	B	B	B	B
G82		钻孔循环镗阶梯孔	B	B	B	B
G83		钻孔循环	B	B	B	B
G84		攻螺纹循环	B	B	B	B
G85		镗孔循环	B	B	B	B
G86		镗孔循环	B	B	B	B
G87		反镗孔循环	B	B	B	B
G88		镗孔循环	B	B	B	B
G89		镗孔循环	B	B	B	B
*G90	03	绝对值输入	B	B	B	B
G91		增量值输入	B	B	B	B
G92	00	设定工件坐标系	B	B	B	B
*G94	05	进给速度（mm/min）	B	B	B	B
G95		每转进给	B	B	B	B
*G98	04	返回起始平面	B	B	B	B
G99		反回 R 平面	B	B	B	B

不同组的 G 代码在同一个程序段中可以指令多个，但如果在同一个程序段中指令了两个或两个以上属于同一组的 G 代码时，则只有最后一个 G 代码有效。在固定循环中，如果指令了 01 组的 G 代码，则固定循环将被自动取消或为 G80 状态（即取消固定循环），但 01 组的 G 代码不受固定循环 G 代码的影响。如果在程序中指令了 G 代码表中没有列出的 G 代码，则显示报警。

2. 辅助功能代码

辅助功能代码是用地址字M及二位数字来表示的。它主要用于机床加工操作时的工艺性指令，如主轴的启停、切削液的开关等。

（1）M00程序停止 M00实际上是一个暂停指令，当执行有M00指令的程序段后，主轴停转、进给停止、切削液关、程序停止。它像执行单个程序段操作一样，把状态信息全部保存起来，利用NC命令启动，可使机床继续运转。

（2）M01计划停止 该指令的作用和M00相似，但它必须是在预先按下操作面板上“任选停止”按钮的情况下，当执行完编有M01指令的程序段的其它指令后，才会停止执行程序。如果不按下“任选停止”按钮，M01指令无效，程序继续执行。

（3）M02程序结束 该指令用于程序全部结束。执行该指令后，机床便停止自动运转，切削液关。该指令常用于机床复位及卷回纸带到程序的开始字符位置。

（4）M03主轴顺时针方向旋转。

（5）M04主轴逆时针方向旋转。

（6）M05主轴停止。

（7）M06换刀（加工中心有此功能）。

（8）M08切削液开。

（9）M09切削液关。

（10）M13主轴顺时针旋转，切削液开。

（11）M14主轴逆时针旋转，切削液关。

（12）M30纸带结束 在完成程序的所有指令后，使主轴、进给和切削液都停止，并使机床及控制系统复位，包括将纸带倒回到程序开始的字符位置。

（13）M98调用子程序。

（14）M99子程序结束并返回到主程序。

在一个程序段中只能指令一个M代码，如果在一个程序段中同时指令了两个或两个以上的M代码时，则只有最后一个M代码有效，其余的M代码均无效。

3.F、S、T、H代码

（1）进给功能代码F 表示进给速度，用字母F及其后面的若干位数字来表示，单位为mm/min（米制）或in/min（英制）。例如，米制F150.0表示进给速度为150mm/min。

（2）主轴功能代码S 表示主轴转速，用字母S及其后面的若干位数字来表示，单位为r/min。例如，S250表示主轴转速为250r/min。

（3）刀具功能代码T 表示换刀功能。在进行多道工序加工时，必须选取合适的刀具。每把刀具应安排一个刀号，刀号在程序中指定。刀具功能用字母T及其后面的两位数字来表示，即T00～T99，因此，最多可换100把刀。如T06表示第6号刀具。

（4）刀具补偿功能代码H 表示刀具补偿号。它由字母H及其后面的两位数字表示。该两位数字为存放刀具补偿量的寄存器地址字。如H18表示刀具补偿量用第18号。

二、坐标系统

1. 机床的坐标轴

数控铣床是以机床主轴轴线方向为Z轴方轴，刀具远离工件的方向为Z轴正方向。X轴位于与工件安装面相平行的水平面内，若是卧式铣床，则人面对主轴的左侧方向为X轴正方向；若是立式铣床，则主轴右侧方向为X轴正方向。Y轴方向可根据Z、X轴按右手笛卡尔直角坐标系来确定。

2. 参考点

参考点是机床上一个固定点，与加工程序无关。数控机床的型号不同，其参考点的位置也不同。通常，立式铣床指定X轴正向、Y轴正向和Z轴正向的极限点为参考点。参考点又称为机床零点。机床启动后，首先要将机床位置"回零"，即执行手动返回参考点，使各轴都移至机床零点，在数控系统内部建立一个以机床零点为坐标原点的机床坐标系（CRT上显示此时主轴的端面中心，即对刀参考点在机床坐标系中的坐标值均为零）。这样在执行加工程序时，才能有正确的工件坐标系。所以编程时，必须首先设定工件坐标系，即确定刀具相对于工件坐标系坐标原点的距离，程序中的坐标值均以工件坐标系为依据。

第三节　基本编程方法

一、设定工件坐标系 G92 指令

G92　X____ Y____ Z____

G92指令是规定工件坐标系坐标原点的指令。工件坐标系坐标原点又称为程序零点，坐标值X、Y、Z为刀具刀位点在工件坐标系中（相对于程序零点）的初始位置。执行G92指令后，也就确定了刀具刀位点的初始位置（也称为程序起点或起刀点）与工件坐标系坐标原点的相对距离，并在CRT上显示出刀具刀位点在工件坐标系中的当前位置坐标值（即建立了工件坐标系）。例如（图4-2）：

G92　X40.0　Y30.0　Z25.0

注意，G92指令执行前的刀具位置，须放在程序所要求的位置上，因刀具在不同的位置，所设定出的工件坐标系的坐标原点位置也不同。在编程中可以任意改变坐标系的程序零点，所以，在计算较为简便的条件下，对复杂的工件，经常要改变坐标系。

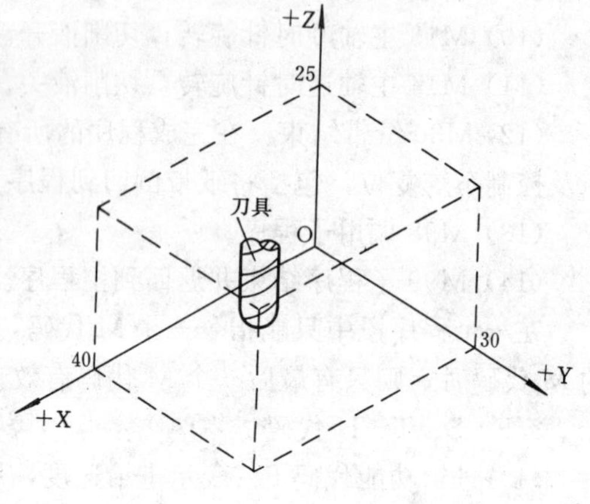

图4-2　设定工件坐标系

二、绝对值输入 G90 指令和增量值输入 G91 指令

{G90 / G91} X____ Y____ Z____

G90指令按绝对值方式设定输入坐标，即移动指令终点的坐标值X、Y、Z都是以工件坐标系坐标原点（程序零点）为基准来计算。

G91指令按增量值方式设定输入坐标，即移动指令终点的坐标值X、Y、Z都是以始点为基准来计算，再根据终点相对于始点的方向判断正负，与坐标轴同向取正，反向取负。

例如，对于图4-3所示情形，使用绝对值与增量值方式设定输入坐标的程序分别如下：

1. 绝对值指令G90时

G92　X0　Y0　Z0　　　程序零点设在参考点O

G90 G00 X30.0 Y−80.0	刀具快移至 O' 点定位
G92 X0 Y0	程序零点再设定在 O'
G90 G00 X100.0 Y30.0	刀具快移至始点 A 定位
G01 X40.0 Y60.0	始点 A→终点 B

2. 增量值指令 G91 时（程序功能与上面相同）

G92 X0 Y0 Z0

G91 G00 X30.0 Y−80.0

G92 X0 Y0

G91 G00 X100.0 Y30.0

G01 X−60.0 Y30.0

三、点定位 G00 指令

G00 X____ Y____ Z____

点定位 G00 指令为刀具相对于工件分别以各轴快速移动速度由始点（当前点）快速移动到终点定位。当是绝对值 G90 指令时，刀具分别以各轴快速移动速度移至工件坐标系中坐标值为 X、Y、Z 的点上；当是增量值 G91 指令时，刀具则移至距始点（当前点）为 X、Y、Z 值的点上。各轴快速移动速度可分别用参数设定；在加工执行时，还可以在操作面板上用快速进给速率修调旋钮来调整控制。通常快速进给速率修调分为 F0、25%、50%、100%四段，其中最慢速率 F0 也由参数设定；25%、50%、100%为设定速率的百分率。

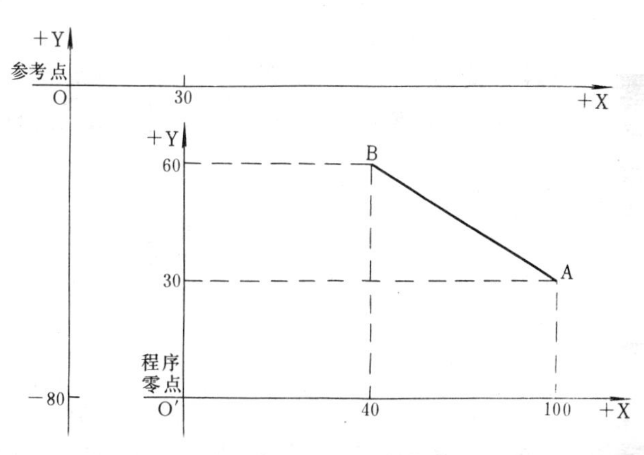

图 4-3 G90 与 G91

例如，若 X 轴和 Y 轴的快速移动速度均为 4000mm/min，刀具的始点位于工件坐标系的 A 点（图 4-4），当程序为：

G90 G00 X60.0 Y30.0

或 G91 G00 X40.0 Y20.0

则刀具的进给路线为一折线，即刀具从始点 A 先沿 X 轴、Y 轴同时移动至 B 点，然后再沿 X 轴移至终点 C。

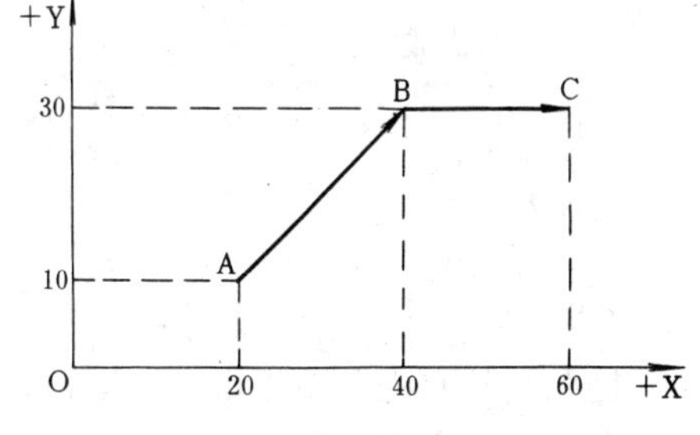

图 4-4 点定位

四、直线插补 G01 指令

G01 X____ Y____ Z____ F____

直线插补 G01 指令为刀具相对于工件以 F 指令的进给速度从当前点（始点）向终点进行直线插补。当执行绝对值 G90 指令时，刀具以 F 指令的进给速度进行直线插补，移至工件坐标系中坐标值为 X、Y、Z 的点上；当执行 G91 指令时，刀具则移至距当前点距离为 X、Y、Z 值的点上。F 代码是进给速度指令代码，在没有新的 F 指令以前一直有效，不必在每个程序段中都写入 F 指令；F 指令的进给速度是刀具沿加工轨迹（路径）的运动速度，沿各坐标轴方向的进给速度分量可能不相同；三坐标轴能否同时运动（联动）取决于机床功能。

例如（图 4-5）：

G90 G01 X60.0 Y30.0 F200　　　始点 A→终点 B

或 G91 G01 X40.0 Y20.0 F200

F200 是指从始点 A 向终点 B 进行直线插补的进给速度为 200mm/min，刀具的进给路线见图 4-5。

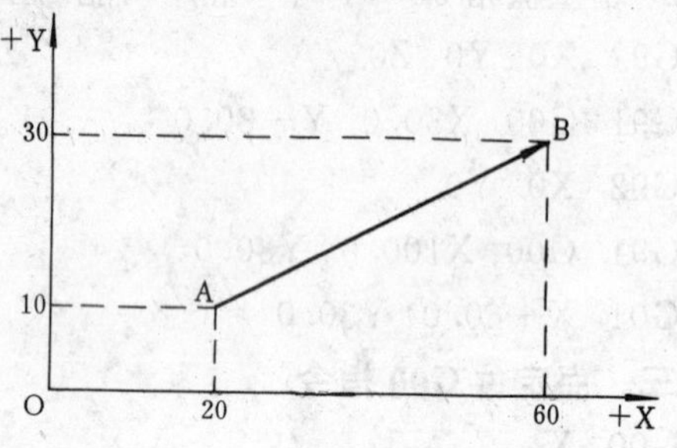

图 4-5　直线插补

五、平面选择 G17、G18、G19 指令

平面选择 G17、G18、G19 指令分别用来指定程序段中刀具的圆弧插补平面和刀具半径补偿平面。如图 4-6 所示，G17：选择 XY 平面；G18：选择 ZX 平面；G19：选择 YZ 平面。

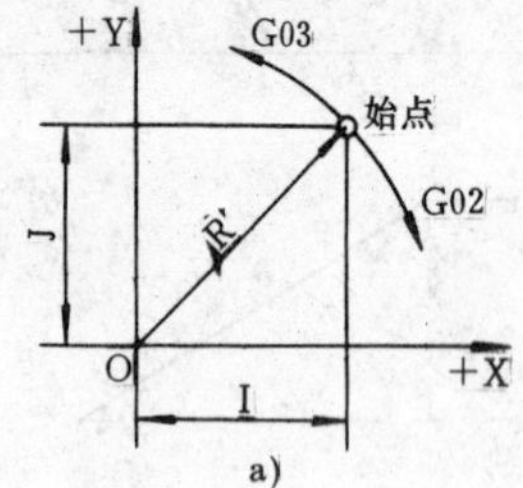

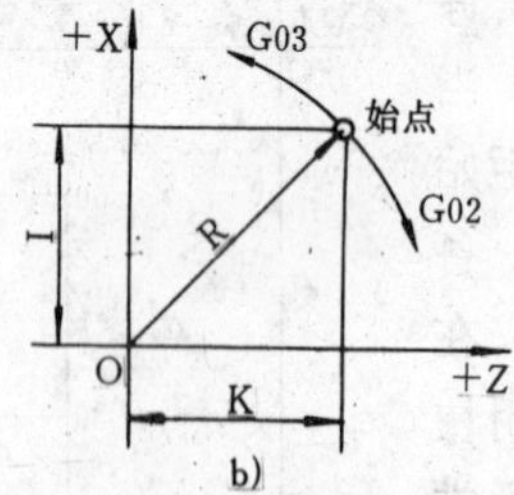

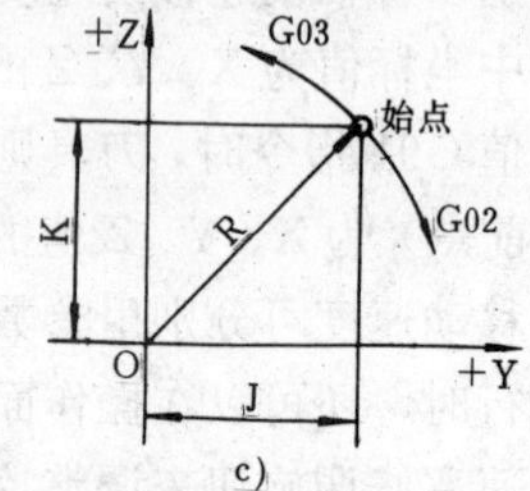

图 4-6　圆弧插补

a) G17　b) G18　c) G19

六、顺时针圆弧插补 G02 指令和逆时针圆弧插补 G03 指令

1. XY 平面圆弧

$$G17 \begin{Bmatrix} G02 \\ G03 \end{Bmatrix} X\_\_\_ \ Y\_\_\_ \begin{Bmatrix} R\_\_\_ \\ I\_\_\_ \ J\_\_\_ \end{Bmatrix} F\_\_\_$$

2. ZX 平面圆弧

$$G18 \begin{Bmatrix} G02 \\ G03 \end{Bmatrix} X\_\_\_ \ Z\_\_\_ \begin{Bmatrix} R\_\_\_ \\ I\_\_\_ \ K\_\_\_ \end{Bmatrix} F\_\_\_$$

3. YZ 平面圆弧

$$G19 \begin{Bmatrix} G02 \\ G03 \end{Bmatrix} Y\_\_\_ \ Z\_\_\_ \begin{Bmatrix} R\_\_\_ \\ J\_\_\_ \ K\_\_\_ \end{Bmatrix} F\_\_\_$$

圆弧插补 G02、G03 指令刀具相对于工件在指定的坐标平面（G17、G18、G19）内，以 F 指令的进给速度从当前点（始点）向终点进行圆弧插补（图 4-6）。X、Y、Z 是圆弧终点坐标值。R 是圆弧半径，当圆弧所对应的圆心角为 0°～180°时，R 取正值；当圆心角为 180°～360°时，R 取负值。I、J、K 分别为圆心相对于圆弧始点在 X、Y、Z 轴方向的坐标增量。

注意，I、J、K 为零时可以省略；在同一程序段中，如 I、J、K 与 R 同时出现时，R 有效，而其它字被忽略。

例如（图 4-7）：

（1）采用绝对值指令 G90 时

G92 X0 Y0 Z0	程序零点为 O
G90 G00 X200.0 Y40.0	点定位 O→A
G03 X140.0 Y100.0 I−60.0（或 R60.0）F300	A→B
G02 X120.0 Y60.0 I−50.0（或 R50.0）	B→C

（2）采用增量值指令 G90 时

G92 X0 Y0 Z0

G91 G00 X200.0 Y40.0

G03 X − 60.0 Y60.0 I − 60.0 （或 R60.0）F300

G02 X − 20.0 Y − 40.0 I − 50.0 （或 R50.0）

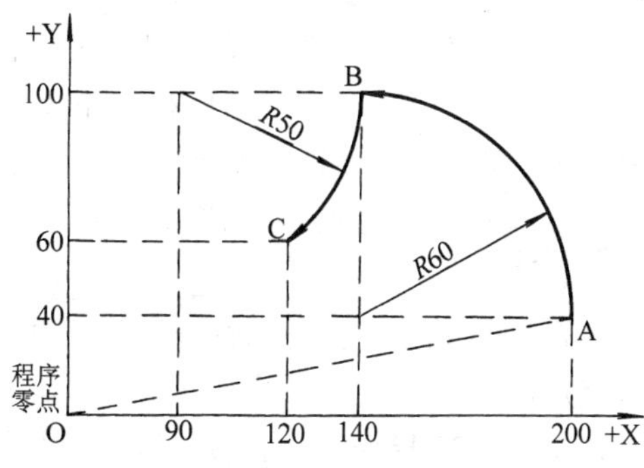

图 4-7 圆弧插补

七、暂停 G04 指令

G04 {X ____ / P ____

暂停 G04 指令刀具暂时停止进给，直到经过指令的暂停时间，再继续执行下一程序段。地址 P 或 X 指令暂停的时间；其中地址 X 后可以是带小数点的数，单位为 s，如暂停 1s 可写为 G04 X1.0；地址 P 不允许用小数点输入，只能用整数，单位为 ms，如暂停 1s 可写为 G04 P1000。此功能常用于切槽或钻到孔底时。

八、米制输入 G21 指令和英制输入 G20 指令

G21、G20 分别指令程序中输入数据为米制或英制。G21、G20 是两个互相取代的 G 代码，一般机床出厂时，将米制输入 G21 设定为参数缺省状态。用米制输入程序时，可不再指定 G21；但用英制输入程序时，在程序开始设定工件坐标系之前，必须指定 G20。在一个程序中也可以米制、英制输入混合使用，在 G20 以下、G21 未出现前的各程序段为英制输入；在 G21 以下、G20 未出现前的各程序段为米制输入。例如：

```
N10    G20  …  ┐
N20    …       ├英制输入
⋮              ┘
N50    G21  …  ┐
N60    …       ├米制输入
⋮              ┘
N90    G20  …  ┐
N100   …       │
⋮              ├英制输入
N120   M02     ┘
```

另外，G21、G20 断电前后的状态一致。

九、返回指令 G27～G30

1. 返回参考点校验 G27 指令

G27 X ____ Y ____ Z ____

根据 G27 指令，刀具以参数所设定的速度快速进给，并在指令规定的位置（坐标值为 X、Y、Z 点）上定位。若所到达的位置是机床零点，则返回参考点的各轴指示灯亮。如果指示灯不亮，则说明程序中所给的指令有错误或机床定位误差过大。

注意，执行 G27 指令的前提是机床在通电后必须返回过一次参考点（手动返回或 G28 指令返回）。使用 G27 指令时，必须先取消刀具长度和半径补偿，否则会发生不正确的动作。由于返回参考点不是每个加工周期都需要执行，所以可作为选择程序段。G27 程序段执行后，如不希望继续执行下一程序段（使机械系统停止）时，则必须在该程序段后增加 M00 或 M01 或在单个程序段中运行 M00 或 M01。

2. 自动返回参考点 G28 指令

G28 X ____ Y ____ Z ____

执行 G28 指令，使各轴快速移动，分别经过指定的（坐标值为 X、Y、Z）中间点返回到参考点定位。

在使用 G28 指令时，必须先取消刀具半径补偿，而不必先取消刀具长度补偿，因为 G28 指令包含刀具长度补偿取消、主轴停止、切削液关闭等功能。故 G28 指令一般用于自动换刀。

3. 从参考点返回 G29 指令

G29 X ____ Y ____ Z ____

执行 G29 指令时，首先使被指令的各轴快速移动到前面 G28 所指令的中间点，然后再移到被指令的（坐标值为 X、Y、Z 的返回点）位置上定位。如 G29 指令的前面，未指令中间点，则执行 G29 指令时，被指令的各轴经程序零点，再移到 G29 指令的返回点上定位。

例如（图 4-8）：

(1) 绝对值指令 G90 时：

G90 G28 X130.0 Y70.0 当前点 A→B→R

M06 换刀

G29 X180.0 Y30.0 参考点 R→B→C

(2) 增量值指令 G91 时：

G91 G28 X100.0 Y20.0

M06

G29 X50.0 Y−40.0

如程序中无 G28 指令时，则程序段

G90 G29 X180.0 Y130.0

进给路线为 A→O→C。

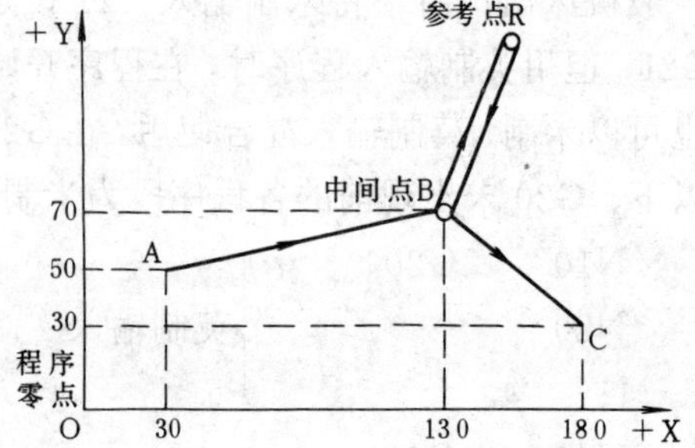

图 4-8 自动返回参考点

通常 G28 和 G29 指令应配合使用，使机床换刀后直接返回加工点 C，而不必计算中间点 B 与参考点 R 之间的实际距离。

4. 第二参考点返回 G30 指令

G30 X ____ Y ____ Z ____

G30 为第二参考点返回，该功能与 G28 指令相似。不同之处是刀具自动返回第二参考点，而第二参考点的位置是由参数来设定的，G30 指令必须在执行返回第一参考点后才有效。如 G30 指令后面直接跟 G29 指令，则刀具将经由 G30 指定的（坐标值为 X、Y、Z 的）中间点移到 G29 指令的返回点定位，类似于 G28 后跟 G29 指令。通常 G30 指令用于自动换刀位置与参考点不同的场合，而且在使用 G30 前，同 G28 一样应先取消刀具补偿。

十、刀具长度正补偿 G43 指令、刀具长度负补偿 G44 指令和取消刀具长度补偿 G49 指令

$\begin{Bmatrix} G43 \\ G44 \end{Bmatrix}$ Z ____ H ____

当刀具磨损时，可在程序中使用刀具补偿指令补偿刀具尺寸的变化，而不必重新调整刀具和重新对刀。在 G17 的情况下，刀具补偿 G43 和 G44 只用于 Z 轴的补偿，而对 X 轴和 Y 轴无效。格式中的 Z 值是指程序中的指令值。H 为补偿功能代号，它后面的两位数字是刀具补偿寄存器的地址字，如 H01 是指 01 号寄存器，在该寄存器中存放刀具长度的补偿值。从 H00 至 H99，除 H00 寄存器必须置 0 外，其余寄存器存放刀具长度补偿值，该值的范围为：米制 0～±999.99mm；英制 0～±99.999in。

如图 4-9 所示，执行 G43 时：

$$Z_{实际值}=Z_{指令值}+(H\times\times)$$

执行 G44 时：

$$Z_{实际值}=Z_{指令值}-(H\times\times)$$

式中，(H××）是指编号为××寄存器中的补偿量。

采用取消刀具长度补偿 G49 指令或用 G43 H00 和 G44 H00 可以撤消补偿指令。

例如（图 4-10），(H05) =200mm。

```
N1 G92 X0 Y0 Z0                 设定O点为程序零点
N2 G90 G00 G44 Z30.0 H05        指令点A，到达点B
```

如 (H05) =－200mm，则程序为：

```
N1 G92 X0 Y0 Z0                 设定O点为程序零点
N2 G90 G43 Z30.0 H05            指令点A，到达点B其效果一样
```

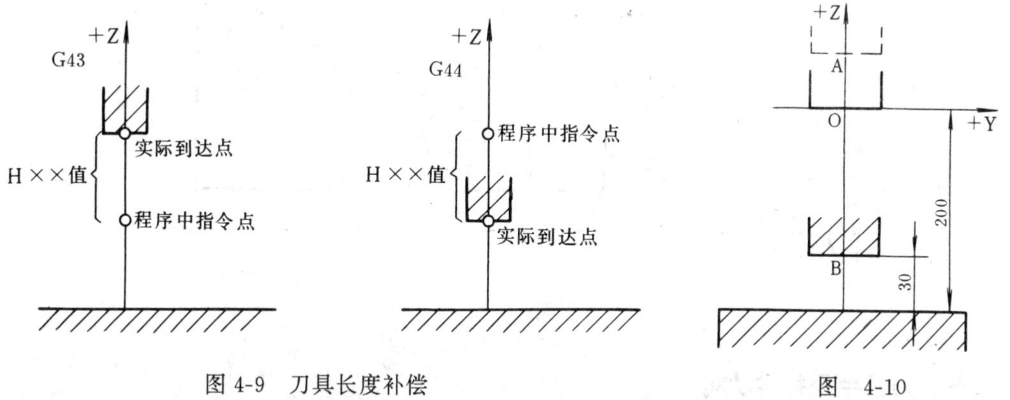

图 4-9 刀具长度补偿　　图 4-10

又如（图 4-11）(H01) =－8mm，(H02) =8mm。

```
N1 G91 G00 X120.0 Y80.0
N2 G43 Z-32.0 H01（或N2 G44 Z-32.0 H02）
N3 G01 Z-21.0 F120
```

```
N4  G04  P1000
N5  G00  Z21.0
N6  X30.0  Y-50.0
N7  G01  Z-41.0  F120
N8  G00  Z41.0
N9  X60.0  Y30.0
N10  G01  Z-23.0  F120
N11  G04  P1000
N12  G49  G00  Z55.0
N13  X-210.0  Y-60.0
N14  M02
```

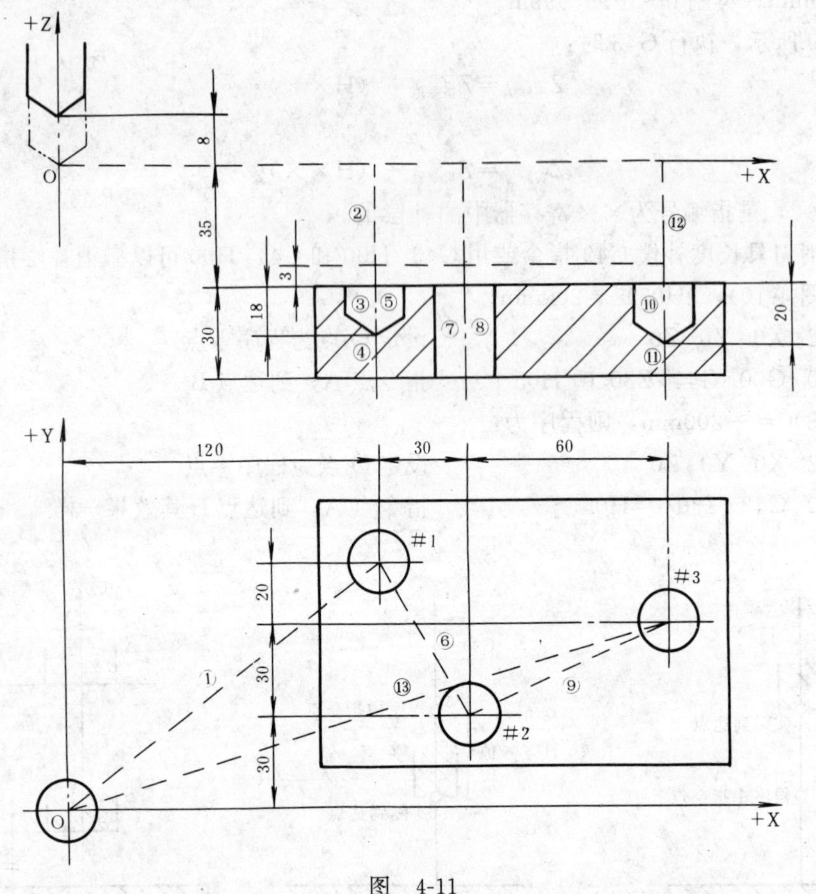

图 4-11

①~⑬—表示刀具运动过程

十一、刀具半径补偿功能

当加工曲线轮廓时，对于有刀具半径补偿功能的数控系统，可不必求刀具中心的运动轨迹，只按被加工工件轮廓曲线编程，同时在程序中给出刀具半径的补偿指令，就可加工出具有轮廓曲线的零件，使编程工作大大简化。例如，要加工图 4-12 所示的轮廓曲线 A，铣刀中心应沿着曲线 B 进给，即刀具中心要偏离零件轮廓（编程轨迹）一定的距离，这种偏离称为偏移。图中的箭头表示偏移矢量，其大小为刀具半径，方向为零件轮廓曲线（编程轨迹）上在该点的法线方向，并指向刀具中心。矢量的方向是随着零件轮廓曲线（编程轨迹）的变化而变化。

下面讨论在 G17 情况时刀具半径补偿问题。

1. 刀具半径左补偿 G41 指令和刀具半径右补偿 G42 指令

$\begin{Bmatrix}G00\\G01\end{Bmatrix}$ $\begin{Bmatrix}G41\\G42\end{Bmatrix}$ X ____ Y ____ H（或 D）____

格式中的 X 和 Y 表示刀具移至终点时，轮廓曲线（编程轨迹）上点的坐标值；H（或 D）为刀具半径补偿寄存器地址字，在寄存器中存有刀具半径补偿值。

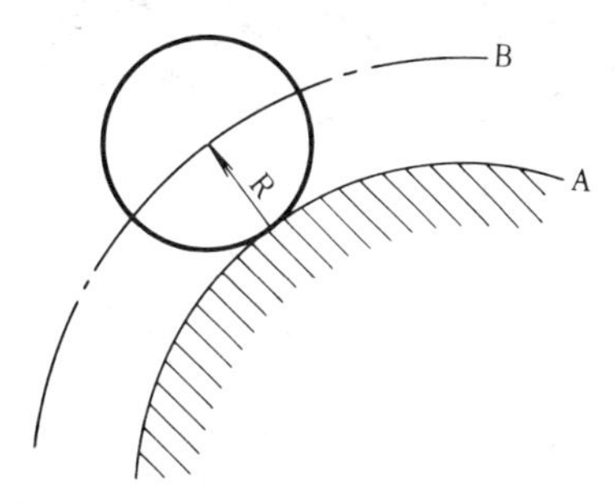

图 4-12　偏移矢量

不论是刀具长度补偿值，还是刀具半径补偿值，都是由操作者在 CRT/MDI 面板上用“MENU OFSET”功能键置入刀具补偿寄存器的。图 4-13 为刀具偏移量菜单，对应于刀具补偿寄存器 H01～H99（或 D01～D99），菜单中都有相应的偏置号（OFFSET NO.）与之对应，如偏置号 005 对应于 H05 寄存器。设置刀具补偿量时，操作者只需用面板上的光标键（CURSOR），将光标移至所选的偏置号上，键入刀具补偿值，将其输入到偏置号后面的偏移量（OFFSET DATA）位置上即可。

为了保证刀具从无半径补偿运动到所希望的刀具半径补偿始点，须用一直线程序段 G00 或 G01 指令来建立刀具半径补偿。

OFFSET		O0013	N0008
NO.	DATA	NO.	DATA
001	10,000	009	0,000
002	−1,000	010	10,000
003	0,000	011	−20,000
004	0,000	012	0,000
—005	20,000	013	0,000
006	0,000	014	0,000
007	0,000	015	0,000
008	0,000	016	0,000
ACTUAL	POSITION	(RELATIVE)	
X	0,000	Y	0,000
Z	0,000		
NO. 005			

图 4-13　刀具偏移量菜单

直线情况时（图 4 14），刀具欲从始点 A 移至终点 B。当执行有刀具半径补偿指令的程序后，将在终点 B 处形成一个与直线 AB 相垂直的新矢量 BC，刀具中心由 A 移至 C 点。沿着刀具前进方向观察，在 G41 指令时，形成的新矢量在直线左边，刀具中心偏向编程轨迹左边；而 G42 指令时，刀具中心偏向右边。

圆弧情况时（图 4-15），B 点的偏移矢量垂直于直线 AB，圆弧上 C 点的偏移矢量与圆弧过 C 点的切线相垂直。圆弧上每一点的偏移矢量方向总是变化的，由于直线 AB 和圆弧相切，所以在 B 点，直线和圆弧的偏移矢量重合，方向一致，刀具中心都在 C 点。若直线和圆弧不相切，则这两个矢量方向不一致，此时要进行拐角偏移圆弧插补。

如图 4-14、图 4-15 所示，刀具中心由 A 移动到 C 点后，G41 或 G42 指令在 G01、G02 或 G03 指令配合下，刀具中心运动轨迹始终偏离编程轨迹一个刀具半径的距离，直到取消刀具半径补偿为止。

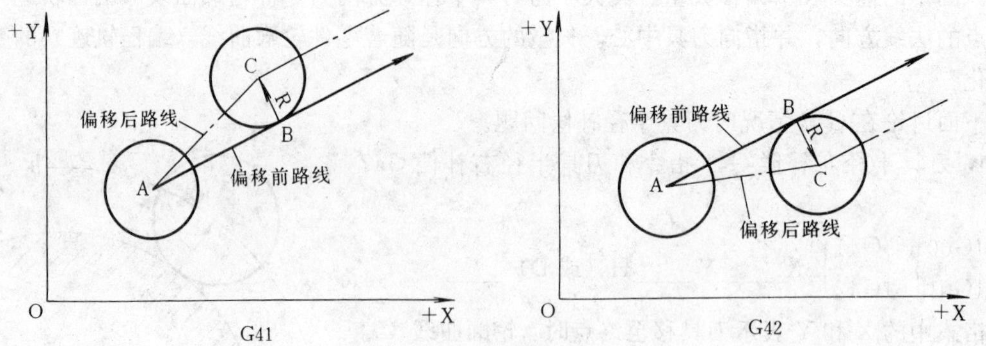

图 4-14 刀具半径补偿

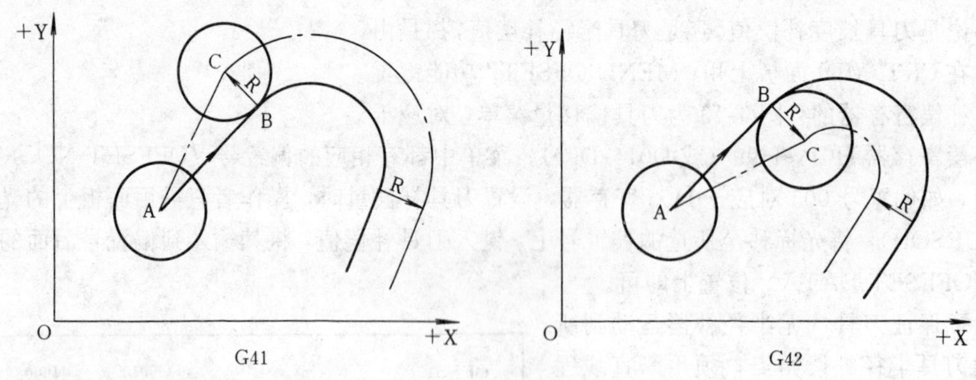

图 4-15 刀具半径补偿

2. 取消刀具半径补偿 G40 指令

$$G40 \begin{Bmatrix} G00 \\ G01 \end{Bmatrix} X\_\_\_ \ Y\_\_\_$$

最后一段刀具半径补偿轨迹加工完成后，与建立刀具半径补偿类似，也应有一直线程序段 G00 或 G01 指令取消刀具半径补偿，以保证刀具从刀具半径补偿终点（刀补终点）运动到取消刀具半径补偿点（取消刀补点）。

指令中有 X、Y 时，X 和 Y 表示编程轨迹上取消刀补点的坐标值。如图 4-16 所示，刀具欲从刀补终点 A 移至取消刀补点 B，当执行取消刀具半径补偿 G40 指令的程序段时，刀具中心将由 C 点移至 B 点。

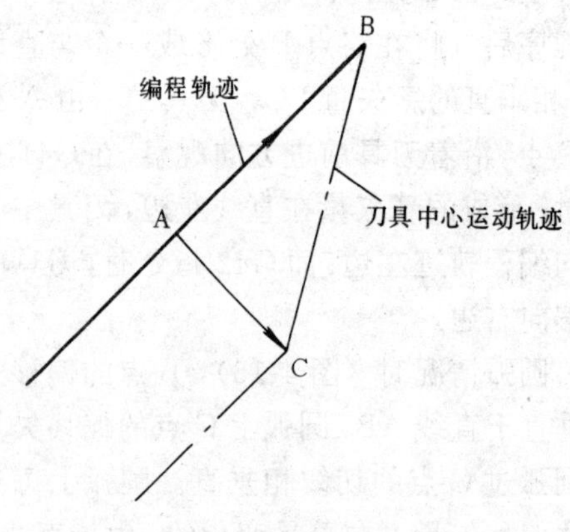

图 4-16 G40 指令

指令中无 X、Y 值时，则刀具中心 C 点将沿旧矢量的相反方向运动到 A 点（如图 4-17 所示）。

例如，图 4-18 所示 AB 轮廓曲线，若直径为 ϕ20mm 的铣刀从 O 点开始移动，加工程序为：

```
N10  G90  G17  G41  G00  X18.0  Y24.0  M03  H06        O→A
N20  G02  X74.0  Y32.0  R40.0  F180                    A→B
```

N30　G40　G00　X84.0　Y0　　B→C
N40　G00　X0　M02　　C→O

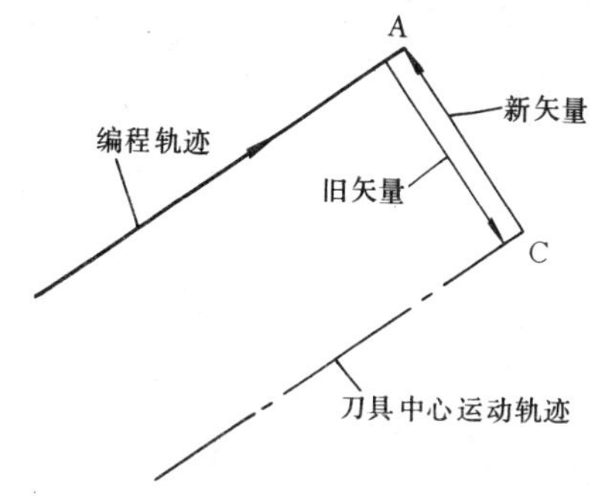

图 4-17　G40 指令

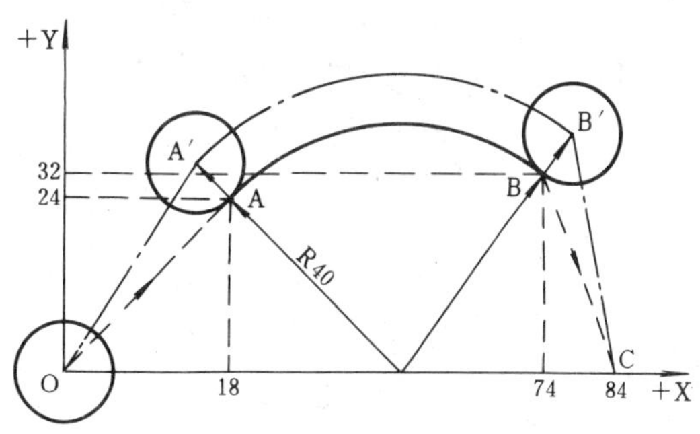

图　4-18

取消刀具半径补偿除用 G40 指令外，还可以用：

$\left\{\begin{matrix} G00 \\ G01 \end{matrix}\right\}$X ____ Y ____ H00（或 D00）

如上例中 N30 程序段可变为：

G00　X84.0　Y0　H00

3. 偏移状态的转换

刀具偏移状态从 G41 转换为 G42 或从 G42 转换为 G41，通常都需要经过偏移取消状态，即 G40 程序段。但是在点定位 G00 或直线插补 G01 状态时，可以直接转换，此时刀具中心轨迹如图 4-19 所示。

4. 刀具偏移量的改变

改变刀具偏移量通常要在偏移取消状态下、在换刀时进行。但在点定位 G00 或直线插补 G01 状态下也可以直接进行。如图 4-20 所示。

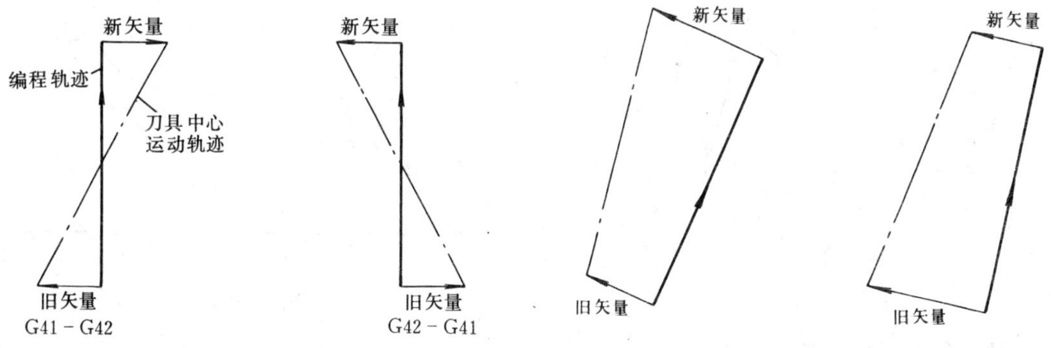

图 4-19　G41 与 G42 的转换　　　　图 4-20　偏移量的改变

5. 偏移量正负与刀具中心轨迹的位置关系

如图 4-21 所示，偏移量取负值时，与刀具长度补偿类似，G41 和 G42 可以互相取代。如图 a 所示偏移量为正值时，刀具中心沿工件外侧切削。当偏移量为负值时，则刀具中心变为在工件内侧切削，如图 b 所示。反之当图 b 中偏移量为正值时，则图 a 中刀具的偏移量为负值。

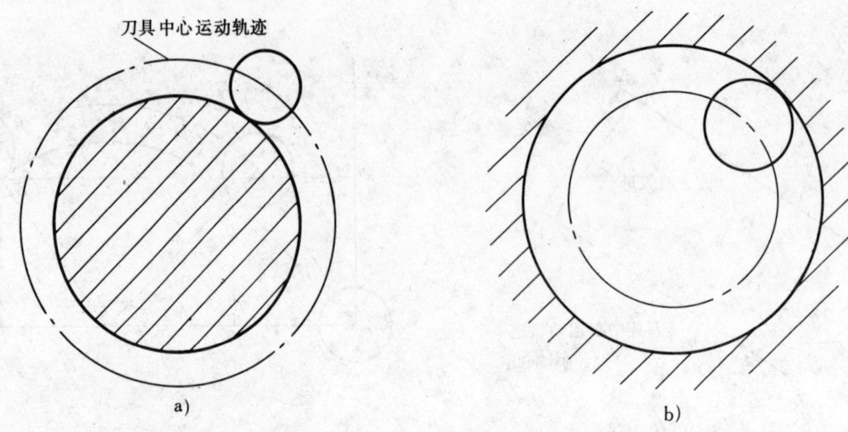

图 4-21　偏移量正负与刀具轨迹的关系

6. 拐角偏移圆弧插补 G39 指令

G39　X ____ Y ____

在有刀具半径补偿时，若编程轨迹的相邻两直线（或圆弧）不相切，则必须进行拐角圆弧插补，即要在拐角处产生一个以偏移值为半径的附加圆弧，此圆弧与刀具中心运动轨迹的相邻两直线（或圆弧）相切，如图 4-22 所示。

(1) 对于刀具半径补偿 C 功能　CNC 系统可以自动实现零件廓形各种拐角组合形式的折线型尖角过渡。

例如，图 4-23 所示凸模，若直径为 ϕ16mm 的铣刀从起刀点 O 开始加工，加工程序为：

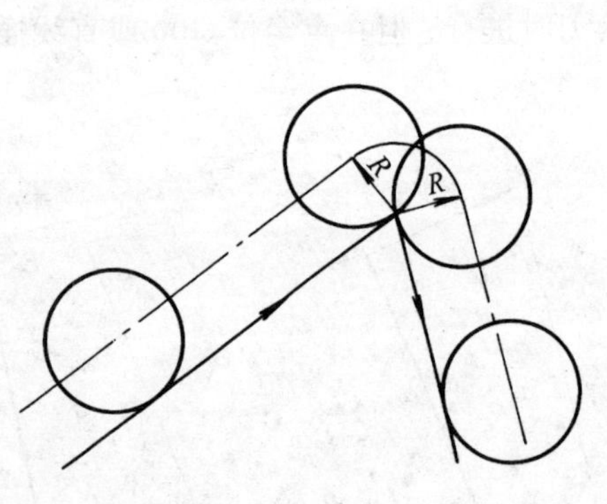

图 4-22　拐角偏移

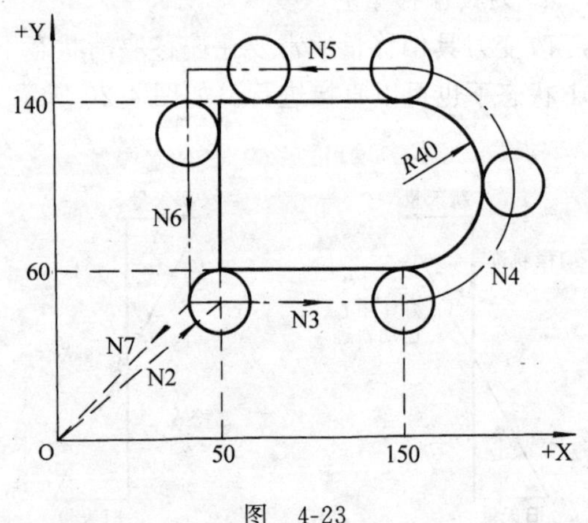

图　4-23

N1 G92 X0 Y0 Z0

N2 G90 G42 G00 X50.0 Y60.0 H01

N3 G01 X150.0 F150

N4 G03 Y140.0 R40.0

N5 G01 X50.0

N6 Y60.0

N7 G40 G00 X0 Y0

(2) 对于刀具半径补偿 B 功能　在零件的外拐角处必须人为编制出附加圆弧插补程序段 G39 指令，才能实现尖角过渡。G39 指令中的 X 和 Y 为与新矢量垂直的直线上任一点的坐标值。

例如，图 4-24 所示零件轮廓 ABC 的加工程序为：

N1 G90 G17 G00 G41 X100.0 Y50.0 H08	O→A，偏移 R_1
N2 G01 X200.0 Y100.0 F150	A→B，偏移 R_2
N3 G39 X300 Y50	拐角偏移 R_3
N4 G01 X300.0 Y50.0	B→C

又例，图 4-25 所示 ABCD 轮廓曲线，若刀具从起刀点 O 开始移动，则加工程序为：

N1 G91 G17 G01 G41 X15.0 Y25.0 F200

N2 G39 X35 Y15　　(C 功能不用)

N3 X35.0 Y15.0

N4 G39 X25 Y−20　　(C 功能不用)

N5 X25.0 Y−20.0

N6 G39 X5 Y−25　　(C 功能不用)

N7 G03 X25.0 Y−20.0 R25.0

N8 G40 G01 Y25.0

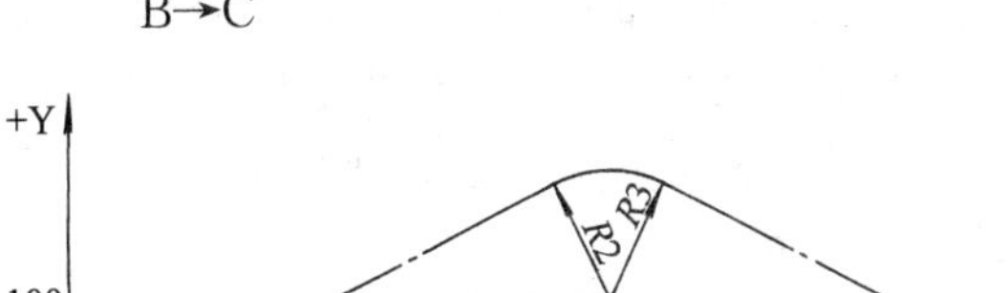
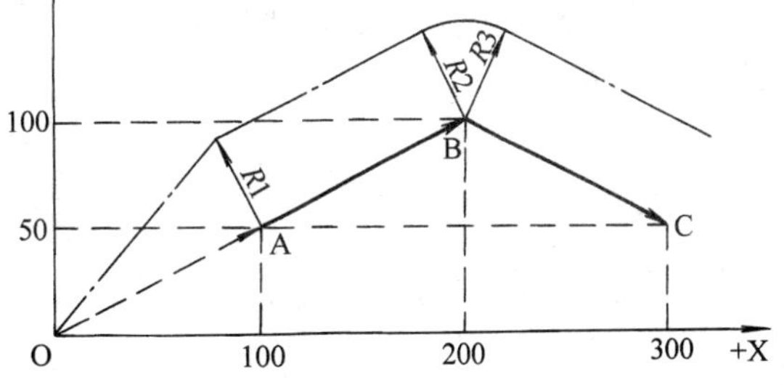

图 4-24　G39 指令

G39 指令只有在 G41 或 G42 被指令后才有效。G39 属于非模态指令，仅在它所指令的程序段中起作用。

应用刀具半径补偿功能时必须注意：在 G41 或 G42 至 G40 指令程序段之间的程序段不能有任何一个刀具不移动的指令出现；在 XY 平面中执行刀具半径补偿时，也不能出现连续两个 Z 轴移动的指令，否则 G41 或 G42 指令无效。在使用 G41 或 G42 指令的程序段中只能用 G00 或 G01 指令，不能用 G02 或 G03 指令。

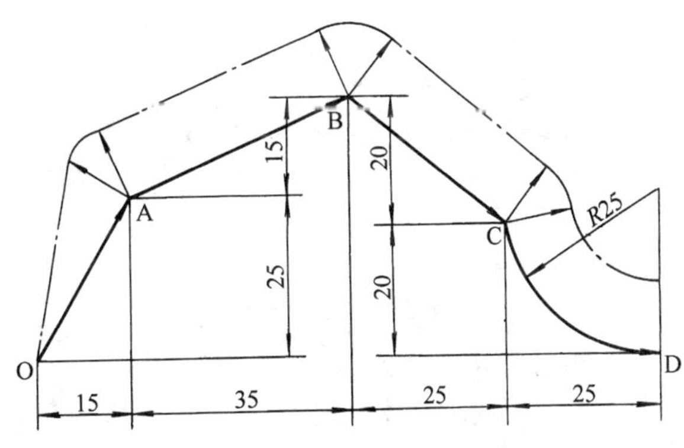

图 4-25　拐角偏移圆弧插补

十二、机床坐标系选择 G53 指令和加工坐标系选择 G54～G59 指令

1. G53 指令

(G90) G53X ____ Y ____ Z ____

机床坐标系是机床固有的坐标系，由机床来确定。在机床调整后，一般此坐标系是不允许变动的。当完成“手动返回参考点”操作之后，就建立了一个以机床原点为坐标原点的机床坐标系，此时显示器上显示的当前刀具在机床坐标系中的坐标值均为零。

当执行该指令时，刀具移动到机床坐标系中坐标值为 X、Y、Z 的点上。G53 是非模态指令，仅在它所在的程序段中和绝对值指令 G90 时有效；在增量值指令 G91 时无效。

当刀具要移动到机床上某一预选点（如换刀点或托板交换位置）时，则使用该指令。例如：

G00 G90 G53 X5.0 Y10.0

表示将刀具快速移动到机床坐标系中坐标为（5，10）的点上。

注意，当执行 G53 指令时，取消刀具补偿；机床坐标系必须在 G53 指令执行前建立，即在电源接通后，至少回过一次参考点（手动或自动）。

2. G54～G59 指令

若在工作台上同时加工多个相同零件时，可以设定不同的程序零点，如图 4-26 所示，可建立 G54～G59 六个加工坐标系。其坐标原点（程序零点）可设在便于编程的某一固定点上，这样建立的加工坐标系，在系统断电后并不破坏，再次开机后仍有效，并与刀具的当前位置无关，只需按选择的坐标系编程。G54～G59 指令可使其后的坐标值视为用加工坐标系 1～6 表示的绝对坐标值。

例如（图 4-27）：

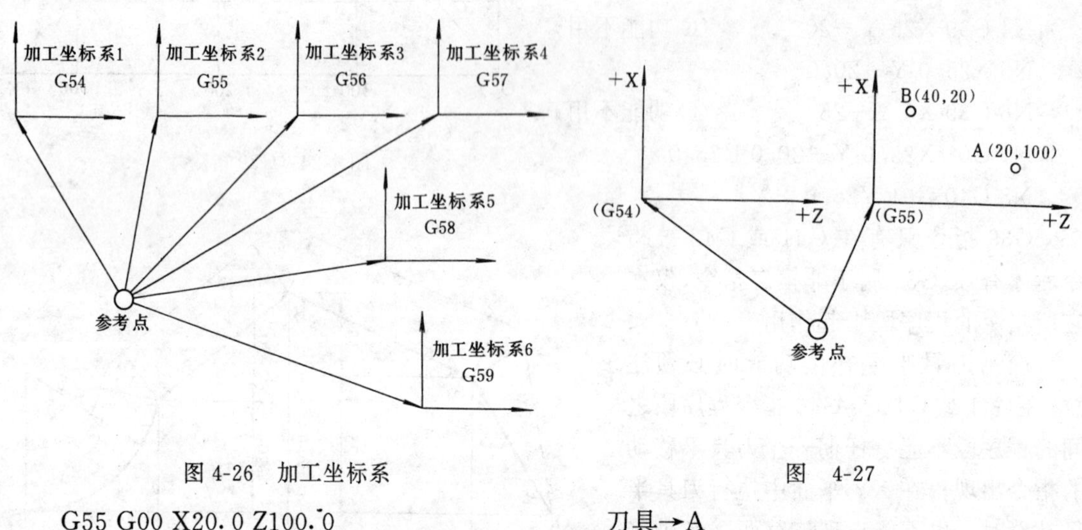

图 4-26 加工坐标系　　　　图 4-27

G55 G00 X20.0 Z100.0　　刀具→A

X40.0 Z20.0　　A→B

这六个加工坐标系程序零点的位置可通过在程序中编入变更加工坐标系 G10 指令来设定；也可直接在 CRT/MDI 操作面板上用 OFSET 来设定，即将程序零点相对于机床坐标系的坐标值（零点偏移值）置入相应项中即可。

在使用 G54～G59 加工坐标系时，就不再用 G92 指令；若再用 G92 指令时，原来的坐标系统和加工坐标系将平移，产生一个新的工件坐标系。

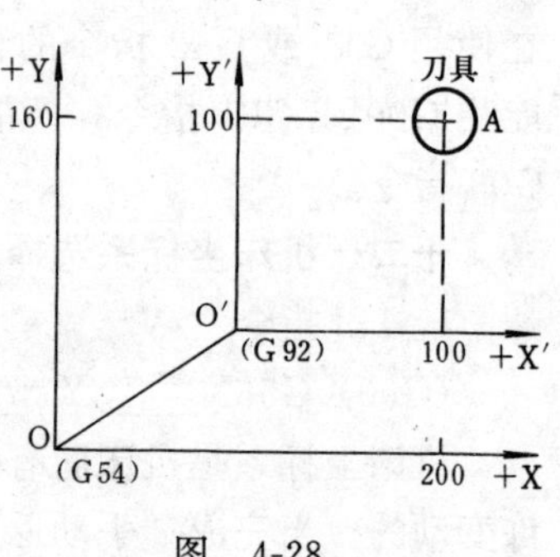

图 4-28

例如（图 4-28）：

N1 G54 G00 X200.0 Y160.0　　刀具在 A 点定位

N2 G92 X100.0 Y100.0　　　　零点 O 移至 O′点

N1 时，刀具在 G54 加工坐标系的（200，160）位置，N2 后，加工坐标系变为工件坐标系 X′，Y′，刀具在（100，100）的位置。

十三、加工坐标系偏移

六个加工坐标系可用一个指定值（外部工件零点偏移值）实现坐标系偏移，如图 4-29 所示。

外部工件零点偏移值 EXOFS 可用下述三种方法改变：

1）直接在 CRT/MDI 操作面板上输入零点偏移值。

2）在程序中编入变更加工坐标系 G10 指令：

G10 L2 P ____ X ____ Y ____ Z ____

其中，P=0 时，为外部工件零点偏移；P=1～6 时，相应于 G54～G59。X、Y、Z 为各轴的零点偏移值，即加工坐标系相对机床零点的偏移值。例如：

G91 G10 L2 P6 X10.0 Y−5.0 Z−2.0

3）外部加工坐标系偏移 G52 指令

G52　X ____ Y ____ Z ____

X、Y、Z 为各轴的零点偏移值。

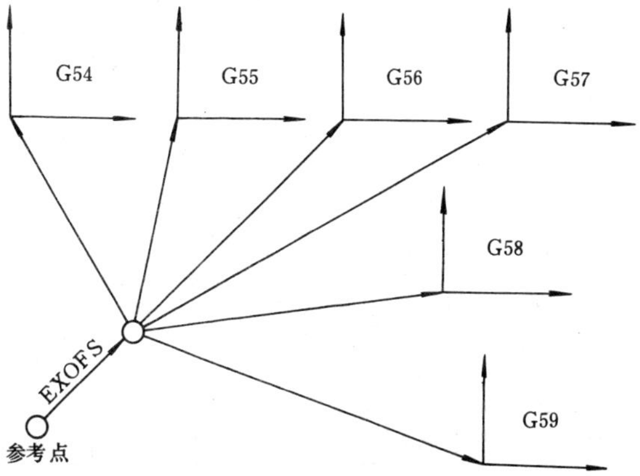

图 4-29　加工坐标系偏移

十四、固定循环指令

1. 固定循环常由六个动作顺序组成（图 4-30）

动作：
- ①　X 和 Y 轴定位
- ②　快速运行到 R 点
- ③　钻孔（或镗孔等）
- ④　在孔底相应的动作
- ⑤　退回到 R 点
- ⑥　快速运行到初始点位置

由图可知，动作①为 A→B，是快速进给到 X、Y 指定的点。动作②为 B→R，是快速趋近加工表面。动作③为 R→E，是加工动作（如钻、镗、攻螺纹等）。动作④是在 E 点处执行一些相应动作（如暂定、主轴停、主轴反转等）。动作⑤是返回到 R 点或 B 点。

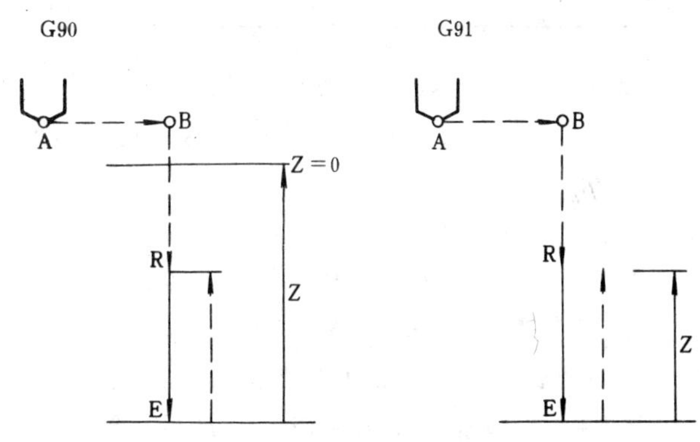

图 4-30　固定循环动作

（图中┈┈→表示快速移动，——→表示切削进给，后同）

2. 定位平面及钻孔轴选择

定位平面决定于平面选择指令 G17、G18、G19；其相应的钻孔轴分别平行于 Z 轴、Y 轴和 X 轴。

对于立式数控铣床，定位平面只能是 XY 平面，钻孔轴平行于 Z 轴。它与平面选择指令无关。下面只讨论立式铣床固定循环指令。

3. 固定循环指令格式

$$\begin{Bmatrix}G90\\G91\end{Bmatrix}\begin{Bmatrix}G99\\G98\end{Bmatrix}\ G\times\times\ X\_\_\_\ Y\_\_\_\ Z\_\_\_\ R\_\_\_\ Q\_\_\_\ P\_\_\_\ F\_\_\_\ L\_\_\_$$

其中，G××为孔加工方式，对应于固定循环指令；X、Y 为孔位数据；Z、R、Q、P、F 为孔加工数据；L 为重复次数。

（1）孔加工方式　孔加工方式对应的指令见表 4-2。

表 4-2　固定循环表

G 代码	加工动作－Z 方向	在孔底部动作	回退动作＋Z 方向	用　途
G73	间歇进给		快速进给	高速深孔钻
G74	切削进给	主轴正转	切削进给	反转攻螺纹
G76	切削进给	主轴定向停止	快速进给	精镗循环（只用于第二组固定循环）
G80				抹消
G81	切削进给		快速进给	钻循环（定点钻）
G82	切削进给	暂停	快速进给	钻循环（锪钻）
G83	间隙进给		快速进给	深孔钻
G84	切削进给	主轴反转	切削进给	攻螺纹
G85	切削进给		切削进给	镗循环
G86	切削进给	主轴停止	切削进给	镗循环
G87	切削进给	主轴停止	手动操作或快速运行	镗循环（反镗）
G88	切削进给	暂停，主轴停止	手动操作或快速运行	镗循环
G89	切削进给	暂停	切削进给	镗循环

（2）孔位数据 X、Y　刀具以快速进给的方式到达（X，Y）点。

（3）返回点平面选择　G98 指令返回到初始平面 B 点，G99 指令返回到 R 点平面。如图 4- 31所示。

（4）孔加工数据

Z：在 G90 时，Z 值为孔底的绝对值。在 G91 时，Z 是 R 平面到孔底的距离（如图 4-32 所示）。从 R 平面到孔底是按 F 代码所指定的速度进给。

R：在 G91 时，R 值为从初始平面（B）到 R 点的增量。在 G90 时，R 值为绝对坐标值（如图 4-32 所示）。此段动作是快速进给。

Q：在 G73 或 G83 方式中，规定每次加工的深度，以及在 G76 或 G87 方式中规定移动值。

P：规定在孔底的暂停时间，用整数表示，以 ms 为单位。

F：进给速度，以 mm/min 为单位。

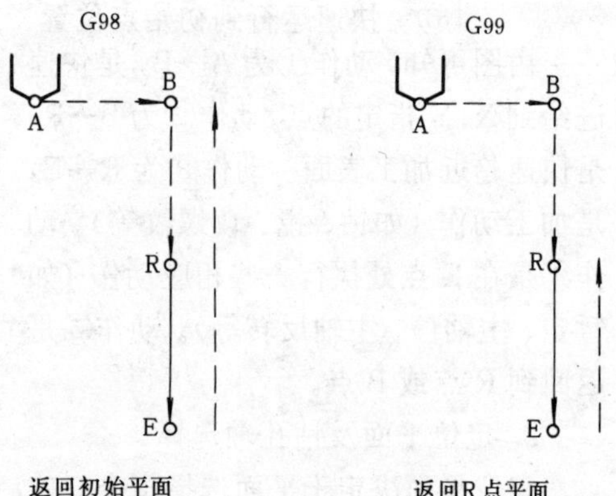

图 4-31　返回点平面选择

L：重复次数，用 L 的值来规定固定循环的重复次数，执行一次可不写 L1，如果是 L0，则系统存贮加工数据，但不执行加工。

上述孔加工数据，不一定全部都写，根据需要可省去若干地址和数据。

固定循环指令是模态指令，一旦指定，就一直保持有效，直到用 G80 撤销指令为止。此外，G00、G01、G02、G03 也起撤销固定循环指令的作用。

例如，要钻出孔位在（50，30）、(60，10)、(－10，10）的孔，孔深为 Z＝－20.0mm，程序如下：

```
N1 G90 G99 G81 X50.0 Y30.0 Z-20.0 R5.0 F80
N2             X60.0 Y10.0
N3             X-10.0
N4 G80
```

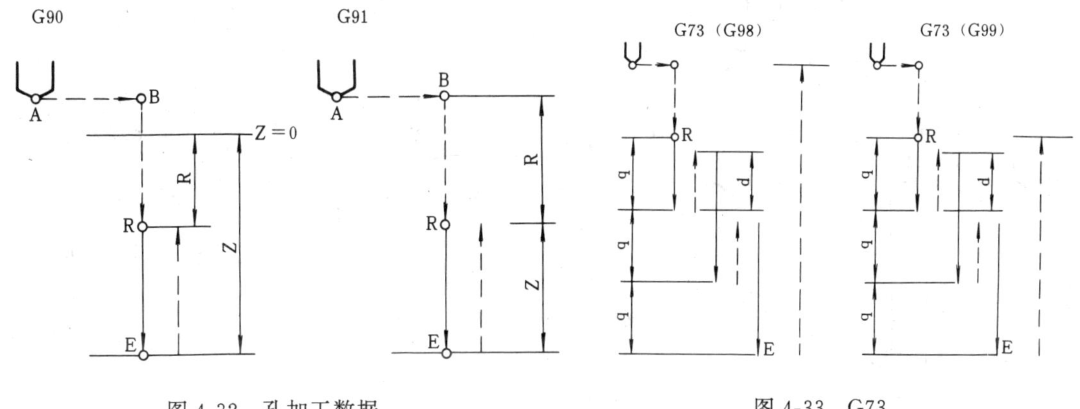

图 4-32　孔加工数据　　　　图 4-33　G73

4. 各种孔加工方式说明

(1) G73 高速深孔钻削　如图 4-33 所示。G73 用于深孔钻削，每次背吃刀量为 q（用增量表示，根据具体情况由编程者给值）。退刀距离为 d，d 是 NC 系统内部设定的。到达 E 点的最后一次进刀是进刀若干个 q 之后的剩余量，它小于或等于 q。G73 指令是在钻孔时间断进给，有利于断屑、排屑，适用于深孔加工。

(2) G74 左旋攻螺纹　如图 4-34 所示。主轴在 R 点反转直至 E 点，到达 E 点后，正转返回。

(3) G76 精镗　如图 4-35 所示。图中Ⓟ表示暂停；OSS 表示主轴定向停止；⇒表示刀具移动。

在孔底，主轴停止在定向位置上，然后使刀头作离开加工面的偏移之后拨出，这样可以高精度、高效率地完成孔加工而不损伤工件表面。刀具的偏移量由地址 Q 来规定，Q 总是正数（负号不起作用），移动的方向由参数设定。

Q 值在固定循环方式期间是模态的，在 G73、G83 指令中作背吃刀量值使用。

(4) G81 钻孔循环、定点钻　如图 4-36 所示。

(5) G82 钻孔、镗孔　如图 4-37 所示。该指令使刀具在孔底暂停，暂停时间用 P 来指定。

(6) G83 深孔钻削　如图 4-38 所示。其中 q 和 d 与 G73 相同，G83 和 G73 的区别是：G83 指令在每次进刀 q 距离后返回 R 点，这样对深孔钻削时排屑有利。

(7) G84 右旋攻螺纹　G84 指令和 G74 指令中的主轴旋向相反，其它均与 G74 指令相同。

(8) G85 镗孔　如图 4-39 所示。

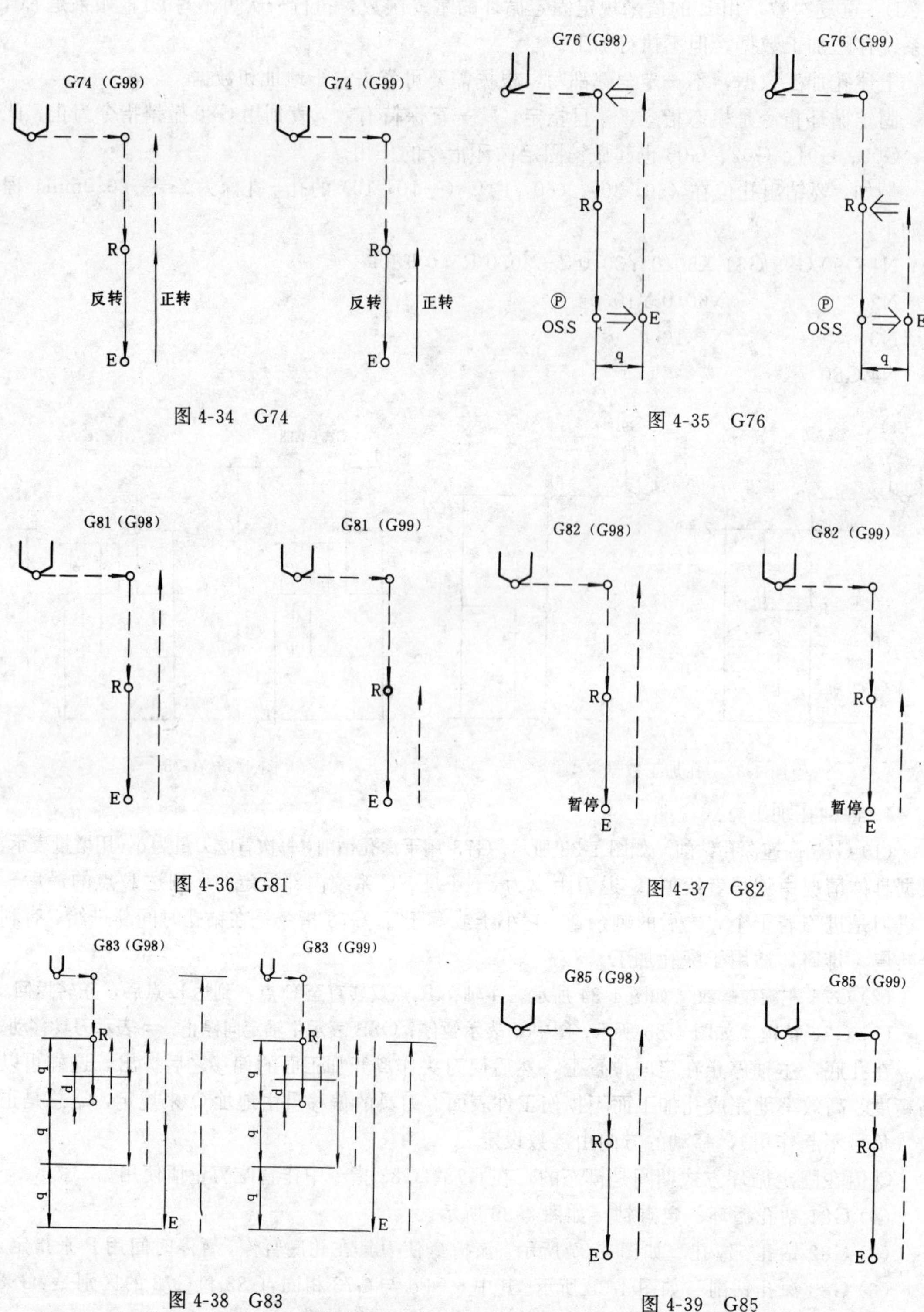

图 4-34 G74

图 4-35 G76

图 4-36 G81

图 4-37 G82

图 4-38 G83

图 4-39 G85

(9) G86 镗　如图 4-40 所示。该指令在 E 点使主轴停止，然后快速返回原点或 R 点。

(10) G87 镗孔/反镗　根据参数设定值的不同，可有固定循环 1 和 2 两种不同的动作。

固定循环 1 如图 4-41 所示，刀具到达孔底后主轴停止，控制系统进入进给保持状态，此时刀具可用手动方式移动。为了再启动加工，应转换到纸带或存贮方式，并且按 START 键，刀具返回原点（G98）或 R 点（G99）之后主轴启动，然后继续下一段程序。

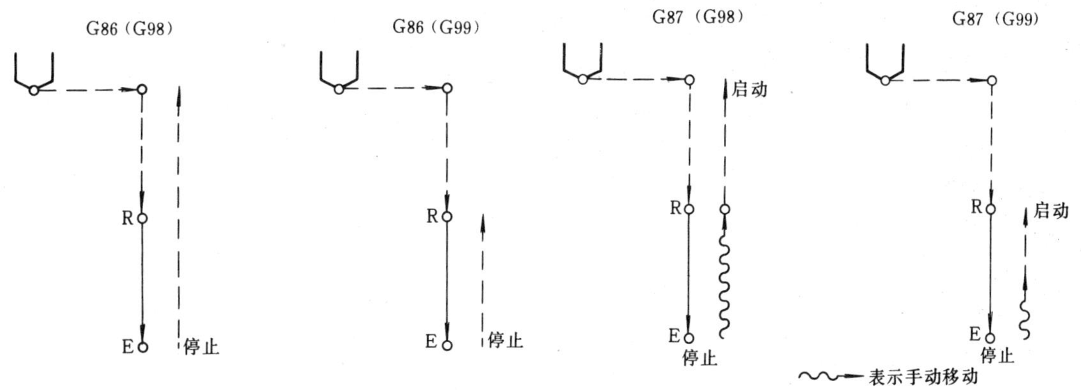

图 4-40　G86　　　　图 4-41　G87 循环 1

固定循环 2 如图 4-42 所示。X、Y 轴定位后，主轴准停，刀具以反刀尖的方向偏移，并快速定位在孔底（R 点）。在这里顺时针启动主轴，刀具按原偏移量返回，在 Z 轴方向上一直加工到 E 点。在这个位置，主轴再次准停后刀具按原偏移量退回，并向孔的上方移出，然后返回原点并按原偏移量返回，主轴正转，继续执行下段程序。

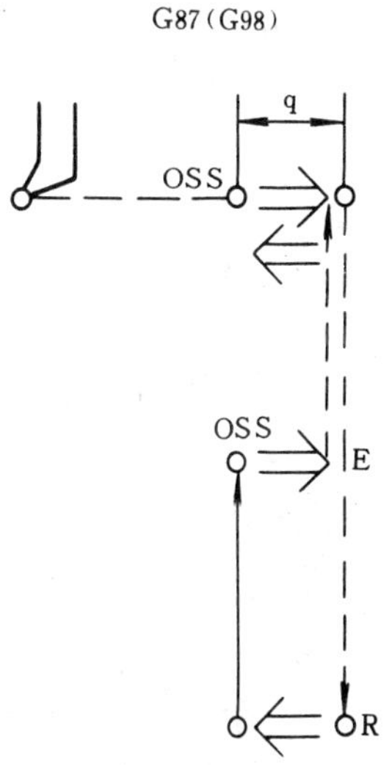

图 4-42　G87 循环 2

(11) G88 镗孔　如图 4-43 所示。

(12) G89 镗孔　如图 4-44 所示。

5. 重复固定循环

可用地址 L 规定重复次数。例如可用来加工等距孔。L 最大值为 9999，L 只在其存在的程序段中有效。

例如，钻削图 4-45 中的五个孔，加工程序为：

```
⋮
N10 G00 G90 X0 Y0
N11 G91 G81 G98 X10.0 Y5.0 Z－20.0 R－5.0 L5 F80
⋮
```

6. 固定循环注意事项

1）指定固定循环前，必须用 M 代码规定主轴转动。

2）在固定循环方式中，其程序段必须有 X、Y、Z 轴（包括 R）的位置数据，否则不执行固定循环。如：

G82X ____ Y ____ Z ____ R ____ F ____ P ____；　　（不钻孔）

F；　　（不钻孔）

M；　　（不钻孔）

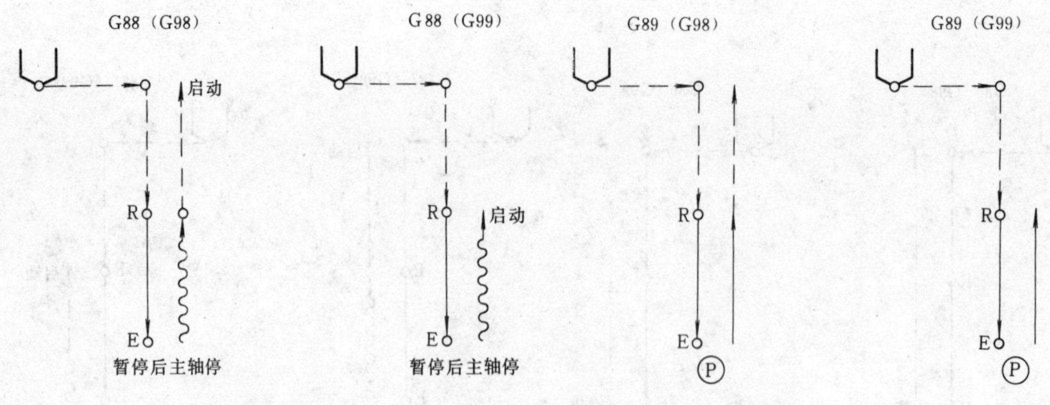

图 4-43　G88　　　　图 4-44　G89

G04P ____；(不钻孔，不影响固定循环中的 P 数据)

3）撤销固定循环指令除了 G80 外，G00、G01、G02、G03 也能起撤销作用，因此编写固定循环时要注意。

4）在固定循环方式中，刀具偏移指令(G45～G48）不起作用。

5）固定循环方式中，G43、G44 仍起刀具长度补偿作用。

图 4-45

图 4-46 所示为刀具长度补偿及固定循环指令应用举例：

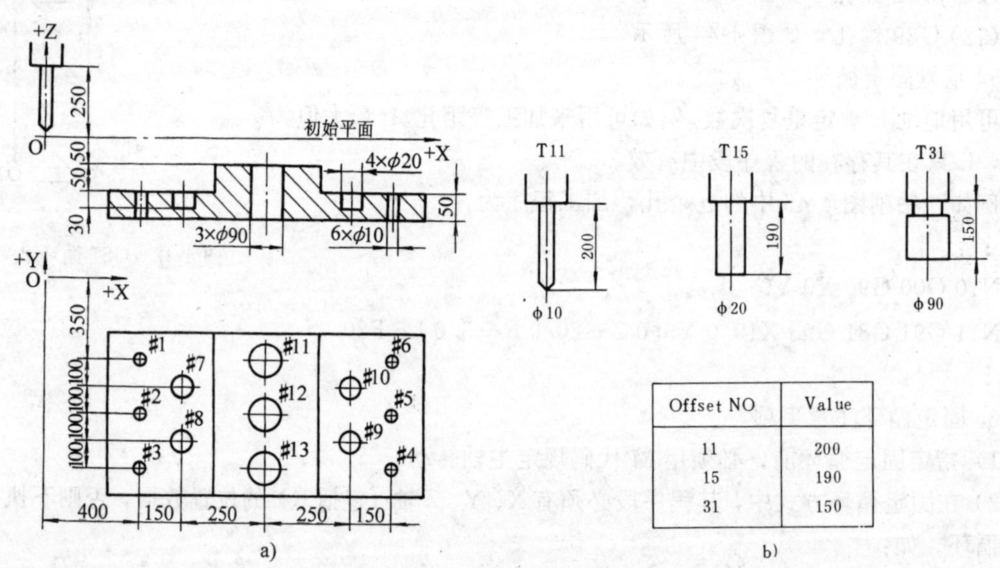

Offset NO	Value
11	200
15	190
31	150

a)　　b)

图　4-46

a）零件加工简图　b）刀具简图

```
N01 G92 X0 Y0 Z0;                         设定工件坐标系
N02 G90 G00 Z250.0 T11 M06;               换刀
N03 G43 Z0 H11;                           初始平面，刀具补偿
N04 S30 M03;                              主轴正转
N05 G99 G81 X400.0 Y—350.0                钻#1孔，返回R平面
        Z—153.0 R—97.0 F120;
N06     Y—550.0;                          钻#2，返回R平面
N07 G98 Y—750.0;                          钻#3，返回初始平面
N08 G99 X1200.0;                          钻#4，返回R平面
N09     Y—550.0;                          钻#5，返回R平面
N10 G98 Y—350.0;                          钻#6，返回初始平面
N11 G00 X0 Y0 M05;                        回起刀点，主轴停
N12 G49 Z250.0 T15 M06;                   刀具补偿取消，换刀
N13 G43 Z0 H15;                           初始平面，刀具补偿
N14 S20 M03;                              主轴正转
N15 G99 G82 X550.0 Y—450.0                钻#7，返回R平面
        Z—130.0 R—97.0 P300 F70;
N16 G98 Y—650.0;                          钻#8，返回初始平面
N17 G99 X1050.0;                          钻#9，返回R平面
N18 G98 Y—450.0;                          钻#10，返回初始平面
N19 G00 X0 Y0 M05;                        返回起刀点，主轴停
N20 G49 Z250.0 T31 M06;                   刀具补偿取消，换刀
N21 G43 Z0 H31;                           初始平面，刀具补偿
N22 S10 M03;                              主轴正转
N23 G85 G99 X800.0 Y—350.0                钻#11，返回R平面
        Z—153.0 R—47.0 F50;
N24 G91 Y —200.0 L2;                      钻#12、#13，返回R平面
N25 G28 X0 Y0 M05;                        返回参考点，主轴停
N26 G49 Z0;                               刀具长度补偿取消
N27 M02;                                  程序停
```

十五、子程序

1. 调用子程序 M98 指令

M98 P ____<u>××××</u>

格式中××××为重复调用子程序的次数；P 为要调用的子程序号。

如图 4-47 所示。主程序可以调用两重子程序，即主程序调用一个子程序，而子程序又可以调用另一个子程序。

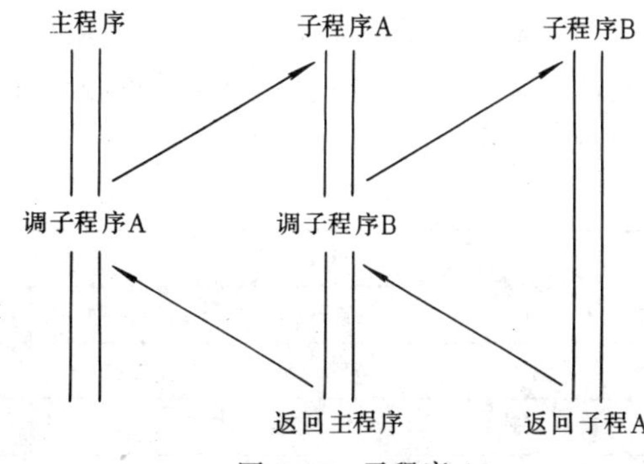

图 4-47 子程序

2. 子程序的格式

O（或：）××××

……

M99

其中O或：为子程序号，表示子程序开始；O是EIA代码，：是ISO代码。M99指令为子程序结束，并返回主程序M98 P____的下一程序段，继续执行主程序。

3. M99的其它用法

1）若子程序结束用指令“M99 P____”时，表示执行完子程序后，返回主程序中由P指定的程序段。例如：

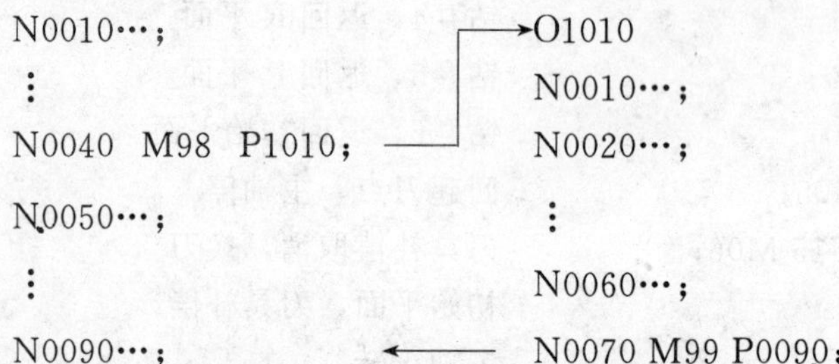

2）若在主程序中插入“M99”程序段，则执行完该指令后，将返回主程序起点。

3）若在主程序中插入“/M99 P____”程序段，则执行完该程序段后，将返回程序中由地址P指定的程序段。例如：

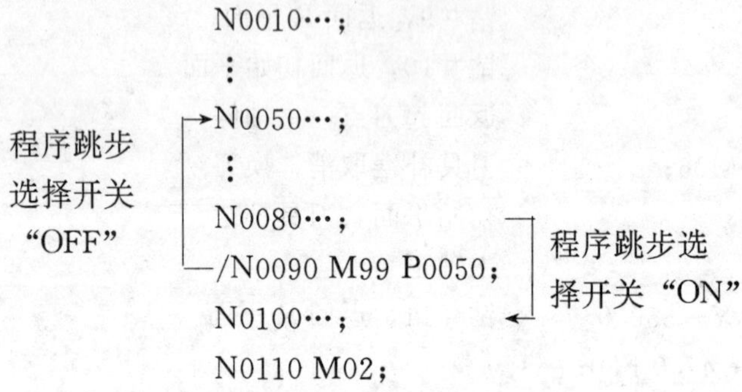

第四节 数控铣床编程要点及举例

一、切削条件选择

切削条件选择是编程人员必须考虑的重要问题之一。影响切削条件的因素有：工艺系统的刚性，工件的尺寸精度、形位精度及表面质量，刀具耐用度及工件生产纲领，切削液，切削用量（表4-3、表4-4、表4-5）。

表4-3 铣刀的切削速度 （m/min）

工件材料	铣刀材料					
	碳素钢	高速钢	超高速钢	Stellite	YT	YG
铝	75～150	150～300		240～460		300～600
黄铜（软）	12～25	20～50		45～75		100～180

（续）

工件材料	铣刀材料					
	碳素钢	高速钢	超高速钢	Stellite	YT	YG
青铜（硬）	10～20	20～40		30～50		60～130
青铜（最硬）		10～15	15～20			40～60
铸铁（软）	10～12	15～25	18～35	28～40		75～100
铸铁（硬）		10～15	10～20	18～28		45～60
铸铁（冷硬）			10～15	12～18		30～60
可锻铸铁	10～15	20～30	25～40	35～45		75～110
钢（软）	10～14	18～28	20～30		45～75	
钢（中）	10～15	15～25	18～28		40～60	
钢（硬）		10～15	12～20		30～45	

表 4-4　铣刀进给量　（mm/每齿）

工件材料	圆柱铣刀	面铣刀	立铣刀	杆铣刀	成形铣刀	高速钢嵌齿铣刀	硬质合金嵌齿铣刀
铸铁	0.2	0.2	0.07	0.05	0.04	0.3	0.1
软（中硬）钢	0.2	0.2	0.07	0.05	0.04	0.3	0.09
硬钢	0.15	0.15	0.06	0.04	0.03	0.2	0.08
镍铬钢	0.1	0.1	0.05	0.02	0.02	0.15	0.06
高镍铬钢	0.1	0.1	0.04	0.02	0.02	0.1	0.05
可锻铸铁	0.2	0.15	0.07	0.05	0.04	0.3	0.09
铸铁	0.15	0.1	0.07	0.05	0.04	0.2	0.08
青铜	0.15	0.15	0.07	0.05	0.04	0.3	0.1
黄铜	0.2	0.2	0.07	0.05	0.04	0.3	0.21
铝	0.1	0.1	0.07	0.05	0.04	0.2	0.1
Al-Si 合金	0.1	0.1	0.07	0.05	0.04	0.18	0.08
Mg-Al-Zn 合金	0.1	0.1	0.07	0.04	0.03	0.15	0.08
Al-Cu-Mg 合金 Al-Cu-Si	0.15	0.1	0.07	0.05	0.04	0.2	0.1

表 4-5　高速钢钻头的切削用量　（v：m/min，f：mm/r）

工件材料	σ_b/MPa	钻头直径 /mm									
		2～5		6～11		12～18		19～25		26～50	
		v	f	v	f	v	f	v	f	v	f
钢	490 以下	20～25	0.1	20～25	0.2	30～35	0.2	30～35	0.3	25～30	0.4
	490～686	20～25	0.1	20～25	0.2	20～25	0.2	25～30	0.2	25	0.2
	686～882	15～18	0.05	15～18	0.1	15～18	0.2	18～22	0.3	15～20	0.35
	686～1078	10～14	0.05	10～14	0.1	12～18	0.15	16～20	0.2	14～16	0.3
铸铁	118～176	25～30	0.1	30～40	0.2	25～30	0.35	20	0.6	20	1.0
	176～294	15～18	0.1	14～18	0.15	16～20	0.2	16～	0.3	16～18	0.4
黄铜	软	50 以下	0.05	50 以下	0.15	50 以下	0.3	50 以下	0.45	50 以下	—
青铜	软	35 以下	0.05	35 以下	0.1	35 以下	0.2	35 以下	0.35	35 以下	—

二、工艺分析与刀具切削路径

编程是一种艺术，其长短方式不同，但目的一样。工艺分析是决定工艺路线的重要根据。良好的工艺分析会简化工艺路线，节省切削时间。工艺分析首先要了解所有的切削加工方法，如钻削、车削、镗削……等，然后结合实际加工经验，并能正确使用刀具、夹具、量具等。工艺分析的原则如下：

1）分析零件图。

2）将同一刀具的加工部位分类。

3）按零件结构特点选择程序零点。

4）列出使用的刀具表、程序分析表。

5）模拟或试车并修正。

三、编程要点

1）了解数控系统功能及机床规格。

2）熟悉加工顺序。

3）合理选择刀具、夹具及切削用量、切削液。

4）编程尽量使用子程序及宏指令。

5）注意小数点的使用。

6）程序零点要选择在易计算的确定位置。

7）换刀点选择在无换刀干涉的位置。

四、编程举例

例 4-1 如图 4-48 所示。立铣刀直径为 ϕ30mm，程序见表 4-6。

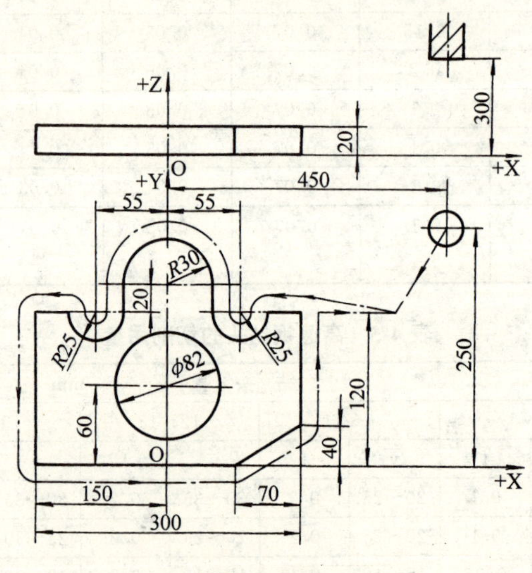

图 4-48

表 4-6 加工程序

程序	注释
O0012	程序代号
N01 G92 X450.0 Y250.0 Z300.0	建立工件坐标系，工件零点 O
N02 G90 G00 X175.0 Y120.0	绝对值输入，快速进给至 X=175mm，Y=120mm

（续）

程　　序	注　　释
N03 　　Z－5.0 S130 M03	Z 轴快移至 Z＝－5mm，主轴正转，转速 130r/min
N04 G01 G42 H10 X150.0 F80	直线插补至 X＝150mm，Y＝120mm，刀具半径右补偿 H10＝15mm，进给速度 80mm/s
N05 　　X80.0	直线插补至 X＝80mm，Y＝120mm
(N06 G39 X80.0 Y0)	
N07 G02 X30.0 R25.0	顺圆插补至 X＝30mm，Y＝120mm
N08 G01 Y140.0	直线插补至 X＝30mm，Y＝140mm
N09 G03 X－30.0 R30.0	逆圆插补至 X＝－30mm，Y＝140mm
N10 G01 Y120.0	直线插补至 X＝－30mm，Y＝120mm
N11 G02 X－80.0 R25.0	顺圆插补至 X＝－80mm，Y＝120mm
(N12 G39 X－150.0)	
N13 G01 X－150.0	直线插补至 X＝－150mm，Y＝120mm
(N14 G39 X－150.0 Y0)	
N15 　　Y0	直线插补至 X＝－150mm，Y＝0
(N16 G39 X0 Y0)	
N17 　　X80.0	直线插补至 X＝80mm，Y＝0
(N18 G39 X150.0 Y40.0)	
N19 　　X150.0 Y40.0	直线插补至 X＝150mm，Y＝40mm
(N20 G39 X150.0 Y120.0)	
N21 　　Y125.0	直线插补至 X＝150mm，Y＝125mm
N22 G00 G40 X175.0 Y120.0	快速进给至 X＝175mm，Y＝120mm，取削刀具半径补偿
N23 M05	主轴停
N24 G91 G28 Z0	增量值输入，Z 轴返回参考点
N25 G28 X0 Y0	X、Y 轴返回参考点
N26 M30	主程序结束

例 4-2 如图 4-49 所示。立铣刀直径为 ϕ20mm，程序见表 4-7。

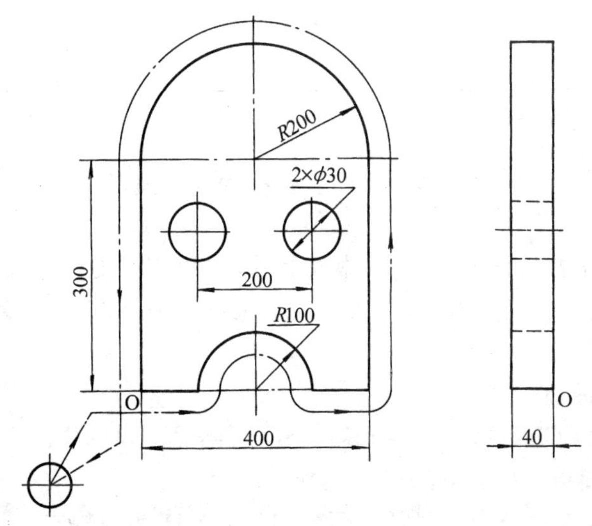

图 4-49

表 4-7　加工程序

程　　序	注　　释
O1000	程序代号
N010 G90 G54 G00 X－50.0 Y－50.0	G54 加工坐标系，快速进给至 X=－50mm，Y=－50mm
N020 S800 M03	主轴正转，转速 800r/min
N030 G43 G00 H12	刀具长度补偿 H12=20
N040 G01 Z－20.0 F300	Z 轴工进至 Z=－20mm
N050 M98 P1010	调用子程序 O1010
N060 Z－45.0 F300	Z 轴工进至 Z=－45mm
N070 M98 P1010	调用子程序 01010
N080 G49 G00 Z300.0	Z 轴快移至 Z=300mm
N090 G28 Z300.0	Z 轴返回参考点
N100 G28 X0 Y0	X、Y 轴返回参考点
N110 M30	主程序结束
O1010	子程序代号
N010 G42 G01 X－30.0 Y0 F300 H22 M08	切削液开，直线插补至 X=－30mm，Y=0，刀具半径右补偿 H22=10mm
N020 X100.0	直线插补至 X=100mm，Y=0
N030 G02 X300.0 R100.0	顺圆插补至 X=300mm，Y=0
N040 G01 X400.0	直线插补至 X=400mm，Y=0
N050 Y300.0	直线插补至 X=400mm，Y=300mm
N060 G03 X0 R200.0	逆圆插补至 X=0，Y=300mm
N070 G01 Y－30.0	直线插补至 X=0，Y=－30mm
N080 G40 G01 X－50.0 Y－50.0	直线插补至 X=－50mm，Y=－50mm，取消刀具半径补偿
N090 M09	切削液关
N100 M99	子程序结束并返回主程序

第五节　数控铣床操作

数控铣床配用的数控系统不同，其机床操作面板的形式也不相同，但其各种开关、按键的功能及操作方法大同小异。本节以 XK5032 上采用的 FANUC OM 系统为例，介绍数控铣床的操作。

一、机床操作面板

机床操作面板由 CRT/MDI 面板和（机械）操作面板（两块）构成。

1. CRT/MDI 面板（如图 4-50 所示）

CRT/MDI 面板是由一个 9″CRT 显示器和一个 MDI 键盘构成。

CRT/MDI 面板上的各键功能见表 4-8。

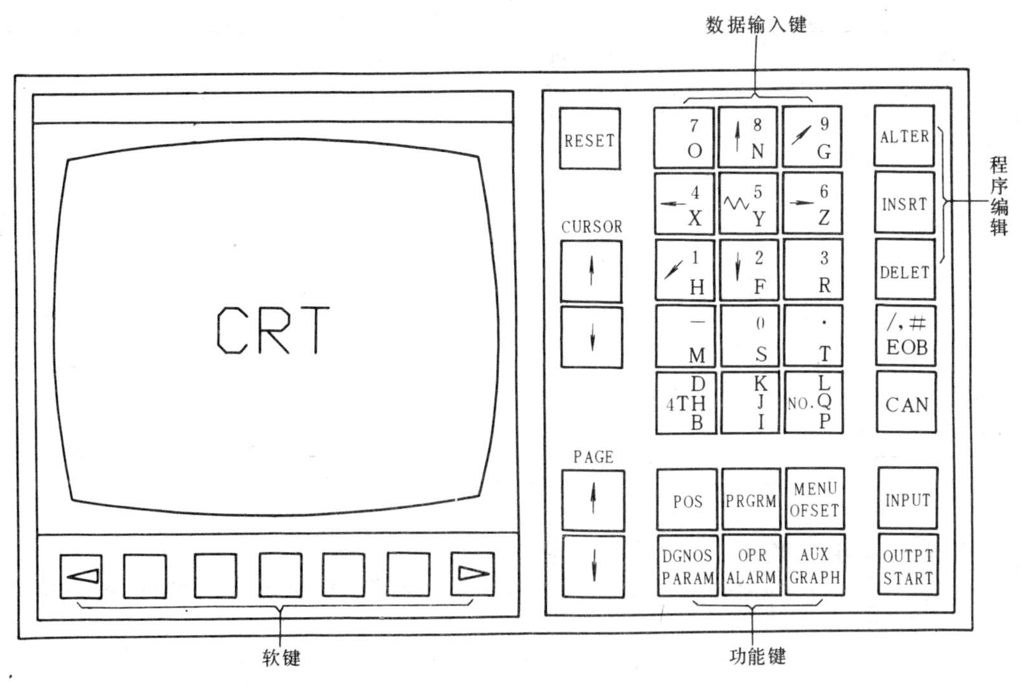

图 4-50 CRT/MDI 面板

表 4-8 CRT/MDI 面板各键功用说明

键	名 称	功 能 说 明
RESET	复位键	按下此键，复位 CNC 系统。包括取消报警、主轴故障复位、中途退出自动操作循环和中途退出输入、输出过程等
OUTPT START	输 出 启动键	按下此键，CNC 开始输出内存中的参数或程序到外部设备
	地址和数字键	按下这些键，输入字母、数字和其它字符
INPUT	输入键	除程序编辑方式以外的情况，当面板上按下一个字母或数字键以后，必须按下此键才能输入到 CNC 内。另外，与外部设备通讯时，按下此键，才能启动输入设备，开始输入数据到 CNC 内
CAN	取消键	按下此键，删除上一个输入的字符
CURSOR	光 标 移动键	用于在 CRT 页面上，一步步移动光标 ↑：向前移动光标 ↓：向后移动光标
PAGE	页 面 变换键	用于 CRT 屏幕选择不同的页面 ↑：向前变换页面 ↓：向后变换页面
POS	位 置 显示键	在 CRT 上显示机床现在的位置

（续）

键	名　　称	功　能　说　明
PRGRM	程序键	在编辑方式，编辑和显示在内存中的程序 在 MDI 方式，输入和显示 MDI 数据
MENU OFSET		刀具偏置数值和宏程序变量的显示的设定
DGNOS PRARM	自诊断的 参 数 键	设定和显示参数表及自诊断表的内容
OPR ALARM	报警号 显示键	按此键显示报警号
AUX GRAPH	图　　象	图象显示功能

2. 操作面板

操作面板是由下操作面板和右操作面板组成。

(1) 下操作面板（见图 4-51）　面板上各按钮、旋钮、指示灯功用说明见表 4-9。

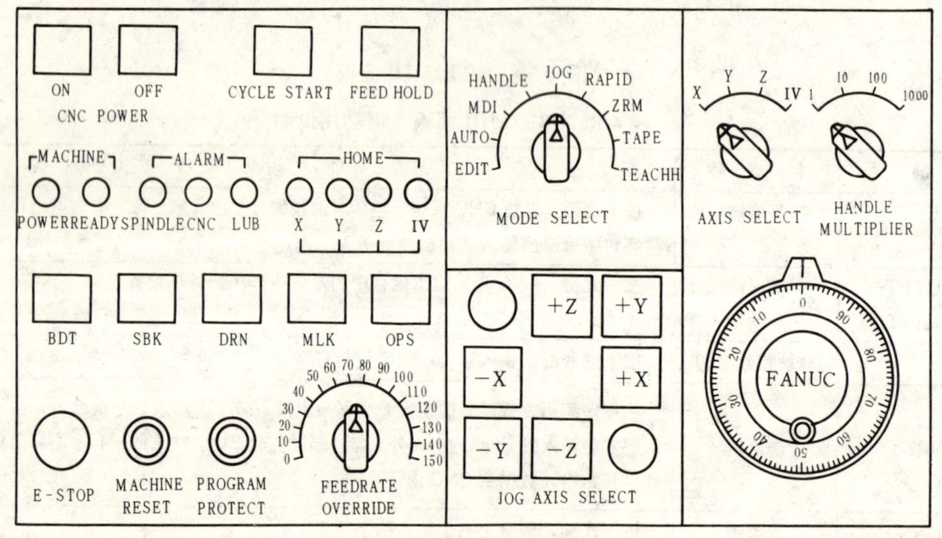

图 4-51　下操作面板

表 4-9　下操作面板各开关功用说明

开　关	名　　称	功　用　说　明
ON　　OFF CNC POWER	CNC 电源 按　　钮	按下 ON 接通 CNC 电源 按下 OFF 断开 CNC 电源
CYCLE START	循环启动 按　　钮 （带灯）	在自动操作方式，选择要执行的程序后，按下此按钮，自动操作开始执行。在自动循环操作期间，按钮内的灯亮 在 MDI 方式，数据输入完毕后，按下此按钮，执行 MDI 指令

（续）

开　　关	名　　称	功　　用　　说　　明
FEED HOLD	进给保持按钮（带灯）	机床在自动循环期间，按下此按钮，机床立即减速、停止，按钮内灯亮
MODE SELECT	方式选择旋钮开关	EDIT：编辑方式 AUTO：自动方式 MDI：手动数据输入方式 HANDLE：手摇脉冲发生器操作方式 JOG：点动进给方式 RAPID：手动快速进给方式 ZRM：手动返回机床参考点方式 TAPE：纸带工作方式 TEACH. H：手脉示教方式
BDT	程序段跳步功能按钮（带灯）	在自动操作方式，按下此按钮灯亮时，程序中有“/”符号的程序段将不执行
SBK	单段执行程序按钮（带灯）	按此按钮灯亮时，CNC处于单段运行状态。在自动方式，每按一下CYCLE START按钮，只执行一个程序段
DRN	空运行按钮（带灯）	在自动方式或MDI方式，按此按钮灯亮时，机床执行空运行方式
MLK	机床锁定按　钮（带灯）	在自动方式、MDI方式或手动方式下，按下此按钮灯亮时，伺服系统将不进给（如原来已进给，则伺服进给将立即减速、停止），但位置显示仍将更新（脉冲分配仍继续），M、S、T功能仍有效地输出
E-STOP	急停按钮	当出现紧急情况时，按下此按钮，伺服进给及主轴运转立即停止工作
MACHINE RESET	机床复位按　钮	当机床刚通电，急停按钮释放后，需按下此按钮，进行强电复位。另外，当X、Y、Z碰到硬件限位开关时，强行按住此按钮，手动操作机床，直至退出限位开关（此时务必小心选择正确的运动方向，以免损坏机械部件）
PROGRAM PROTECT	开　关（带锁）	需要进行程序存贮、编辑或修改、自诊断页面参数时，需用钥匙接通此开关（钥匙右旋）
FEEDRATE OVERRIDE	进给速率修调开关（旋钮）	当用F指令按一定速度进给时，从0%～150%修调进给速率 当用手动JOG进给时，选择JOG进给速率
JOG AXIS SELECT		手动JOG方式时，选择手动进给轴和方向。务必注意：各轴箭头指向是表示刀具运动方向（而不是工作台）
MANUAL PULSE GENERATOR	手摇脉冲发生器	当工作方式为手脉HANDLE或手脉示教TEACH. H方式时，转动手脉可以正方向或负方向进给各轴
AXIS SELECT	手脉进给轴选择开关	用于选择手脉进给的轴
HANDLE MULTIPLIER	手脉倍率开　关	用于选择手脉进给时的最小脉冲当量

（续）

开 关	名 称	功 用 说 明
MACHINE POWER READY	POWER 电源指示灯	主电源开关合上后，灯亮
	READY 准备好指示灯	当机床复位按钮按下后机床无故障时，灯亮
ALARM SPINDLE CNC LUBE	SPINDLE	主轴报警指示
	CNC	CNC 报警指示
	LUBE	润滑泵液面低报警指示
HOME X Y Z IV		分别指示各轴回零结束

（2）右操作面板（见图 4-52） 面板上各开关功用说明见表 4-10。

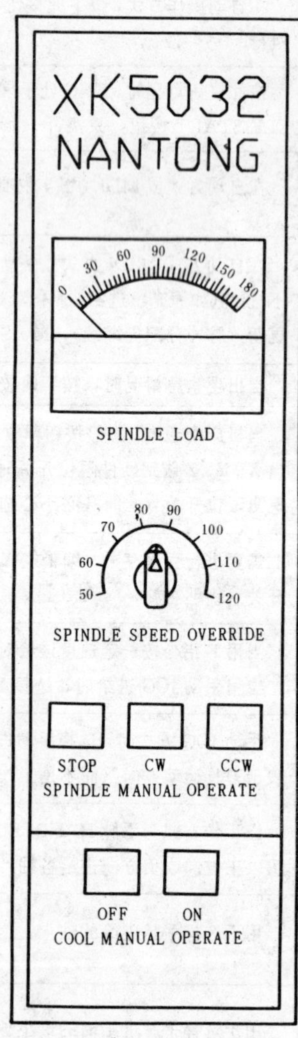

图 4-52 右操作面板

表 4-10 右操作面板各开关功用说明

开　关	名　称	功　用　说　明
SPINDLE LOAD	主轴负载表	指示主轴的工作负载
SPINDLE SPEED OVERRIDE	主轴转速修调开关	在自动或手动时，从 50%～120%修调主轴转速
STOP　CW　CCW SPINDLE MANUAL OPERATE	主轴手动操作按钮	在机床处于手动方式（JOG、HANDLE、TFACH. H、RAPID）时，可启、停主轴 CW：手动主轴正转（带灯） CCW：手动主轴反转（带灯） STOP：手动主轴停止（带灯）
OFF　ON COOL MANUAL OPERATE	手动冷却操作按钮	在任何工作方式下都可操作 ON：手动冷却启动（带灯） OFF：手动冷却停止（带灯）

二、手动操作

见表 4-11。

三、自动操作

见表 4-12。

四、零件程序的输入和编辑

见表 4-13。

表 4-11 手动操作

项　目	MODE SELECT 方式选择开关	选择、修调开关	操作说明	备　注
手动参考点返回	ZRM		按 JOG AXIS SELECT 的+X 或+Y 或+Z 键选择一个轴	每次只能选择一个轴
手动连续进给	JOG	由 FEEDRATE OVERRIDE 选择点动速度	按 JOG AXIS SELECT 中键+X 或−X 或+Y 或−Y 或+Z 或−Z	
	RAPID			
手摇脉搏发生器手动进给	HANDLE	由 AXIS SELECT 选择欲进给轴 X、Y 或 Z 由 HANDLE MULTIPLIER 调节脉搏当量	旋转“MANUAL PULSE GENERATOR”	
主轴手动操作	JOG RAPID HANDLE TEACH. H	调节“SPINDLE SPEED OVERRIDE”	按“SPINDLE MANUAL OPERATE”中键 CW 或 CCW 或 STOP	每次开机后，在 MDI 页面输入一次 S。以后直接手动
冷却泵启停	任何方式		按“COOL MANUAL OPERATE”中键 ON 或 OFF	

表 4-12 自动操作

项目	PROGRAM PROTECT	MODE SELECT 方式选择开关	功能键	操作说明
内存操作		AUTO	PRGRM	键入程序号→CURSOR ↓→CYCLE START
MDI 操作	右旋	MDI	PRGRM	软键 NEXT→键入坐标字→INPUT→CYCLE START

表 4-13 程序输入和编辑

类别	项目	PROGRAM PROTECT	MODE SELECT	功能键	操作说明
将纸带上的程序输入内存	单一程序输入，程序号不变	右旋	EDIT 或 AUTO	PRGRM	INPUT
	单一程序输入，程序号变				键入程序号→INPUT
	多个程序输入				INPUT 或键入程序号→INPUT
MDI 键盘输入程序			EDIT		键入程序号→INSRT→键入字→INSRT→段结束键入 EOB→INSRT
检索	程序号检索		EDIT 或 AUTO		键入程序号→按 CURSOR ↓ 或键入地址 O→按 CURSOR ↓
	程序段检索				程序号检索→键入段号→按 CURSOR ↓ 或键入 N→按 CURSOR ↓
	指令字或地址检索				程序号检索→程序段检索→键入指令或地址→按 CURSOR ↓
编辑	扫描程序		EDIT		程序号检索→程序段检索→按 CURSOR ↓ 或 PAGE ↓ 扫描程序
	插入一个字				检索插入位置前一个字→键入指令字→INSRT
	修改一个字				检索要修改的字→键入指令字→ALTER
	删除一个字				检索要删除的字→DELET
	删除一个程序段				检索要删除的程序段号→DELET

（续）

类　别	项　目	PROGRAM PROTECT	MODE SELECT	功能键	操　作　说　明
编　辑	删除一个程序	右旋	EDIT	PRGRM	检索要删除的程序号→DELET
	删除全部程序				键入 0—9999→DELET

五、刀具偏置设定

1）按功能键[MENU OFSET]。

2）按软键[OFSET]，出现图 4-13 所示的页面。

3）移动光标[↓]或[↑]到要输入或修改的偏置号（对应于刀具补偿量代号 H 代码）。

4）键入偏置量。

5）按[INPUT]键，即显示在屏幕上。

第五章　加工中心的编程

第一节　加 工 中 心

一、概述

加工中心是带有刀库和自动换刀装置的数控机床，又称为自动换刀数控机床或多工序数控机床。其特点是数控系统能控制机床自动地更换刀具，连续地对工件各加工表面自动进行铣（车）、钻、扩、铰、镗、攻螺纹等多种工序的加工；适用于加工凸轮、箱体、支架、盖板、模具等各种复杂型面的零件。

除换刀程序外，加工中心的编程方法与前两章相似。因此本节只介绍自动换刀装置。

二、自动换刀装置

自动换刀装置的用途是按照加工需要，自动地更换装在主轴上的刀具。自动换刀装置是一套独立、完整的部件。

1. 自动换刀装置的形式

自动换刀装置的结构取决于机床的类型、工艺范围及刀具的种类和数量等。自动换刀装置主要有回转刀架和带刀库的自动换刀装置两种形式。

回转刀架换刀装置的刀具数量有限，但结构简单，维护方便。如数控车床上的回转刀架。

带刀库的自动换刀装置是由刀库和机械手组成。它是多工序数控机床上应用最广泛的换刀装置。其整个换刀过程较复杂，首先把加工过程中需要使用的全部刀具分别安装在标准刀柄上，在机外进行尺寸预调后，按一定的方式放入刀库；换刀时，先在刀库中进行选刀，并由机械手从刀库和主轴上取出刀具，在进行刀具交换之后，将新刀具装入主轴，把旧刀具放回刀库。存放刀具的刀库具有较大的容量，它既可以安装在主轴箱的侧面或上方，也可以作为独立部件安装在机床以外。

2. 刀库的形式

刀库的形式很多，结构各异。加工中心常用的刀库有鼓轮式和链式刀库两种。

鼓轮式刀库的结构简单、紧凑，应用较多。一般存放刀具不超过 32 把。如图 5-1 所示。

链式刀库多为轴向取刀，适用于要求刀库容量较大的数控机床。如图 5-2 所示。

3. 换刀过程

自动换刀装置的换刀过程由选刀和换刀两部分组成。选刀即是刀库按照选刀命令（或信息）自动将要用的刀具移动到换刀位置，完成选刀过程，为下面换刀做好准备；换刀即是把主轴上用过的刀具取下，将选好的刀具安装在主轴上。

4. 刀具的选择方法

数控机床常用的选刀方式有顺序选刀方式和任选方式两种。

顺序选刀方式是将加工所需要的刀具，按照预先确定的加工顺序依次安装在刀座中，换刀时，刀库按顺序转位。这种方式的控制及刀库运动简单，但刀库中刀具排列的顺序不能错。

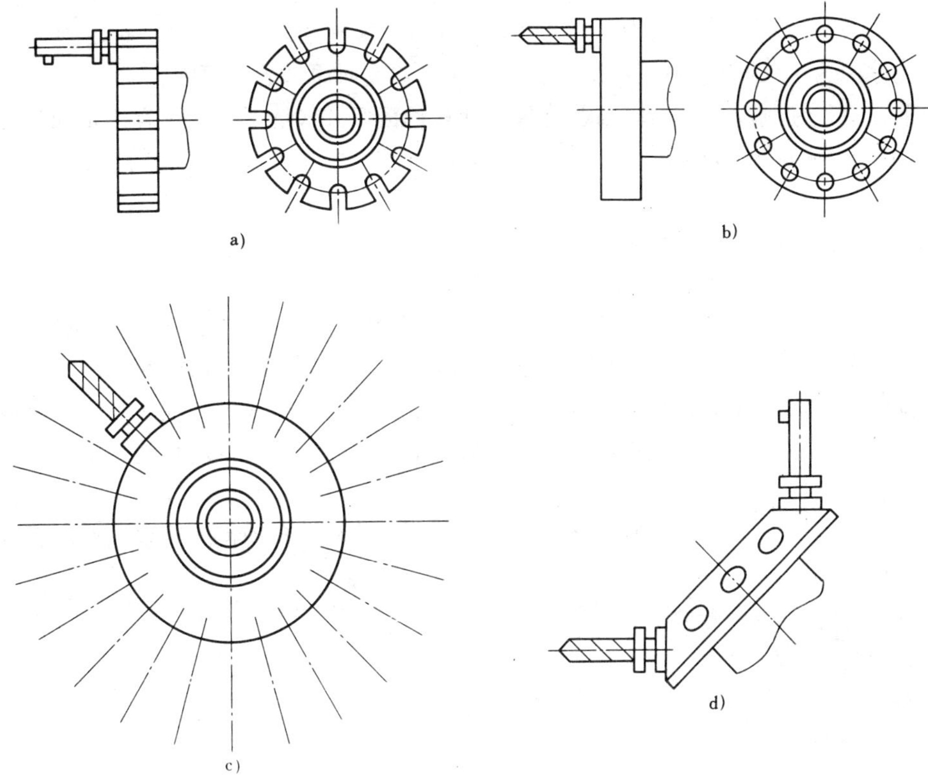

图 5-1 鼓轮式刀库

a）径向取刀形式 b）轴向取刀形式 c）刀具径向布置形式 d）刀具角度布置形式

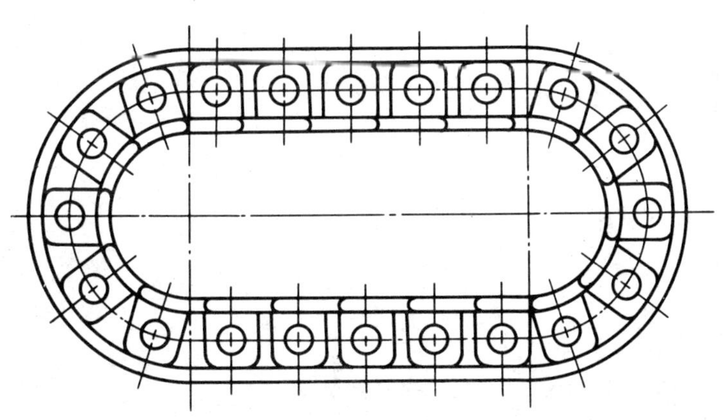

图 5-2 链式刀库

任选方式是对刀具或刀座进行编码，并根据编码选刀。它可分为刀具编码和刀座编码两种方式。

刀具编码方式是利用安装在刀柄上的编码元件（如编码环、编码螺钉等）预先对刀具编码后，再将刀具放入刀座中；换刀时，通过编码识别装置根据刀具编码选刀。采用这种方式编码的刀具可以放在刀库的任意刀座中；刀库中的刀具不仅可在不同的工序中多次重复使用，而且换下来的刀具也不必放回原来的刀座中。

刀座编码方式是预先对刀库中的刀座（用编码钥匙等方法）进行编码，并将与刀座编码相对应的刀具放入指定的刀座中；换刀时，根据刀座编码选刀。如程序中指定为T13的刀具必须放在编码为13的刀座中。使用过的刀具也必须放回原来的刀座中。

目前计算机控制的数控机床都普遍采用计算机记忆方式选刀。这种方式是通过可编程序控制器PC（Programmable Controller）或计算机，记忆每把刀具在刀库中的位置，自动选取所需要的刀具。

三、XHK716型立式加工中心

1. 机床的用途与组成

XHK716型立式加工中心为工作台不升降、十字滑座型立式加工中心。它可以实现纵向、横向和垂向三个坐标、直线插补和圆弧插补的连续控制运动。采用FANUC-6M CVC数控系统，并配有感应同步器检测闭环系统，因此保证了机床的高精度、高性能和高可靠性。适用于加工箱体、凸轮、支架、盖板、模具等各种复杂型面的零件，可进行铣、钻、镗、铰、攻螺纹等多种工序的加工。

机床主要由底座、立柱、十字滑台、工作台、主轴箱、自动换刀装置、液压系统、气动系统等组成。

2. 机床的主要技术参数

工作台工作面积	630mm×1200mm
行程　纵向	1200mm
横向	630mm
垂向	800mm
主轴端头规格	50，JB2324-78
主轴转速范围（无级）	25～2500r/min
进给速率（X、Y、Z）	2～4000mm/min
快速移动（X、Y、Z）	10m/min
刀库容量	24把
选刀方式	任选
刀具最大直径（满库）	120mm
刀具最大长度	400mm
刀具最大重量	12kg
主电动机功率（DC）	12kW或15kW
进给直流伺服电动机（X、Y、Z）的额定转矩	38.5N·m
机床电源总功率	42kW
机床外形尺寸	3800mm×3005mm×3500mm
机床重量	1400kg

3. 机床自动换刀的工作过程

机床的自动换刀装置是一套独立、完整的部件，安装在主轴箱的左侧面，随同主轴箱一起运动。它由刀库、机械手、刀库底座组成。其换刀过程如图5-3所示。

1）主轴箱回到最高处（Z坐标零点），同时主轴停止回转并准确停止在规定的角度方位。

2）机械手抓住主轴和刀库上的刀具（图5-3a）。

3）把卡紧在主轴和刀库上的刀具松开。

4）从主轴和刀库上取出刀具（图 5-3b）。

5）机械手回转 180°，换刀（图 5-3c）。

6）将更换后的刀具装入主轴和刀库（图 5-3d）。

7）分别夹紧主轴和刀库上的刀具。

8）机械手放开主轴和刀库上的刀具。

9）当机械手放开刀具后，限位开关发出“换刀完毕”的信号，主轴自由，可以开始加工或其它程序动作。

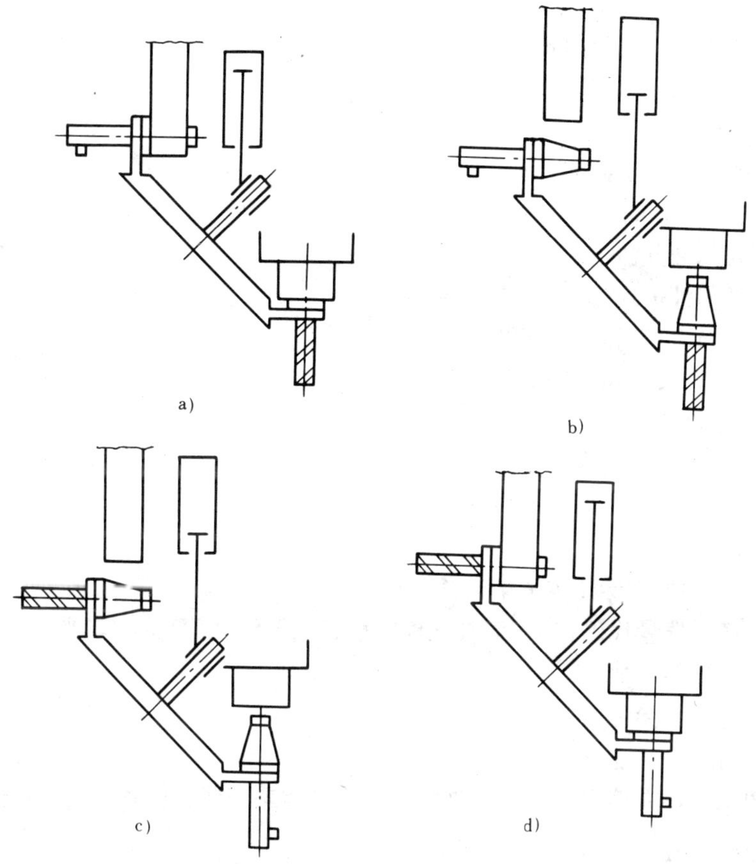

图 5-3　换刀过程

在自动换刀的整个过程中，各项运动均由限位开关控制，只有前一个动作完成后，才能进行下一个动作，从而保证了运动的可靠性。

自动换刀时间为：刀具→刀具约 5s。

第二节　加工中心编程基础

一、数控系统的功能

1. 准备功能 G 代码

请参阅本书第四章第二节表 4-1。

2. 辅助功能

(1) M02、M30　表示主程序结束，当纸带上的指令往存贮器存贮时，要求有此指令。M30 还使输入纸带结束时通过卷盘将纸带返回到开关 ER（%）代码；在一个程序执行完毕后，指针指向第一条程序段，重新启动时，立即执行该程序。

(2) M00　程序停。NC 系统遇到程序中的 M00 后，停止自动运转，在程序停止时，所有的模态数据保持不变，启动之后，继续执行程序。

(3) M01　选择停。功能和 M00 一样，不过该指令仅在按动了机床操作面板上的选择停开关时才有效。

(4) M03　主轴正转（顺时针转动）。

(5) M04　主轴反转（逆时针转动）。

(6) M05　主轴停。

(7) M06　换刀。换刀前要求 X、Y、Z 轴返回参考点（即机床零点）。有些加工中心只要求 Z 轴返回参考点（如 JCS—08、XHK716 机床等）。

(8) M08　切削液开。

(9) M09　切削液关。

(10) M13　主轴正转和切削液开。

(11) M14　主轴反转和切削液开。

(12) M19　主轴定向。

(13) M98　调子程序指令。

(14) M99　子程序结束，返回主程序。

3. F、S、T、D/H 功能

关于 F、S、T 功能请参阅本书第四章第二节。

H 为刀具长度补偿量代码，表示刀具长度补偿存贮器地址。D 为刀具半径补偿量代码，表示刀具半径补偿存贮器地址。

二、工件坐标系和参考点

1. 工件坐标系

对要加工的工件，在编程前，首先要考虑对零件建立一些坐标系。一个零件根据需要可建立 1～6 个坐标系。

(1) 坐标轴　工件坐标系中坐标轴的意义必须和机床坐标轴一致。坐标轴的运动遵守下列原则：

1）直角坐标轴 X、Y、Z 的运动遵守右手直角坐标系法则。

2）所谓 X、Y、Z 的运动方向，均以刀具相对工件运动为准，即假定工件相对静止，而刀具运动。

一般 Z 轴规定为平行主轴中心线的轴，刀具离开工件移动的方向为＋Z。

(2) 坐标原点　又称工件零点或程序零点。在一个零件上可根据具体情况建立若干个坐标系，因而相应地有若干个坐标系零点。坐标系零点可根据下列原则指定：

1）便于程序的编制。

2）便于机床操作者寻找该点（即确定出该点相对机床零点的坐标值）。

2. 参考点

参考点是机床上一固定点，也称机床零点，与加工程序无关。XHK716 机床指定 X 轴负向、Y 轴正向、Z 轴正向的极限点为参考点。

第三节　基本编程方法

加工中心配备的数控系统，其功能和指令都比较齐全，本节只对一部分指令进行解释，和前两章相同的部分不再重复说明。

一、建立工件坐标系 G92 指令

建立工件坐标系 G92 指令请参阅本书第四章第三节。

加工中心数控系统还可以建立 G54、G55、G56、G57、G58、G59 六个工件坐标系，其原点可设在容易编程的某一固定点上，这样建立的工件坐标系，在系统断电后并不破坏，再次开机时仍有效，并与刀具的原始位置无关。有关六个工件坐标系的详细内容请参阅本书第四章第三节的有关内容。

此外，还可以直接通过机床操作面板的操作，用 CRT/MDI 方式中 OFFSET 来设定各个工件坐标系，即将工件零点相对于机床坐标系的坐标值置入相应项中即可。

二、变更工件坐标系 G10 指令

请参阅本书第四章第三节。

三、存储行程极限 G22、G23 指令

G22 X____ Y____ Z____ I____ J____ K____

为了避免程序错误造成刀具与机床部件或其它附件相撞，数控机床有两种行程极限。一种行程极限是由机床行程范围决定的最大行程范围，用户不得改变，该范围由参数设定，也是数控机床的软件超程保护范围。另一种行程极限的限制区可以用参数设定，也可以用 G22 指令来设定，用 G23 指令来取消。

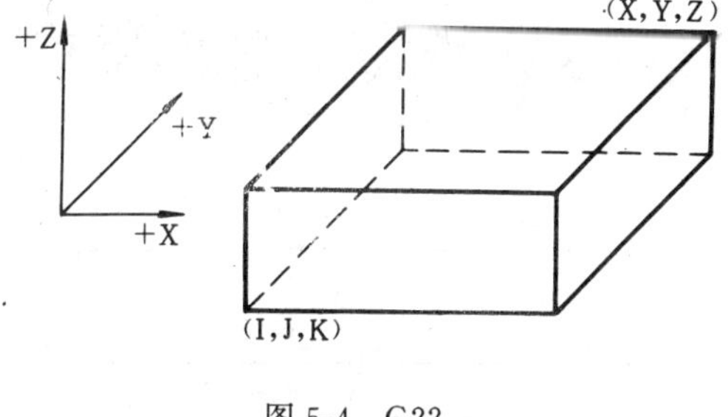

图 5-4　G22

格式中 X、Y、Z 为行程极限上限点相对机床零点的坐标值；I、J、K 为行程极限下限点相对机床零点的坐标值。如图 5-4 所示，在上限点与下限点之间的三维空间范围内，刀具可以移动；如果刀具移动超出这个范围，机床立即停止运动，避免发生危险。

四、补偿功能

1. 刀具长度补偿 G43、G44 指令

请参阅本书第四章第三节的有关内容。

G43、G44 是模态指令，即某一程序段用了 G43 或 G44，以后的程序段均有效，直至用 G49 指令或 G43H00 或 G44H00 来撤消为止。

2. 刀具半径补偿 G41、G42、G40 指令

请参阅本书第四章第三节。需要说明的是，刀具半径补偿量代号为 D，表示刀具半径补偿存贮器地址（D 和 H 的存贮器是相同的），刀具偏移量由 CRT/MDI 方式中 OFFSET 设定，

D00 的偏移量总是 0，地址 D 中值的范围为 0～±999.999mm。

3. 刀具位置偏移 G45～G48 指令

G45～G48 指令可以使程序中被指令轴的位移量沿其移动方向扩大或缩小一倍或两倍偏置量。

G45：扩大一个偏置量（沿指令轴移动方向）；

G46：缩小一个偏置量（沿指令轴移动方向）；

G47：扩大两倍偏置量（沿指令轴移动方向）；

G48：缩小两倍偏置量（沿指令轴移动方向）。

偏置量用 H 或 D 代码设定，通常使用 H 代码较多。各指令执行结果如图 5-5、图 5-6 所示。

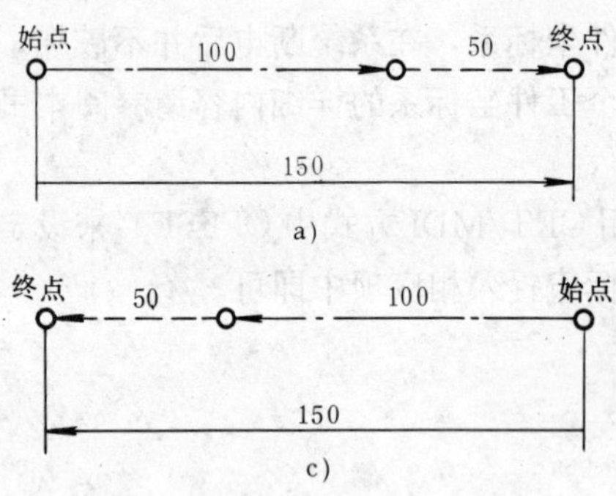

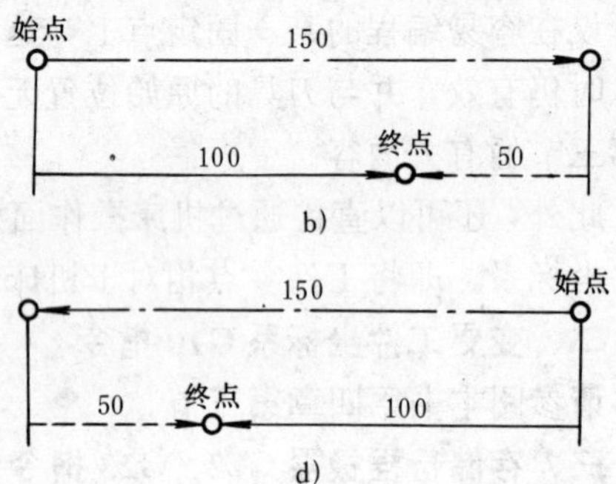

图 5-5 G45、G46

a) G91G45X100.0H01；(H01) =50
G91G46X100.0H01；(H01) =−50

b) G91G45X150.0H01；(H01) =−50
G91G46X150.0H01；(H01) =50

c) G91G45X−100.0H01；(H01) =50
G91G46X−100.0H01；(H01) =−50

d) G91G45X−150.0H01；(H01) =−50
G91G46X−150.0H01；(H01) =50

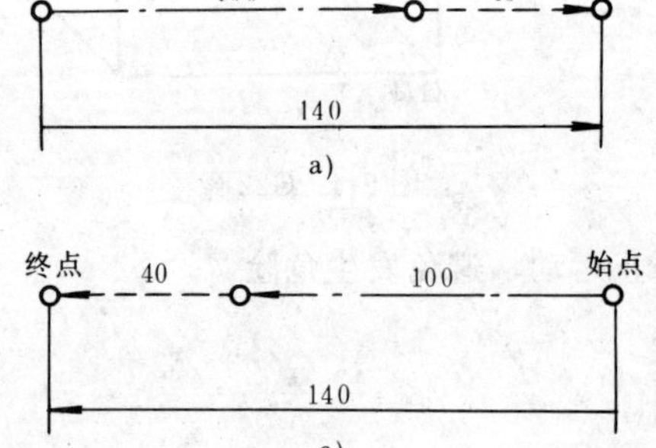

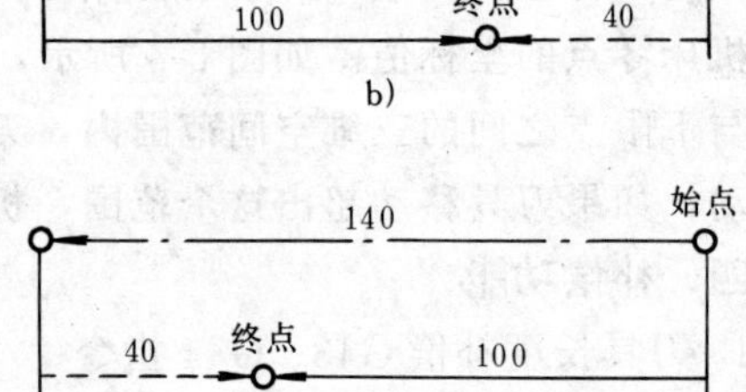

图 5-6 G47、G48

a) G91G47X100.0H01；(H01) =20
G91G48X100.0H01；(H01) =−20

b) G91G47X140.0H01；(H01) =−20
G91G48X140.0H01；(H01) =20

c) G91G47X−100.0H01；(H01) =20
G91G48X−100.0H01；(H01) =−20

d) G91G47X−140.0H01；(H01) =−20
G91G48X−140.0H01；(H01) =20

由图 5-5 和图 5-6 可知，G45 与 G46 指令、G47 与 G48 指令，在其偏置量互为相反数时，可以互相转换。

例如，如图 5-7 所示，铣刀直径为 ϕ16mm，(D01) =8mm。

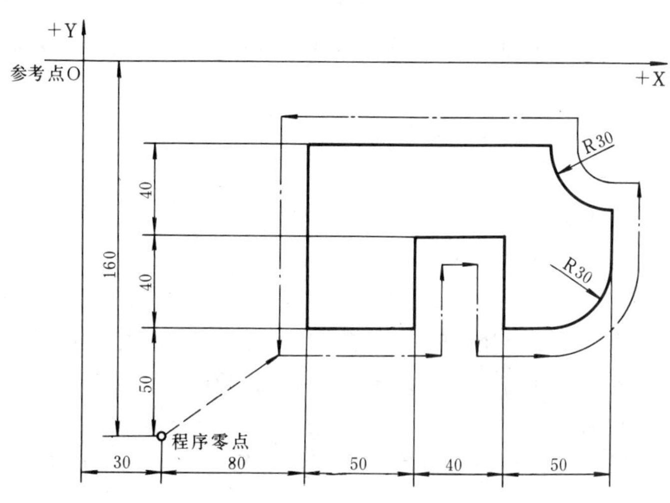

图 5-7

G00 G91 X30.0 Y−160.0;	点定位于程序零点
G92 X0 Y0;	程序零点设定
G91 G46 G00 X80.0 Y50.0 D01;	缩减 8mm
G47 X50.0;	扩大 16mm
Y40.0;	
G48 X40.0;	缩减 16mm
Y−40.0;	
G45 X20.0;	扩大 8mm
G45 G03 X30.0 Y30.0 R30.0;	扩大 8mm
G45 G01 Y20.0;	扩大 8mm
G46 X0;	缩减 8mm
G46 G02 X−30.0 Y30.0 R30.0;	缩减 8mm
G45 G01 Y0;	扩大 8mm
G47 X−110.0;	扩大 16mm
G47 Y−80.0;	扩大 16mm
G46 G00 X−80.0 Y−50.0;	缩减 8mm
G28 X0 Y0;	回参考点
M02;	程序结束

在实际应用中，很少象上例那样使用 G45～G48 指令，因为它不如 G41、G42 指令简便。通常 G45～G48 指令用于程序零点至参考点的距离不确定的情况，这样可避免修改程序，而只

须更改偏置量即可。如图 5-8 所示，(H01) =150mm，(H02) =200mm，加工程序为：

G91 G45 X0 H01；　　　　沿 X 轴正向移动 (H01)

(或 G91 G00 X150.0)　　(用点定位方法)

G46 Y0 H02；　　　　　沿 Y 轴负向移动 (H02)

(或 G00 Y－200.0)　　(用点定位方法)

五、返回参考点校验 G27 指令、自动返回参考点 G28 指令和从参考点返回 G29 指令

请参阅本书第四章第三节。

加工中心的选刀、换刀程序段一般可写为：

N015 G91 G28 Z0

N016 G28 X0 Y0 T13

N017 M06

⋮　⋮

注意，G28 指令以撤消刀具补偿的方式经过中间点回到参考点后，偏置方式将被自动恢复。因此，一般情况下，在用 G28 指令以前，应撤消刀补。

六、准停检验 G09 指令

含有 G09 指令的程序段在终点处进给速度减速到零，然后再执行下一程序段，用此指令可使加工零件在尖角处形成尖锐的棱角。

G09 为非模态指令，仅在所在程序段有效。

七、极坐标系指令

G15：极坐标系指令取消；

G16：极坐标系指令。

极坐标平面选择用 G17、G18、G19 指定。

1) 指定 XY 平面 G17 时，＋X 轴为极轴，程序中坐标字 X 指令极径，Y 指令极角。

2) 指定 ZX 平面 G18 时，＋Z 轴为极轴，程序中坐标字 Z 指令极径，X 指令极角。

3) 指定 YZ 平面 G19 时，＋Y 轴为极轴，程序中坐标字 Y 指令极径，Z 指令极角。

例如，如图 5-9 所示，钻孔循环。

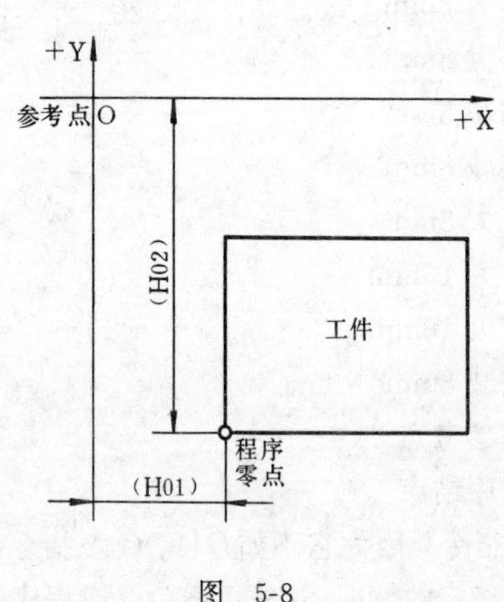

图　5-8

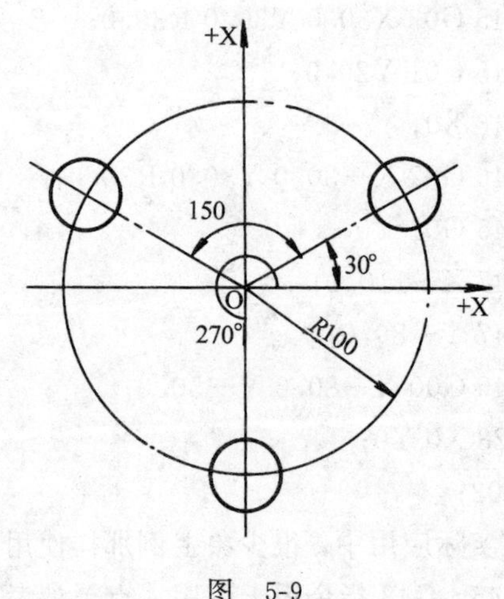

图　5-9

N1 G17 G90 G16；	极坐标指令 XY 平面
N2 G81 X100.0 Y30.0 Z－20.0 R－5.0 F200.0；	极径 100mm，极角 30°
N3 X100.0 Y150.0；	极径 100mm，极角 150°
N4 X100.0 Y270.0；	极径 100mm，极角 270°
N5 G15 G80；	极坐标取消

八、螺旋切削

螺旋切削是选择功能。用该功能铣削圆凹槽时，可以在圆弧插补的同时，使刀具作轴向移动；而不必先钻孔再铣圆凹槽。螺旋切削指令与圆弧插补指令相同，只是增加了螺旋线轴向移动坐标字指令。

1. XY 圆弧插补平面

$$G17\begin{Bmatrix}G02\\G03\end{Bmatrix}X\_\_\_\ Y\_\_\_\begin{Bmatrix}I\_\_\_\ J\_\_\_\\R\_\_\_\end{Bmatrix}Z\_\_\_\ F\_\_\_$$

Z 为螺旋线终点的轴向坐标值（Z 轴为螺旋线轴线方向）。

2. ZX 圆弧插补平面

$$G18\begin{Bmatrix}G02\\G03\end{Bmatrix}X\_\_\_\ Z\_\_\_\begin{Bmatrix}I\_\_\_\ K\_\_\_\\R\_\_\_\end{Bmatrix}Y\_\_\_\ F\_\_\_$$

Y 为螺旋线终点的轴向坐标值（Y 轴为螺旋线轴线方向）。

3. YZ 圆弧插补平面

$$G19\begin{Bmatrix}G02\\G03\end{Bmatrix}Y\_\_\_\ Z\_\_\_\begin{Bmatrix}J\_\_\_\ K\_\_\_\\R\_\_\_\end{Bmatrix}X\_\_\_\ F\_\_\_$$

X 为螺旋线终点的轴向坐标值（X 轴为螺旋线轴线方向）。

螺旋线轴向进给速度为：（如图 5-10 所示）

$$F=\frac{\text{螺旋线的升高}}{\text{圆弧的弧长}}$$

注意，螺旋线轴向进给速度不许超过各种限制，在决定进给速度指令 F 时要遵守机床编程手册的规定；在螺旋切削指令的程序段中不能使用刀具补偿。

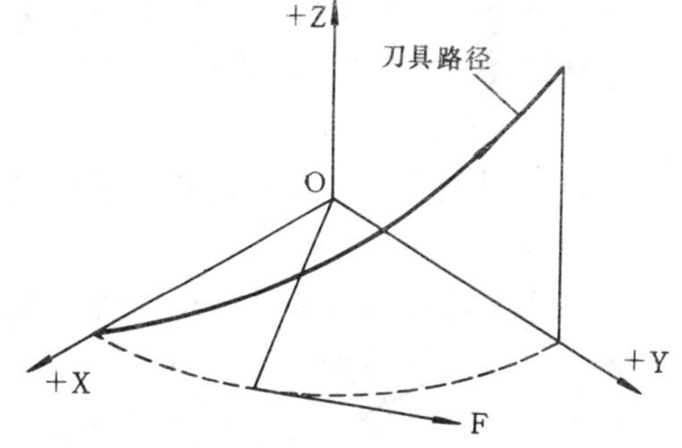

图 5-10　轴向进给速度

九、假想轴切削

假想轴切削也是选择功能。如果设定螺旋切削中圆弧插补平面的某一个坐标轴为假想轴，则刀具在执行螺旋切削时，只沿另外两坐标轴移动，形成正弦函数曲线轨迹，而在假想轴方向，刀具并不移动。

G07X（或 Y、Z）0：设定 X（或 Y、Z）轴为假想轴。

G07X（或 Y、Z）1：假想轴取消。

例如，如图 5-11 所示。

N1 G07 X0；

N2 G91 G17 G03 X－20.0 Y0 I－10.0 Z20.0 F100；

N3 G01 X10.0；

N4 G07 X1；

又例，如图 5-12 所示。

N1 G07 Z0；

N2 G18 G02 X0 Z0 I10.0 F4.0；

N3 G07 Z1；

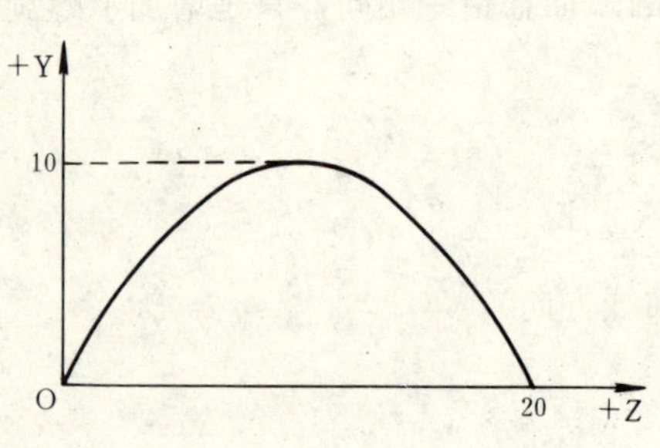

图 5-11

图 5-12

十、螺纹切削 G33 指令

G33 X ____ Z ____ F ____ Q ____

螺纹导程用 F 直接指令；Q 指令螺纹切削开始角度（0°～360°）。对锥螺纹，其斜角 α 在 45°以下时，螺纹导程以 Z 轴方向的值指令；45°以上至 90°时，以 X 轴方向的值指令。请参阅本书第三章第三节图 3-19 及 G32 的有关内容。

圆柱螺纹切削时，X 指令省略。格式为：

G33 Z ____ F ____ Q ____

螺纹切削应注意在两端设置足够的升速进刀段 δ_1 和降速退刀段 δ_2。

多线螺纹用 Q 指令变换螺纹切削开始角度来切削。

例如，如图 5-13 所示。

N20 G90 G00 X100.0 Y… S45 M03；

N21 Z200.0；

N22 G33 Z120.0 F5.0；

N23 M19；

N24 G00 X105.0；

N25 Z200.0 M00；

N26 X100.0 M03；

N27 G04 X2.0；

N28 G33 Z120.0 F5.0；

⋮ ⋮

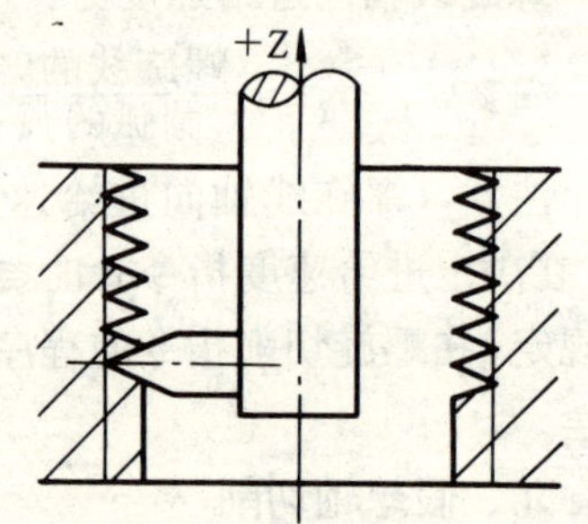

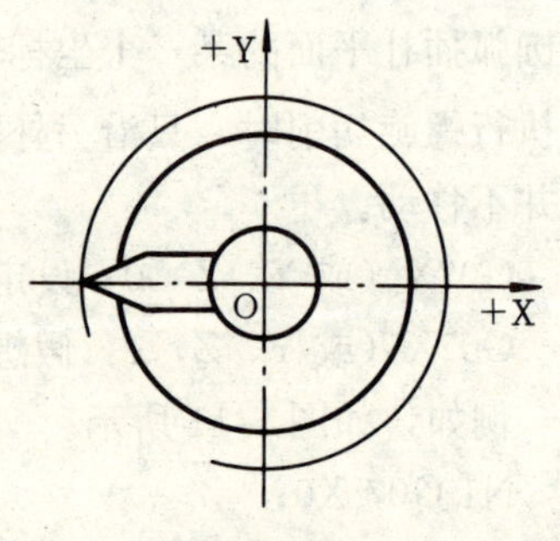

图 5-13

十一、缩放比例

G51 I ____ J ____ K ____ P ____

I、J、K 为缩放比例中心的坐标值，P 为倍率。

G50 指令取消缩放比例。

例如，如图 5-14 所示，即以 I、J、K（X、Y、Z 坐标值）为中心按倍率 P 值来缩放。

十二、坐标系旋转

G17 G68 X ____ Y ____ R ____

G18 G68 X ____ Z ____ R ____

G19 G68 Y ____ Z ____ R ____

如图 5-15 所示。X、Y、Z 指令旋转中心的坐标值；R 指令旋转角度，通常系统设定用绝对值指令，逆时针方向旋转为正，顺时针方向旋转为负。G69 指令旋转坐标系取消。

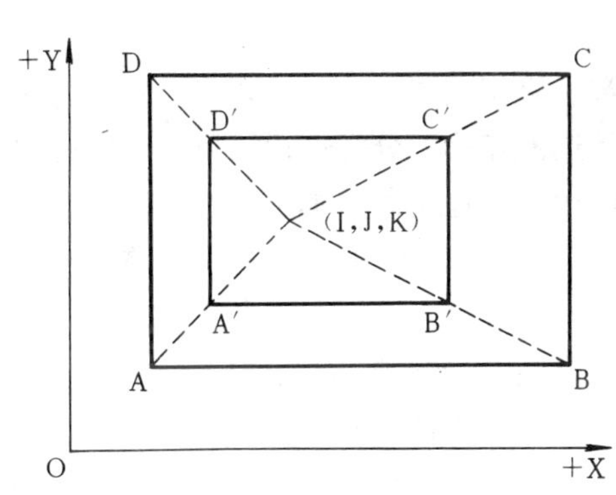

图 5-14

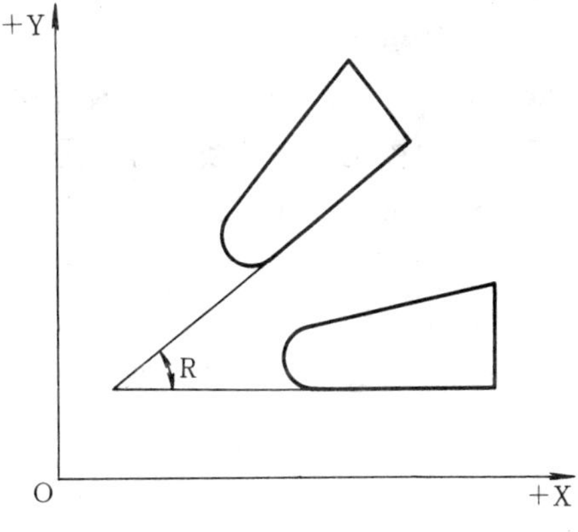

图 5-15 G68

例如，如图 5-16 所示。

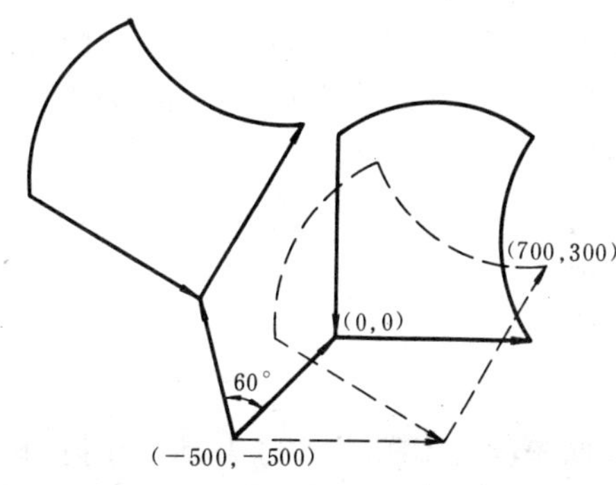

图 5-16

N1 G92 X−500.0 Y−500.0 G69 G17；

N2 G68 G90 X700.0 Y300.0 R60.0；

N3 G90 G01 X0 Y0 F200；

(或 G91 X500.0 Y500.0)

N4 G91 X100.0；

N5 G02 Y1000.0 R1000.0；

N6 G03 X－100.0 J－500.0；

N7 G01 Y－1000.0；

N8 G69 G90 X－500.0 Y－500.0 M02；

G68 指令执行后，程序中后面的指令都以 G68 指令的旋转中心为中心，以 R 为旋转角度来旋转。

第四节　加工中心编程要点及举例

一、编程要点

除换刀程序外，加工中心的编程方法和普通数控机床相同。

不同的数控机床，其换刀程序是不同的，通常选刀和换刀分开进行。换刀动作必须在主轴停转条件下进行。换刀完毕启动主轴后，方可执行下面程序段的加工动作。选刀动作可与机床的加工动作重合起来，即利用切削时间进行选刀，因此，换刀 M06 指令必须安排在用新刀具进行加工的程序段之前，而下一个选刀指令 T×× 常紧接安排在这次换刀指令之后。

多数加工中心都规定了“换刀点”位置，即定距换刀。主轴只有走到这个位置，机械手才能执行换刀动作。一般立式加工中心规定换刀点的位置在 Z0 处（即机床 Z 轴零点），同时规定换刀时应有回参考点的准备功能 G28 指令。当控制机接到选刀 T 指令后，自动选刀，被选中的刀具处于刀库最下方；接到换刀 M06 指令后，机械手执行换刀动作。因此换刀程序可采用两种方法设计。

方法一：N010 G28 Z0 T02；

　　　　N011　　　　M06；

返回 Z 轴换刀点的同时，刀库将 T02 号刀具选出，然后进行刀具交换，换到主轴上的刀具为 T02。若 Z 轴回零时间小于 T 功能执行时间（即选刀时间），则 M06 指令等刀库将 T02 号刀具转到最下方位置后才能执行。因此这种方法占用机动时间较长。

方法二：N010 G01 Z…T02；

　　　　⋮　　⋮

　　　　N017 G28 Z0 M06；

　　　　N018 G01 Z…T03；

　　　　⋮　　⋮

N017 程序段换上 N010 程序段选出的 T02 号刀具；在换刀后，紧接着选出下次要用的 T03 号刀具。在 N010 程序段和 N018 程序段执行选刀时，不占用机动时间，所以这种方法较好。

二、编程举例

例 5-1　如图 5-17 所示。加工程序见表 5-1。

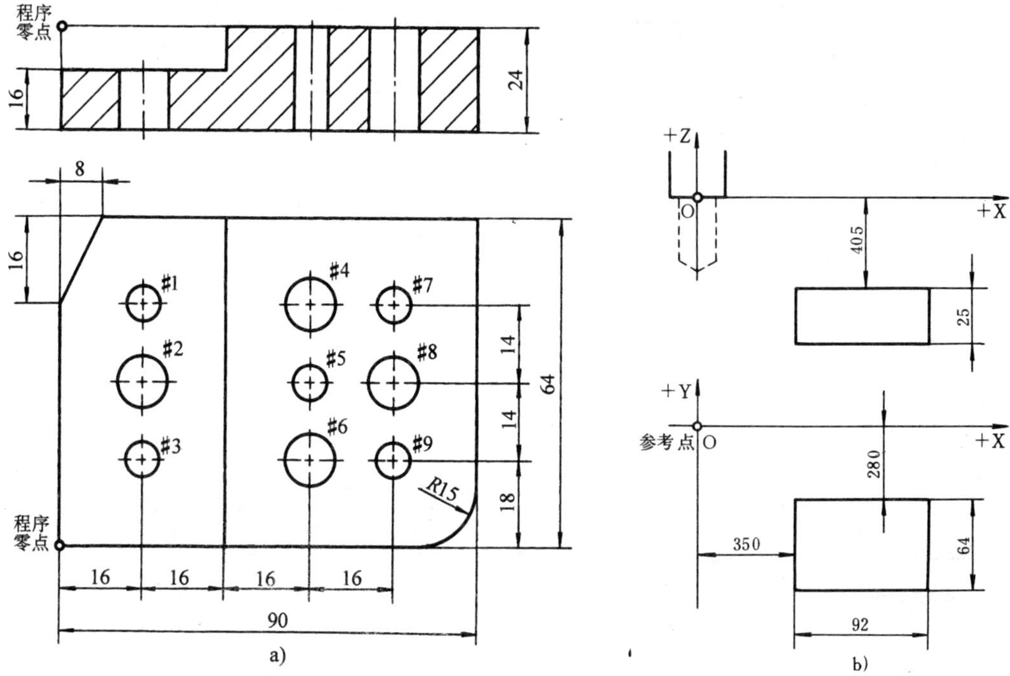

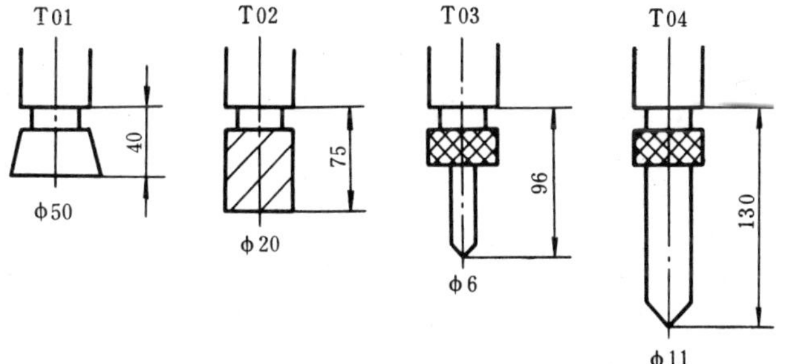

Offset NO	Value
01	350
02	344
03	366
04	331
05	310
06	276

＃1，＃5，＃7孔 ϕ6深10

＃3，＃9孔 ϕ6通孔

＃2，＃6，＃8孔 ϕ11深10

＃4孔 ϕ11通孔

c)

图 5-17

a）零件简图 b）零件位置简图 c）刀具简图

表 5-1 加工程序

加工程序	注释
O1111	
N01 T01 M06	
G91 G00 G45 X0 H01	
G46 Y0 H02	
G92 X0 Y0 Z0	
G90 G44 Z10.0 H03	
S1500 M03	
G00 X−30.0 Y40.0 M08	
G01 Z0 F150	
X80.0	
Y20.0	
X−30.0	
G28 Z10.0	
G00 X0 Y0	
M00	
N02 T02 M06	
G92 X0 Y0 Z0	
G90 G44 Z10.0 H04	
S1000 M03	
G00 X9.0 Y−12.0 M08	
G01 Z−8.0 F150	
X76.0	
Y20.0	
X−12.0	
G28 Z10.0	
G00 X0 Y0	
M00	
N03 T03 M06	
G92 X0 Y0 Z0	
G90 G44 Z10.0 H05 M08	
S1000 M03	
G99 G83 X15.0 Y18.0 Z−27.0 R−6.0 Q5 F100	钻#3孔
G98 Y46.0 Z−18.0	钻#1孔
G99 X62.0 R2.0 Z−27.0	钻#9孔
X46.0 Y32.0 Z−10.0	钻#5孔
X62.0 Y18.0	钻#7孔

（续）

加　工　程　序	注　　释
G00 G80 X0 Y0	
G28 Z15	
M00	
N04 T04 M06	
G92 X0 Y0 Z0	
G90 G44 Z10.0 H06 M08	
S700 M03	
G99 G83 X62.0 Y32.0 Z−10.0 R2.0 Q5 F100	钻＃8孔
X46.0 Y46.0	钻＃6孔
Y18.0 Z−27.0	钻＃4孔
G98 X15.0 Y32.0 R−6.0 Z−18.0	钻＃2孔
G00 G80	
G28 Z50.0	
G28 X0 Y0	
M30	

例 5-2　如图 5-18 所示。加工程序见表 5-2。

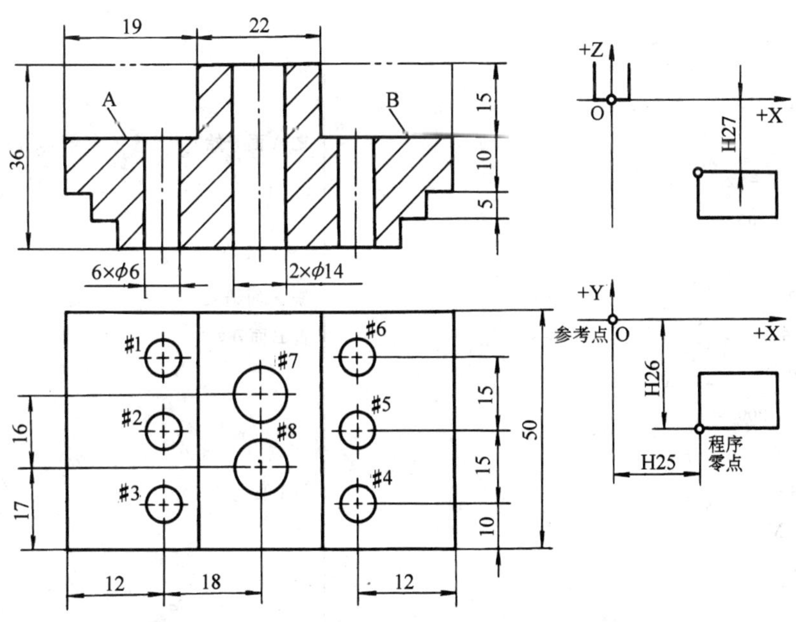

图　5-18

T01　ϕ50mm 面铣刀　X 轴偏置 H25　Y 轴偏置 H26　Z 轴偏置 H27

T02　ϕ20mm 立铣刀　Z 轴偏置 H22　半径补偿 D21

T03　ϕ6mm 钻头　Z 轴偏置 H23

T04　ϕ14mm 钻头　Z 轴偏置 H24

表 5-2 加工程序

加　工　程　序	注　　释
O1112	
N01 T01 M06	
G91 G00 G45 X0 H25	
G46 Y0 H26	
G92 X0 Y0 Z0	
G90 G44 Z5.0 H27 S1000 M03	
G00 X−30.0 Y25.0 M08	
G01 Z0 F200	
X90.0	
G28 Z10.0	
G00 X0 Y0 M09	
N02 T02 M06	
G92 X0 Y0 Z0	
G90 G44 Z5.0 H22 S1000 M03	
G00 X−35.0 Y−35.0 M08	
G01 G42 X0 Y0 D21 F200	铣四周开始
Z−26.0	
X60.0	
Y50.0	
X0	
Y0	铣四周结束
G01 G40 X−35.0 Y−35.0	
Z−7.5	铣 A 面开始
G00 X9.0. Y−12.0	
G01 Y62.0 F200	
Z−15.0	
Y−12.0	铣 A 面结束
Z−7.5	铣 B 面开始
G00 X51.0	
G01 Y62.0 F200	
Z−15.0	
Y−11.0	铣 B 面结束
G28 Z10.0 M09	
G00 X0 Y0	
N03 T03 M06	
G92 X0 Y0 Z0 S800 M03	
G90 G44 Z10.0 H23 M08	
G99 G73 X12.0 Y40.0 Z−23.0 R−12.0 Q6 F100	钻#1 孔
Y25.0 Z−41.0	钻#2 孔

（续）

加　工　程　序	注　释
G98 Y10.0 Z－23.0	钻＃3孔
G99 X48.0	钻＃4孔
Y25.0 Z－41.0	钻＃5孔
G98 Y40.0 Z－23.0	钻＃6孔
G80 G28 Z10.0 M09	
G00 X0 Y0	
N04 T04 M06	
G92 X0 Y0 Z0 S500 M03	
G90 G44 Z10.0 H24	
G99 G83 X30.0 Y33.0 Z－41.0 R5.0 Q7 F80	钻＃7孔
Y17.0	钻＃8孔
G80 G28 Z10.0 M09	
G28 X0 Y0	
M30	

第五节　数控机床操作要点

加工中心和数控铣床、数控车床的操作方法相同，只是加工中心的功能较全。各种类型的数控机床操作面板的结构形式虽然各异，但其控制开关、按键等却具有相同的功能，只是有些数控机床的控制开关、按键的名称是用英文表示，有些是用中文表示，有些是用形象符号表示。下面介绍数控机床上常见的控制开关、按键及操作要点。

一、CRT/MDI面板的操作键

CRT/MDI面板常用操作键见表5-3。各操作键的功能及用法请参阅本书第四章第五节及有关机床操作系统说明书。

表5-3　CRT/MDI面板常用操作键

键名类别	英文名		键名类别	英文名	
复位键	RESET		光标移动键	CURSOR	
功能键（有些系统是用软键控制）	POS	位置显示键	页面变换键	PAGE	
	PRGAM	程序键	数据输入键	略	
	OFSET	偏置设定显示键	程序编辑键	ALTER	修改键
	PARAM	参数设定显示键		INSERT	插入键
	ALARM	报警号显示键		DELET	删除键
	DGNOS	自诊数据显示键	输入键	INPUT	
	GRAPH	图形显示键	输出启动键	OUTPUT/START	

二、操作面板的控制开关、按键

操作面板常见控制开关、按键见表5-4。各控制开关、按键的功能和用法请参阅本书第四章第五节及有关机床操作系统说明书。

表5-4 操作面板常见控制开关、按键

控制开关类别	英文名	中文名
机床复位开关	MACHINE RESET	机床复位
方式选择开关	MODE SELECT	方式选择
	1. AUTO（或M）	自动方式
	2. EDIT（或E）	编辑方式
	3. MDI（或D）	手动数据输入方式
	4. HANDLE（或H/S）	手摇脉冲发生器操作方式
	5. JOG（或J）	点动进给方式
	6. RAPID（或RT）	手动快速进给方式
	7. ZRN	手动返回参考点方式
	8. TAPE	纸带工作方式
	9. TEACH. H	手脉示教方式
运动选择调节开关	FEEDRATE OVERRIDE	进给速率修调
	RAPID OVERRIDE	快速进给修调
	(JOG) FEEDRATE	手动进给速度选择
	SPINDLE SPEED OVERRIDE	主轴转速修调
	HANDLE MULTIPLIER	手脉倍率选择
	AXIS SELECT	手脉进给轴选择
手动操作开关	MANUAL PULSE GENERATOR	手摇脉冲发生器
	JOG AXIS SELECT	手动进给轴选择
	SPINDLE MANUAL OPERATE	手动主轴操作
	COOLANT MANUAL OPERATE	手动冷却操作
功能控制开关	CYCLE START	循环启动
	EMERGENCY STOP	急停按钮
	FEED HOLD	进给中停
	MACHINE LOCK（或MLK）	机床锁住
	SINGLE BLOCK（或SBK）	单程序段执行键
	DRYRUN（或DRN）	空运行
	BLOCK DELETE（或BDT）	任选程序段跳过（跳步）
	OPTION STOP（或OPS）	选择停（与M01配合使用）
	PROGRAM PROTECT	程序保护钥匙
刀库控制开关	TURRET INDEX	刀位选择
	INDEX START	选刀启动

三、数控机床操作要点

1）任何数控机床开机通电后，都必须执行手动返回参考点的操作。

2）对任何数控机床的操作，都必须首先选择机床的工作方式，即操作“方式选择开关”。根据“方式选择开关”选择的工作方式，再确定下一步的操作内容。

3）如果机床处于手动工作方式（JOG、RAPID、HANDLE、ZRM或TEACH. H）时，则可以先用相应的“运动选择调节开关”选择或调节相关的运动参数（如速度、坐标轴），然后再操作“手动操作开关”即可。

4）如果机床处于非手动工作方式时，则应先按CRT/MDI面板上的功能键（有的系统是按软键来选择功能），然后再根据所选择的功能键（如PRGAM、POS、OFSET或GRAPH等）进行相应的操作即可。

第六章　数控线切割机床的编程

第一节　数控线切割机床

一、线切割机床的加工原理及用途

电火花线切割加工简称“线切割”。它是利用移动着的细金属丝作工具电极，并在金属丝与工件间通以脉冲电流，利用脉冲放电的电腐蚀作用对工件进行切割加工的。其加工原理如图 6-1 所示。电极丝 4 穿过工件 5 上预先钻好的小孔，经导轮 3 由贮丝筒 2 带动作往复交替移动。工件通过绝缘板 7 安装在工作台上，由数控装置 1 按加工程序发出指令，控制两台步进电动机 11，以驱动工作台在水平面上沿 X、Y 两个坐标方向移动而合成任意平面曲线轨迹。由高频脉冲发生器 8 对电极丝与工件施加脉冲电压，喷嘴 6 将工作液以一定的压力喷向加工区，当脉冲电压击穿电极丝和工件之间的间隙时，两者之间随即产生火花放电而切割工件，图中 9、10 分别为液压泵和油箱。

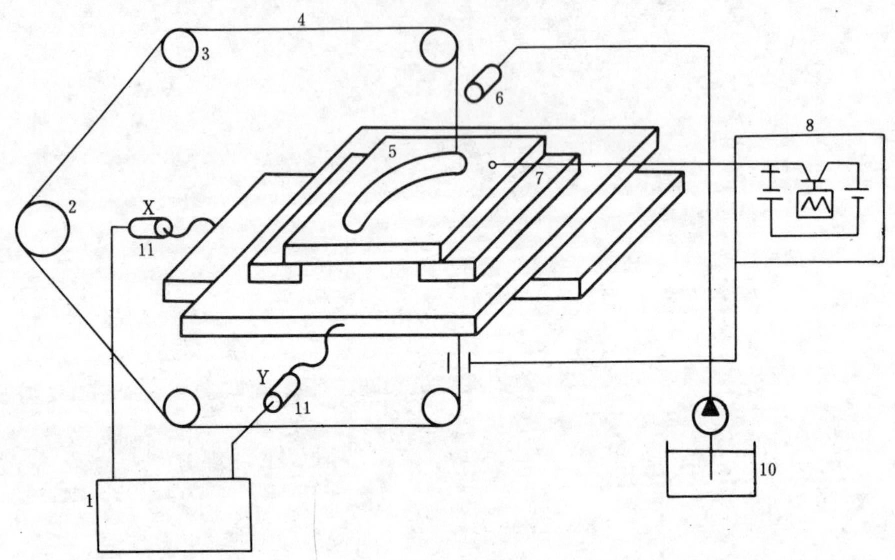

图 6-1　线切割加工原理

线切割的加工精度可达±0.01mm，表面粗糙度 R_a 为 1.25～2.5μm。

线切割广泛应用于加工各种硬质合金和淬火钢的冲模、样板、各种外形复杂的精细小零件、窄缝等，并可多件叠加起来加工，能获得一致的尺寸。因此，线切割工艺为新产品试制、精密零件和模具的制造开避了一条新的途径。

本章主要介绍国产 JO780-1 型数控电火花线切割机床的编程操作方法。

二、数控线切割机床的组成及主要技术规格

线切割机床主要由床身、贮丝筒、倒顺开关、张紧机构、冷却系统、线架、坐标工作台、工件夹具、数控系统及脉冲电源等组成。机床的主要技术规格为：

1. 主机的主要技术规格

坐标工作台最大行程	160mm×200mm
最大加工厚度	80mm
工件最大质量	40kg
试件加工精度	±0.01mm
试件平行度	≤0.008mm
精加工表面粗糙度	R_a1.25～2.5μm
电极丝直径	φ0.08～φ0.14mm
切削液	皂化液溶解油

2. WKX 计算机的主要技术规格

控制方式		开环、步进电动机驱动
脉冲当量		0.001mm
控制功能	插补方式	直线、圆弧
	间隙补偿	±999μm
	比例缩放	1：{放大/缩小}（三位整数）可调
输入方式	键盘输入（3B 或 4B）	
	光电机输入（3B 或 4B）	一次可连续输入 200 条加工程序
输出		二只三相六拍的步进电动机 十只 LED 数字显示器 五单位穿孔机
启动和停机		启动：可检索、开启任意加工程序段的内容 停机：可随意停机、段末停机、预设程序段停机、所有程序段执行完自动停机
输入检查		检索检查任意程序段的内容
编辑功能		修改、插入、删除任意程序段
切割短路自动回退		200μm
自动找准预孔中心		±0.02mm
步进电动机定相启动 X、Y		六拍
最大控制长度		1m
最大控制圆弧半径		10m

3. 脉冲电源的主要技术规格

脉冲宽度	3、8、26、33、40μs 分档可调
脉冲间隙度	0.2～290μs 分档无级可调
脉冲幅值	62、66、70、76、82V 分档可调
末级功放输出	1～6 管、任选

加工电流 0.2～2.5A
电源 三相 380V/220V±10% 50±1Hz
整机耗电 ≤1.2kW
机床外形尺寸 116cm×67cm×120cm
机床质量 650kg

三、主要部件的工作原理

1. 贮丝筒

贮丝筒起卷绕、排列钼丝的作用，是钼丝运动的动力源，其传动系统如图 6-2 所示。

直流伺服电动机 M2 通过弹性联轴节 1 带动贮丝筒 2 转动，并通过齿轮副 3、4→5、6→7、8 及丝杠螺母副 9、10 来带动滑板 11 前进作排丝运动。当滑板 11 移动到一端时，由行程开关控制贮丝筒电动机反转，滑板 11 也反向移动，如此往复进行。

贮丝筒 2 每转一转，滑板 11 前进 0.147mm，所以适合于排绕 ϕ0.14mm 以下的线电极。

丝杠螺母采用双螺母弹性消除间隙。

2. 线架（如图 6-3 所示）

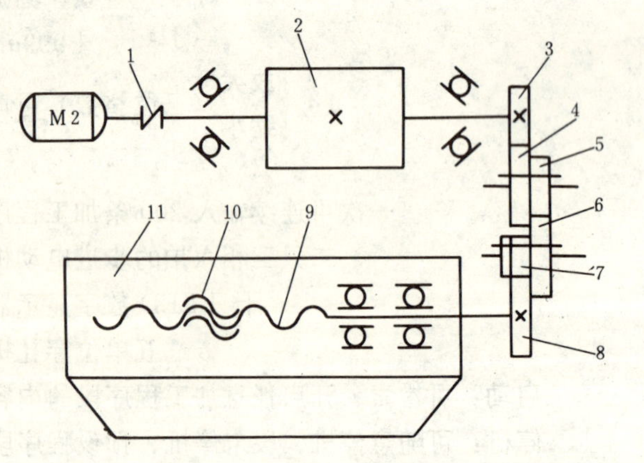

图 6-2 贮丝筒传动系统

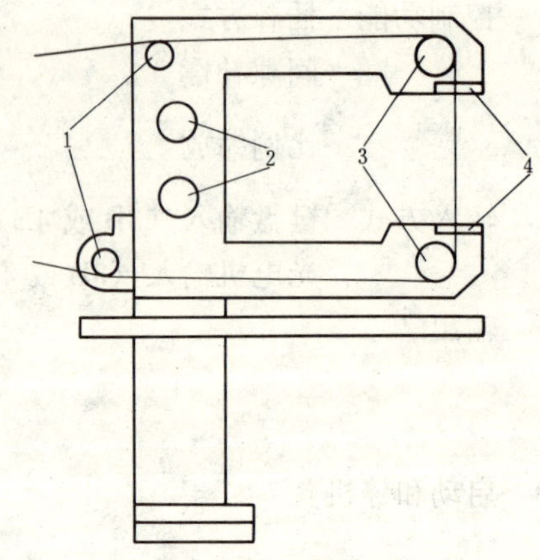

图 6-3 线架

线架装在床身上并与床身绝缘。线电极通过线架上的瓷质引丝靠山 1 和导轮 3 作高速往复运动。导轮 3 起引导线电极的作用，保证线电极在高速运转时始终保持精确的位置，是保证加工精度与表面粗糙度的关键零件之一。引丝靠山 1 起排丝作用，它使线电极均匀地绕在贮丝筒上，并使线电极的绕、放部分互相错开一段距离以免迭丝。引丝靠山 1 在结构上刻有三条环形的 V 形槽，钼丝（线电极）在槽中通过，磨损后可略微转一个角度再用，一条 V 形槽磨损后可换一条使用。线架环部装有两个针阀 2，可分别调节送到工件上部和下部的切削液流量。在导轮 3 与工作区之间各有一块橡皮的防屑垫 4，其主要作用是防止工作区的切屑及切削液飞溅到导轮 3 及贮丝筒上。防屑垫用刀片刻有一条细缝，线电极可以直接嵌入其中而不必用针穿丝。防屑垫磨损后应及时更换。

3. 坐标工作台（如图 6-4 所示）

坐标工作台由底座 8、中滑板、上滑板 5、导轨、丝杠 6、变速齿轮副 2、3，步进电动机 1 等组成。

步进电动机 1 通过齿轮副 2、3 传动，带动丝杠 9 旋转并向前移动，丝杠 6 空套在滑板 5 上通过滚珠 7 带动滑板 5 前进，滑板 5 与底座 8 之间用弹簧 9 保证丝杠后退时，滑板 5 随之后退，并消除丝杠螺母 4 的间隙。滑板 5 通过对合式滚动导轨装在底座 8 上。X、Y 轴滑板结构相同。因为丝杠 6 空套在滑板 5 上的轴承中，在正向作用力克服弹簧力推动工作台时，工作台 5 即可向前移动。为防止运输或移动机床时，滑板 5 来回窜动而造成损坏，在导轨两端设有固定板安装孔，运输或移动机床时应将滑板 5（坐标工作台）用固定板固定起来。

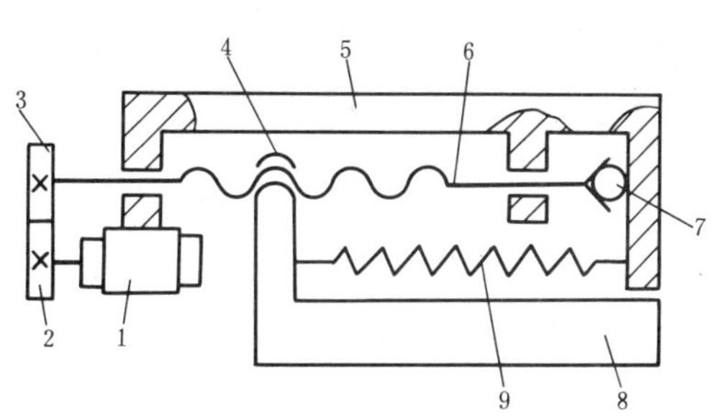

图 6-4　坐标工作台原理

当齿轮副 2、3 存在间隙时，会产生步距不均的现象（有时走两步或更多，有时不走），这会引起切割质量下降。应通过调节齿轮中心距来调整。其方法是取下手轮及端盖，露出固定步进电动机 1 的螺钉，松开螺钉，调好中心距再固定即可。

手轮中装有刻度盘紧固螺钉，松开螺钉可调节刻度盘。

第二节　数控线切割机床编程方法

线切割程序有无间隙补偿程序（3B）和间隙补偿程序（4B）两种格式。

一、无间隙补偿程序

B $\underline{x}$ B $\underline{y}$ BJG Z

1. 符号意义

（1）B　分隔符。表示一条程序段开始，并将 x、y、J 等分隔开。

（2）x、y　坐标值。都以 μm 为单位，μm 以下应四舍五入。

对于圆弧，坐标原点移至圆心，x、y 是圆弧始点的坐标值。

对于直线，坐标原点移至直线始点，x、y 是直线终点的坐标值。由于它代表了直线的斜率，因此可以约去最大公约数。例如直线插补程序

B1500 B2500 B2500 GY L_2

可写为

B3 B5 B2500 GY L_2

对于平行于 X 轴或 Y 轴的直线，x、y 允许均取为零。但指令按规定的方式采用，即 X 轴正向用 L_1，Y 轴正向用 L_2，X 轴负向用 L_3，Y 轴负向用 L_4。例如沿 X 轴正向的直线，长 1mm，可写为：

B B B1000 GX L_1

（3）J　计数长度。用于控制加工终长。它等于加工线段在选定的坐标轴上的投影长度。

对于跨越象限的圆弧，机器能自动修改指令，不用分段编制程序，只需求出各段投影长度的总和。图 6-5 为从始点 A 沿圆弧插补加工到终点 D 时，计数长度 J 的计算方法。

（4）G　计数方向。有 GX 和 GY 两种，表示计数长度 J 是取 X 轴还是 Y 轴上的投影。对于直线，取投影长度较大的坐标轴方向为计数方向。对于圆弧，视终点在什么范围而定，如

图 6-6 所示，当终点落在阴影区时，取 GX；否则取 GY。

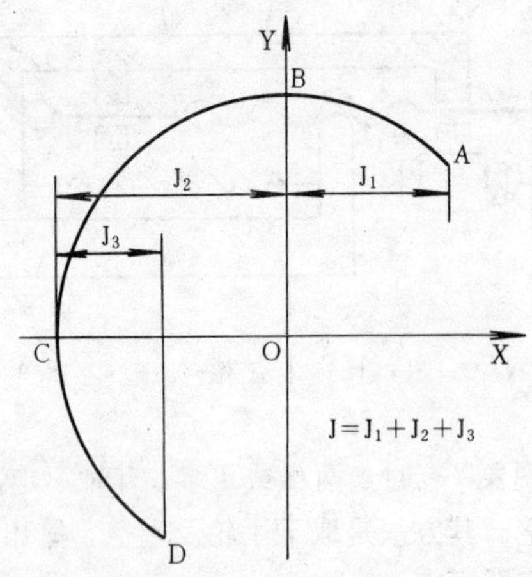

图 6-5 计数长度的确定

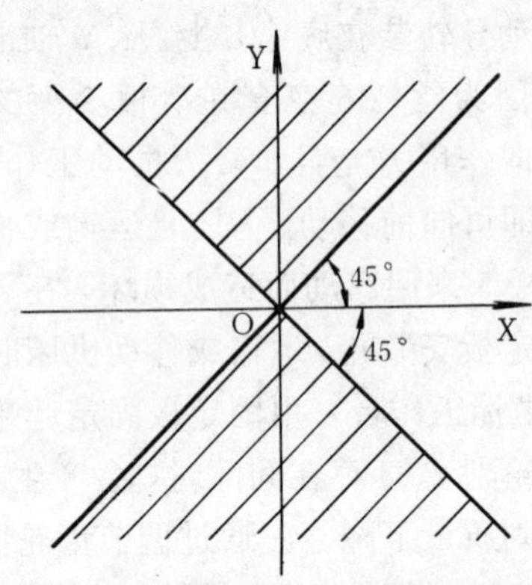

图 6-6 计数方向选择

(5) Z 加工指令，分为 12 种，如图 6-7 所示。

直线四种：L_1、L_2、L_3、L_4；

顺圆四种：SR_1、SR_2、SR_3、SR_4；

逆圆四种：NR_1、NR_2、NR_3、NR_4。

图中箭头指向为插补切割方向。

2. 应用举例

图 6-8 中的凸模由三段直线与一段圆弧组成，应编制四条程序段；此外应增加钼丝从工件外部切入到轮廓线的引入程序段和从原引入路径退出的引出程序段。加工程序见表 6-1。

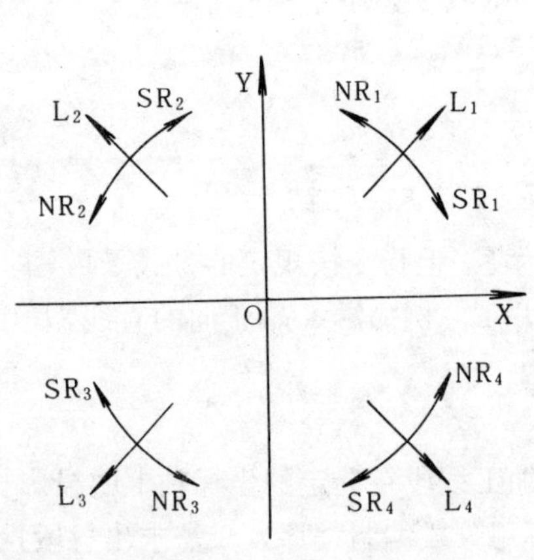

图 6-7 加工指令

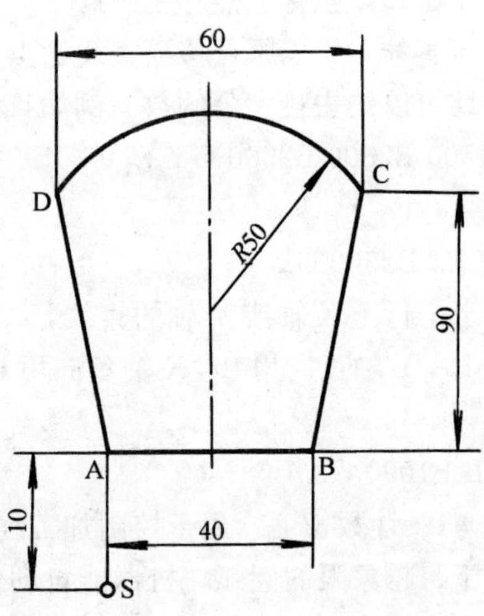

图 6-8 凸模

表 6-1　凸模切割加工程序

加　工　程　序	注　　释
B B B10000 GY L_2	直线插补引入，J 在 Y 轴上投影
B B B40000 GX L_1	直线插补 A→B，J 在 X 轴上投影
B1 B9 B90000 GY L_2	直线插补 B→C，J 在 Y 轴上投影
B30000 B40000 B60000 GX NR_1	顺圆插补 C→D，J 在 X 轴上投影
B1 B9 B90000 GY L_4	直线插补 D→A，J 在 Y 轴上投影
B B B10000 GY L_4	直线插补引出，J 在 Y 轴上投影

然后，程序可直接键入或用穿孔机制成纸带。

二、间隙补偿程序

B $\underline{x}$ B $\underline{y}$ B $\underline{J}$ B $\underline{R}$ $\underline{G}$ D（D）$\underline{Z}$

由于机床控制的是钼丝中心轨迹，根据上例程序加工出来的凸模比图样要求的尺寸要小些。因此要使工件符合图样尺寸，应让钼丝走单点划线所示的路线（如图 6-9 所示）。与上例比较，显然形式相同，只是数据略有变化。

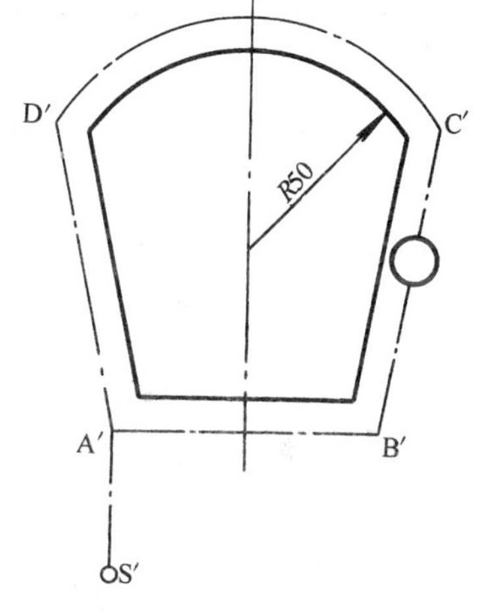

图 6-9　钼丝中心轨迹

若加工凹模时，程序中的数据还需修改。

为了解决上述问题，机床数控系统具有间隙补偿功能。我们可以直接按图样尺寸编程，只要将补偿量送入数控装置，就可用同一纸带加工凸模、凹模、卸料板、固定板等成套模具零件。

1．符号意义

它和无间隙补偿程序格式相比，多了两项。

(1) R　为圆弧半径。R 通常都是已知的，输入 R 可以使运算简化。

(2) D (DD)　为曲线形式。凸圆弧为 D，凹圆弧为 DD，它决定补偿方向。图6-10中，$\overset{\frown}{AB}$、$\overset{\frown}{BC}$、$\overset{\frown}{CD}$是凸圆弧，应在程序中填入 D；$\overset{\frown}{DA}$是凹圆弧，应在程序中填入 DD。采用间隙补偿程序时，图形中各尖点必须用数值大于补偿量 ΔR 的半径滑圆。这样在加工直线时，程序不变；加工圆弧时，机床数控系统自动作补偿运算。

2．补偿量 ΔR

补偿量 ΔR 是事先送入计算机数控装置的，它的数值在切割不同零件时是不同的。

1）切割凹模或样板零件时：

$$\Delta R = |r + g|$$

式中，r 是电极丝半径；g 是单边放电间隙，约为 0.01mm。

2）切割凸模时：

$$\Delta R = |r + g - \Delta|$$

式中，Δ 是模具配合单边间隙。

3）切割镶板时：

$$\Delta R = |r + g + \Delta + \Delta g|$$

式中，Δg 是镶板与凸模的单边过盈量。

4）切割卸料板时：

$$\Delta R = |r + g - \Delta s|$$

式中，Δs 是卸料板与凹模相比的单边扩大量。

应该注意，JO780-1 型数控线切割机床的补偿量为±999μm。当钼丝轨迹在加工图形外侧时，称为凸模，补偿量取正值；当钼丝轨迹在加工图形内侧时，称为凹模，补偿量取负值。

3. 应用举例

将图 6-8 中的加工图形以凹模形式按间隙补偿程序格式编制加工程序（表 6-2），凹模尖点用 R 为 100μm 的圆弧滑圆，补偿量 ΔR=－60μm（见图 6-11）。

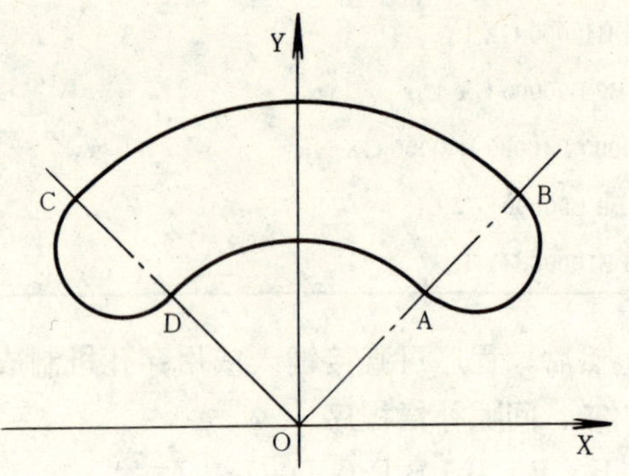

图 6-10 补偿方向

表 6-2 凹模切割加工程序

加工程序	注释
B29954 B40034 B40034 B50000 GY D L_1	直线插补引入
B29954 B40034 B59908 B50000 GX D NR_1	逆圆插补 1→2
B60 B80 B91 B100 GY D NR_2	逆圆插补 2→3
B1 B9 B89854 B GY L_4	直线插补 3→4
B99 B11 B99 B100 GX NR_3	逆圆插补 4→5
B B B39821 B GX L_1	直线插补 5→6
B B100 B89 B100 GY D NR_4	逆圆插补 6→7
B1 B9 B89854 B GY L_1	直线插补 7→8
B99 B11 B41 B100 GX D NR_4	逆圆插补 8→1
B29954 B40034 B40034 B50000 GY D L_3	直线插补引出

其中引入线的程序段也采用了补偿形式，这是为了保证图形相对位置的准确性。若不加补偿，整个图形将会向右上方移动一个 ΔR 的距离，这在某些情况下是不允许的。我们可以利用机床的补偿功能使电极丝准确地停在起切点上，这时引入线段应该沿半径方向引到圆弧始点，或沿法线方向引向直线段。引入程序段中 x、y 坐标值应取直线终点坐标值，R 取直线的线段长（如图 6-11 所示）。

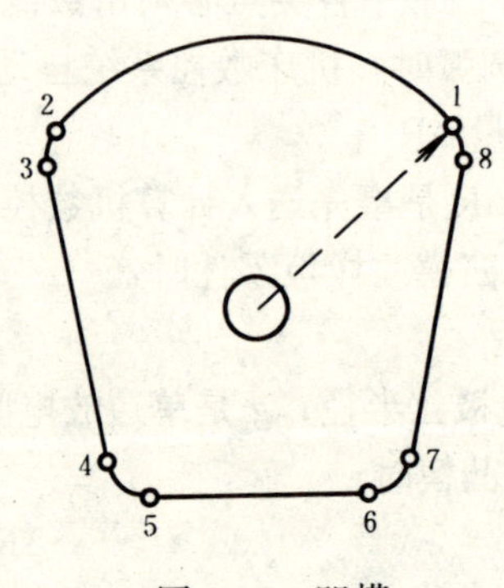

图 6-11 凹模

第三节　线切割编程要点及举例

一、编程要点

根据零件图要求，确定线切割加工路线后，就必须计算数控系统所需要的输入数据（称为数值计算）。当零件廓形与数控系统插补功能不一致时，就需要进行较复杂的数值计算。如用只具有直线、圆弧插补功能的机床切割非圆轮廓曲线，就只能用数段直线或圆弧逼近零件的轮廓曲线，使各段逼近线（直线或圆弧）与相应轮廓曲线间的误差相同，并应小于或等于编程允差。

二、编程举例

例 6-1　用 3B 格式编写加工凹模（图 6-12）的加工程序。

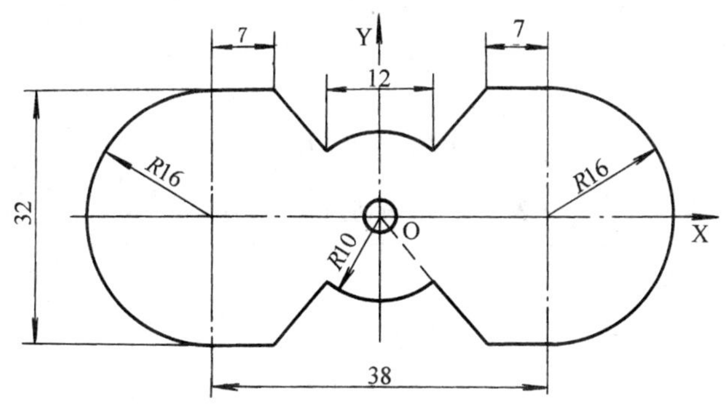

图 6-12　凹模

加工程序见表 6-3。

表 6-3　凹模切割加工程序

加　工　程　序	注　　释
B12 B16 B16000 GY L_4	直线插补
B B B7000 GX L_1	直线插补
B B16000 B32000 GY NR_4	逆圆插补
B B B7000 GX L_3	直线插补
B6 B8 B8000 GY L_3	直线插补
B6000 B8000 B GY NR_1	逆圆插补
B6 B8 B8000 GY L_2	直线插补
B B B7000 GX L_3	直线插补
B B16000 B GX NR_2	逆圆插补
B B B7000 GX L_1	直线插补
B6 B8 B8000 GY L_1	直线插补
B6000 B8000 B GY NR_3	逆圆插补
B6 B8 B8000 GY L_2	直线插补

例 6-2 用 4B 格式编写加工凸模（图 6-13）的加工程序（表 6-4）。

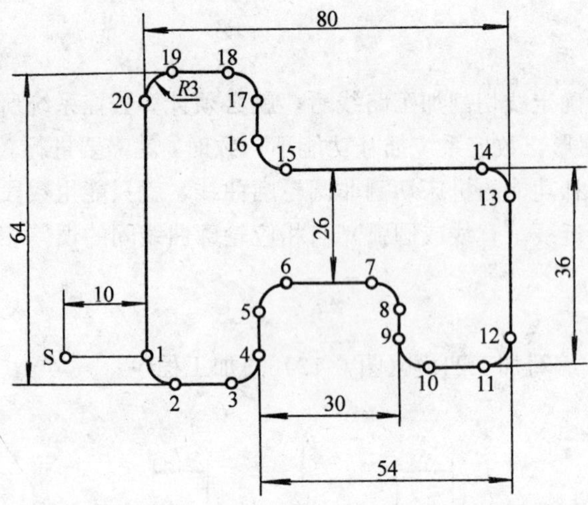

图 6-13 凸模

表 6-4 凸模切割加工程序

加 工 程 序	注 释
B B B10000 B10000 GX DD L_1	引入
B3000 B B3000 B3000 GX D NR_3	1→2
B B B20000 B GX L_1	2→3
B B3000 B3000 B3000 GY D NR_4	3→4
B B B13000 B GY L_2	4→5
B3000 B B3000 B3000 GX DD SR_3	5→6
B B B24000 B GX L_1	6→7
B B3000 B3000 B3000 GY DD SR_1	7→8
B B B4000 B GY L_4	8→9
B3000 B B3000 B3000 GX D NR_3	9→10
B B B18000 B GX L_1	10→11
B B3000 B3000 B3000 GY D NR_4	11→12
B B B30000 B GY L_2	12→13
B3000 B B3000 B3000 GX D NR_1	13→14
B B B48000 B GX L_3	14→15
B B3000 B3000 B3000 GY DD SR_3	15→16
B B B13000 B GY L_2	16→17
B3000 B B3000 B3000 GX D NR_1	17→18
B B B20000 B GX L_3	18→19
B B3000 B3000 B3000 GY D NR_2	19→20
B B B58000 B GY L_4	20→1
B B B10000 B10000 GX D L_3	引出

第四节　数控线切割机床的操作

一、WKX 操作面板

如图 6-14 所示，1 为键盘，2 为进给扳键，3 为脱机扳键，4 为输入调节微调，5 为输入调节粗调，6 为计算机电源开关，7 为电源指示灯，8 为电压转换开关，9 为电压表，10 为电流表（μA），11 为 Y 轴定相开关（三只），12 为 Y 轴定相指示灯（三只），13 为 X 轴定相开关，14 为 X 轴定相指示灯，15 为 LED 数字显示器（十只），16 为对中心拨动开关，17 为复位按钮。

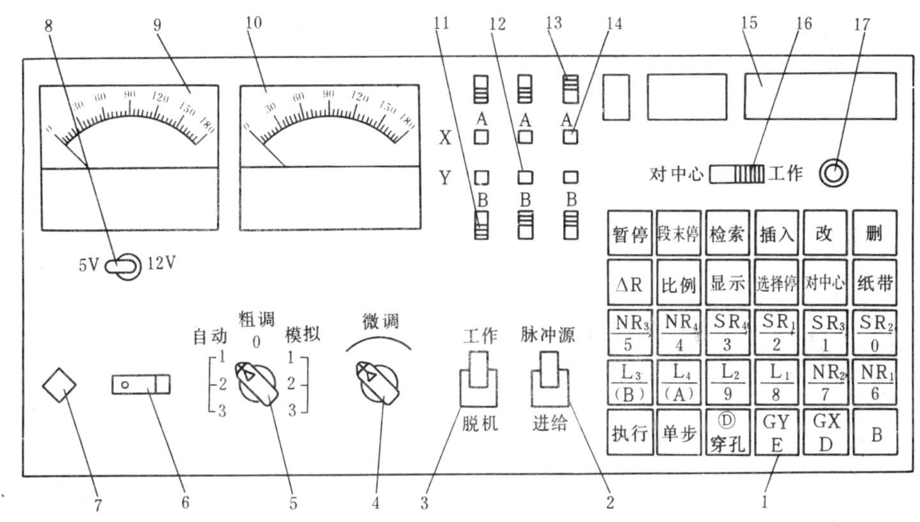

图 6-14　WKX 操作面板

二、键盘的操作

1. 加工程序的输入

(1) 键盘输入　按加工程序单顺序键入相应字母、数字或符号。在程序输入过程中，按[删]键一次，可删除刚输入的字符；连按数次[删]键，仅在当前程序段内起作用。

每输入一个程序段的第一个字母 B，程序段号将自动递增，并允许随机输入。输入的总程序段数限定为 200 段，超过时，将拒绝接收，且段号不能接续。

加工指令中的 x、y、R 最多为 7 位数，J 最多为 6 位数。

加工程序执行完毕后，系统返回键盘控制，在内存 RAM 中仍保留原输入的加工程序，可再次使用，执行加工（按[执行]键又从头开始加工）。

(2) 纸带输入　当光电机准备好后，按键[纸带]，则自动启动纸带前进向计算机输入五单位穿孔带上的加工程序内容，带尾可以设置奇数码作结束标志，也可以没有。没有结束标志时，当纸带输入完后，就会立即重新置于键盘控制状态下。

纸带中允许有废码（十六进制 F），个数不限。

读带时，每批最多输入 200 段。读入第一段时，LED 显示该段号，待纸带全部段号输入完毕后，LED 显示最末段号；如没有奇数码停机标志，则显示最末段号加 1 的段号。

偶校错或加工程序语法错时，纸带自动停送讯响告警。待检查校正后，按下[纸带]键，程序便继续从停机处输入。

加工完毕后，把前一次输入的内容清零，并申请光电机。因此在未加工完前，光电机必须做好准备工作，处于等待状态。纸带挂上时，系统就会自动读带，并使段号接续，最大段号为 999。如果纸带未挂上，挂上后可按下[纸带]键重新启动光电机输入。

2. 加工程序的检索和显示

(1) 检索命令　一般情况下，加工起割点总是设在切割程序第一段。但有时需要从某段起割，此时就可用检索命令来达到此目的。

命令格式：[检索]×××。

×××为切割程序段号，不足三位数用 0 补上。如 017 等。

(2) 显示命令

1) 显示比例：[显示][比例]

2) 显示补偿量：[显示][ΔR]

3) 加工时显示 x、y 坐标值：

[显示] { [GX] / [GY] } [执行]

4) 显示计数长度 J：[显示][执行]

5) 显示程序段：[显示]×××

×××为加工程序段号。由于输入的数据较长，超出了数字显示器的容量，所以每个程序段分 4～5 次显示完，时间间隔为 1s。

3. 加工程序的编辑

(1) 删除命令　系统对已经输入的加工程序段可以删除，而且对原段号进行重新编排。如段号 N 删除后，原第 N+1 段号升为 N 段号，N+2 段号升为 N+1 段号……。

命令格式：[删除]×××

×××为要删除的段号。若删除段号不在已输入的程序段号内，则出错报警。

(2) 修改命令

命令格式：[修改] $\underbrace{\times\times\times}_{\text{段号}}$ 　$\underbrace{\text{Bx By BJ BR G}\cdots\text{Z}}_{\text{重新输入正确的加工程序段}}$

在输入此命令过程中出错时，原段号的程序段不受影响。

(3) 插入命令

命令格式：[插入] $\underbrace{\times\times\times}_{\text{段号}}$ $\underbrace{\text{Bx By BJ BR G}\cdots\text{Z}}_{\text{加工程序段}}$

用插入命令可使总加工段数增加到 220 段。

插入后段号将重新编排。如插入段号为 N，则将原段号 N 改为 N+1，原段号 N+1 改为 N+2 段号……。而原段号 N 前的段号不变。

若已输入的程序总段号为 N，欲在 N+1 位置上增加一条程序段时，不能用插入命令，但可以直接输入程序段 B……。

4. 内存加工程序的输出

命令格式：D 穿孔

穿孔命令将内存中的程序送给穿孔机穿孔。穿出的纸带，带头带尾为 70 个中导孔，切割程序段之间的间隔为 5 个中导孔。穿孔时，可按暂停键，终止执行。

当计算机内存无加工程序时，穿孔命令无效。

穿孔时，同时显示段号以便监视。

5. 对中心命令

使用对中心命令之前，应把面板上的对中心拨动开关置于对中心位置，并将工件安装好，把钼丝置于工件的预孔内，不需要开机床切削液。钼丝不要碰壁；若碰壁时，对中心命令将拒绝执行。面板进给扳键向下置于进给状态。

上述准备工作做完后，按对中心键，钼丝在步进电动机的拖动下，相对于坐标工作台自动在 X、Y 轴方向重复行走两遍，自动停在预孔中心位置上。行走顺序为（图 6-15）：

+Y	—①→	−Y	—②→	+Y	—③→	+X	—④→	−X	—⑤→	+X	—⑥→	+Y
试探		碰壁倒走	计数显示	碰壁倒走	计数取半	试探		碰壁倒走	计数显示	碰壁倒走	计数取半	

若在对中心执行期间发生意外时，可按下暂停键，中断该过程，并重新置于键盘控制之下。

为达到预期的效果，必须注意下述两点：

1）钼丝绕装要张紧，不能松弛。否则由于钼丝抖动而引起瞬时多次碰壁。

2）预孔要光滑，且与钼丝平行。如孔壁倾斜和多毛刺会使中心偏离要求的精度。

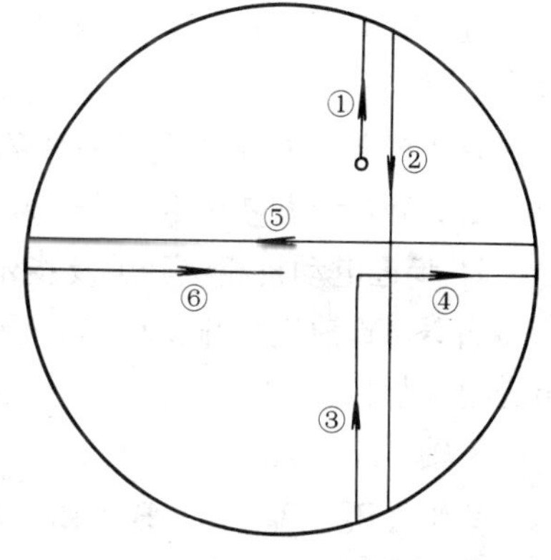

图 6-15　对中心过程

6. 加工程序的执行控制

当加工程序输入完后，按执行键就可以开始加工。除此以外，还可对程序进行下述控制。

（1）段末停命令　在加工时，按段末停键时，并不立即发生作用，在当前程序段加工指令执行完后，机床自动停机，返回系统控制，处于等待状态。按执行键时，机床又从下一程序段开始继续加工。

（2）暂停命令　在加工、对中心、穿孔时，可随时按暂停键，使机床退出正在进行的工作，返回系统控制，处于等待状态。加工时，按执行键，则机床从原停处继续进行加工。

（3）选择停命令　系统对输入的加工程序段是自动编号的，段号从 1 开始，最大为 999。在加工时，若希望在某段停机，只要设置该段为断点即可。

命令格式：选择停×××

×××为程序段号，必须是三位数，不足则补零，如 018 等。

断点一次只允许设置一个，待断点响应后，就被自动撤销。此时可再设置下一个断点。若一次设置数个断点，则后设的断点有效。当断点的段号未落在加工区间时，断点就不会得到响应，利用这一性质可以用来撤销刚设置的断点。从断点返回系统控制后，按[执行]键，可从断停处继续往下执行加工程序。

(4) 比例命令　比例命令能使加工图形按比例缩放。令比例因子为 n/m，系统初始状态时，n=1，m=1。当 n<m 时，为缩小；当 n>m 时，为放大。

命令格式：[比例]××× 置 n 值

[比例][比例]××× 置 m 值

为减少缩放误差，软件处理时，先将图形尺寸乘 n 值。注意 n 值必须选择适当，若乘 n 值后，计算结果超过七位有效数，这是不允许的。因此对比例因子应尽量约去最大公约数。

比例不设置时，相应系数为 1。

7. 间隙补偿量的输入（ΔR 命令）

间隙补偿 ΔR 命令用于有间隙补偿的加工中。

加工图形的曲线形式在加工程序中给定，用指令 D 代表凸曲线，用 DD 代表凹曲线。模具形式由 ΔR 命令赋予。

命令格式：

(1) [ΔR]××× 钼丝轨迹在加工图形的外侧（简称凸模），表示补偿量为正值。

(2) [ΔR][ΔR]××× 钼丝轨迹在加工图形的内侧（简称凹模），表示补偿量为负值。

×××为补偿量的绝对值，最大为 999μm，不足三位数，必须补零，如 060 等。

加工中，计算机根据模具形式和曲线形式自动进行补偿。

在有间隙补偿的 4B 格式程序中，只有设置好补偿量时，才能有效执行，否则与 3B 格式程序一样。补偿量在加工程序输入之前或之后输入皆可，但必须在加工执行之前输入。

置入的补偿量不受图形缩放的影响。

三、WKX 其它开关的功能简介

1. 步进电动机相位开关及指示

由 X、Y 轴定相开关和 X、Y 轴定相指示灯组成。用于显示步进电动机通电时的相绕组，步进电动机以三相六拍方式工作。通电顺序为：

X 轴　A_0　A_0　A_1　A_1　A_1　A_2　A_2　A_2A_3

Y 轴　B_0　B_0　B_1　B_1　B_1　B_2　B_2　B_2B_3

若要进行开机定相位工作，应先将 X 和 Y 轴的定相开关拨向对应的指示灯位置。然后再开计算机的电源开关，注意不应该使 X 或 Y 轴三只开关拨向同一个方向。

2. 稳压电源

面板左上方表头指示稳压电源+5V、+12V 的输出电压。由于此两组电源合用一只表，选择它们的输出可用表头下面的一个转换开关。

3. 输入调节

输入调节旋钮（包括粗调和微调）用来调节步进电动机的进给速度。粗调有“模拟”和“自动”两种状态，“模拟”用于调机和不切割加工（如绘图等）；“自动”用于正常切割加工。

“粗调”由波段开关控制，共有七档位置。“模拟”和“自动”各分三档，由 1 至 3 档逐渐加快进给速度。0 档位不工作。每两档之间又可用“微调”电位器连续调节。

加工时，调节输入量（粗调和微调位置改变）可以实现良好的跟踪切割，这时加工稳定，切割速度高，工件的表面粗糙度也较低。因此随着加工条件的变化，操作者应时刻注意调节输入量，以保证机床良好的跟踪切割。跟踪稳定情况可以从左上方的 μA 表头指示中得到一个粗略的反映。该 μA 表头主要用于调机。

4. 进给扳键

扳键在中间位置，表示计算机没有给步进电动机输出电流，且定相指示灯不亮。欲切割加工时，此扳键应扳向“进给”位置。

此扳键若扳向“脉冲源”位置时，表示强迫脉冲电源输出电流，这主要用于调试脉冲电源。

5. 脱机扳键

主要用于调机。只要此扳键扳向“脱机”位置，不论进给扳键是否在“进给”位置，计算机与步进电动机的信号都是脱离的。

6. 复位按钮

用于计算机清零。按下该按钮后，计算机正常情况下应显示提示符。

7. 计算机电源开关

当计算机电源开关的红点按下时，电源指示灯亮，表示计算机已接通＋5V、＋12V 的电源。

四、线切割工艺

如何以较高的切割速度，使工件获得较高的加工精度与较低的表面粗糙度，是一个很值得研究的线切割工艺问题。

1. 影响加工精度的因素

影响加工精度的主要因素是机床工作台及走丝系统的精度、工件材料的变形及脉冲电源的参数。

(1) 机床工作台及走丝系统的精度　数控工作台应符合出厂标准。导轮的寿命是有限的，所以应每两个月利用万能工具显微镜或大型工具显微镜检查一次导轮 V 形槽底部圆角及振摆。以便确定是否更换。

(2) 工件材料的变形　工件材料的内应力应尽可能小。因此要注意：

1) 材料的材质必须选用淬透性好、质地均匀的材料。推荐的常用材料是 Gr12、G12MoV 和 CrWMn。

2) 材料应精心锻造和热处理，使其组织应力、热应力都尽量小。

3) 切割图形与材料边缘的距离、切割次序等都与变形程度有关，必须充分重视。

2. 影响表面粗糙度的因素

(1) 脉冲电源参数　单个脉冲所具有的能量是主要的影响因素。单个脉冲能量越大则表面粗糙度越大；并联的功放管子数越少，电压越低，表面粗糙度则越小。

(2) 皂化液的浓度　皂化液的浓度过淡则表面粗糙度变大，过浓则切割速度下降。

(3) 走丝系统　为了消除线切割特有的条纹现象，线电极不能绕得过松。导轮应具有精确的槽形和精确的装配位置。

3. 影响切割速度的因素

(1) 工件材料　切割不同材料时，切割速度不同。例如切割紫铜、硬质合金、磁钢时，切割速度很低；切割淬火钢时，切割速度较高；切割黄钢时，切割速度很高。

(2) 脉冲电源参数　脉冲电源参数的选择对切割速度影响很大。脉冲宽度越宽，电压越高，脉冲间隔度越小，工作的功放管越多，则切割速度越高。

(3) 皂化液的浓度与水质　皂化液的浓度对切割速度影响很大。在一定范围，皂化液越稀，切割速度越高；皂化液越浓，则切割速度越低。

水质如足够软，自来水就可以用；否则要使用蒸馏水，最好用去离子水来调制皂化液。

4. 影响电极损耗的因素

影响电极损耗的因素主要是脉冲电源、电极丝直径、工件材质及厚度。采用低损耗脉冲电源，脉冲宽度越宽，损耗则越小；但不能无限制增加脉冲宽度。此外损耗也与工件精度、表面粗糙度有关。

五、脉冲电源参数选择

在切割加工时，应充分注意脉冲电源参数的合理选择。见表 6-5，其中精加工的切割速度大于或等于 20mm²/min，加工件表面粗糙度 R_a 为 1.25～2.5μm。

表 6-5　脉冲电源电参数规范

加工要求	脉冲宽度	功放管并联数量	加工电压	加工电流	应 用 范 围
精加工	7μs (1 档)	2～4 管	62V (1 档)	0.2～0.8A	厚度 20mm 以下的工件
精加工	12μs (2 档)	3～4 管	62V (1 档)	0.5～1.1A	厚度 20～40mm 的工件
精加工	30μs (3 档)	4～5 管	33～36V (1、2 档)	0.8～1.3A	厚度 40～60mm 的工件
一般加工	38μs (4 档)	5 管	36～70V (2、3 档)	1.1～1.4A	厚度 60～75mm 的工件，硬质合金表面粗糙度值要求不低，电极损耗小
粗加工	44μs (5 档)	5～6 管	70～82V (3、4、5 档)	1.8～2.4A	要求加工速度快，对表面粗糙度、精度无严格要求

第七章　自 动 编 程

计算机辅助制造简称CAM (Computer Aided Manufacturing)，它是建立在数字控制技术基础上的。计算机现在已广泛地应用于制造业。本章将介绍数控机床的自动编程，并重点介绍数控语言APT (Automatically Programmed Tools) 及运用。

第一节　自动编程概述

一、自动编程的基本原理

手工编程对于编制外形不太复杂或计算工作量不大的零件程序时，简便、易行。但是，对于许多复杂的冲模、凸轮、非圆齿轮或多维空间曲面等，则编程周期长（数天）、精度差、易出错。据统计，一般手工编程所需时间与机床加工时间之比约为30∶1。因此，快速、准确地编制程序就成为数控机床发展和应用中的一个重要环节。而计算机自动编程正是针对这个问题而产生和发展起来的。

所谓自动编程，就是用电子计算机代替手工编程。其过程是：编程人员根据零件图和工艺要求，运用数控语言，编写零件加工的源程序；将该源程序输入通用计算机，在编译程序支持下，进行译码、计算和后置处理后，自动制作出数控加工所需的二进制代码穿孔纸带（卡），或通过打印机打印成加工程序单，或通过计算机通讯接口，将加工程序直接输送给CNC存贮器予以调用。

要实现自动编程，数控语言、编译程序、通用计算机三者缺一不可。

数控语言是一套规定好的基本符号和由基本符号描述零件加工程序的规则。数控语言又称"工艺语言"，它接近于工厂车间里使用的工艺用语和工艺规程。这样，用户在编写、阅读、修改零件程序时，变得直观、简便、易掌握。

应用数控语言编写的零件加工程序称为零件源程序。该程序包含加工零件的形状、尺寸、刀具动作、切削条件、机床的辅助功能等项内容。

编写零件源程序的数控语言由下列三种主要语句构成：

几何定义语句：描述几何图形的语句，规定点、线、圆等定义的表达式。

刀具运动语句：指定刀具运动轨迹和动作顺序的语句。

控制语句：变更执行刀具运动语句的顺序和改变几何定义语句作用的语句。

编译程序（又称为系统处理程序）是把输入计算机的源程序翻译成为等价的目标程序的程序。

目标程序是源程序经过编译程序处理，而获得的计算机可以识别和直接执行的程序。

编译程序是根据数控语言的要求，结合生产对象和具体的计算机，由专家应用汇编语言或高级语言编好的一套庞大的程序系统。在编译程序的支持下，计算机就能对零件源程序进行翻译、计算、处理、最后获得某特定数控机床所需的一套加工指令代码，并能自动地将其制备到穿孔带上，或打印出程序单。

如图 7-1 所示为自动编程流程图。用数控语言编写的零件源程序，要经过三个阶段才变为可供数控机床使用的加工程序和穿孔带。

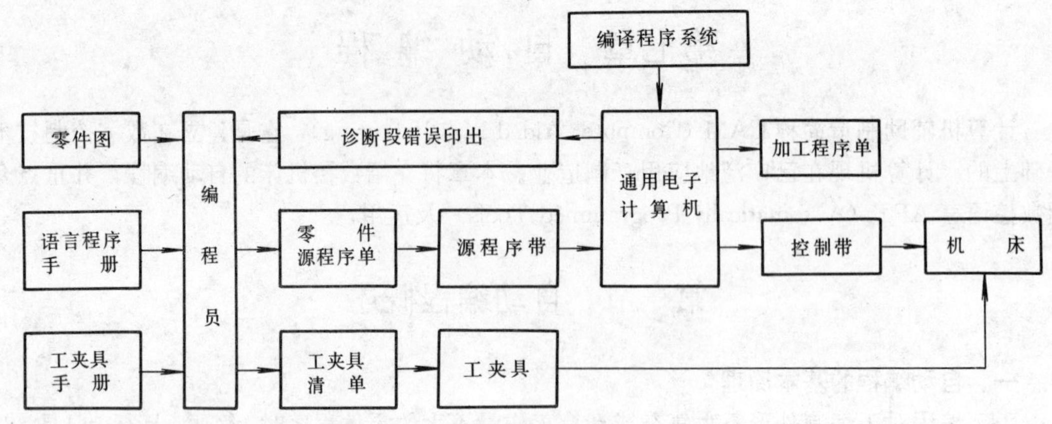

图 7-1　自动编程流程图

(1) 翻译阶段　识别语言，并理解其含义。

(2) 运行阶段　执行各种语句，进行复杂的数值计算和逻辑运算，如求交点、作切线、连圆弧等。

(3) 后置处理阶段　把前面过程所得到的数据等，按该机床数控系统的要求，转换成加工指令码程序。例如，把计算结果圆整到机床控制系统要求的位数；把程序段整理为某种固定格式的文字、数字、分隔符组成的指令序列；核对计算数据是否超出数控系统的容量；根据机床能力选择合理的切削用量等。

最后，根据需要可以通过打印机打印出程序单或制作穿孔带。

二、自动编程系统的基本类型与特点

目前世界各国已研制出上百种数控语言系统。其中最早出现 的、具有典型性的要属美国研制的 APT 语言。无论是日本富士通研制的 FAPT、法国研制的 IFAPT、德国研制的 EXAPT 意大利研制的 MODAPT，还是我国研制的 ZCK、SKC 等系统都是源于 APT。

APT 系统的特点是：可靠性高（可自动诊错）；通用性好（用各种不同数控装置的后置处理程序就可以制备出各种加工用的穿孔带）；能描述数学公式；容易掌握；制带快捷。

APT 系统主要用于铣床等的连续加工，也可用于点位加工。其最大特点是能描述曲面的形状，并能自动计算刀具中心轨迹。因此，在多坐标的立体形状的曲面加工中，该语言系统能发挥出最大效能。

APT 系统的缺点是只能处理几何形状的信息，而对进给顺序、刀具形式及尺寸、切削用量等工艺要求，还需依靠编程员的经验和查阅手册进行脱机处理。另外 APT 系统大而全，为一般用户使用带来不便。

EXAPT 语言系统是 APT 系统按图形加工类型分组，并进行工艺处理能力扩展的组配（图 7-2）。以形状处理来说，EXAPT 是 APT 的子系统，而在加工技术自动编程上作了拓展。

EXAPT 是具有自动处理工艺能力的语言系统，不仅能处理几何信息，而且还能自动处理加工顺序、进给次数、每次进给轨迹，刀具形式、尺寸、几何角度，切削速度、进给量、背削深度、冷却等加工信息。英国的 ZCL 系统、我国的 CKY-1 系统等属于此类语言系统。

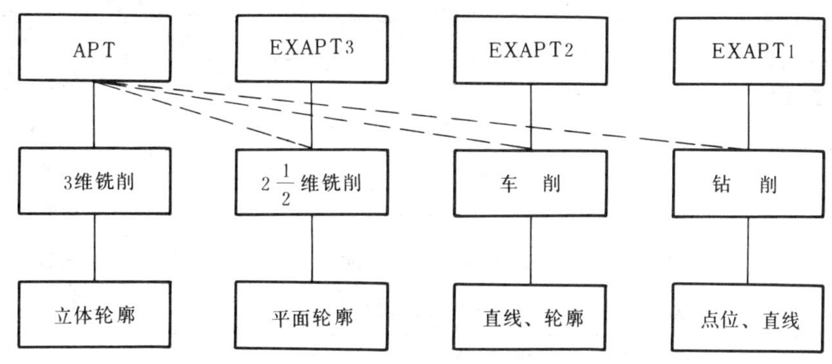

图 7-2　EXAPT 与 APT 功能比较

EXAPT 是面向加工的语言系统，编程的自动化水平较高。为不使系统变得庞杂，它分为三种类型。

EXAPT1 系统用于点位及直线加工，如钻、铰、锪、攻螺纹、铣、镗等工序。系统能自动确定加工顺序和工艺参数。

EXAPT2 系统主要用于车削加工。车削零件往往余量较大，需要多次进给才能获得零件形状、尺寸。为此 EXAPT2 还配有切削余量自动分配功能。

EXAPT3 系统用于 $2\frac{1}{2}$ 维铣削加工，它除具备 EXAPT1 功能外，还能处理曲线及曲面的加工信息。

表 7-1 为各国主要自动编程系统的简介与比较。

表 7-1　各国使用的主要自动编程系统

名　称	研　制　者	所用计算机	适用范围	
			坐标数	控制装置
APT-Ⅲ	MIT（美）	IBM7090（256K）	3～5	通用
APT-Ⅳ	11TRI（美）	各种配有 FORTRAN Ⅳ 大型计算机	3～5	通用
APT-BP	IBM（美）	IBM370		点、直线、圆
APT-IC				轮廓
APT-AC		IBM370（448K）	3～5	曲线、轮廓
AUTOSPOT		IBM360（32K）	3	点位、简单直线
ADAPT	IBM，美空军	IBM360（32K）	2	轮廓
EXAPT-Ⅰ	EXAPT 协会（德）	各种	3	点位
EXAPT-Ⅱ				车、轮廓
EXAPT-Ⅲ				铣、轮廓
2C	NEL（英）	各种	2	轮廓、车
2CL				轮廓
2PC				点位

（续）

名　称	研 制 者	所用计算机	适 用 范 围	
			坐标数	控 制 装 置
IFAPT-C	ADEPA（法）	56K	3	轮廓、车
IFAPT-CP				点位、轮廓
IFAPT-P				点位
MODAPT	ELSAG（意）	各种	2	轮廓
FAPT-2	富士通（日）	FACOM270-10，IBM7074	$2\frac{1}{2}$	轮廓
HAPT-2D	日立（日）	HIT-AC5020，IBM7090	2	轮廓
СПС-Т	ЭНЙМС（苏）	МЙНСК-22（32K）	2	车、轮廓
САПС-М22	苏	МЙНСК-22（32K）	2	铣、轮廓

三、APT 零件源程序

1．零件源程序引例及说明

为使初学者对零件源程序的编写有一个全面了解，并能体会数控语言与图形定义和加工过程的密切关系，以及数控语言对自动编程的重要性，现以图 7-3 的零件为例，列出其零件源程序及说明（见表 7-2）。

2．零件源程序的构成

上例的源程序表明了用 APT 语言编写源程序的基本结构与格式、主要内容和书写顺序。

编写源程序时，首先要仔细研究零件图，进行工艺分析，选定坐标系，这样才能对有关图形进行定义。

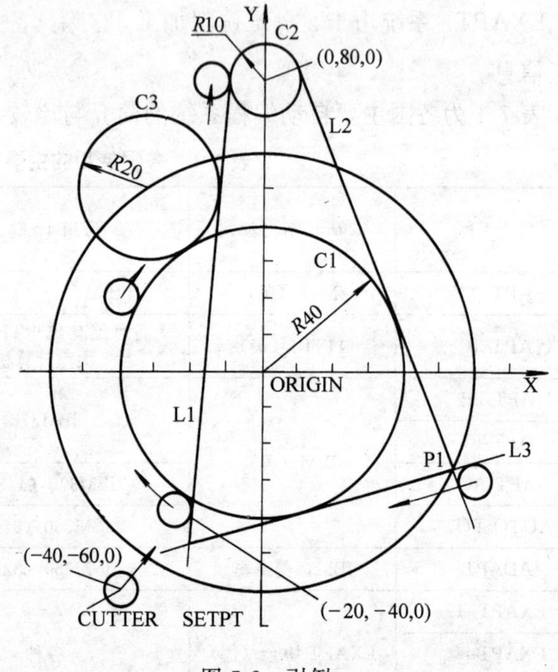

图 7-3　引例

APT 零件源程序的构成如下：

（1）初始语句　是零件源程序的标题语句。PARTNO 字必须写在 APT 程序纸的 1～6 列，其后可写入程序名称和编程员姓名等。

（2）刀具形状的指定语句　用于指定刀具形状，应写在刀具运动语句之前。

（3）容差指定语句　在 APT 系统中，任何曲线均用直线逼近，所以要指定其容许误差。其大小既要满足加工精度要求，又不要盲目追求高精度，使运算时间加长。

（4）几何图形定义和命名　根据设定的坐标系定义几何图形，并用标识符命名。例如：

C1=CIRCLE/CENTER，ORIGIN，RADIUS，40

表 7-2　零件源程序引例

零 件 源 程 序	零 件 源 程 序 说 明	
PARTNO　EXAMPLE	初始语句	是程序开始的格式
MACHIN/	后置程序调出	用于调 NC 装置的后处理程序。其后写入后处理程序的名称
INTOL/0.01	容差的指定	给出刀具运动轨迹与图形的最大容差
$ $ GEOMETRY DEFINITION	图形定义	
ORIGIN=POINT/0，0，0		定义工件坐标原点 ORIGIN（0，0，0）
SETPT=POINT/−40，−60，0		设定起刀点 SETUT（−40，−60，0）
C1=CIRCLE/CENTER，ORIGIN，$ RADIUS，40		定义圆 C1，以 ORIGIN 点为圆心，半径为 40mm
C2=CIRCLE/0，80，0，10		定义圆 C2，以点（0，80，0）为圆心，半径为 10mm
L1=LINE/（POINT/−20，−40，0），$ LEFT，TANTO，C2		定义直线 L1，过点（−20，−40，0）与圆 C2 左侧相切
C3=CIRCLE/XSMALL，L1，YLARGE，$ OUT，C1，RADIUS，20		定义圆 C3，与 L1 左侧相切和 C1 上方外切
L2=LINE/RIGHT，TANTO，C1，$ RIGHT，TANTO，C2		定义直线 L2，与 C1 右侧和 C2 右侧相切
P1=POINT/YSMALL，INTOF，L2，$ [CIRCLE/CENTER，ORIGIN，$ (POINT/CENTER，C3)]		定义点 P1，为圆心在原点 ORIGIN 并过 C3 圆心的圆与 L2 的两个交点中 Y 坐标值较小那一个
L3=LINE/P1，LEFT，TANO，C1		定义直线 L3，过 P1 并与 C2 左侧相切
PL=PLANE/0，0，−10，5		定义平面 PL，与 XY 平面平行，Z 坐标值为 5mm
CUTTER/10	刀具指定	指定刀具直径为 10mm
FEDRAT/120	进给速度指定	指定进给速度为 120mm/min
SPINDL/ON	主轴速度指定	主轴旋转启动
FROM/SETPT	起刀点指定	刀具从起刀点 SETPT 开始运动
$ $ MOTION DEFINITION	刀具运动指令	
GO/TO，C1，TO，PL，TO，L1		使刀具运动到与 C1 圆、L1 直线及平面 PL 相切位置。以后，刀具的顶点总是在 PL 平面上运动
GOLFT/C1，TANTO，C3		使刀具沿 C1 圆运动到 C1 与 C3 的切点
GOFWD/C3，TANTO，L1		使刀具沿 C3 圆运动到 C3 与 L1 的切点
GOFWD/L1，TANTO，C2		使刀具沿 L1 直线运动到 L1 与 C2 的切点
GOFWD/C2，TANTO，L2		使刀具沿 C2 圆运动到 C2 与 L2 的切点

（续）

零件源程序	零件源程序说明	
GOFWD/L2，PAST，L3		使刀具沿 L2 直线运动到过 L3 并与之相切处
GORGT/L3，TANTO，C1		使刀具向右拐，沿 L3 运动到 L3 与 C1 的切点
GOFWD/C1，PAST，L1		使刀具沿 C1 圆运动到过 L1 并与之相切处
GOTO/SETPT		使刀具回到起刀点 SETPT
STOP	机床停	
FINI	结束语句	

意为：以 ORIGIN 为圆心，半径为 40 的圆，取名为 C1。

（5）起刀点的指定语句　用指令控制刀具运动前，必须把刀具调定在某起始位置上。例如：

FROM/SETPT

意为：刀具从 SETPT 点开始动作。

（6）初始运动语句　在刀具运动语句之前，必须把刀具预先移动到指定的容许误差范围内，为此所用的指令语句称为初始运动语句。例如：

GO/TO，C1，TO，PL，TO，L1

意为：使刀具运动到与 C1 圆、L1 直线及 PL 平面相切的位置，以后刀具的顶端总是在 PL 面上滑动。

（7）刀具运动语句　为了加工出所要求的零件形状与尺寸，使刀具沿各种控制面运动的指令。由这种语句指定的有刀具运动方向、导动面和检查面等。例如：

GOLFT/C1，TANTO，C3

意为：使刀具向左拐，沿 C1 圆（导动面）运动，直到和圆 C3（检查面）相切为止。

（8）与机床有关的指令语句　这类语句有：根据使用的数控机床，调出有关后置处理程序用的指令语句（MACHIN）、进给速度的转换指令（FEDRAT/）等，

（9）结束语句　表示零件源程序结束。

上述语句是源程序的主要语句，其中几何定义语句和刀具运动语句构成其主体。

第二节　APT 语言的基本要素

APT 零件源程序由许多条语句组成，每条语句都是按 APT 语言的规定构成。每一条语句由下述要素，按严格的 APT 语言的语法规定进行书写。

一、字符

1）英文字母（大写）：〔A～Z〕，26 个。

2）数字：〔0～9〕，十个十进制数。

3）特殊符号：〔=〕，〔/〕，〔,〕，〔.〕，〔(〕，〔)〕，〔+〕，〔−〕，〔*〕，〔**〕，〔$〕，〔$$〕，12 个符号。

二、字

APT 语言中的“字”，大都是英文或缩写。例如：

POINT：点

LINE：线

PARTNO（Part number）：零件号

INTOF（intersection of）：相交（交线、交点）

PARLEL（parallel）：平行

XSMALL：X 小

YLARGE：Y 大

OUT：外切

APT 语言规定“字”不能超过 6 个字母，超过时要用缩写。APT 语言中大致应用了 500 个专用字。每个字都有确切含义。其专用字表见表 7-3。

表 7-3　APT 常用的专用字

常用字	含　意	常用字	含　意
ABSF	绝对值函数		
ALL	全部	FEDRAT	进给速度
ANGLF	夹角函数	FINI	结束
ARC	圆弧	FLOOD	溢流冷却（切削液大开）
ATANF	反正切函数	FROM	从（起刀点）
ATANGL	夹角		
AUTOPS	自定零件面	GCNOIC	一般二次曲线
AVOID	避开障碍	GO	走，向
		GOBACK	向后
CALL	调出	GODLAT	走增量
CCLW	逆时针方向	GODOWN	向下
CENTER	圆心	GOFWD	向前
CIRCLE	圆	GOLFT	向左
CLPRNT	打印刀位数据	GORGT	向右
CLW	顺时针方向	GOTO	走到
CONE	圆锥	GOUP	向上
COOLNT	切削液	GRID	格状，网格形
COPY	复制		
COSF	余弦函数	HYPERB	双曲线
CUTTER	刀具		
CYCLE	周期工作，循环工作	IF	条件转移，如果
CYLNDR	圆柱	IN	内切
		INCLUP	包含
DOTF	矢量点积函数	INCR	增加
DRILL	钻孔	INDEX	索引号
		INDIRP	点向
ELLIPS	椭圆	INDIRV	矢向
END	终了	INTERC	截距
EXPF	指数函数	INTOF	相交

（续）

常用字	含 意	常用字	含 意
INTOL	内容差	PATERN	点群图形
INVERS	相反	PERPTO	垂直
		PLANE	平面
JUMPTO	转到	POCKET	槽腔，型腔
		POINT	点
LCONIC	罗夫亭二次曲线	POSX	+X
LEFT	左	POSY	+Y
LENGTH	模，矢量长度	POSZ	+Z
LINE	直线	PPLOT	调用后置处理绘图
LINEAR	线性的	PRINT	打印
LNTHF	模函数	PSIS	给定零件面是
LOGF	自然对数	PSTAN	切于零件面
LOOPND	循环结束	PUNCH	穿孔
LOOPST	循环开始		
LOWLFT	左下方（角）	QADRIC	二次曲面
MACHIN	机床	RADIUS	半径
MACRO	宏指令	RANDOM	任意的
MATRIX	矩阵	READ	读取
MIRROR	对称，镜象	REFSYS	参考坐标系
MIST	油雾冷却	REMARK	备注
		RESERV	场，保存
NEGX	−X	RETAIN	保留
NEGY	−Y	RIGHT	右
NEGZ	−Z	RLDSRF	有规则的直纹曲面
NO	无	RTHETA	向径幅角
NUM	点数		
NOMORE	为止，变换结束	SAMF	（坐标）不变换
NOPOST	不调出后置处理程序，无后置处理	SCALE	比例
		SETPT	起刀点
OBTAIN	获得，得到	SINF	正弦函数
OFF	关	SLOPE	斜率
OMIT	省去	SPHERE	球
ON	走上，开	SPINDL	主轴
OUT	外切	SPLINE	样条曲线
OUTTOL	外容差	SQRTF	平方根函数
		STOP	停止
PAPRSZ	零件图尺寸	SYSLIB	系统程序库
PARLEL	平行		
PARTNO	零件号	TABCYL	列表柱面，列表曲线
PAST	走过	TANTO	相切，走切

（续）

常用字	含　意	常用字	含　意
TAP	攻螺纹	XAXIS	X 轴
TERMAC	宏指令结束	XCOORD	X 坐标
THETA	夹角函数	XLARGE	X 大
THETAR	幅角向径	XSMALL	X 小
THRU	到，通过	XYPLAN	XY 平面
TITLES	标题	XYROT	（坐标系）绕 Z 轴旋转
TLLFT	刀具在（导动面）左		
TLOFPS	刀具不在（零件面）上	YAXIS	Y 轴
TLON	刀具在（导动面）上	YCOORD	Y 坐标
TLONPS	刀具在（零件面）上	YLARGE	Y 大
TLRGT	刀具在（导动面）右	YSMALL	Y 小
TO	走到	YZPLAN	YZ 平面
TOLER	容差	YZROT	（坐标系）绕 X 轴旋转
TRACUT	刀位坐标变换		
TRANSL	（坐标系）平移	ZIGZAC	锯齿形的
		ZLARGE	Z 大
UNIT	单位（矢量）	ZSMALL	Z 小
UPRGT	右上方（角）	ZSURF	Z 平面
		ZXPLAN	ZX 平面
VECTOR	矢量	ZXROT	（坐标系）绕 Y 轴旋转

专用字分为主要字和辅助字两类：

主要字一般写在语句斜线号〔/〕左边，或者单独出现在语句中。这些主要字构成了语句中最重要的部分，例如：

L1=LINE/0，0，10，20

GOTO/PT1

其中，LINE 和 GOTO 为主要字。

有些主要字单独出现形成一个语句，如：

FINI

STOP

辅助字一般写在斜线号〔/〕的右边。它确切地说明主要字的含义。大多数情况下，辅助字是不可少的，例如：

L2=LINE/RIGHT，TANTO，C1，RIGHT，TANTO，C2

专用字根据它在程序中的作用分为长效字（或称续效字）和非长效字（或称非续效字）。

所谓“长效字”是指在整个程序中均有效的字。例如：TOLER、FEDRAT 等，一般只写一次，对整个程序都有效；要改变时，必须在程序中申明改变（即具有续效性）。

所谓“非长效字”是指仅在一个语句范围内有效。例如：RAPID（快速）一类专用字。

三、标识符

标识符是用户定义的，是给图形、子程序起的名字。规定：

1）以字母打头，6个以内的英文字母与数字的组合。其中第一个字符必须是字母。

2）不允许用APT专用字。

标识符可用于为图形定名，如：

PT1=POINT/X1，Y1，Z1

PT2=POINT/X2，Y2，Z2

若用已设定的两点来定义一条直线，就不必重新赋值，如：

L1=LINE/PT1，PT2

标识符还可用来作为识别语句的符号，主要用于循环程序中在转移时识别语句。

四、标点符号

〔,〕：逗号，分隔APT专用字、标识符和各种数据。例如：

GOFWD/L2，PAST，L3

TLLET，GOLFT/L1，PAST，L2

〔=〕：等号，连接标识符与几何定义、算术定义或给变量赋值。它用于以下情况：

用来连接标识符与几何定义或算术定义，例如：

L1=LINE/PT1，PT2

A=（A＊B−C）

用在嵌套语句中，例如：

C1=CIRCLE/CENTER，(PT1=POINT/55，50)，RADIUS，10 这叫给PT1点补定义。一旦标识符被识别后，就可以在以后直接使用，例如：

GOTO/PT1

用来给MACRO加标识符命名，例如：

MAC=MACRO/I，J

用来确定一个常数或给子程序变量赋值。例如：

MAC=MACRO/M1，M2=10

CALL/MAC，M1=20

〔/〕：斜线号，分隔主要字和辅助字；作运算符时表示除法。例如：

C1=CIRCLE/PT1，PT2，PT3

A=（D/2）

〔+〕：加号；正号（可省）。

〔−〕：减号；负号。

〔＊〕：乘号。

〔＊＊〕：乘方号（指数运算）。

〔)〕：右括号，单用时用作分隔语句的标号，见后述的“循环语句”。

〔(〕：左括号，合用时括起变量和优先部分。它用于以下情况：

在嵌套语句中把补定义部分括起来，例如：

GOTO/（SETPT=POINT/0，0，0）

把IF语句中的算术表达式（判断值）括起来，例如：

IF（X）A1，A2，A3

IF（A+B）M1，M2，M3

规定运算语句中的优先顺序，例如：

A=(B+C)/D+E

把下标变量括起来，例如：

L1（N）=LINE/P（N），P（N+1）

A（I）=B（I）+1

表示函数的变量，例如：

A=ABSF（B）

R=SQRTF（（A*B−B**2）/C**2）

用运算式代替数，例如：

PT=POINT/（10*COS（30）），（10*0.5）

M1=MACRO/A=（J*6）

〔$〕：续行符号，用于语句最后，表示该语句接续到下一行。在APT程序中规定每行字符只能写在第1列到第72列之间；如果一个语句的字符超过72列就要续行，这时单美元号“$”必须写在未完语句一行的末尾（可以放在第72列或72列之前）来表示该语句未完部分续在下一行，下一行写不完还可再续。但是不允许单美元号把一个专用字或标识符隔开。通常单美元号写在逗号之后。例如：

C1=CIRCLE/CENTER，ORIGIN，RADIUS，4

与下述写法等效：

```
C1=CIRCLE/CENTER，ORIGIN，$
    RADIUS，4
```

〔$$〕：注解行符号，表示该行要打印在清单上，便于阅读、检查程序。从双美元号开始至该行结束之间的所有语句均不需要计算机执行处理，称为注释语句或非执行语句。例如：

P1=POINT/10，50，100 $$ CUTTER SET POSITION

$$ MOTION STATEMENT

〔.〕：小数点。

五、表达式

1. 几何表达式

用于几何定义语句中，例如定义圆：

C2=CIRCLE/0，8，0，1

等号右边就是一个几何表达式。斜线号左边是几何元素名称，右边则是对它的说明。等号左边为标识符C2，代表表达式的名字。几何表达式不允许写在等号的左边。

几何表达式可以嵌套使用，要用括号括起来。例如：

L1=LINE/（POINT/−2，−4，0），LEFT，TANTO，C2

2. 算术表达式

用于四则运算和乘方运算。运算顺序与高级语言中算术运算的次序一样，即：

（）→函数→**→*或/→+或−

算术表达式也不能放在等号左边。例如：

W=EXPF（A＊T）＊（T＊＊（K/W）+LOGF（T）+SQRTF（B＊C））

表示的代数式为：

$$w=e^{at}\left(t^{\frac{k}{w}}+\ln t+\sqrt{bc}\right)$$

六、同义字

在一个程序中由用户来定义同义字。一般形式为：

SYN/同义字，专用字，同义字，专用字，……。

斜线号左边是同义字定义符SYN。右边每两字为一组，分别为同义字和相当的专用字。例如：

SYN/PT，POINT，CIR，CIRCLE，PLN，PLANE，PL，PARLEL 在以后的程序中，凡是遇到 POINT 或 CIRCLE 等专用字就可用 PT 或 CIR 等同义字代替。使用同义字时必须注意：

1）只有专用字可以被同义字代替，但是任何专用字都不能用作同义字。

2）在程序中同义字必须先定义，随后才能使用。

3）同义字也可用标识符表示，一旦标识符作为同义字使用，它就不能与程序中任何其它的标识符或宏指令中各变量的名称相同。

4）当同义字定义好后，若程序中仍采用与同义字相当的专用字也是允许的。

第三节　几何定义语句

零件图的几何图形是由各种几何元素表示的。而各种几何元素可由几何定义语句来描述。在零件加工时，刀具就是沿着这些几何元素运动，因此要表述刀具运动轨迹，也必须先描述构成零件形状的各个几何元素。所以几何定义语句是 APT 零件源程序中最重要部分之一。

一、能定义的几何元素

表 7-4 中，列出了 APT 能定义的几何元素。此外 APT 语言系统还能定义复杂的自由曲面。

表 7-4　APT 能定义的几何元素

图形种类	APT 专用字	图形种类	APT 专用字
点	POINT	G 二次曲线	GCONIC
直线	LINE	L 二次曲线	LCONIC
平面	PLANE	矢量	VECTOR
圆	CIRCLE	球	SPHERE
圆柱	CYLNDR	二次曲面	QADRIC
椭圆	ELLIPS	TABCYL（列表柱面）	TABCYL
双曲线	HYPERB		
圆锥	CONE	直纹曲面	RLDSRF

二、几何定义语句的一般形式

几何定义语句一般形式为：

〈几何名字〉＝〈几何元素类型〉/〈几何元素类型定义方式〉

几何名字是由用户确定的标识符。

几何元素类型是指点、线、圆等，要用专用字表示。例如圆的定义：

C1＝CIRCLE/CENTER，P1，RADIUS，30

意为：C1 圆是通过圆心为 P1 点，半径为 30 来定义的。注意，数在表示角度时，后面的小数位应按十进位考虑。

几何元素类型定义方式是指根据哪些内容来定义点、线、圆等几何元素的。

几何定义语句可分为简单的几何定义语句和带嵌套的几何定义语句。上例圆的定义即为简单的几何定义语句。带嵌套的几何定义语句构形复杂，不直观，易出错。例如：

L1＝LINE/（PT＝POINT/1，1，0），RIGHT，TANTO，C2 因此对初学者来说以采用简单的几何定义语句为好。

三、几何元素的定义语句

1. 点的定义

（1）用直角坐标值表示的点（图 7-4）

形式：标识符＝POINT/X，Y，Z（坐标值）

若在 XY 平面中定义点时，Z 坐标值（为 0）可省略。例如：

P1＝POINT/5，4，3

P2＝POINT/5，4

（2）不平行两直线的交点（图 7-5）

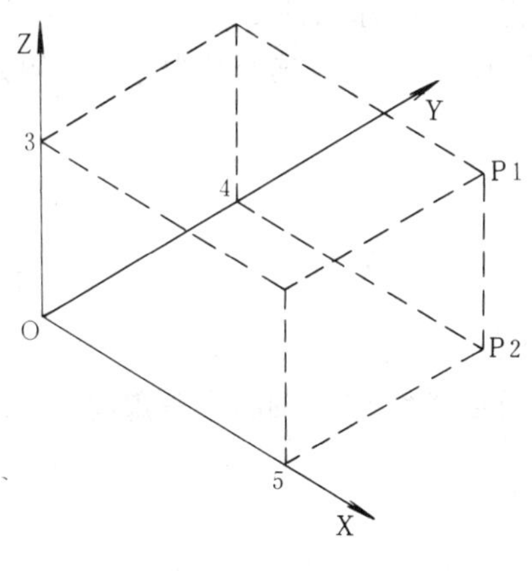

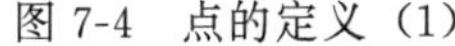

图 7-4　点的定义（1）

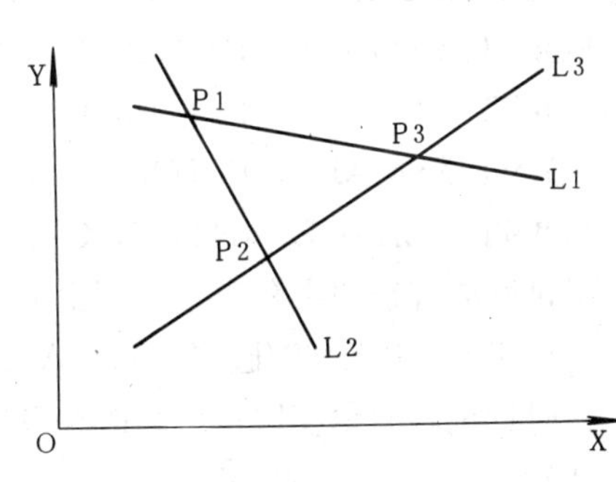

图 7-5　点的定义（2）

形式：标识符＝POINT/INTOF，直线标识符一，直线标识符二

例如：

P1＝POINT/INTOF，L1，L2

P2＝POINT/INTOF，L2，L3

P3＝POINT/INTOF，L1，L3

(3) 直线和圆的交点（图 7-6）

形式　标识符=POINT/修饰字，INTOF，直线标识符，圆标识符

规定书写时直线标识符要在圆标识符之前，直线和圆有两个交点，比较在同一直线上两个交点的坐标值，从 XLARGE、XSMALL、YLARGE、YSMALL 四个修饰字中选择一个。例如：

P1=POINT/XSMALL，INTOF，L1，C1

P2=POINT/XLARGE，INTOF，L1，C1

P3=POINT/YSMALL，INTOF，L2，C1

P4=POINT/YLARGE，INTOF，L2，C1

(4) 两圆相交的交点（图 7-7）

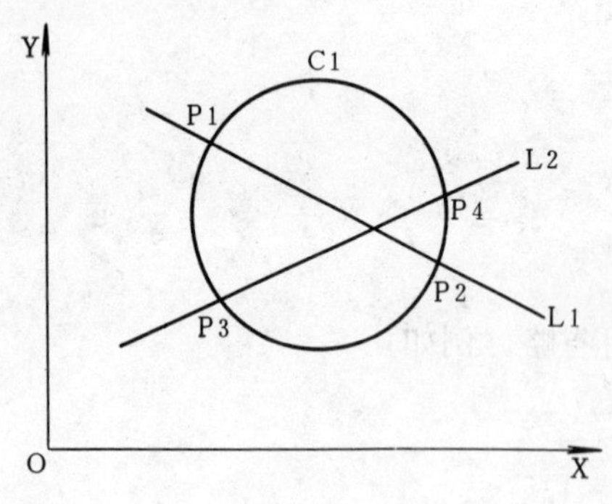

图 7-6　点的定义（3）

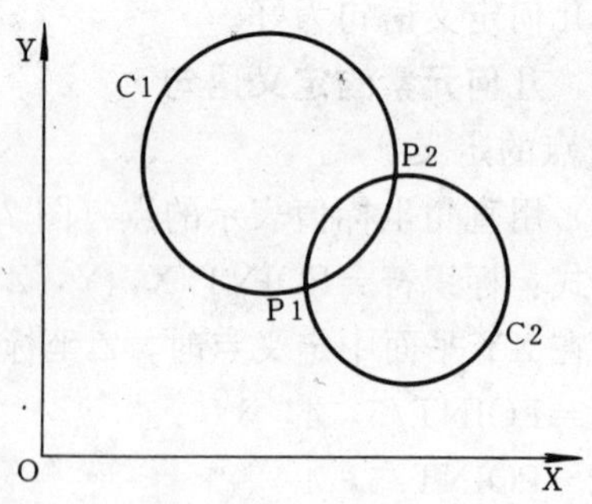

图 7-7　点的定义（4）

形式：标识符=POINT/修饰字，INTOF，圆标识符一，圆标识符二

修饰字为 XLARGE、XSMALL、YLARGE、YSMALL，定义时选择其中之一。例如：

P1=POINT/YSMALL，INTOF，C1，C2

P2=POINT/YLARGE，INTOF，C1，C2

或 P1=POINT/XSMALL，INTOF，C1，C2

P2=POINT/XLARGE，INTOF，C1，C2

(5) 用过圆心直线的夹角表示圆周上的点（图 7-8）

形式：标识符=POINT/圆标识符，ATANGL，过圆心直线与 X 轴的夹角角度

其中逆时针旋转的角度取正，顺时针取负。例如：

P1=POINT/C1，ATANGL，30

P2=POINT/C1，ATANGL，150

P3=POINT/C1，ATANGL，−45

或 P3=POINT/C1，ATANGL，315

(6) 圆心（图 7-9）

形式：标识符=POINT/CENTER，圆标识符

例如：

P1=POINT/CENTER，C1

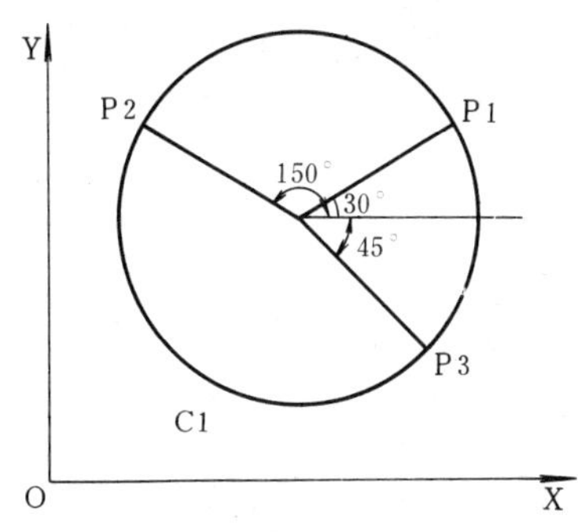

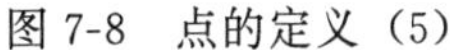

图 7-8　点的定义（5）

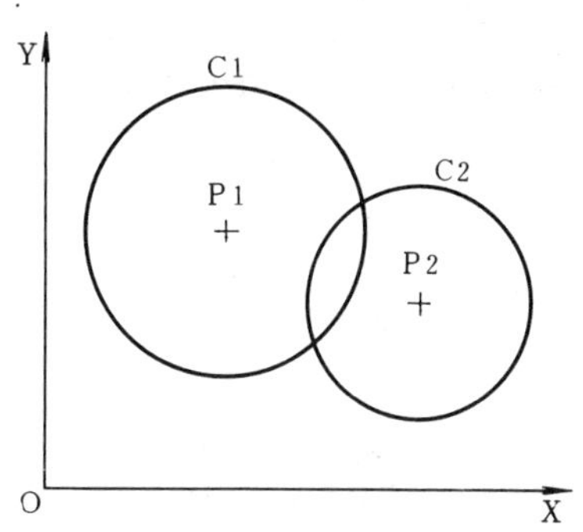

图 7-9　点的定义（6）

P2＝POINT/CENTER，C2

（7）极坐标表示的点（图 7-10）

形式：

$$\text{标识符}=\text{POINT/RTHETA}，\begin{Bmatrix}\text{XYPLAN}\\ \text{YZPLAN}\\ \text{ZXPLAN}\end{Bmatrix}，\text{半径值，角度}$$

XYPLAN、YZPLAN、ZXPLAN 表示极坐标所在平面为 XY、YZ 和 ZX 平面。角度取法是：XYPLAN 以 X 轴正向为基准；YZPLAN 以 Y 轴正向为基准；ZXPLAN 以 Z 轴正向为基准。例如：

P1＝POINT/RTHETA，XYPLAN，6，30

P2＝POINT/RTHETA，YZPLAN，5，40

P3＝POINT/RTHETA，ZXPLAN，7，35

或：P3＝POINT/THETAR，ZXPLAN，35，7

注意，上例中用 RTHETA（向量幅角）表示时，极坐标所在平面后应先写向量，后写幅角；用 THETAR（幅角向量）表示时，极坐标所在平面后应先写幅角，后写向量。

（8）三个相交平面的交点（图 7-11）

形式：标识符＝POINT/INTOF，平面标识符一，平面标识符二，平面标识符三

例如：

P＝POINT/INTOF，PL1，PL2，PL3

（9）两相交直线与一不垂直于 XY 坐标面的任意平面的交点（图 7-12）

形式：标识符＝POINT/INTOF，直线标识符一，直线标识符二，平面标识符

在 APT 系统中，用来引导和控制刀具运动的直线实际上是按一种垂直于 XY 坐标平面的平面来定义的。因此，两相交直线如果再与任意一不垂直于 XY 平面的平面相交，形成的大都是一个空间点。例如：

P＝POINT/INTOF，L1，L2，PL

（10）点群上的点（图 7-13）

形式：标识符＝POINT/点群标识符，点群中的序号

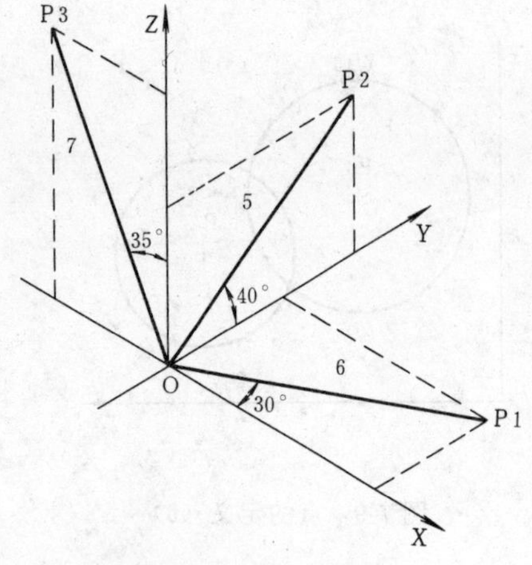

图 7-10 点的定义（7）

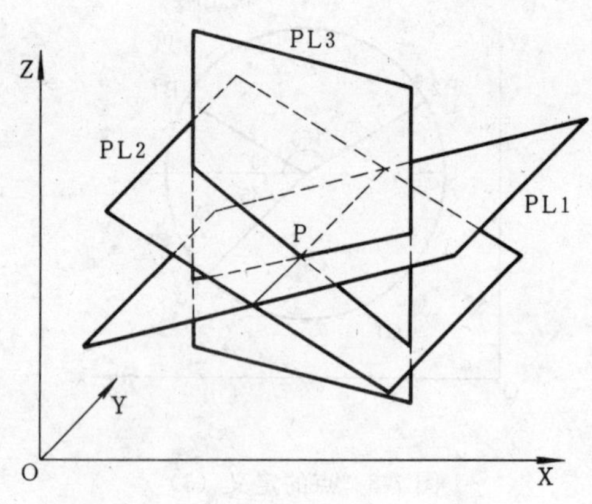

图 7-11 点的定义（8）

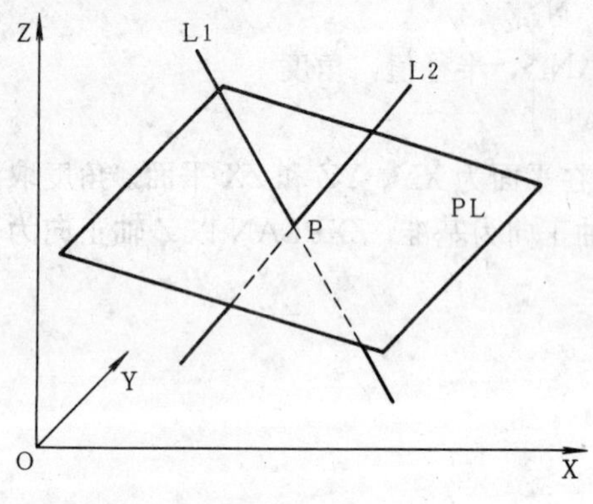

图 7-12 点的定义（9）

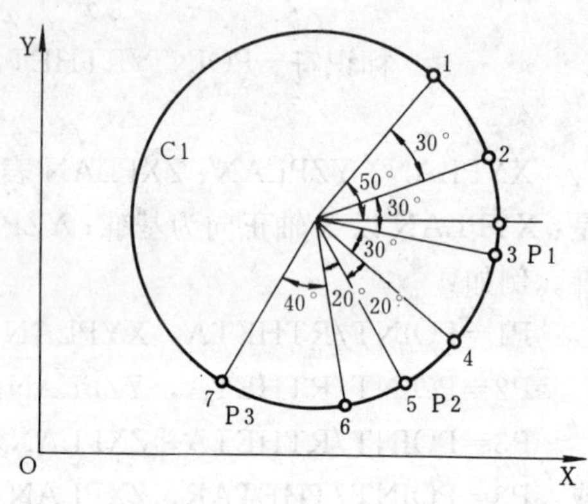

图 7-13 点的定义（10）

点群表示点的序列。用这种方法定义点，必须预先利用点群定义语句对点群作出定义，以获得一系列以一定间距（或角度）按规定顺序排列的点的坐标数据和序号；然后用某点在点群中的序号来定义该点。例如：

PAT＝PATERN/ARC，C1，50，CLW，INCR，3，AT，30，2，AT，20，1，AT，$
40

P1＝POINT/PAT，3

P2＝POINT/PAT，5

P3＝POINT/PAT，7

其中第一个语句是点群定义语句，PAT 为点群标识符，等号之后各项目的意义是：

PAT＝点群/圆弧，圆标识符，起始点与 X 轴的夹角，顺时针，圆周上，增加点数，AT 角增量，增加点数，AT，角增量，……

（11）一直线和一列表曲线（柱面）的交点（图 7-14）

形式：标识符＝POINT/INTOF，直线标识符，列表曲线标识符，点标识符由于直线与列表曲线（柱面）可能形成不止一个交点，因此被定义的交点是通过列表曲线上一个点标识符来识别的，这个点标识符必须是曾经用来定义过列表曲线，并且位置应在被定义的交点之前。例如：

P2=POINT/INTOF，L1，TAB，P1

P5=POINT/INTOF，L1，TAB，P4

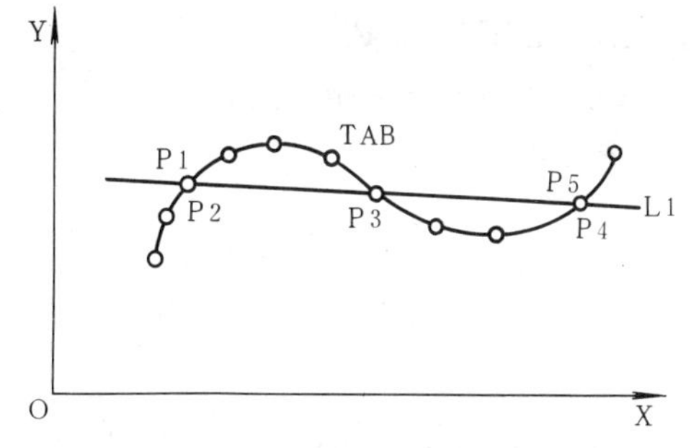

图 7-14　点的定义（11）

（12）一直线和二次曲线的交点（图 7-15）

形式：标识符=POINT/修饰字，INTOF，直线标识符，二次曲线标识符

定义时只能选择 XLARGE、XSMALL、YLARGE、YSMALL 四个修饰字之一。例如：

P1=POINT/XSMALL，INTOF，L1，HYP

P2=POINT/YLARGE，INTOF，L1，EL

P3=POINT/YSMALL，INTOF，L1，PAR

P4=POINT/XSMALL，INTOF，L1，LCON

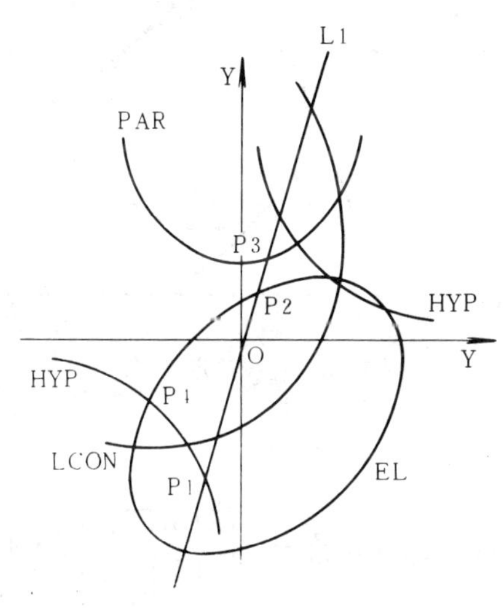

图 7-15　点的定义（12）

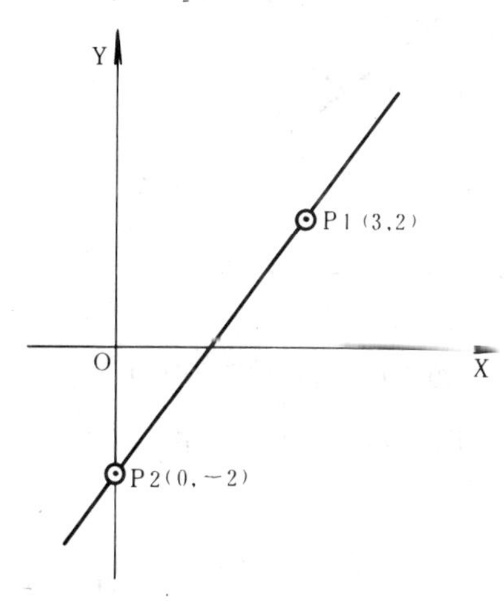

图 7-16　直线的定义（1）

2. 直线的定义

在 APT 系统中，刀具的运动是用一对平面来控制的。从这个意义上说明了在 APT 的内部处理中，实际上也是把直线作为一种平面来定义的。这样当定义直线时，也就定义了包含该直线并垂直于 XY 平面的平面。

（1）过两点的直线（图 7-16）

形式：

标识符=LINE/ { X1，Y1，Z1，X2，Y2，Z2 | X1，Y1，X2，Y2 | 点标识符一，点标识符二 }

例如：

L＝LINE/3，2，0，0，－2，0

或 L＝LINE/3，2，0，－2

或 L＝LINE/P1，P2

(2) 过一点与圆相切的直线（图 7-17）

形式：

$$\text{标识符}=\text{LINE}/\text{点标识符}\begin{Bmatrix}\text{RIGHT}\\\text{LEFT}\end{Bmatrix},\ \text{TANTO},\ \text{圆标识符}$$

修饰字 RIGHT（右）或 LEFT（左）是顺着点至圆心方向看，直线与圆的位置关系。例如：

L1＝LINE/P1，LEFT，TANTO，C1

L2＝LINE/P1，RIGHT，TANTO，C1

L3＝LINE/P2，RIGHT，TANTO，C1

L4＝LINE/P2，LEFT，TANTO，C1

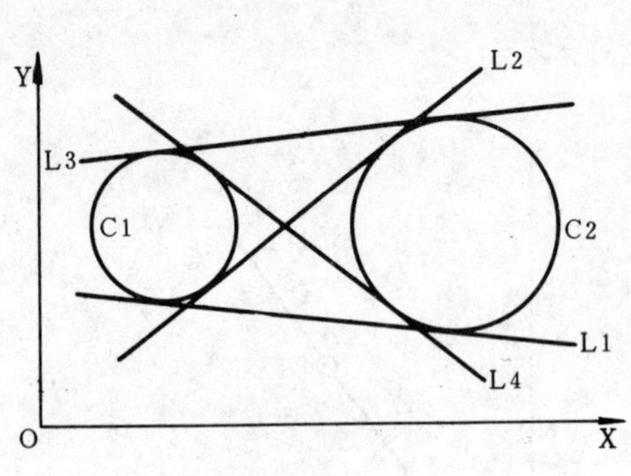

图 7-17 直线的定义（2）

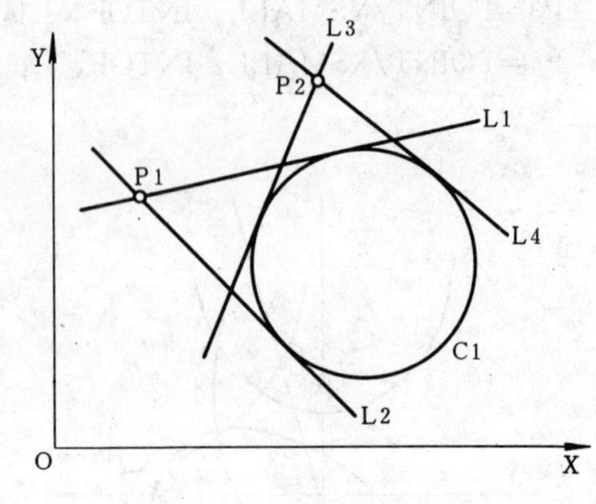

图 7-18 直线的定义（3）

(3) 与两圆相切的直线（图 7-18）

形式：

$$\text{标识符}=\text{LINE}/\begin{Bmatrix}\text{RIGHT}\\\text{LEFT}\end{Bmatrix},\ \text{TANTO},\ \text{圆标识符一},\ \begin{Bmatrix}\text{RIGHT}\\\text{LEFT}\end{Bmatrix},\ \text{TANTO},$$

圆标识符二

修饰字 RIGHT 或 LEFT 是指在圆 1 的圆心上，向另一圆心看确定的直线在该圆的方位。例如：

L1＝LINE/RIGHT，TANTO，C1，RIGHT，TANTO，C2

L2＝LINE/RIGHT，TANTO，C1，LEFT，TANTO，C2

或 L2＝LINE/RIGHT，TANTO，C2，LEFT，TANTO，C1

(4) 过一点与 X 或 Y 坐标成某一角度或斜率的直线（图 7-19）

形式：

$$\text{标识符}=\text{LINE}/\text{点标识符},\ \begin{Bmatrix}\text{ATANGL},\ \text{角度}\\\text{SLOPE},\ \text{斜率}\end{Bmatrix},\ \begin{Bmatrix}\text{XAXIS}\\\text{YAXIS}\end{Bmatrix}$$

其中以 X 坐标轴为基准表示角度时，XAXIS 可以省略。例如：

L1=LINE/P1，ATANGL，−50，YAXIS

或 L1=LINE/P1，ATANGL，40

L1=LINE/P1，SLOPE，−1.19，YAXIS

或 L1=LINE/P1，SLOPE，0.84

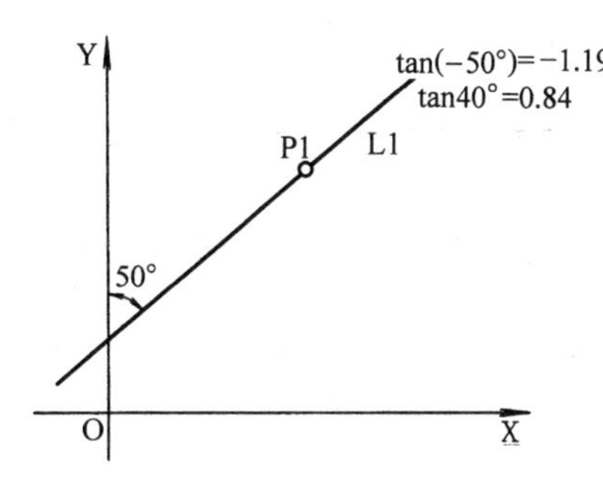

图 7-19　直线的定义（4）

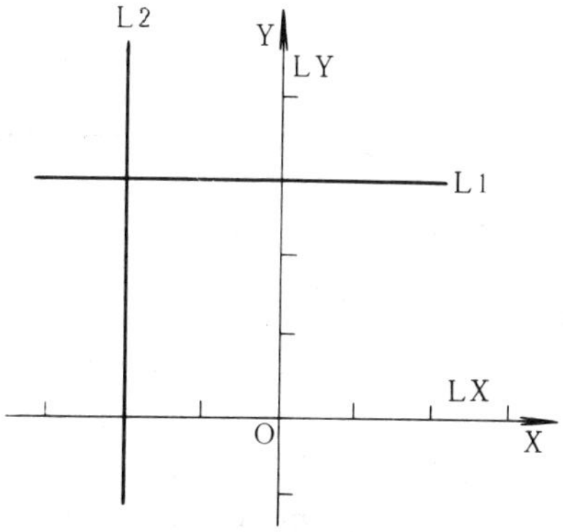

图 7-20　直线的定义（5）（6）

（5）与 X 或 Y 坐标相重合或相平行并相距某距离的直线（图 7-20）

形式：

$$\text{标识符=LINE/}\left\{\begin{array}{l}\text{XAXIS}\\\text{YAXIS}\end{array}\right\}\text{，距离}$$

例如：

LX=LINE/XAXIS

LY=LINE/YAXIS

L1=LINE/XAXIS，3

L2=LINE/YAXIS，−2

（6）过 X 或 Y 轴截点，平行于 X 或 Y 轴的直线（图 7-20）

形式：

$$\text{标识符=LINE/}\left\{\begin{array}{l}\text{XCOORD，X}\\\text{YCOORD，Y}\end{array}\right\}$$

例如：

L1=LINE/YCOORD，3

L2=LINE/XCOORD，−2

（7）过一点，与另一直线成某一夹角或斜率的直线（图 7-21）

形式：

$$\text{标识符=LINE/点标识符，}\left\{\begin{array}{l}\text{ATANCL，角度}\\\text{SLOPE，斜率}\end{array}\right\}\text{，直线标识符}$$

例如：

L1=LINE/P，ATANGL，152.5，L2

或 L1=LINE/P，SLOPE，−0.5206，L2

（8）过一点平行或垂直于另一直线的直线（图 7-22）

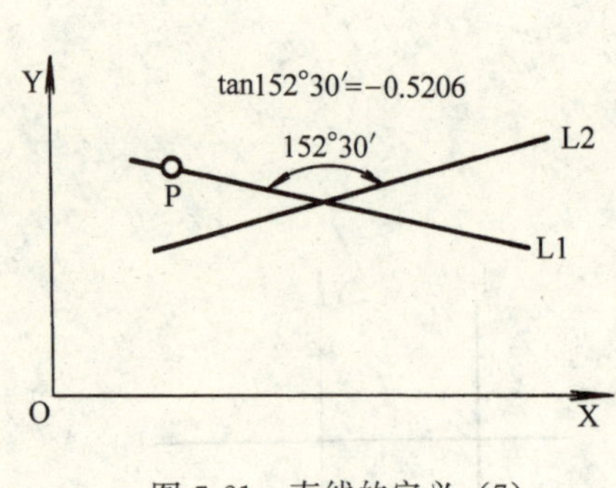

图 7-21 直线的定义（7）

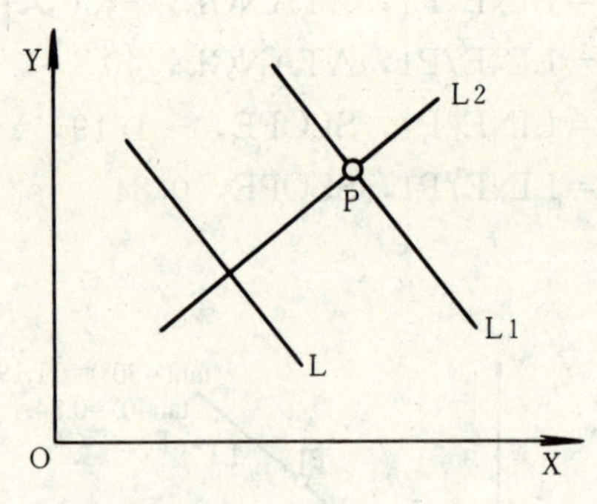

图 7-22 直线的定义（8）

形式：

标识符＝LINE/点标识符，$\left\{\begin{matrix}\text{PARLEL}\\ \text{PERPTO}\end{matrix}\right\}$，直线标识符

L1＝LINE/P，PARLEL，L

L2＝LINE/P，PERPTO，L

(9)与另一直线平行并相距某距离的直线(图 7-23)

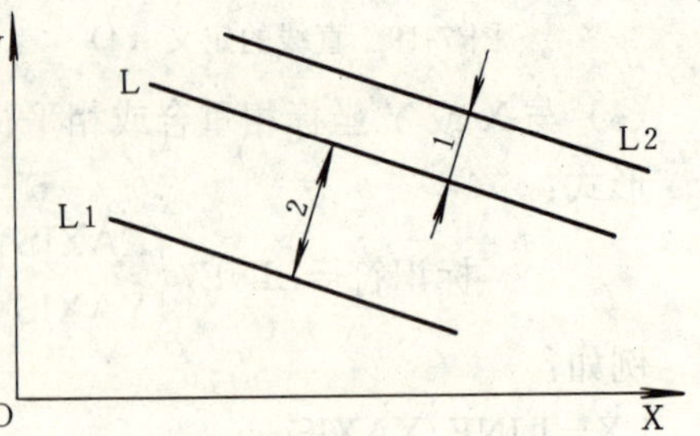

图 7-23 直线的定义（9）

形式：标识符＝LINE/PARLEL，直线标识符，修饰字，距离

定义时选择 XLARGE、XSMALL、YLARGE、YSMALL 四个修饰字之一。例如：

L1＝LINE/PARLEL，L，XSMALL，2

L2＝LINE/PARLEL，L，YLARGE，1

（10）两平面交线（图 7-24）

形式：标识符＝LINE/INTOF，平面标识符一，平面标识符二

例如：

L＝LINE/INTOF，PL1，PL2

这两个平面既不允许重合或相互平行，也不允许都同时垂直于 XY 平面。

（11）由角度或斜率和 X 或 Y 轴截点坐标值决定的直线（图 7-25）

形式：

标识符＝LINE/$\left\{\begin{matrix}\text{ATANGL，角度}\\ \text{SLOPE，斜率}\end{matrix}\right\}$，

INTERC，$\left\{\begin{matrix}\text{XAXIS}\\ \text{YAXIS}\end{matrix}\right\}$，截点坐标值

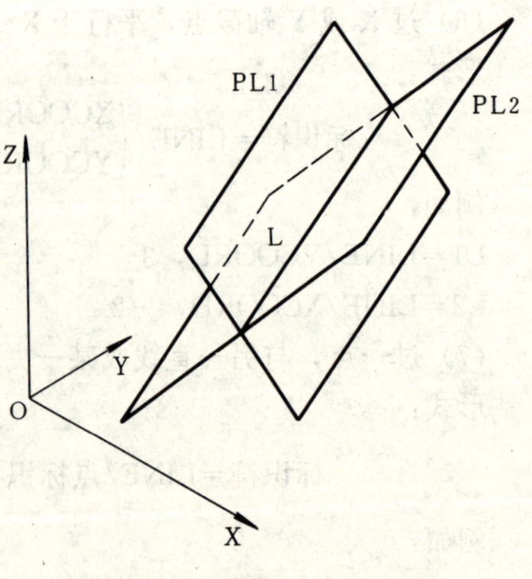

图 7-24 直线的定义（10）

角度或斜率是以 X 轴正向为基准取值；给出 Y 轴截距时，YAXIS 可省略。例如：

L1=LINE/ATANGL，30，INTERC，XAXIS，−2

或 L1=LINE/SLOPE，0.5774，INTERC，XAXIS，−2

L2=LINE/ATANGL，152.5，INTERC，3

或 L2=LINE/SLOPE，−0.5206，INTERC，3

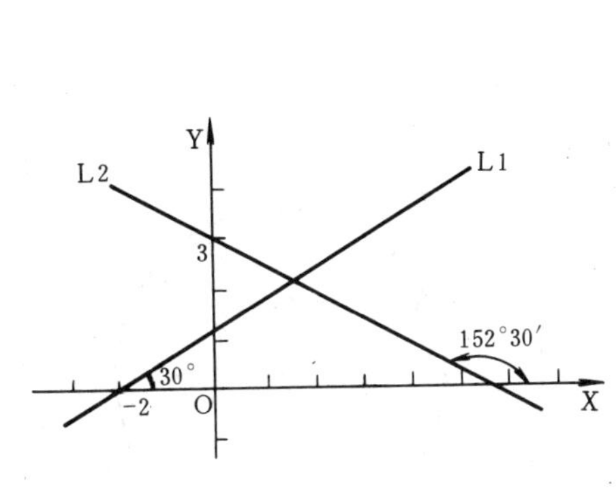

图 7-25 直线的定义（11）

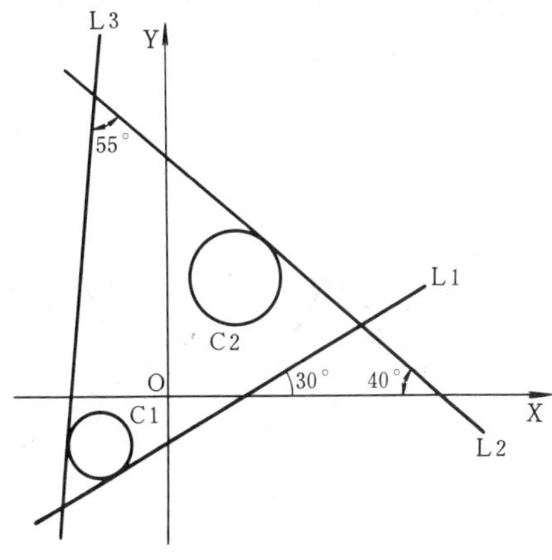

图 7-26 直线的定义（12）（13）

（12）与一圆相切并与 X 轴成某一角度的直线（图 7-26）

形式：标识符=LINE/修饰字，TANTO，圆标识符，ATANGL，角度

以同一角度切于一圆可以有两条直线，根据比较两直线在 X 或 Y 轴截点坐标值的大小，选择修饰字 XLARGE、XSMALL、YLARGE、YSMALL 之一。例如：

L1=LINE/YSMALL，TANTO，C1，ATANGL，30

L2=LINE/XLARGE，TANTO，C2，ATANGL，−40

（13）与一圆相切并与一直线成某一角度的直线（图 7 26）

形式：标识符=LINE/修饰字，TANTO，圆标识符，ATANGL，角度，直线标识符

定义时选择 XLARGE、XSMALL、YLARGE、YSMALL 四个修饰字之一。例如：

L3=LINE/XSMALL，TANTO，C1，ATANGL，−55，L2

（14）过列表曲线外一点相切于或垂直于列表曲线的直线（图 7-27）

形式：

$$标识符=LINE/点标识符一，\left\{\begin{matrix}TANTO\\PERPTO\end{matrix}\right\}，$$

列表曲线标识符，点标识符二

点标识符一是曲线外一点；点标识符二是列表曲线上的一点并且必须是曾用来定义该列表曲线的点，这一点可以是直线的切点或者是最靠近直线的点。例如：

L1=LINE/P1，TANTO，TAB，P2

L2=LINE/P1，TANTO，TAB，P3

L3=LINE/P4，PERPTO，TAB，P5

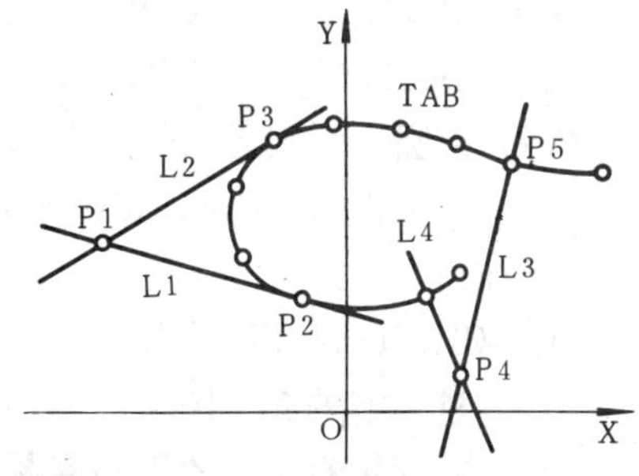

图 7-27 直线的定义（14）

（15）过二次曲线外一点相切于二次曲线的直线（图 7-28）

形式：

标识符＝LINE/点标识符，{RIGHT / LEFT}，TANTO，二次曲线标识符

例如：

L1＝LINE/P1，LEFT，TANTO，PAR

L3＝LINE/P1，LEFT，TANTO，HYP

L5＝LINE/P2，RIGHT，TANTO，EL

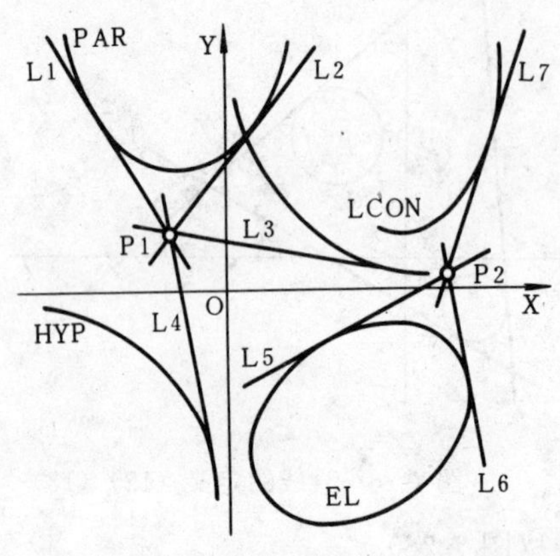

图 7-28　直线的定义（15）

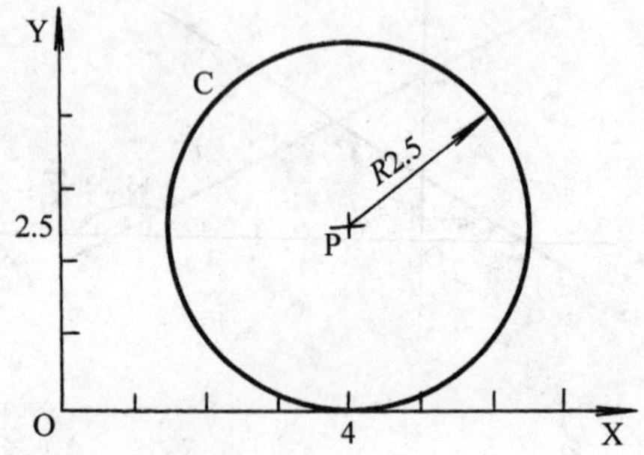

图 7-29　圆的定义（1）

3. 圆的定义

如同把直线作为一种平面来考虑一样，可以把圆作为一种圆柱来考虑，即把圆定义为垂直于 XY 平面的圆柱。

（1）用圆心和半径表示的圆（图 7-29）

形式：

标识符＝CIRCLE/{X，Y，Z / X，Y / CENTER，点标识符，RADIUS}，半径值

例如：

C＝CIRCLE/4，2.5，0，2.5

或　C＝CIRCLE/CENTER，P，RADIUS，2.5

（2）用圆心和圆周上一点表示的圆（图 7-30）

形式：标识符＝CIRCLE/CENTER，圆心点标识符，圆周点标识符

例如：

C＝CIRCLE/CENTER，P1，P2

（3）过三点的圆（图 7-31）

形式：标识符＝CIRCLE/点标识符一，点标识符二，点标识符三

例如

C＝CIRCLE/P1，P2，P3

（4）给定圆心，并切于一直线的圆（图 7-32）

形式：标识符＝CIRCLE/CENTER，点标识符，TANTO，直线标识符

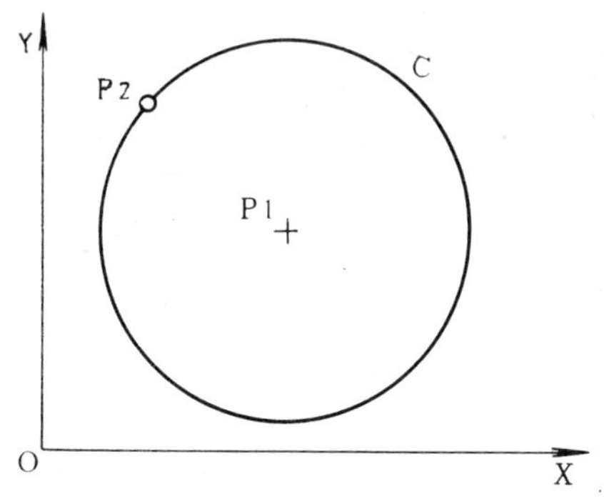

图 7-30 圆的定义（2）

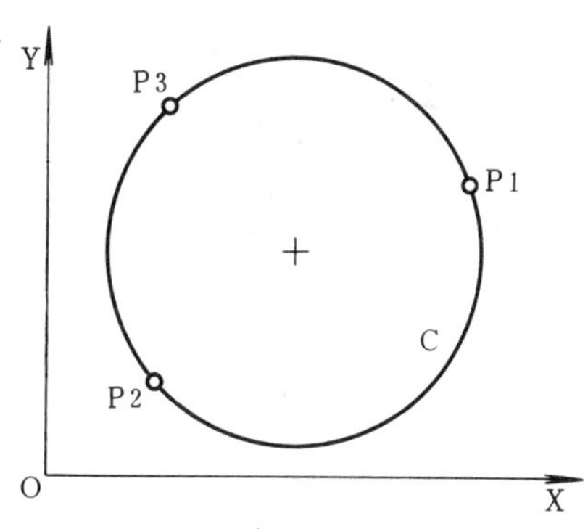

图 7-31 圆的定义（3）

例如：

C=CIRCLE/CENTER，P，TANTO，L

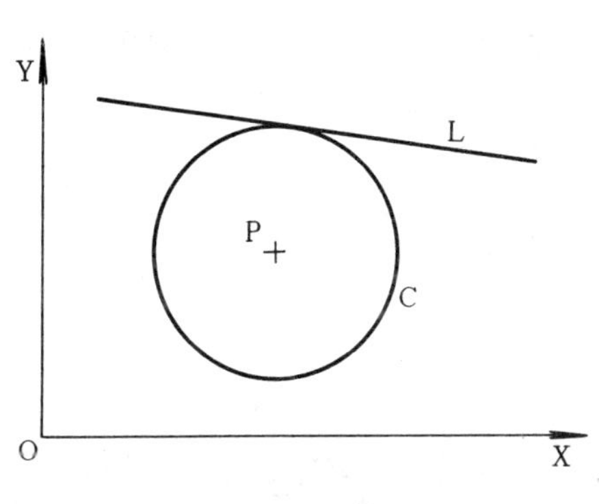

图 7-32 圆的定义（4）

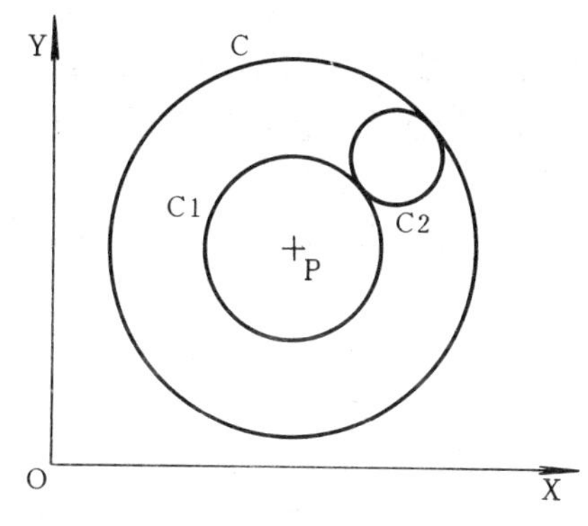

图 7-33 圆的定义（5）

（5）给定圆心，并切于另一圆的圆（图 7-33）

形式：标识符=CIRCLE/CENTER，圆心标识符，$\begin{Bmatrix}\text{LARGE}\\\text{SMALL}\end{Bmatrix}$，TANTO，圆标识符

定义的圆有内切和外切两种，用 LARGE 表示半径大的圆，用 SMALL 表示半径小的圆。例如：

C=CIRCLE/CENTER，P，LARGE，TANTO，C2

C1=CIRCLE/CENTER，P，SMALL，TANTO，C2

（6）给定半径，并通过两点的圆（图 7-34）

形式：标识符=CIRCLE/修饰字，点标识符一，点标识符二，RADIUS，半径

定义时，选择四个修饰字 XLARGE、XSMALL、YLARGE、YSMALL 之一。例如：

C1=CIRCLE/YLARGE，P1，P2，RADIUS，3

C2=CIRCLE/YSMALL，P1，P2，RADIUS，3

或 C2=CIRCLE/XLARGE，P1，P2，RADIUS，3

（7）给定半径，并与相交两直线相切的圆（图 7-35）

形式：标识符=CIRCLE/修饰字，直线标识符一，修饰字，直线标识符二，RADIUS，半径

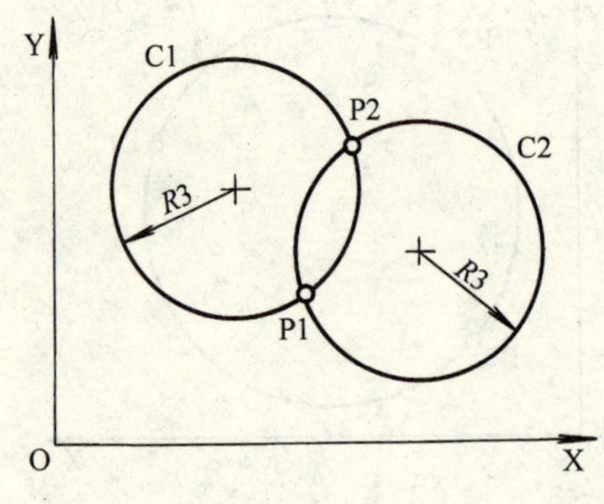

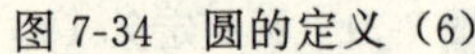
图 7-34 圆的定义（6）

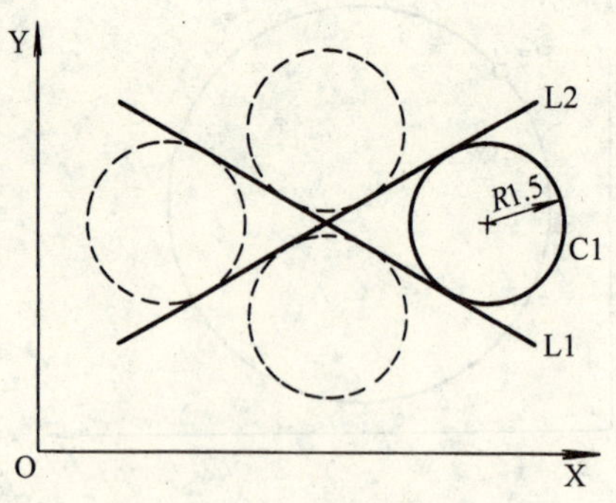

图 7-35 圆的定义（7）

定义时，选择四个修饰字 XLARGE、XSMALL、YLARGE、YSMALL 之一。例如：

C1=CIRCLE/YLARGE，L1，XLARGE，L2，RADIUS，1.5

（8）给定半径和圆上一点，并切于某一直线的圆（图 7-36）

形式：标识符=CIRCLE/TANTO，直线标识符，修饰字，点标识符，RADIUS，半径

定义时，选择四个修饰字 XLARGE、XSMALL、YLARGE、YSMALL 之一。例如：

C=CIRCLE/TANTO，L，XSMALL，P，RADIUS，2

C1=CIRCLE/TANTO，L，YSMALL，P1，RADIUS，1.5

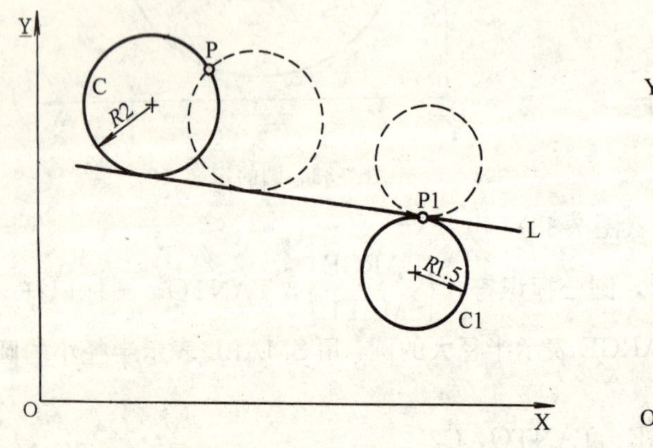

图 7-36 圆的定义（8）

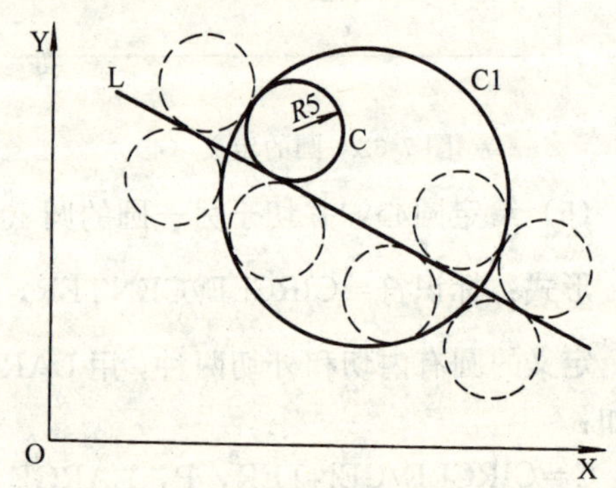

图 7-37 圆的定义（9）

（9）给定半径，并切于某直线和某圆的圆（图 7-37）

形式：标识符=CIRCLE/修饰字，直线标识符，修饰字 $\left\{\begin{matrix}\mathrm{IN}\\\mathrm{OUT}\end{matrix}\right\}$，圆标识符，RADIUS，半径

定义时，选择四个修饰字 XLARGE、XSMALL、YLARGE、YSMALL 之一；另外，修饰字 IN 表示内切，OUT 表示外切。例如：

C=CIRCLE/YLARGE，L，XSMALL，IN，C1，RADIUS，5

（10）给定半径，并切于某两个圆的圆（图 7-38）

形式：

标识符＝CIRCLE/修饰字，$\begin{Bmatrix} \text{IN} \\ \text{OUT} \end{Bmatrix}$，圆标识符一，$\begin{Bmatrix} \text{IN} \\ \text{OUT} \end{Bmatrix}$，圆标识符二，RADIUS，半径

定义时，选择四个修饰字 XLARGE、XSMALL、YLARGE、YSMALL 之一。例如：

C＝CIRCLE/YLARGE，IN，C1，IN，C2，RADIUS，1

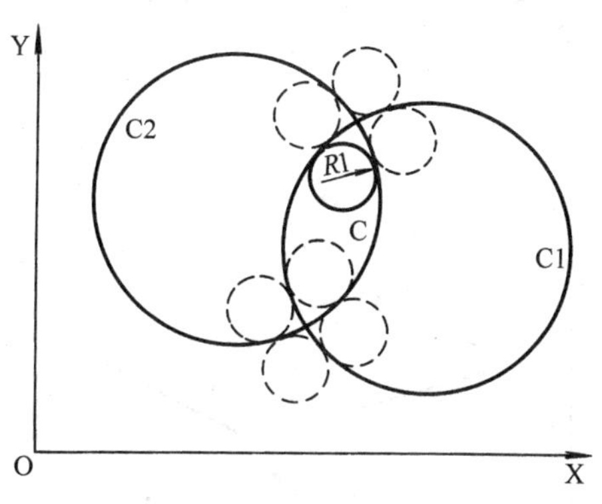

图 7-38　圆的定义（10）

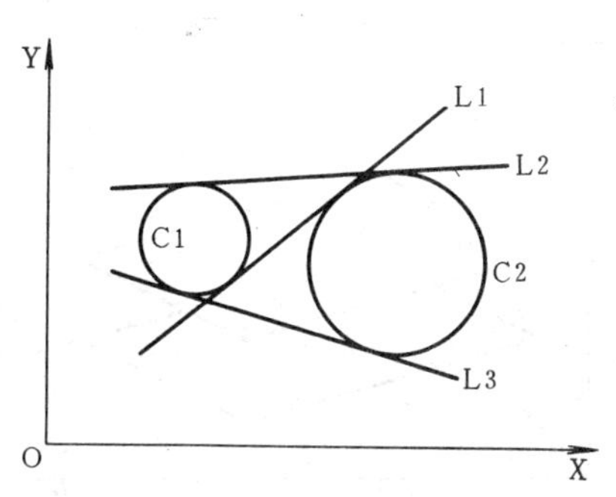

图 7-39　圆的定义（11）

（11）与三条直线相切的圆（图 7-39）

形式：标识符＝CIRCLE/修饰字，直线标识符一，修饰字，直线标识符二，修饰字，直线标识符三

定义时，选择四个修饰字 XLARGE、XSMALL、YLARGE、YSMALL 之一。三条直线不允许同时互相平行。例如：

C1＝CIRCLE/YLARGE，L1，YSMALL，L2，YLARGE，L3

4. 平面的定义

（1）不在一直线上的三个点定义平面（图 7-40）

形式：标识符＝PLANE/点标识符一，点标识符二，点标识符三

例如：

PL＝PLANE/P1，P2，P3

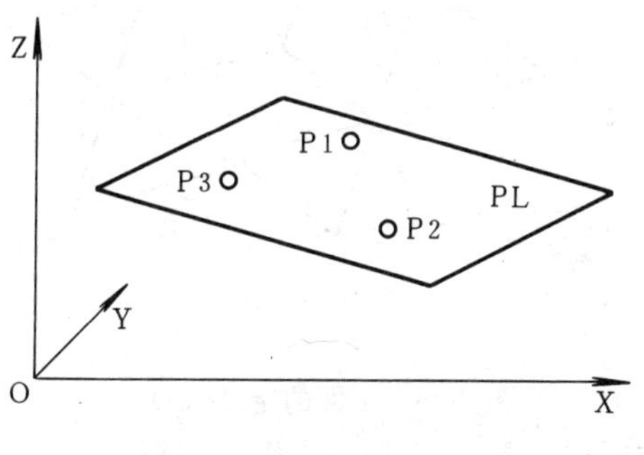

图 7-40　平面的定义（1）

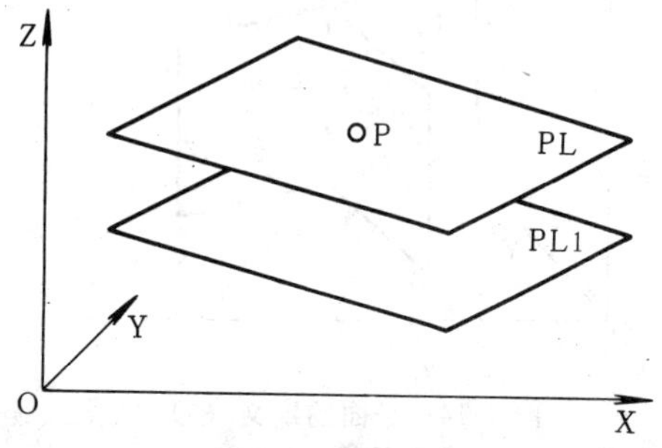

图 7-41　平面的定义（2）

（2）过一点，平行于另一平面的平面（图 7-41）

形式：标识符＝PLANE/点标识符，PARLEL，平面标识符

例如：

PL=PLANE/P，PARLEL，PL1

(3) 与另一平面平行，并相距某距离的平面（图 7-42）

形式：标识符=PLANE/PARLEL，平面标识符，修饰字，距离

定义时，选择六个修饰字 XLARGE、XSMALL、YLARGE、YSMALL、ZLARGE、ZSMALL 之一。例如：

PL=PLANE/PARLEL，PL1，ZLARGE，2

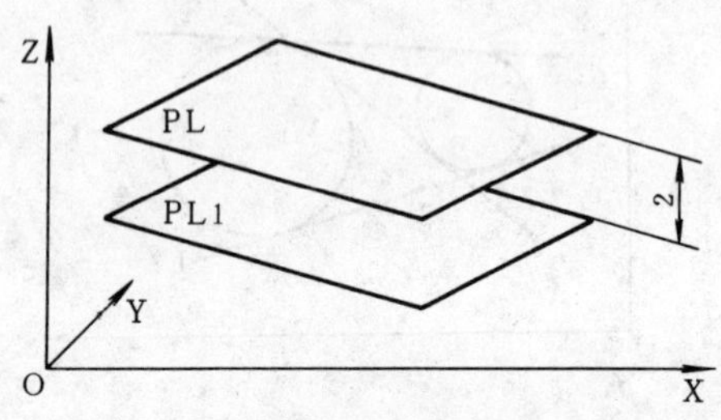

图 7-42 平面的定义（3）

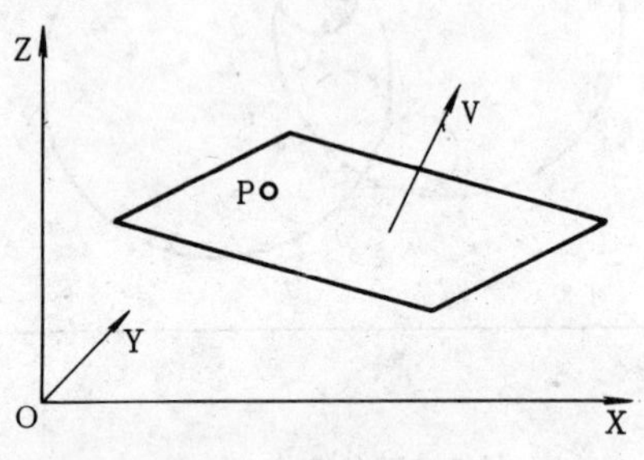

图 7-43 平面的定义（4）

(4) 过一点，垂直于某矢量的平面（图 7-43）

形式：标识符=PLANE/点标识符，PERPTO，矢量标识符

例如：

PL=PLANE/P，PERPTO，V

(5) 过两点，垂直于某平面的平面（图 7-44）

形式：标识符=PLANE/PERPTO，平面标识符，点标识符一，点标识符二

注意：连接该两点的直线不允许垂直于给定平面。例如：

PL=PLANE/PERPTO，PL1，P1，P2

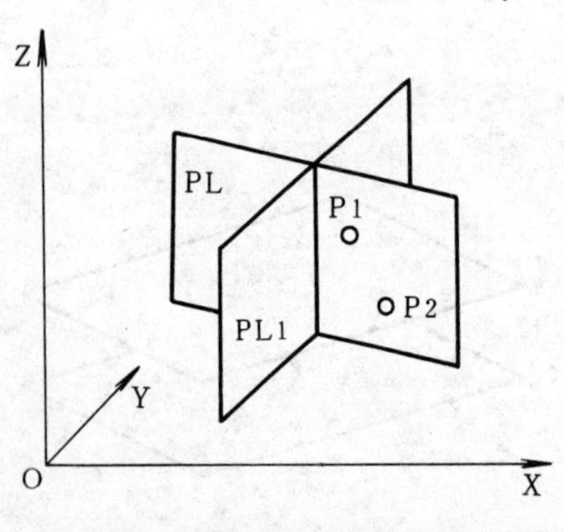

图 7-44 平面的定义（5）

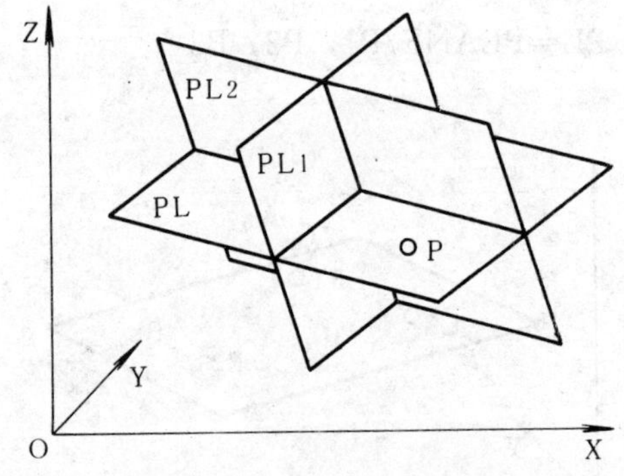

图 7-45 平面的定义（6）

(6) 过一点，垂直于两个相交平面的平面（图 7-45）

形式：标识符=PLANE/点标识符，PERPTO，平面标识符一，平面标识符二

例如：

PL=PLANE/P，PERPTO，PL1，PL2

(7) 由平面方程式（AX+BY+CZ=D）的系数决定的平面（图 7-46）

形式：标识符=PLANE/A、B、C、D

当 A、B、C 是垂直于被定义平面的单位矢量的方向余弦时（即单位矢量的 X、Y、Z 的分量），D 就是从坐标系原点到该平面的距离。例如：

PL1=PLANE/0，0，1，3

PL2=PLANE/0.707，0.5，0.5，3

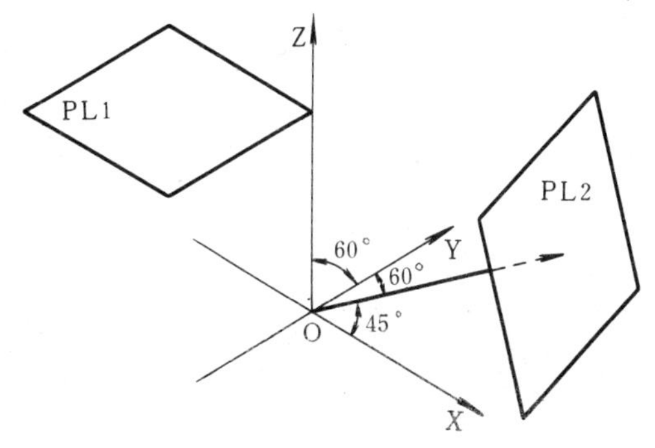

图 7-46 平面的定义（7）

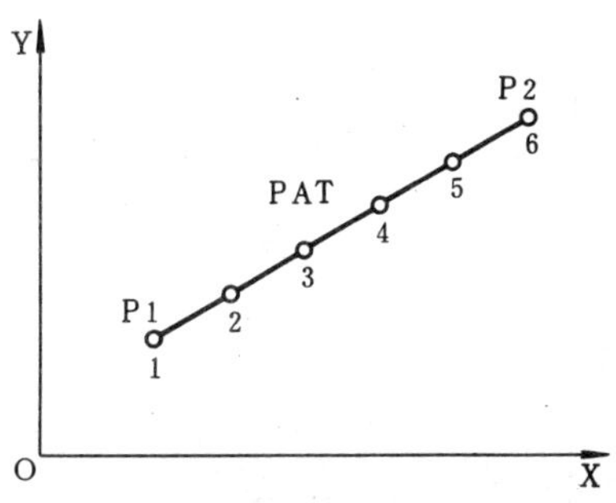

图 7-47 点群的定义（1）

5. 点群的定义

在点位控制中，APT 语言还可以将一点或数点构成点群，在对这些点取同一种方式加工时，只需给出点群的标识符。

(1) 用起点、终点和以等距离分布的总点数定义的直线点群（图 7-47）

形式：标识符=PATERN/LINEAR，起点标识符，终点标识符，总点数

例如：

PAT=PATERN/LINEAR，P1，P2，6

(2) 用起点、倾斜角度、增加次数、增加量定义的直线点群（图 7-48）

形式：标识符=PATERN/LINEAR，起点标识符，ATANGL，角度，INCR，增加次数，AT，增加量，增加次数，AT，增加量，……

例如：

PAT1=PATERN/LINEAR，P1，ATANGL，160，INCR，2，AT，1，3，AT，0.5

PAT2=PATERN/LINEAR，P1，ATANGL，-20，INCR，2，AT，1，3，AT，0.5

(3) 用圆、起点角、终点角、方向和总点数定义的圆形点群（图 7-49）

形式：标识符=PATERN/ARC，圆标识符，起点角度，终点角度，$\begin{Bmatrix}\text{CLW}\\\text{CCLW}\end{Bmatrix}$，总点数

其中起点角度和终点角度均以 X 轴正向为基准取值。CLW 和 CCLW 分别表示顺时针和逆时针转向。例如：

PAT1=PATERN/ARC，C1，60，250，CCLW，7

或 PAT1=PATERN/ARC，C1，-110，60，CLW，7

(4) 用圆、起点角、方向、增加点数、角增量定义的圆形点群（图 7-50）

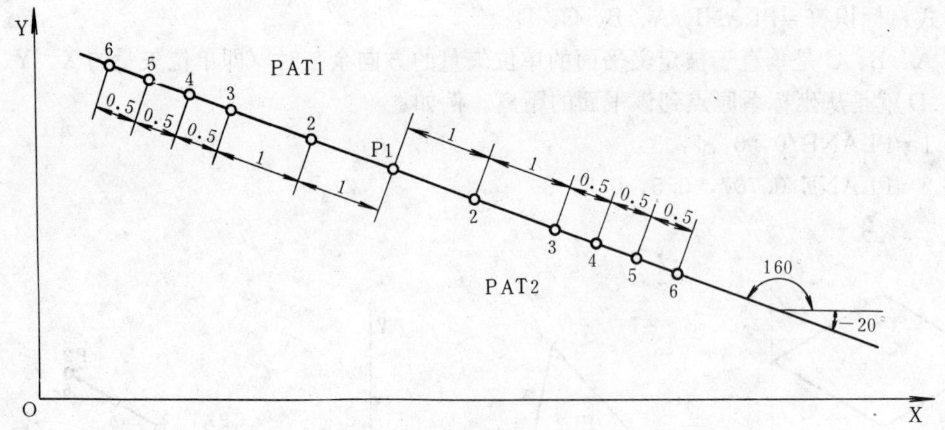

图 7-48　点群的定义（2）

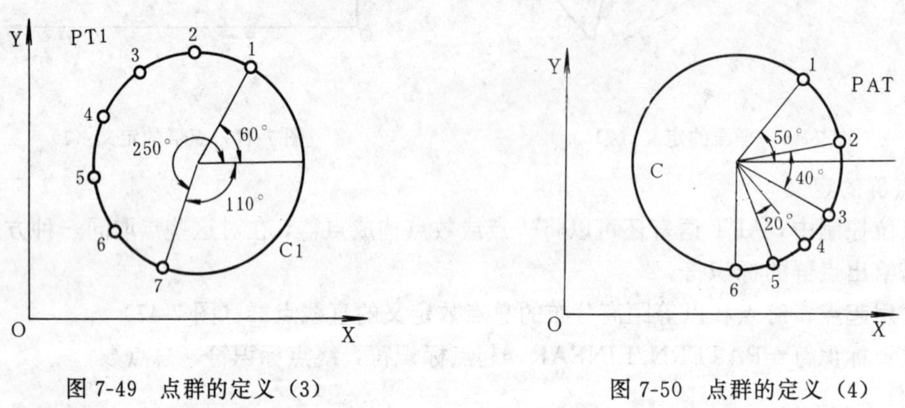

图 7-49　点群的定义（3）　　　　图 7-50　点群的定义（4）

形式：标识符＝PATERN/ARC，圆标识符，起点角度，$\left\{\begin{matrix}\text{CLW}\\\text{CCLW}\end{matrix}\right\}$，INCR，增加点数，AT，角增量，增加点数，AT，角增量，……

例如：

PAT＝PATERN/ARC，C，50，CLW，INCR，2，AT，40，3，AT，20

或　PAT＝PATERN/ARC，C，50，CLW，INCR，40，40，20，20，20

注意，上式中取消了“增加点数，AT，”的内容，直接写出了各点的角增量，这种定义方式常用于各点的角增量不等的情况。

(5) 用两个线点群定义的平行四边形点群（图 7-51）

形式：标识符＝PATERN/GRID，线点群标识符一，线点群标识符二

点的序列必须按图中所示的规律排列，奇数列（或行）与偶数列（或行）的点序方向相反。规定两个线点群的起点为同一公共点（图 7-51 中为 P1 点）。例如：

PAT1＝PATERN/LINEAR，P1，P2，4

PAT2＝PATERN/LINEAR，P1，P9，5

PAT3＝PATERN/GRID，PAT1，PAT2

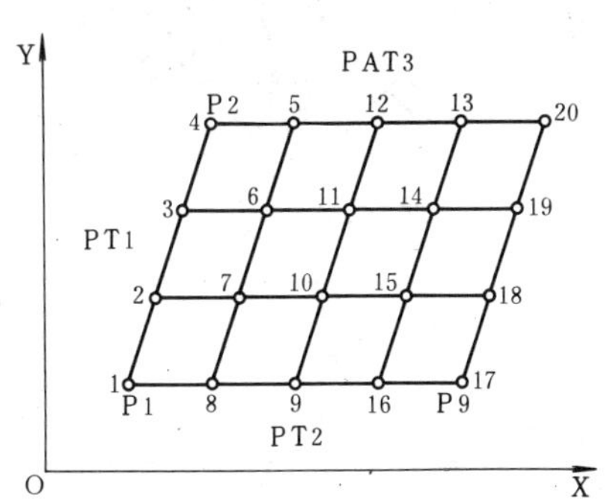

图 7-51　点群的定义（5）

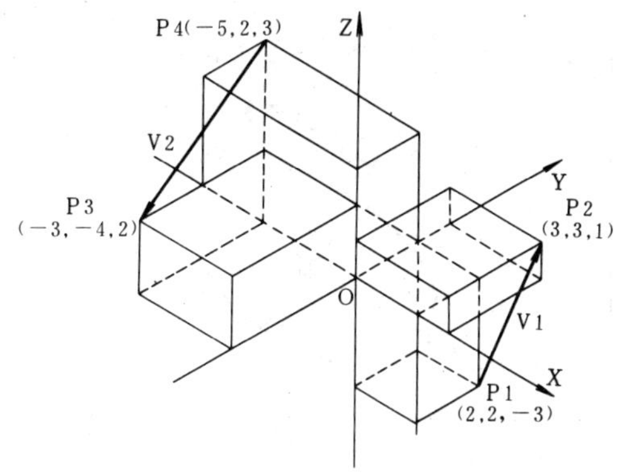

图 7-52　矢量的定义（1）（2）

6. 矢量的定义

（1）用 X、Y、Z 分量定义矢量（图 7-52）

形式：标识符＝VECTOR/X、Y、Z

例如：

V1＝VECTOR/1，1，4

V2＝VECTOR/2，−6，−1

（2）用两点定义矢量（图 7-52）

形式：

$$标识符＝VECTOR/\begin{Bmatrix}X1，Y1，Z1，X2，Y2，Z2\\点标识符一，点标识符二\end{Bmatrix}$$

例如：

V1＝VECTOR/2，2，−3，3，3，1

V2＝VECTOR/P4，P3

7. 椭圆的定义（图 7-53）

以椭圆中心，长、短轴及长轴与 X 轴的夹角定义的椭圆。

形式：标识符＝ELLIPS/CENTER，椭圆中心标识符，半长轴值，半短轴值，长轴与 X 轴的夹角

例如：

EL＝ELLIPS/CENTER，P1，3.2，1.9，30

8. 双曲线的定义（图 7-54）

用中心，实轴、虚轴及实轴与 X 轴的夹角定义的双曲线。

形式：标识符＝HYPERB/CENTER，中心标识符，半实轴值，半虚轴值，实轴与 X 轴的夹角

例如：

HY＝HYPERB/CENTER，P1，2，1.6，45

9. 圆柱面的定义（图 7-55）

用轴线上一点、轴线矢量和半径定义的圆柱面。

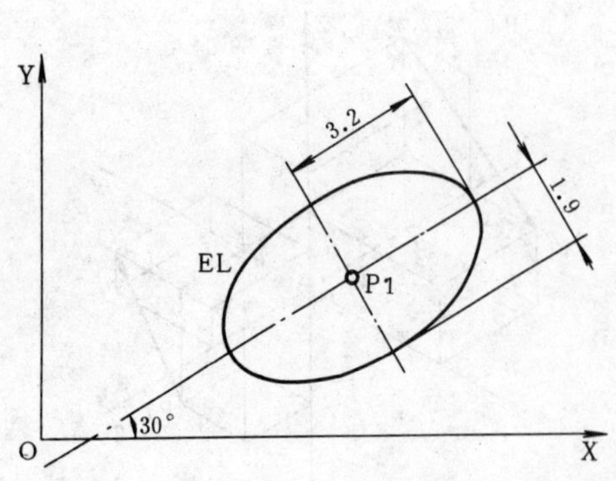

图 7-53 椭圆的定义

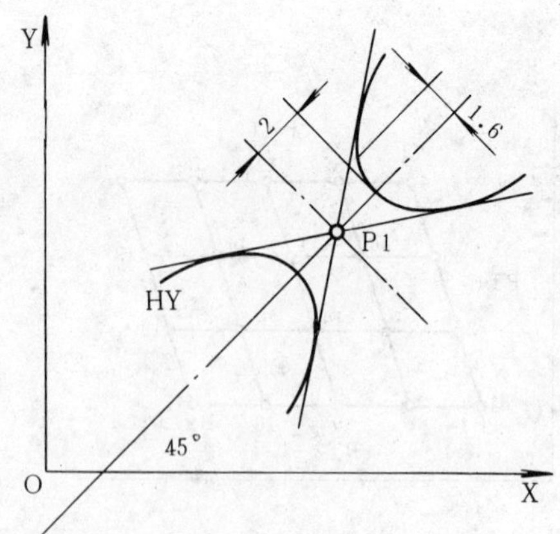

图 7-54 双曲线的定义

形式：

标识符＝CYLNDR/$\left\{\begin{matrix}X，Y，Z\\ 点标识符\end{matrix}\right\}$，$\left\{\begin{matrix}a，b，c\\ 矢量标识符\end{matrix}\right\}$，圆柱半径

其中 a、b、c 为轴线单位矢量的方向余弦；X、Y、Z 为轴线上一点的坐标。例如：

CYL＝CYLNDR/8，0，1，0，0，1，2

或 CYL＝CYLNDR/P1，0，0，1，2

CYL＝CYLNDR/P1，V1；2

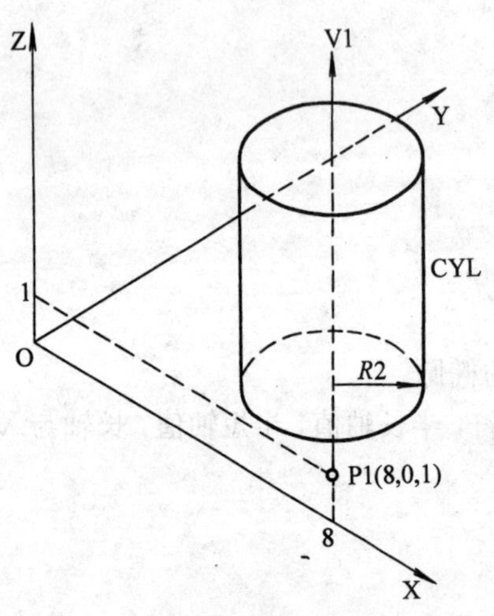

图 7-55 圆柱面的定义

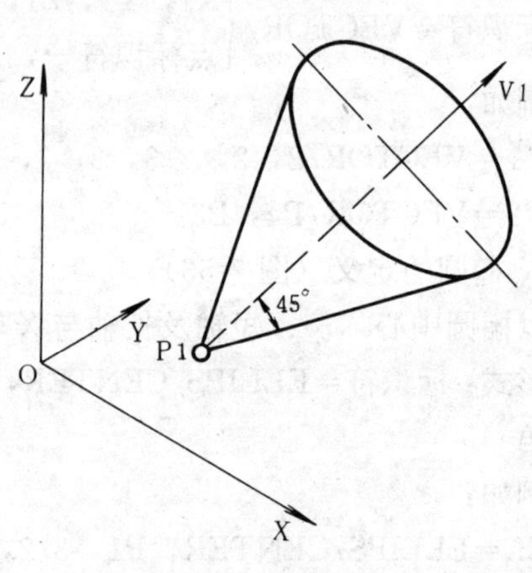

图 7-56 圆锥面的定义

10. 圆锥面的定义（图 7-56）

用圆锥顶点、圆锥轴线矢量和顶角定义的圆锥面。

形式：标识符＝CONE/顶点标识符，轴线矢量标识符，顶角

例如：

CON＝CONE/P1，V1，45

11. 二次曲面的定义（图 7-57）

用二次曲面方程式（$AX^2+BY^2+CZ^2+FXY+GYZ+HZX+PX+QY+RZ+D=0$）的系数决定的各种二次曲面（Guadric surface）。

形式：标识符=QBDRIC/A，B，C，F，G，H，P，Q，R，D

按图中方程的系数可以定义相应的曲面。

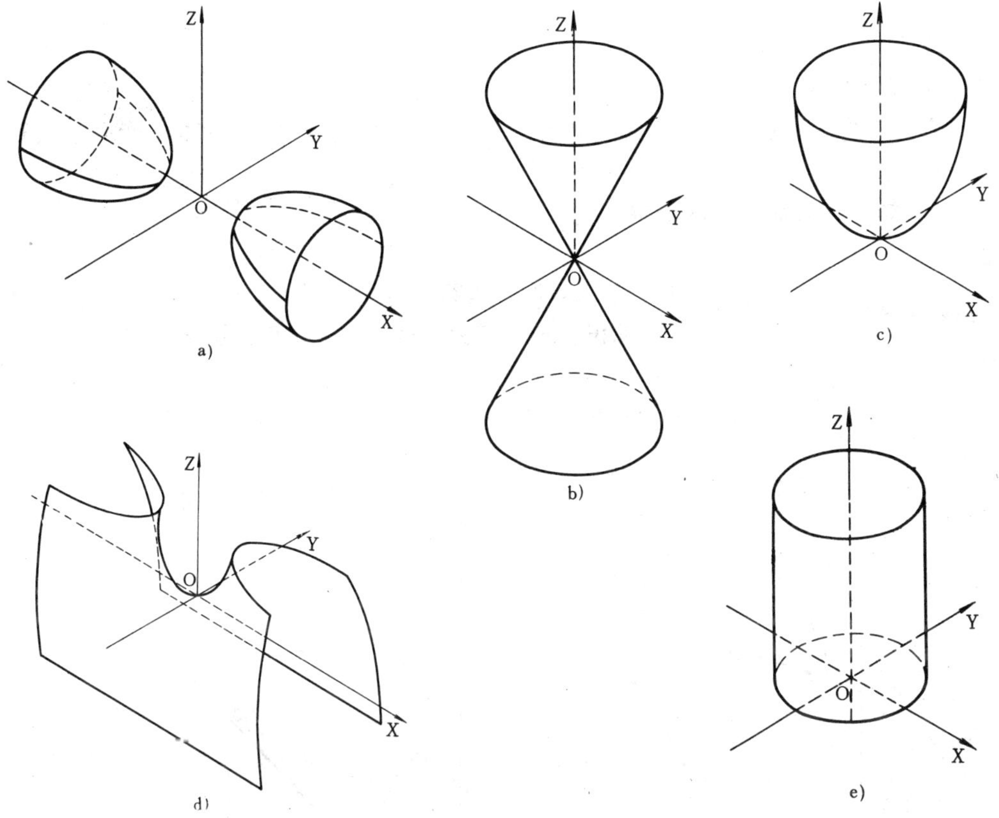

图 7-57　二次曲面的定义

12. 球的定义

(1) 用球心和半径表示的球

形式：

$$\text{标识符}=\text{SPHERE}/\begin{cases}\text{X、Y、Z}\\ \text{CENTER，球心标识符，RADIUS}\end{cases}\text{，半径}$$

例如

SP=SPHERE/4，8，0，2

或 SP=SPHERE/CENTER，P1，RADIUS，2.5

(2) 用球心和球面上的点表示的球

形式：标识符=SPHERE/CENTER，球心标识符，球面上点标识符

例如：

SP=SPHERE/CENTER，PTC，PTS

(3) 用球心和切面定义的球

形式：标识符=SPHERE/CENTER，球心标识符，TANTO，切面

例如：

SP=SPHERE/CENTER，PC，TANTO，PL

(4) 用球面上不共面的四点定义的球

形式：标识符=SPHERE/点标识符一，点标识符二，点标识符三，点标识符四

例如：

SP=SPHERE/P1，P2，P3，P4

13. 二次曲线的定义

APT 语言具有将离散数据点连接成光滑曲线的功能。数控机床根据这些曲线就可以实现零件的加工。

(1) 用五点定义二次曲线（图 7-58）

形式：

标识符=LCONIC/5PT，$\left\{\begin{matrix}\text{X1，Y1，X2，Y2，…，X5，Y5}\\ \text{点标识符一，点标识符二，…，点标识符五}\end{matrix}\right\}$

例如：

LC=LCONIC/5PT，PA，PB，PC，PD，PE

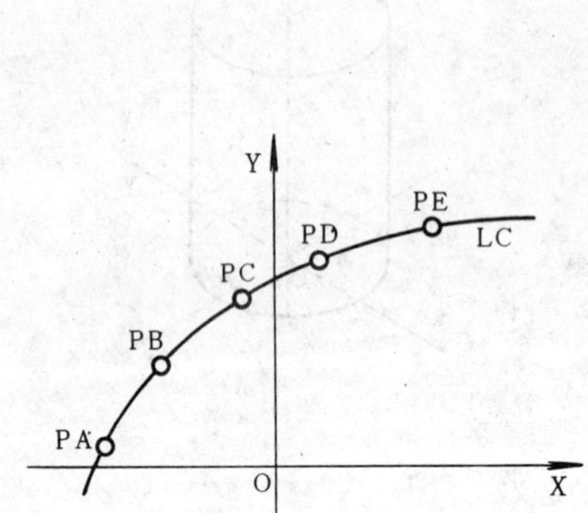

图 7-58　五点定义的二次曲线

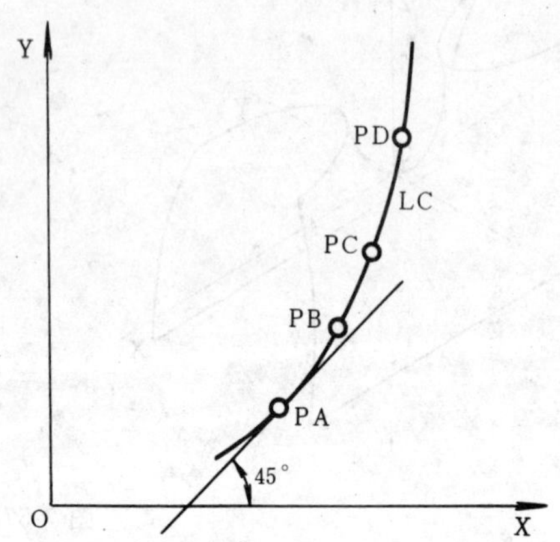

图 7-59　四点一导数定义的二次曲线

(2) 用四点一斜率定义二次曲线（图 7-59）

形式：

标识符=LCONIC/4PT1SL，$\left\{\begin{matrix}\text{X1，Y1，斜率，X2，Y2，X3，Y3，X4，Y4}\\ \text{点标识符一，斜率，点标识符二，点标识符三，}\\ \text{点标识符四}\end{matrix}\right\}$

其斜率在第一点上测量。

例如：

LC=LCONIC/4PT1SL，PA，1.0，PB，PC，PD

14. 列表柱面（列表曲线）的定义

列表柱面 TABCYL (Tabulated Cylinder) 是指平行于指定方向并沿某曲线运动时形成的柱面。该曲线是由若干列表点连接而成的光滑曲线。

(1) 用列表点定义列表柱面（图 7-60）

形式：

$$\text{标识符}=\text{TABCYL}/\left\{\begin{array}{l}\text{ARC}\\ \text{NOZ，SPLINE}\end{array}\right\}，\left\{\begin{array}{l}\text{X1，Y1，X2，Y2，…，XN，YN}\\ \text{点标识符一，点标识符二，…，}\\ \quad\text{点标识符 N}\end{array}\right\}$$

修饰字 NOZ、NOX、NOY 分别表示给出的数据点是在 XY 平面、YZ 平面、ZX 平面内的点。SPLINE 表示样条曲线。

例如：

TAB=TABCYL/ARC，P1，P2，P3，P4，P5

TAB1=TABCYL/NOZ，SPLINE，P1，P2，P3，P4，P5

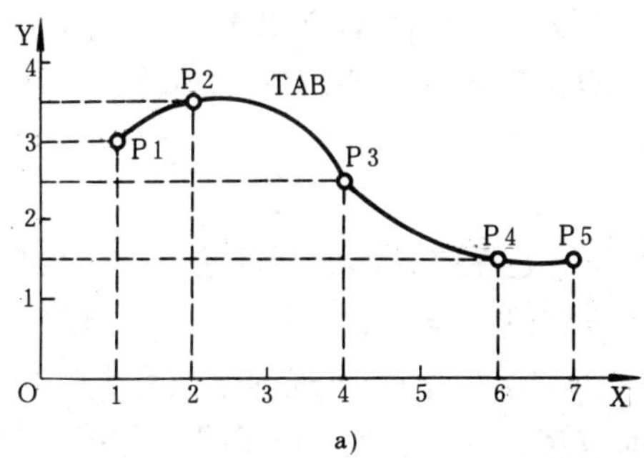

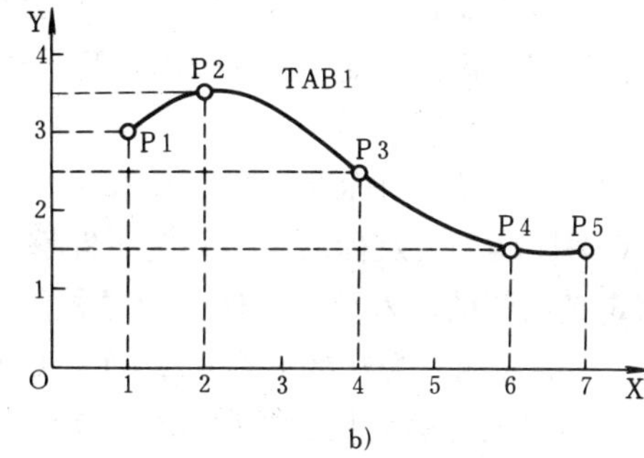

图 7-60 列表柱面的定义 (1)

(2) 用起点的切线角度和列表点定义列表曲线（图 7-61）

形式：$\text{标识符}=\text{TABCYL/ARC，ATANGL，角度，}\left\{\begin{array}{l}\text{X1，Y1，X2，Y2，…}\\ \text{点标识符一，点标识符二，…}\end{array}\right\}$

例如：

TAB=TABCYL/ARC，ATANGL，20，P1，P2，P3，P4

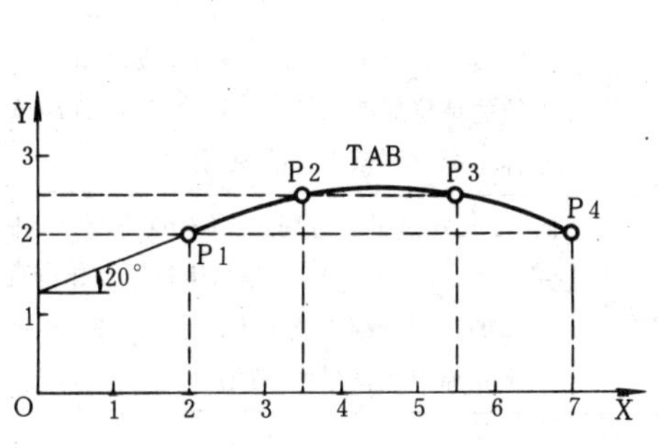

图 7-61 列表柱面的定义 (2)

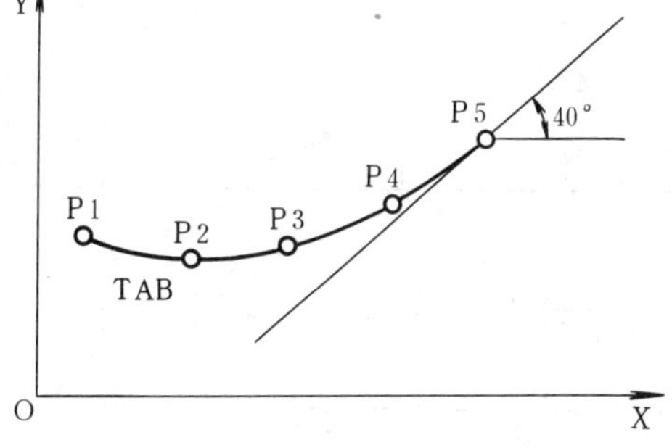

图 7-62 列表柱面的定义 (3)

(3) 用列表点和终点的切线角度定义列表曲线（图 7-62）

形式：

$$\text{标识符}=\text{TABCYL/ARC，}\left\{\begin{array}{l}\text{X1，Y1，X2，Y2，…，}\\ \text{点标识符一，点标识符二，…，}\end{array}\right\}\text{ATANGL，角度}$$

例如：

TAB＝TABCYL/ARC，P1，P2，P3，P4，P5，ATANGL，40

(4) 用起点，终点的切线角度和列表点定义列表曲线

形式：

标识符＝TABCYL/ARC，ATANCL，角度，$\left\{\begin{matrix}\text{X1，Y1，X2，Y2，…，}\\\text{点标识符一,点标识符二,…,}\end{matrix}\right\}$ATANGL，角度

15. ZSURF (Z 平面) 的定义语句

几何定义和运动指令要用到 Z 坐标时，也可用语句：

ZSURF/$\left\{\begin{matrix}\text{平面标识符}\\\text{a，b，c，d}\end{matrix}\right.$

这时零件源程序中不是直接给出 Z 坐标值，而是根据给出的 X，Y 坐标值，由 APT 处理程序把该点投影到已定义过的 ZSURF 平面上，再计算出隐含的 Z 值。如果 ZSURF 没有说明，则假定为 XY 平面。

16. 几何图形的标准形式定义法

(1) 标准形式及标准参数　为了能够快速而容易地处理信息，在 APT 系统中，均把各种几何定义语句的输入形式，转换成每种元素类型规定的以一定参数表示的简明形式并存贮起来。这种形式就称为标准形式 CANON (Canonical form)，组成标准形式的参数称为标准参数。

标准形式明确反映了各种几何元素表达的数据信息，并可用“PRINT/”语句指令打印出来。因此借助于输出的标准形式数据，能够有效地分析检查一个源程序中任何几何定义语句的错误。常用几何元素的标准形式及其标准参数见表 7-5。

表 7-5　常用几何元素的标准形式及标准参数

几何元素类型	标准参数个数	标准参数	定义说明
POINT	1 2 3	X Y Z	X、Y、Z 是点的位置在直角坐标系中的坐标值
LINE	1 2 3 4	a b c=0 d	a、b、c、d 是平面方程式 aX+bY+cZ=d 中的各系数值，其中 a、b、c 是从坐标原点作垂直于该直线的单位标准矢量的方向余弦 (≤1)，d 是从坐标系原点到该直线的距离
PLANE	1 2 3 4	a b c d	a、b、c、d 是平面方程式 aX+bY+cZ=d 中的各系数值。其中 a、b、c 是从坐标原点作垂直于该平面的单位标准矢量的方向余弦 (≤1)，d 是从坐标系原点到该平面的距离
CIRCLE	1 2 3 4 5 6 7	X Y Z a=0 b=0 c=0 R	X、Y、Z 是圆心位置相对于坐标系原点的坐标值 a、b、c 是从圆心作垂直于该圆平面的单位标准矢量的方向余弦 R 是该圆的半径值

（续）

几何元素类型	标准参数个数	标准参数	定　义　说　明
CONE	1 2 3 4 5 6 7	X Y Z a b c d	X、Y、Z 是圆锥顶点的坐标值 a、b、c 是轴线的方向余弦 d 是圆锥顶角的余弦值
CYLNDR	1 2 3 4 5 6 7	X Y Z a b c R	X、Y、Z 是圆柱轴线上一点的坐标值 a、b、c 是圆柱轴线的方向余弦 R 是圆柱半径

（2）用标准形式定义几何元素　用标准形式定义几何元素是编程中常用的一种方法，用它书写的几何定义语句的通用表达式为：

标识符＝几何元素类型/CANON，P1，P2，…，PN

式中 P1，P2，…，PN 表示该几何元素应具备的所有标准参数值。

1）点的定义：标识符＝POINT/CANON，X，Y，Z

例如：P1＝POINT/CANON，－2，4，3

表示 P1 点在坐标值为（－2，4，3）处。

2）直线的定义：标识符＝LINE/CANON，a，b，0，d

例如：L1＝LINE/CANON，0，1，0，5

表示 L1 直线平行于 X 轴且距离坐标原点是 5。

3）圆的定义：标识符＝CIRCLE/CANON，X，Y，Z，a，b，c，R

例如：C1＝CIRCLE/CANON，2，－3，0，0，0，1，6

表示 C1 圆的圆心在点（－2，－3，0）处且半径为 6。

4）平面的定义：标识符＝PLANE/CANON，a，b，c，d

例如：PL＝PLANE/CANON，0，0，－1，10

表示 PL 平面平行于 XY 平面，并且在 XY 平面下方（即 Z 轴负方向）10mm 处。

5）圆锥的定义：标识符＝CONE/CANON，X，Y，Z，a，b，c，d

例如：CON＝CONE/CANON，－2，0，0，1，0，0，0.5

表示 CON 的顶点在点（－2，0，0）处，以 X 轴为轴心线，顶角为 60°。

6）圆柱的定义：标识符＝CYLNDR/CANON，X，Y，Z，a，b，c，R

例：CY＝CYLNDR/CANON，0，3，0，0，1，0，2

表示 CY 以 Y 轴为轴线，半径为 2

四、零件几何定义语句编制举例

图 7-63a 所示零件，要求铣外形和钻两孔，各几何元素设定的标识符已绘于零件几何定义图中（图 7-63b），其几何定义语句见表 7-6。

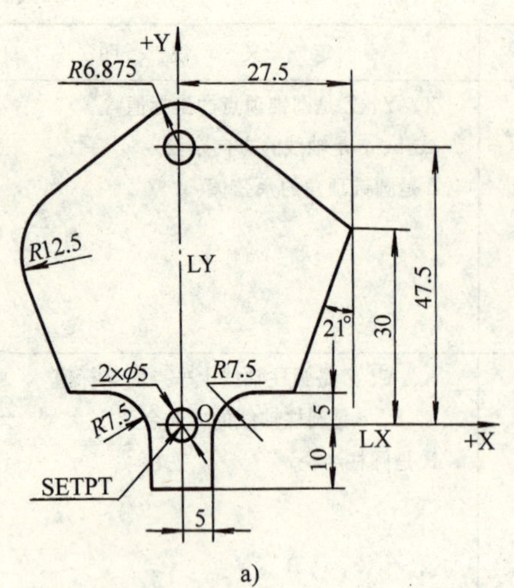

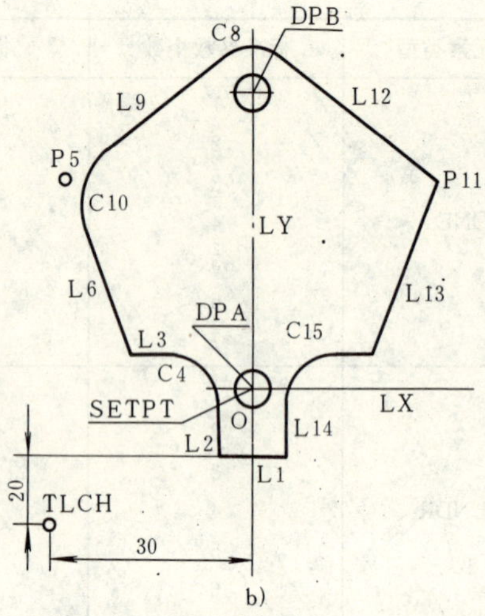

图 7-63 铣外形和钻孔的零件

表 7-6 几何定义语句编制举例

序 号	零 件 源 程 序
	LX=LINE/XAXIS LY=LINE/YAXIS L1=LINE/PARLEL，LX，YSMALL，10 L2=LINE/PARLEL，LY，XSMALL，5 L3=LINE/YCOORD，5 C4=CIRCLE/XSMALL，L2，YSMALL，L3，RADIUS，7.5 P5=POINT/−27.5，30，0 L6=LINE/P5，ATANGL，21，LY C8=CIRCLE/CENTER，(POINT/0，47.5，0)，RADIUS，6.875 L9=LINE/P5，LEFT，TANTO，C8 C10=CIRCLE/YSMALL，L9，XLARGE，L6，RADIUS，12.5 P11=POINT/27.5，30，0 L12=LINE/P11，RIGHT，TANTO，C8 L13=LINE/P11，ATANGL，−21，YAXIS L14=LINE/XCOORD，5 C15=CIRCLE/YSMALL，L3，XLARGE，L14，RADIUS，7.5 PLZ=PLANE/0，0，1，0 PL735=PLANE/0，0，−1，7.35 SETPT=POINT/0，0，0 TLCH=POINT/−30，−20，10 DPA=POINT/0，0，10 DPB=POINT/0，47.5，10

第四节　刀具运动语句

工件的加工分为点位加工和轮廓加工，其刀具运动又分别叫作点位运动和连续运动。

一、连续运动语句

1. 刀具轨迹控制语句

为了获得正确的刀具运动轨迹，需要考虑影响运动轨迹的有关因素，它包括刀具的形状、零件的容差以及刀具与零件控制面的相对位置。其中，有关刀具形状和零件容差的指定语句并不引起刀具的实际运动。

(1)刀具形状的指定和容差的指定　APT 系统的主要目的，是计算不断变化的刀具轨迹位置，即刀具端部（刀位点）的坐标值。因此在编写运动语句前，应先设定必要的条件，如刀具形状和容差等。

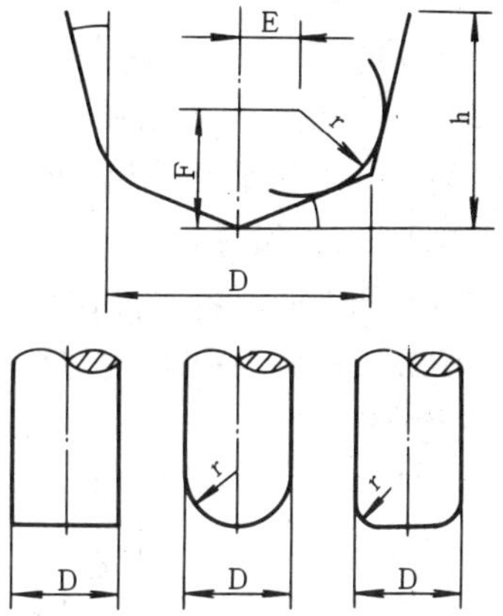

1）刀具形状的指定（图 7-64）

形式：CUTTER/D，r，E，F，α，β，h

句中，D 为圆柱铣刀直径；r 为圆角半径；其余参数可省略，当未指定刀具长度 h 时，其值自动定义为 5in

2）容差的指定（图 7-65）：容差语句具有长效性，有三种形式：

图 7-64　刀具形状的定义

a）外容差语句

形式：OUTTOL/t

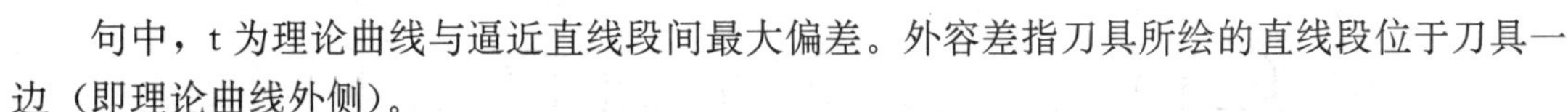

句中，t 为理论曲线与逼近直线段间最大偏差。外容差指刀具所绘的直线段位于刀具一边（即理论曲线外侧）。

b）内容差

形式：INTOL/t

内容差指刀具逼近理论曲线的直线段位于理论曲线内侧，即切入工件内。

c）容差

形式：TOLER/t_n

句中，t_n 为新容差值。TOLER 的功能是修改已定义的容差。在 TOLER/t_n 语句后，已定义的外容差按新容差执行，而内容差则置 0。

在程序中，未指定容差时，系统自动按内、外容差值均取 0.0005in。

如果直线逼近理论曲线轮廓的方式是内外容差兼顾的相割法，就需要同时使用 INTOL/和 OUTTOL/，并给出内、外容差值。

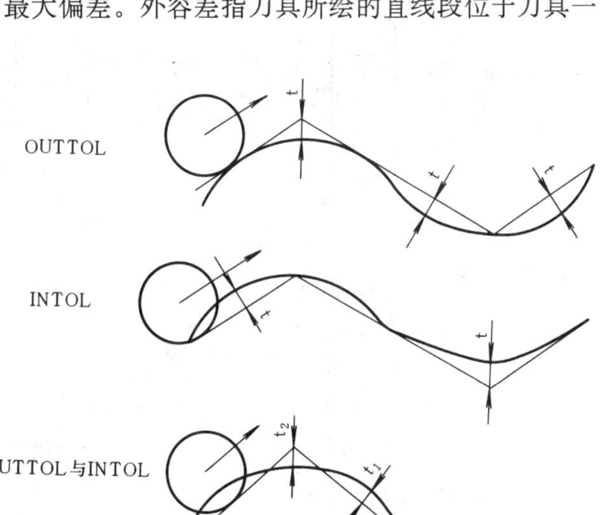

图 7-65　容差的指定方式

(2) 控制面和刀具对控制面位置的规定　在一般加工中（如铣削），总要确定出刀具相对工件的关系，如刀具在高度方向上与工件的位置关系，在水平面上沿着什么样的轨迹运动，运动到何处停止等。在 APT 系统中利用应该通过的三个面和刀具的特定关系来确认唯一的刀具运动轨迹。这三个面称为控制面（图 7-66），分别叫作零件面、导动面和检查面。

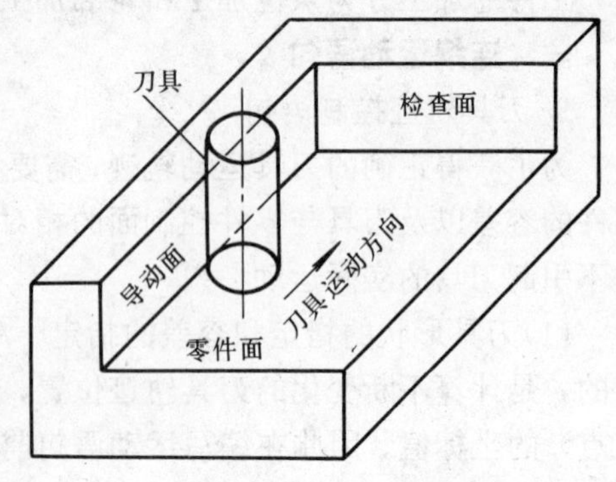

图 7-66　三个控制面

1) 零件面（Part surface）PS：指刀具顶端所形成的曲面。语句定义形式：

PSIS/平面名　　或：AUTOPS

PSIS 是语句主部，意为给定零件面。

AUTOPS 意为自定零件面。该语句把刀具顶端每次在高度方向的位置（如沿 DS 分数次进行切深切削）所在平面自动作为新的 PS。例如在 GODLTA（走增量）/0，0，－10 语句后，即把比原来 PS 低 10mm 的平面作为新的 PS。

PSIS 和 AUTOPS 语句都具有长效性。在零件源程序中，若未定义 PS，系统自动把 XY 平面作为 PS。

刀具顶端对 PS 的位置，要用两个修饰字表示（图 7-67）：

TLONPS：刀顶中心在 PS 上；

TLOFPS：刀顶从 PS 偏置开，刀顶周边与 PS 接触，可隐含表示，仅在需要改变已指定的 TLONPS 时，才使用 TLOFPS。

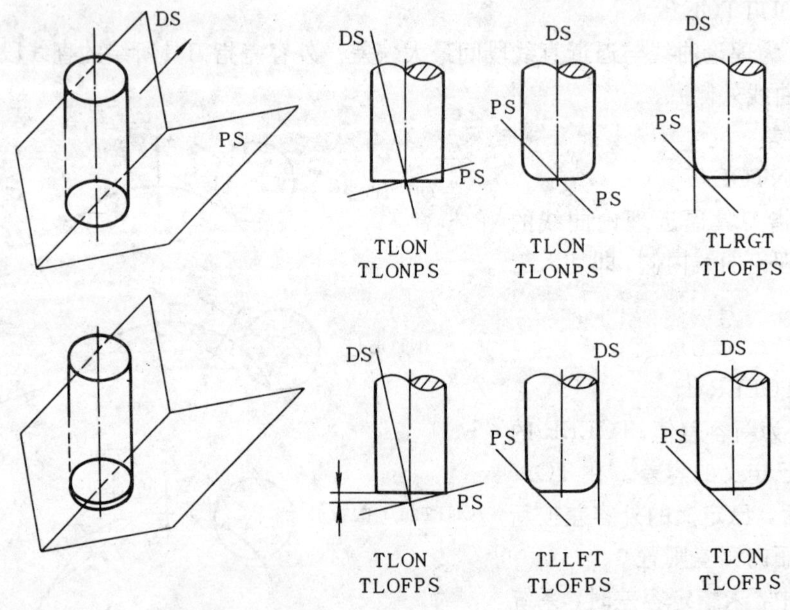

图 7-67　刀具对 DS、PS 的偏置

程序中的语句 NOPS，意为不指定零件面。该语句使刀具在执行紧接 NOPS 后的下一个语句时，以最短距离走到要求的位置，而不考虑零件面。

2）导动面（Drive surface）DS：是引导刀具运动的曲面，是随刀具运动变化而变化的控制面。

刀具相对于DS的位置由三个长效修饰字表示（图7-67，图7-68）：

TLLFT：刀具在左；

TLRGT：刀具在右；

TLON：刀具中心在线上。

修饰字“左”，“右”是沿着刀具运动方向看时，刀具切于DS的方位。

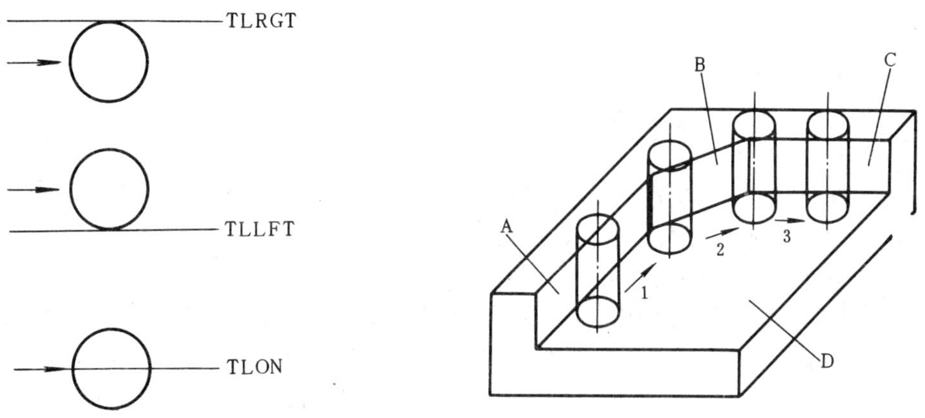

图7-68　刀具相对于DS的位置　　　图7-69　刀具的运动和控制面

3）检查面（Check surface）CS：是指控制刀具运动停止或转入下个程序段（线形）运动的表面。如图7-69所示，对运动1来说，A面是DS，B面是CS，对运动2来说，B面是DS，C面是CS；而D面是PS。

刀具与CS的相对位置，要用五个修饰字来描述（图7-70）：

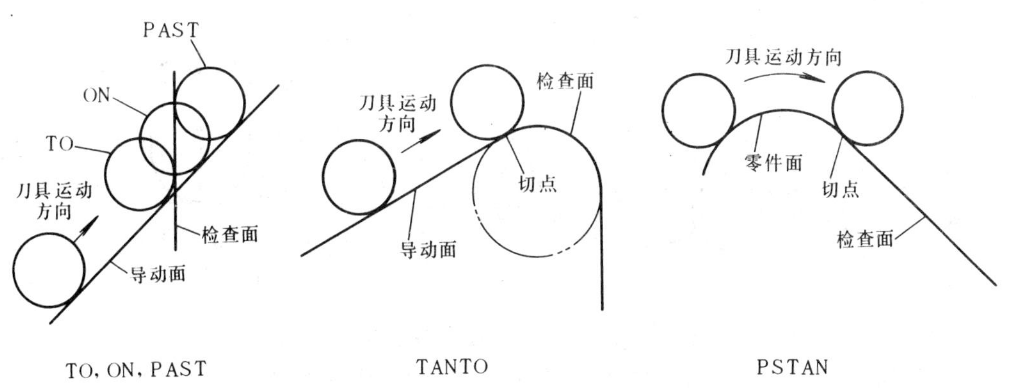

图7-70　刀具相对于CS的停止位置与控制面

TO（走到）：刀具刚好与CS相切；

ON（走上）：刀具中心刚好停在CS上；

PAST（走过）：刀具越过CS并与之相切；

TANTO（走切）：刀具停于DS与CS的切点上；

PSTAN（切于零件面）：刀具停于 PS 与 CS 的切点上。

2. 刀具起始位置（起刀点）的指定

语句形式有三种：

FROM/已定义点名

FROM/嵌套定义的点

FROM/X，Y，Z（点的坐标值）

例：FROM/SETPT（SETPT 为已定义点）

FROM/（POINT/2，4，8）

FROM/1，0，5

FROM 语句并不引起刀具的实际运动。

3. 连续切削用的初始运动语句

语句形式：

$$GO/\begin{Bmatrix}TO\\ON\\PAST\end{Bmatrix},DS,\begin{Bmatrix}TO\\ON\\PAST\end{Bmatrix},PS,\begin{Bmatrix}TO\\ON\\PAST,\end{Bmatrix}CS$$

用语句 GO/指定三个控制面，可严格地确定刀具位置。有时，可以省略 CS 或只指定 DS（若 PS 尚未定义时，系统自动把 XY 平面作为 PS)。PS 前通常只使用修饰字 TO 和 ON；若 PS 与刀具轴线垂直，则 PS 前的 TO 和 ON 等效。如图 7-71、图 7-72 所示。

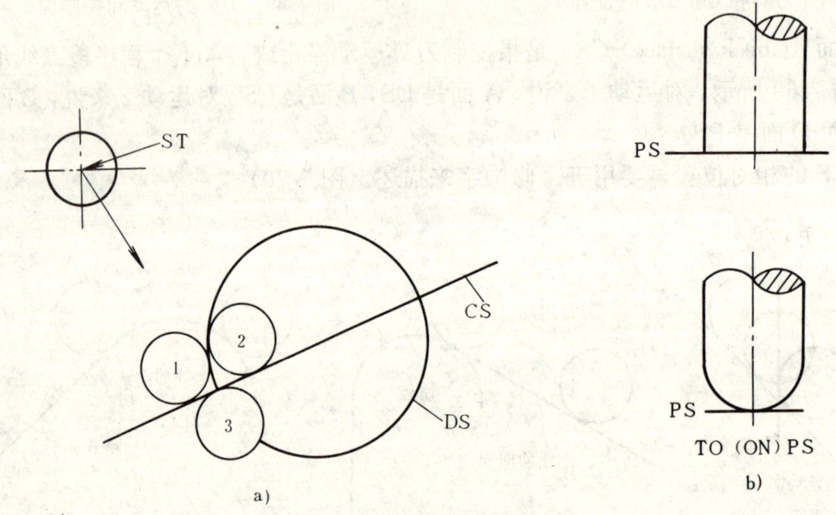

图 7-71　TO、ON、PAST 与各控制面的关系

a）刀具相对 DS、CS 的位置　b）刀具相对 PS 的位置

1—GO/TO，DS，TO，CS　2—GO/PAST，DS，TO，GS　3—GO/ON，DS，PAST，CS

一般情况下，刀具是按最短距离从起刀点走到要求的位置。下述情况例外，即只指定 DS 和 PS 两个面或 DS 一个面，又不要求刀具移至距离最短的位置上，只要求移至所希望的位置上。此时，GO/语句前应加写如下语句：

INDIRP/点名　　或：INDIRV/矢量名

如图 7-73、图 7-74 所示，希望仔细比较它们与仅使用 GO 语句的区别。

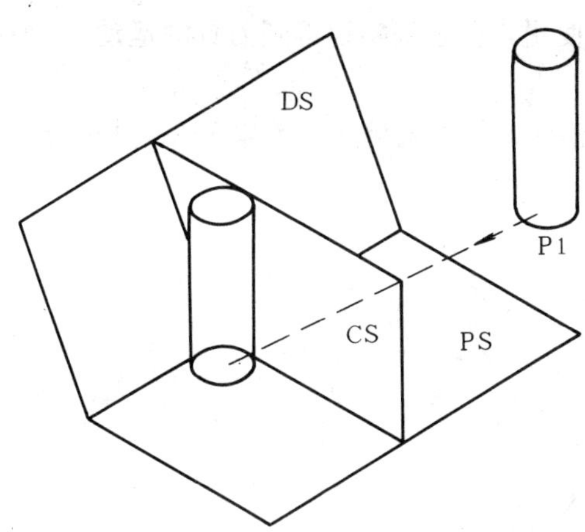

图 7-72　三个控制面的初始运动语句

GO/TO，DS，TO，PS，PAST，CS

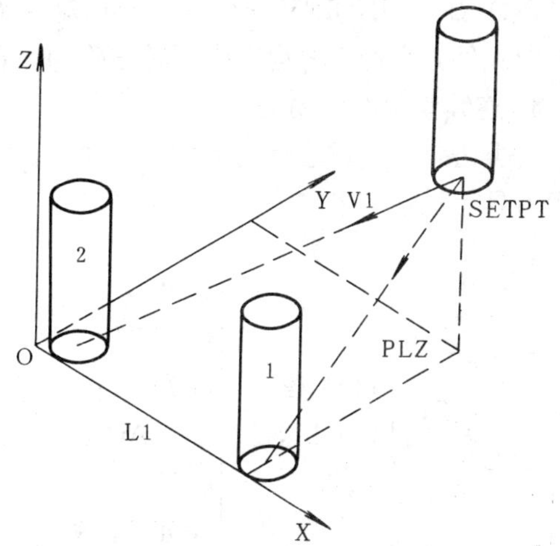

图 7-73　两个控制面的初始运动语句

1　FROM/SETPT
GO/TO，L1，TO，PLZ

2　FROM/SETPT
INDIRV/V1
GO/TO，L1，TO，PLZ

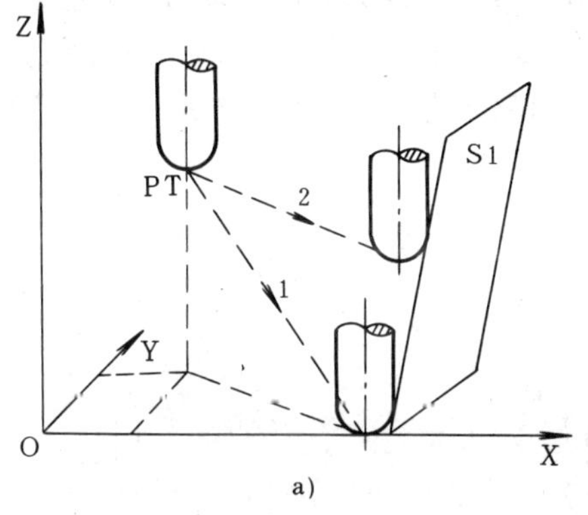

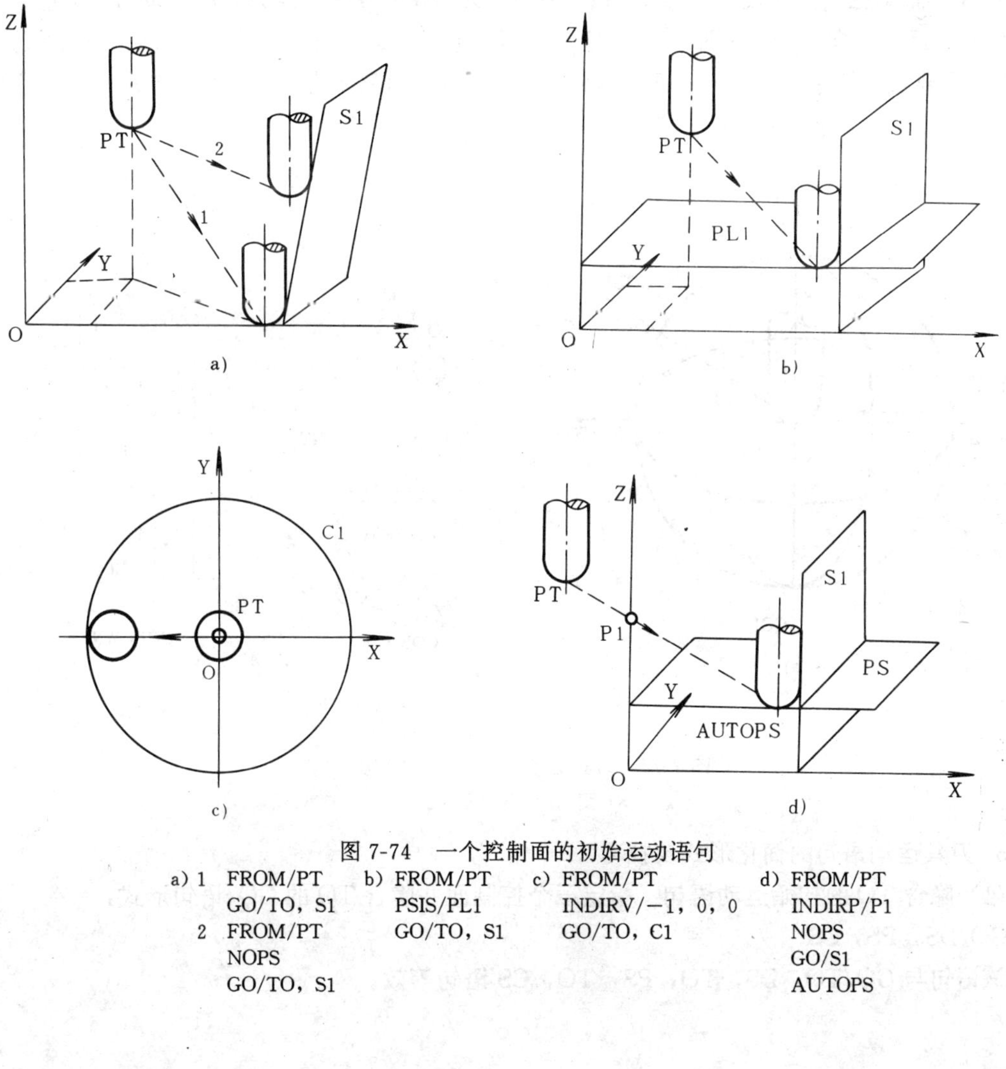

a)

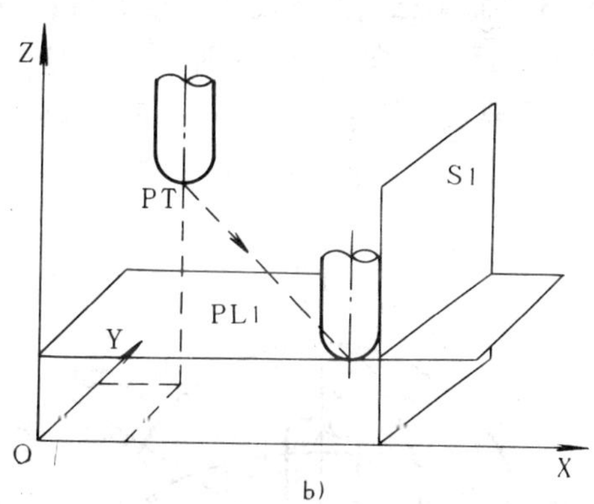

b)

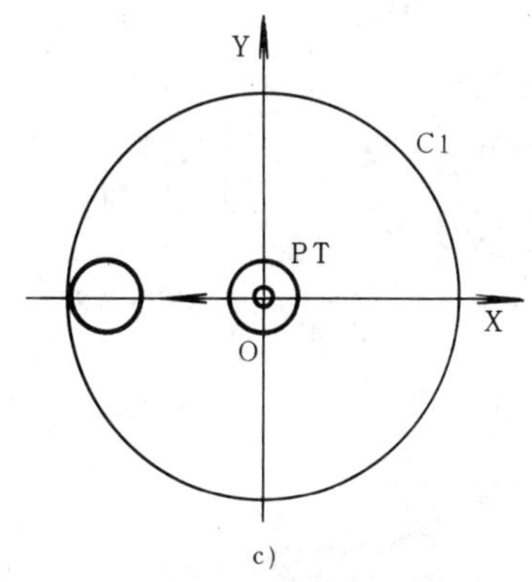

c)

d)

图 7-74　一个控制面的初始运动语句

a) 1　FROM/PT
GO/TO，S1
2　FROM/PT
NOPS
GO/TO，S1

b) FROM/PT
PSIS/PL1
GO/TO，S1

c) FROM/PT
INDIRV/−1，0，0
GO/TO，C1

d) FROM/PT
INDIRP/P1
NOPS
GO/S1
AUTOPS

INDIRP 和 INDIRV 语句除了用作对初始运动方向的引导（即必须表示出刀具将要运动的方向）外，它们在源程序中还常被作为一种技巧来使用，以求确实地得到刀具的运动。

4. 连续切削的运动语句

这类语句是描述连续切削加工的语句。即用 GO/语句对刀具初始运动给定了 DS、PS 后，要用刀具运动语句描述刀具运动路径。

语句形式（综合）：

$$\begin{array}{l}\text{TLLFT}\\ \text{TLRGT},\\ \text{TLON}\end{array}\left\{\begin{array}{l}\text{TLONPS}\\ \text{TLOFPS}\end{array}\right.,\left\{\begin{array}{l}\text{GORGT}\\ \text{GOLFT}\\ \text{GOFWD}\\ \text{GOBACK}\\ \text{GOUP}\\ \text{GODOWN}\end{array}\right./\text{DS},\left\{\begin{array}{l}\text{TO}\\ \text{ON}\\ \text{PAST}\\ \text{TANTO}\\ \text{PSTAN}\end{array}\right.,\ \text{CS}$$

语句中，第一项的长效字是描述刀具相对于 DS 的位置；若位置不变，只写一次一直有效，若位置改变，必须将新的修饰字写出。第二项的修饰字在两坐标平面轮廓加工时不用，在三坐标的曲面、斜面加工时，可有可无（仅在刀具相对 PS 的位置不是 TLOFPS 时，才用 TLONPS）。而第三项的非长效字 GORGT、……GODOWN 等是指定刀具的运动方向，它是根据刀具前一运动方向指定的（图 7-75）。接着要写出 DS 和 CS。为了明确相对 CS 的停止位置，在 CS 前面要加修饰字：TO，……PSTAN 等，若不写，则隐含为 TO。图 7-76 是一个综合性简例。

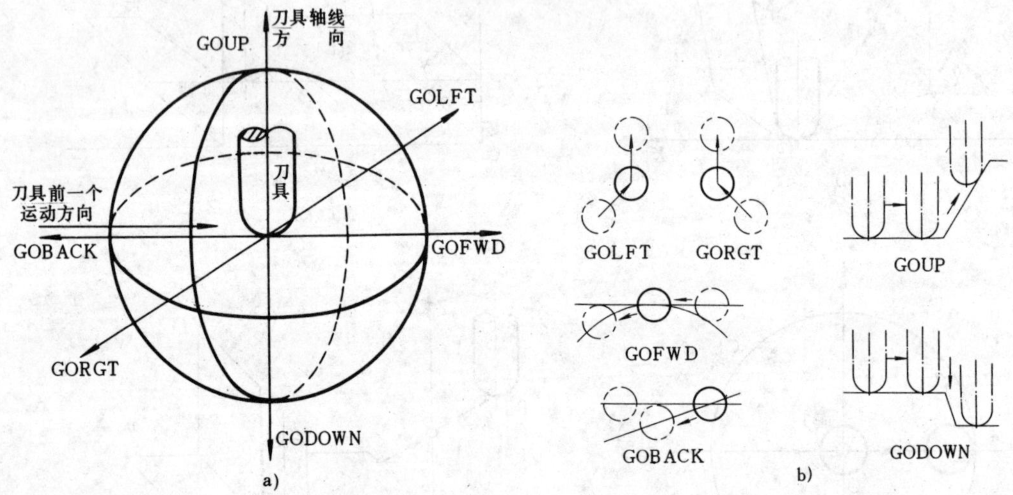

图 7-75　刀具运动方向的指定及例子

a）图例一　b）图例二

5. 刀具运动语句的简化形式及技巧

(1) 隐含 TO 的初始运动语句　指定三个控制面并隐含 TO 的 GO/语句形式：

GO/DS，PS，CS

该语句与 GO/TO，DS，TO，PS，TO，CS 语句等效。

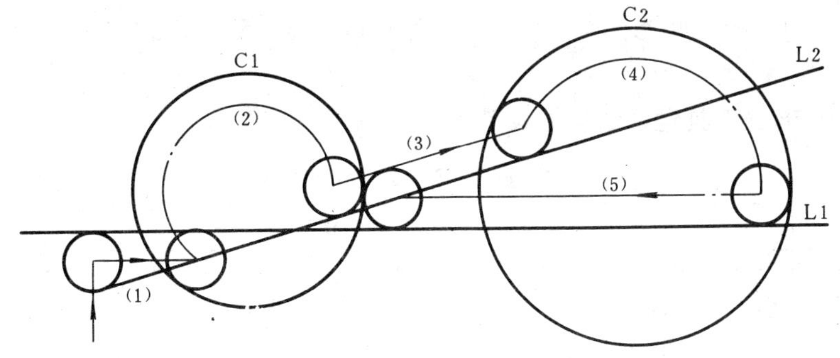

图 7-76　刀具偏置方向改变的源程序实例

(1) TLRGT，GORGT/L1，PAST，C1　(2) GOLFT/C1，TO，L2　(3) TLLFT，GOLFT/L2，PAST，C2
(4) TLRGT，GOLFT/C2，TO，L1　(5) GORGT/L1，TO，C1

(2) 复合交点上的连续切削运动语句（图 7-77）　两几何元素相交，可能形成多个交点（称复合交点）。为了明确刀具相对（具有复合交点的）CS 的停止位置，在 CS 及其修饰字间要加 Scalar，INTOF。其语句形式为：

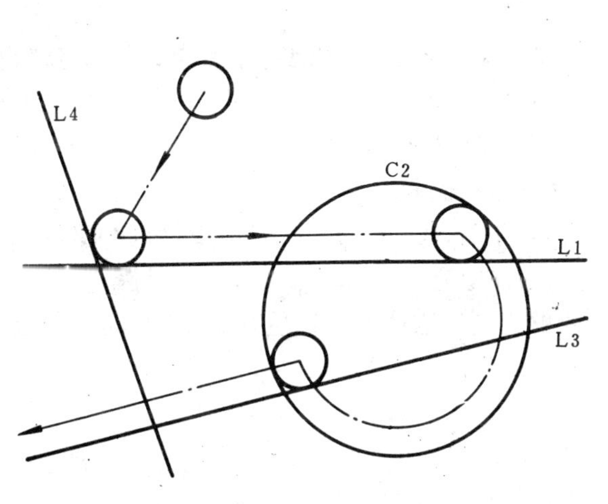

图 7-77　复合交点的刀具运动语句

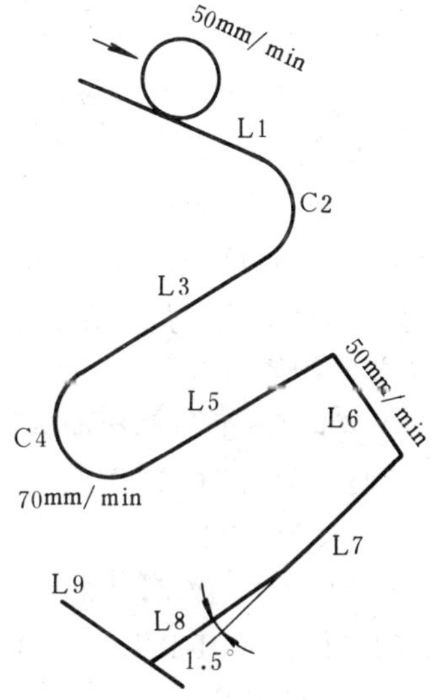

图 7-78　隐含 CS 的刀具运动语句例子

GO＊/DS，修饰字，Scalar，INTOF，CS

修饰字：为 TO、ON、PAST、TANTO 中之一。

Scalar：当要求刀具在 DS 与 CS 的第一个交点停止时，取 1，语句中的“1，INTOF”省略；当要求刀具在第二个交点停止时，取 2。

例如，图 7-77 的刀具运动语句为：

GO/L1，PL2，L4

TLLFT，GOLFT/L1，TO，2，INTOF，C2

TLRGT，GORGT/C2，PAST，2，INTOF，L3

GOLFT/L3，…

(3) 隐含 CS 的连续切削运动语句　在连续切削的运动语句中，若刀具相对 CS 的停止位置可由下一个语句中的某些修饰字隐含表示，则可以省略 CS 及其修饰字，以简化语句的书写。

例如，图 7-78 的刀具运动语句见表 7-7。

表 7-7　隐含 CS 的运动语句举例

序号	零件源程序
01	FEDRAT/50
02	TLLFT，GOFWD/L1
03	GOFWD/C2
04	GOFWD/L3，TANTO，C4
05	FEDRAT/70
06	GOFWD/C4
07	GOFWD/L5，PAST，L6
08	FEDRAT/50
09	GORGT/L6
10	GORGT/L7，PAST，L8
11	GOFWD/L9，TO，L9

第 3 句中省略的“TANTO，L3”由第 4 句的“GOFWD”隐含表示。其它语句的省略也同此理。但第 10 句的 CS 不能省略，因为“GOFWD”仅可以用于两种情况：一种是 DS 与 CS 相切；另一种是刀具前一运动方向与新运动方向（即 DS 与 CS）的夹角小于±2°。为了与前一种区别，刀具相对 CS 的停止位置必须用完整的语句来描述。

此外，APT 系统规定在 FEDRAT/、GO/、GOTO/、GODLTA/、GOUP/和 GODOWN/语句之前不能使用隐含 CS 的语句。如上例第 4、7 句。

(4) 复合 CS 的刀具运动语句　这类语句能够正确地描述不同直径刀具各自的运动轨迹。

例如：图 7-79 的刀具运动语句为：

```
    FROM/PT
    GO/L2，PLZ，L5
  TLLFT，GOLFT/L2，TO，L3，ID1，TO，L1，ID2
ID1)      GOLFT/L3
ID2)      GOLFT/L1，TANTO，C7，ID3，TO，L5，ID4
ID3)      GOFWD/C7，TANTO，L5
          GOFWD/L5，TO，L2
          JUMPTO/ID5
ID4)      GOLFT/L5，TO，L2
ID5)      GODLTA/－10，10，10
```

程序中，第 3 句是复合检查面语句，表明直径小的精加工刀具首先接触的 CS 是 L3，就向标号为 ID1 的语句转移，然后依次执行下面的语句；而直径大的粗加工刀具先接触的 CS 是 L1，就向标号为 ID2 的语句转移，然后依次执行下面的语句。若在执行过程中又遇到复合 CS 语句（如第 5 句），其执行方法与第 3 句相同。

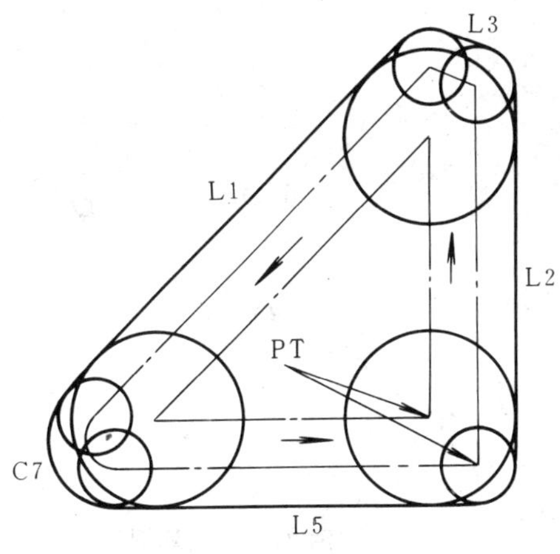

图 7-79 复合 CS 的刀具运动语句例子

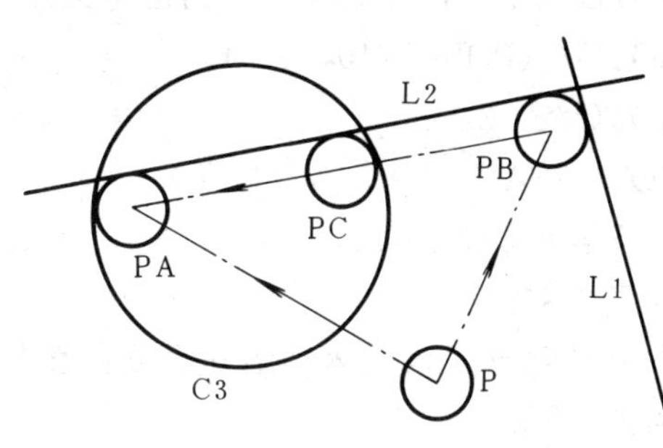

图 7-80 DNTCUT 和 CUT 语句举例

语句“JUMPTO/ID5”指无条件向标号为 ID5 的语句转移。

(5) DNTCUT 和 CUT 语句 如图 7-80 所示，要求刀具从起刀点 P 走到切削始点 PA，若仅使用初始运动语句：

GO/TO，L2，TO，PLZ，PAST，C3

刀具会按最短距离从 P 点走到 PC 点。这时，可利用 DNTCUT（不切削）和 CUT（切削）语句指示 APT 系统，在 DNTCUT 和 CUT 之间建立假想的运动轨迹，其间的刀具运动语句不通过后置处理程序，且不引起刀具的实际运动；当 CUT 恢复时，仅使刀具直接从 DNTCUT 前一语句的终点位置走直线到 CUT 前一语句的终点位置。图 7-80 的刀具运动语句可写为：

```
DNTCUT
        GO/L2，PLZ，L1
TLLFT，GOLFT/L2，TO，2，INTOF，C3
CUT
        GOFWD/L2
```

图中单点划实线为 P→PA 刀具的实际运动轨迹；单点划线 P→PB→PA 为在 DNTCUT 和 CUT 之间建立的假想运动轨迹，不引起刀具移动。

二、点位运动语句

APT 语言具有将刀具明确定位于特定位置的功能，所谓点位控制，是指刀具从规定位置作直线运动（不切削），移至另一规定位置。APT 语言中的 FROM/、GOTO/和 GODLTA/就能完成这类运动控制，因而不需要指定刀具形状、容差和控制面等条件。

1. 起刀点的规定

语句形式参见连续运动控制语句。

2. 绝对运动语句

形式：GOTO/已定义点名

　　GOTO/嵌套定义的点

　　GOTO/X、Y、Z（点的三维坐标值）

　　GOTO/点群名

语句规定的是刀具顶端中心走到指定点上。点是按绝对坐标数据或已定义过的点名表示。

例如：

GOTO/SETPT　(SETPT 为已定义点)

GOTO/ (POINT/10, 5, 1)

GOTO/2, 3, 4

GOTO/PAT (PAT 为点群名)

执行语句 GOTO/PAT 后，刀具将依次走过 1 到 6 诸点（图 7-81)。

有关点群形式点位运动语句后面的修饰语可参考有关 APT 手册。

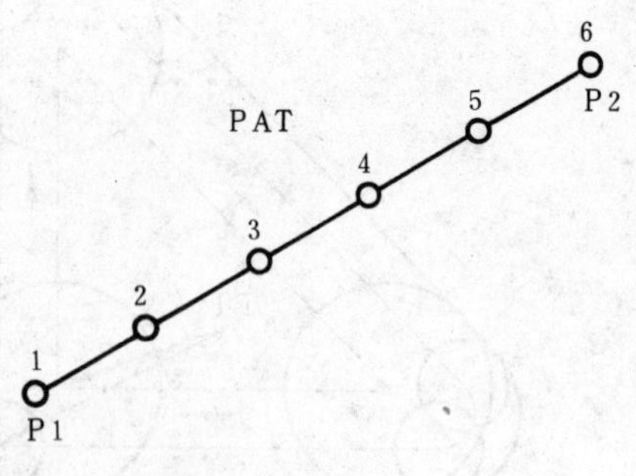

图 7-81　点阵例子

3. 增量运动语句　语句规定刀顶中心从当前位置移动一个相对的增量坐标值。

形式：GODLTA/X, Y, Z (增量坐标)

图 7-82 是用两种坐标的点位运动语句混合编写的简单程序。使用时应注意点位运动语句的特点：

(1) 点位运动语句是控制刀具按最短距离（直线），从当前点移到指定点。

(2) 在刀具作连续切削运动的程序中，一旦使用 GOTO/, GODLTA/点位运动语句,即中止与以前控制面的关系。若要再次使刀具作连续切削运动时，就须再次使用语句 GO/，把刀具正确地调置到控制面上。

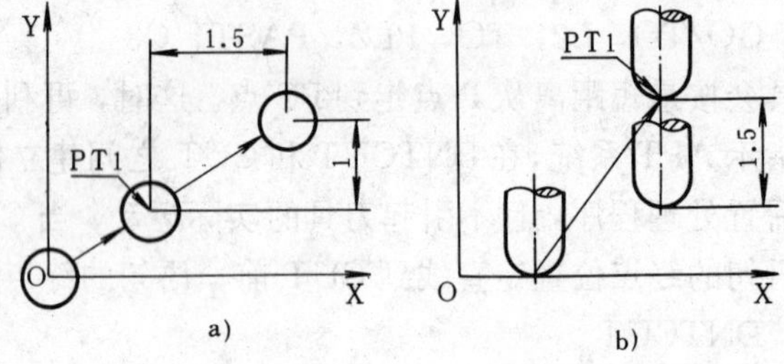

图 7-82　点位切削运动语句应用实例

a) FROM/0, 0, 0　　b) FROM/1, 0, 0

GOTO/PT1　　GOTO/PT1

GODLTA/1.5, 1, 0　　GODLTA/0, 0, −1.5

三、刀具运动语句编制举例

根据图 7-63 所示零件的几何定义图及其几何定义语句，编写加工零件的刀具运动语句（表 7-8)。

表 7-8　几何定义语句编制举例

序　号	零 件 源 程 序
	TOLER/0.005 CUTTER/10, 0 $ $ FROM/SETPT GOTO/TLCH STOP $ $ GO/TO, L2, TO, PL735, TO, L1 TLLFT, GOLFT/L2, TANTO, C4 GOFWD/C4, TANTO, L3 GOFWD/L3, PAST, L6 GORGT/L6, TANTO, C10

（续）

序　号	零件源程序
	GOFWD/C10，TANTO，L9
	GOFWD/L9，TANTO，C8
	GOFWD/C8，TANTO，L12
	GOFWD/L12，PAST，L13
	GORGT/L13，PAST，L3
	GORGT/L3，TANTO，C15
	GOFWD/C15，TANTO，L14
	GOFWD/L14，PAST，L1
	GORGT/L1，PAST，L2
	GOTO/TLCH
	STOP
	$ $

下面再举一个编写指定零件面（PSIS）加工三坐标轮廓零件的刀具运动语句的例子（图7-83）。

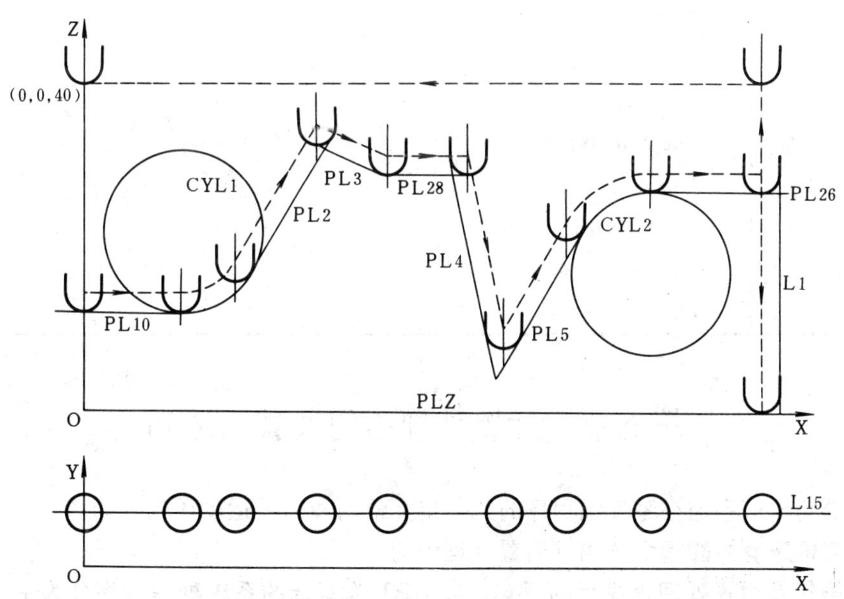

图 7-83　指定零件面的刀具运动语句例子

假定图中所有以标识符代表的几何元素都已用几何定义语句定义过了。基中，CYL1 和 CYL2 代表两段圆柱面，L15 在刀具连续切削运动中始终作为导动面。根据图中箭头所示的进给路线，编写刀具运动语句见表 7-9。

表 7-9 刀具运动语句编制举例

序号	零件源程序
01	$$ PSIS MOTION OF TOOL
02	FROM/0，0，40
03	GO/ON，L15，ON，PL10
04	INDRV/1，0，0
05	TLON，GOFWD/L15，PSTAN，CYL1
06	PSIS/CYL1
07	TLOFPS，GOFWD/L15，PSTAN，PL2
08	PSIS/PL2
09	GOFWD/L15，PAST，PL3
10	PSIS/PL3
11	GODOWN/L15，ON，PL28 （或 GOFWD/L15，ON，PL28）
12	PSIS/PL28
13	GOFWD/L15，ON，PL4
14	PSIS/PL4
15	TLONPS，GODOWN/L15，TO，PL5
16	PSIS/PL5
17	TLOFPS，GOUP/L15，PSTAN，CYL2
18	PSIS/CYL2
19	GOFWD/L15，PSTAN，PL26
20	PSIS/PL26
21	GOFWD/L15，TO，L1
22	PSIS/L1
23	GODOWN/L15，ON，PLZ
24	GODLTA/0，0，40
25	GOTO/0，0，40

第五节 后置处理语句及其它语句

这些语句一般穿插在零件源程序的几何定义语句和刀具运动语句之间。

一、与机床有关的指令语句（后置处理语句）

这类语句是后置处理程序用的语句。以 APT 为基础的系统处理程序分为主处理程序和后置处理程序。前者完全独立于机床数控系统，其目的是输出 CLDATA（Cutter location data）刀位数据（简称 CL 数据），并将其存于 CLFILE（刀位文件）中。而零件源程序编制的最终目的是用特定数控机床进行零件加工，为此必须将上述 CLFILE 的内容编译成适合于特定机床数控系统的加工指令码程序，进行这一处理的程序部分称为后置处理程序(Post processor)。因此后置处理语句的用法随机床数控系统不同而异，在编写零件源程序时尚需参照具体

机床数控系统而定。

1. 调出后置处理程序语句

形式：MACHIN/控制机名称，编号

NOPOST （为不调出后置处理程序时用）

若两者同时写出，只有 NOPOST 有效。

2. 自动绘制刀具中心轨迹语句 PPLOT/

用于建立调出绘图仪后置处理程序所需要的绘图参数，从而根据参数设定的尺寸范围，绘图笔自动绘出刀具中心运动轨迹。例如：

PPLOT/ALL，LOWLFT，－5，－4，0，XYPLAN，UPRGT，6，4，0，SCALE，1，PAPRSZ，11，8，0

语句含意为：绘制程序中全部刀具运动轨迹。图样尺寸从零件坐标原点到图样左下角的X、Y、Z坐标值为（－5，－4，0），在XY平面绘制，从坐标原点到图样右上角的X、Y、Z坐标值为（6，4，0），绘图比例 1∶1，图样大小为 X＝11，Y＝8，Z＝0。

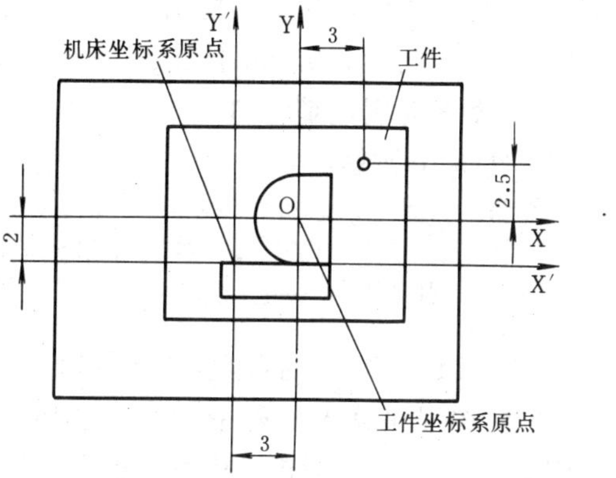

图 7-84 工件和机床坐标系

3. 指示工件与机床两个坐标系相对关系语句

形式：TRANS/X，Y，Z（坐标值）

句中坐标值为机床坐标原点在工件坐标系中的坐标值。以图 7-84 为例，应为：

TRANS/－3，－2，0

4. 主轴速度控制语句

形式：

SPINDL/n，$\left\{\begin{matrix}\text{CLW （顺时针）}\\ \text{CCLW （逆时针）}\end{matrix}\right\}$

句中，n 为每分钟转速（r/min）。

5. 切削液开关控制语句

形式：

COOLNT/$\left\{\begin{matrix}\text{ON （开）}\\ \text{FLOOD（切削液大开）}\\ \text{MIST （油雾冷却）}\\ \text{OFF （关）}\end{matrix}\right\}$

6. 进给速度控制语句

形式：

FEDRAT/$\left\{\begin{matrix}\text{进给速度值}\\ \text{进给速度 F 代码}\end{matrix}\right\}$（单位：in/min 或 mm/min）

除上述形式外，进给速度还可以在刀具运动语句结尾处用定义过的进给速度标识符或具体值进行补写指示，且补写值具有长效性。如：

FR1＝500

GO/TO，L1，TO，PLZ，TO，L2，FR1

TLLFT，GOLFT/L1，TO，L4，100

“FR1”和“100”是补写的进给速度，表示刀具分别以各个进给速度执行相应语句的加工。

刀具不进行切削走空刀时，可使用快速运动语句：

RAPID（快速，F 代码通常为 F00 或 F99）

RAPID 语句无长效性，其后不能跟任何值。

7. STOP

指示读带机、切削液、主轴停止，而控制机仍处于工作状态（ON)。通常用作更换刀夹具、检查刀具等工作的暂停指令。

8. END

全机停止工作。即不仅指示读带机、切削液和主轴停止，还指示后置处理程序的数控装置和数控机床的所有功能都停止。

二、输入输出控制语句

1. 打印刀位数据语句

形式：

$$\text{CLPRNT}/\left\{\begin{matrix}\text{ON （开始打印）}\\ \text{OFF（停止打印）}\end{matrix}\right\}$$

CLPRNT （打印全部结果）

如果在程序输入过程中的某个位置需要打印，可用“CLPRNT/ON”和“CLPRNT/OFF”，分别表示该语句在程序中出现的位置时开始打印结果和停止打印结果。

CLPRNT 指示把主处理程序计算出的刀具中心轨迹的数据全部打印出来。否则，不打印这些数据。

2. 打印语句

形式：PRINT/0（不打印，多用于跳页打印）

PRINT/3，ALL （打印已定义的全部图形和标准参数等）

句中，“3”为标准参数的数量。

PRINT/3，A1，A2，A3

要求打印出 A1，A2，A3 所指定的符号、几何图形的类型及标准参数。其中，A1 代表标准形式中各几何元素应具备的所有参数值；A2 表示各几何元素的名字；A3 表示各几何元素的类型。

PRINT/ON（OFF）

将写在这两个语句间的、已定义的几何图形和标量，用和 PRINT/3……相同形式打印。

PRINT/语句一般不打印点群和列表柱面。

3. 穿孔

形式：PUNCH/，1，A1，A2，A3

把已定义过的符号（标识符）为 A1，A2，A3 的几何图形或标量的数据穿孔于卡片上。

PUNCH/，1，ALL

把写在该语句前面的全部几何图形或标量的数据穿孔于卡片上。

PUNCH/语句不用于点群和列表柱面。

三、贮存调用语句

1. 调用系统编辑的源程序库语句

形式：SYSLIB/编辑的源程序库名

例如，调用名为 LIB2 的源程序库，可写为：

SYSLIB/LIB2

源程序库中有一系列的源程序文件。

2. 调用源程序文件内容语句

形式：INCLUD/源程序文件名

该语句一般紧跟在 SYSLIB/语句之后。在打印输出中，被调用的文件内容出现在源程序YSLIB/和 INCLUD/两语句之后。例如，调用文件名为 PLATE 的源程序内容，可写

INCLUD/PLATE

3. 保留存贮区域语句

APT 语言可用一个标识符（或符号）来定义一组量，这组量中的每个元素由下标变量确在源程序中使用下标变量之前，必须先用保留存贮区域语句定义这组量的长度，以便系该组量开辟一块连续的存贮区域。语句形式：

RESERV/a1，n1，a2，n2，…，ai，ni

ai 指按下标变量排列的标识符号；ni 指 ai 所需存贮区域的最大数量。例如：

RESERV/CIR，6，L1，9

表示用带有下标变量 1～6 的符号 CIR（1）～CIR（6）定义 6 个几何元素；用带有下标 1～9 的符号 L1（1）～L1（9）定义 9 个几何元素。

4. 选择调用已定义几何元素标准形式中的某些标准参数

形式：OBTAIN，几何元素类型/标识符，list

lits 表示相应标识符在标准形式中按规定顺序排列的一系列参数，不调用的参数用逗号跳句未的逗号（一个或数个），均可省略。例如：

OBTAIN，POINT/P1，X，Y

表示只选择调用 P1 点三个参数中的 X，Y 坐标值。

OBTAIN，CIRCLE/C1，X，Y，，，，，CIR

表示只选择调用 C1 圆七个参数中的 X，Y 坐标值和半径 CIR 值。

四、结束语句 FINI

该语句是零件源程序的最后一个语句。

FINI 与 STOP 和 END 的区别：END 和 STOP 是向后置处理程序发出的指令，不是控制序停止运行，因此不能用 END 和 STOP 代替 FINI。

第六节　APT 语言功能语句介绍

一、重复性功能语句

1. 循环语句

（1）循环开始语句　LOOPST

(2) 循环结束语句　LOOPND

(3) 条件转移语句

形式：IF (K) ID1，ID2，ID3

句中，K 为算术表达式；ID1～ID3 为语句标号。

规定：

$$K\begin{cases} <0 \text{ 时，转移到 ID1} \\ =0 \text{ 时，转移到 ID2} \\ >0 \text{ 时，转移到 ID3} \end{cases}$$

(4) 无条件转移语句

形式：JUMPTO/ID

表示无条件向 ID 标号所在语句转移。

例如，如图 7-85 所示，待钻 12 孔，编程如下：

```
    LOOPST
    X=10
C)  Y=10
A)  GOTO/X，Y，10，800   (快进速度 800)
    GODLTA/0，0，-9        (或：GODLTA/-9)
    GOTO/X，Y，-6，200   (工进速度 200)
    GOTO/X，Y，10，800   (快退速度 800)
    Y=Y+10
    IF (30-Y) B，A，A
B)  X=X+20
    IF (70-X) D，C，C
D)  LOOPND
```

语句标号 A、B、C 和 D 的右括号为指定分割符，受到的限制与标识符相同。

规定 PARTNO、FINI、RESERV、SYN 不能处于循环内，不允许循环内定义宏指令(MACRO)，但可以调用宏指令，IF 及 JUMPTO 语句不能把控制转移到 LOOPST～LOOPND 的范围之外。

2. 宏指令

对一些常数不同而语句相同的程序块可以运用宏指令语句简化。对这些程序块进行 MACRO 定义并以标识符命名，可由 CALL 语句调用。

形式：标识符=MACRO/A (=fa)，B (=fb)，C (=fc)，…

句中，A、B、C…为宏变量 (形参)，在被 CALL 调用时，才开始定义。宏变量不仅用于标量值；ON、TO 等专用字，标识符，语句标号，括起来的算术表达式和数值等也可以用。

fa，fb，fc，…为定义的标准值，标准值也可以在 CALL 语句中用指定值来置换。CALL 语句的形式：

CALL/宏指令标识符，A=a1，B=b1，C=c1，…

句中，a1、b1、c1、…是相应宏变量 A、B、C、…的指定值。

例如，如图 7-85 所示，用宏指令编程如下：

```
M1=MACRO/X，Y
    GOTO/X，Y，10，800
    GODLTA/0，0，-9
    GOTO/X，Y，-6，200
    GOTO/X，Y，10，800
    TERMAC        （宏指令结束语句）
M2=MACRO/N=10
    CALL/M1，X=N，Y=10
    CALL/M1，X=N，Y=20
    CALL/M1，X=N，Y=30
TERMAC
    CALL/M2
    CALL/M2，N=30
    CALL/M2，N=50
    CALL/M2，N=70
```

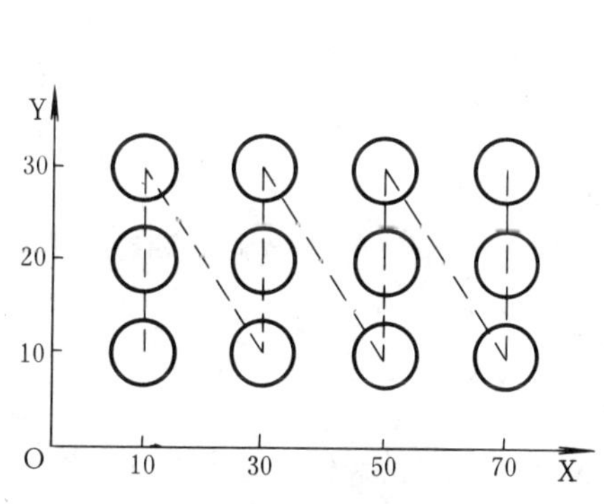

图 7-85　钻孔加工例子

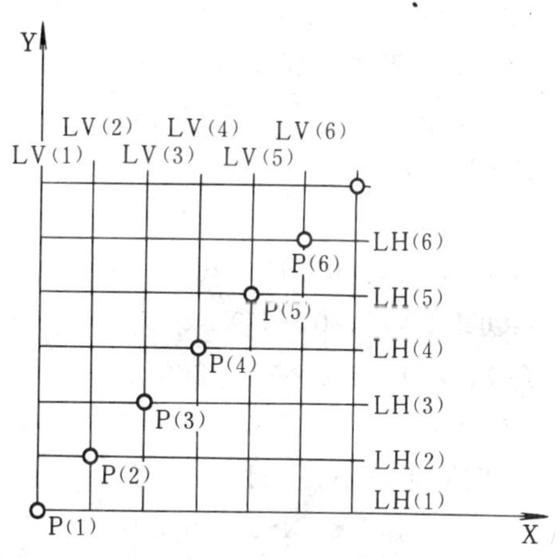

图 7-86　使程序循环的宏功能

TERMAC 作为一个独立语句，不能与其它语句并写一行。CALL 语句可多次调用已定义的宏指令。但各宏指令 MACRO～TERMAC 之间不能使用其它的 MACRO～TERMAC。在宏指令定义中可用转移语句 IF 和 JUMPTO 实现程序循环。如图 7-86 所示，定义 25 组 1mm 的方格直线以及各组直线的交点。编程如下：

```
    RESERV/LH，25，LV，25，P，25
    MAC=MACRO/J，MAX
1)  LH(J)=LINE/CANON，0，1，0，(J-1)
    LV(J)=LINE/CANON，1，0，0，(J-1)
    P(J)=POINT/INTOF，LH(J),LV(J)
    IF (J-MAX) 2，3，3
```

```
2)   J=J+1
     JUMPTO/1
3)   TERMAC
     CALL/MAC, J=1, MAX=25
```

在宏指令定义中不允许有 RESERV、SYN、LOOPST、LOOPND、FINI 语句。

3. 复制功能（COPY）

是一种对刀具中心轨迹进行坐标变换并复制（INDEX/n 和 COPY/n 之间内容）的功能。语句形式及结构为：

INDEX/n （复制标记）

⋮

$$\text{COPY/n,}\left\{\begin{array}{l}\text{TRANSL, X, Y, Z（坐标）}\\ \text{XYROT, }\alpha\\ \text{MODIFY, 矩阵名}\\ \text{SAME}\end{array}\right\}\text{, m}$$

句中，n 为复制标记；m 为重复次数；m 与 n 之间的内容为坐标变换方法。其中，

TRANSL：按增量值使坐标系平移的方法；

XYROT：使坐标系绕 Z 轴旋转 α 角的方法；

MODIFY：利用矩阵来变换坐标系的方法；

SAME：不作坐标变换。

例如，用复制功能对图 7-85 编程如下：

```
INDEX/2
INDEX/1
GOTO/10，10，10，800
GODLTA/0，0，－9
GOTO/10，10，－6，200
GOTO/10，10，10，800
GOYY/1，TRANSL，0，10，0，2
COPY/2，TRANSL，20，0，0，3
```

COPY 功能既可嵌套（三层）使用，也可多次独立使用。COPY/语句还可以复制语句 INDEX/n 和 INDEX/n、NOMORE 之间的内容。COPY 进行的是累积变换，COPY/语句执行完毕后，又回到原来的坐标。

二、其它功能语句编程方法

1. 矩阵（MATRIX）方法

MATRIX 是定义第二坐标系和第一坐标系之间存在关系的一种方法。常与其它功能语句联合使用。其语句形式为：

$$\text{标识符=MATRIX/}\left\{\begin{array}{l}\text{TRANSL, X, Y, Z（平移）}\\ \text{XY（或 YZ, ZX）ROT, }\alpha\text{（旋转）}\\ \text{M, N（两矩阵的积）}\end{array}\right.$$

句中，X，Y，Z 表示第二坐标系原点相对第一坐标系原点的坐标增量；XY（或 YZ，ZX）ROT 表示使坐标系绕 Z（或 X，Y）轴旋转 α 角；M，N 各表示一个矩阵。

例如，如图 7-87 所示。

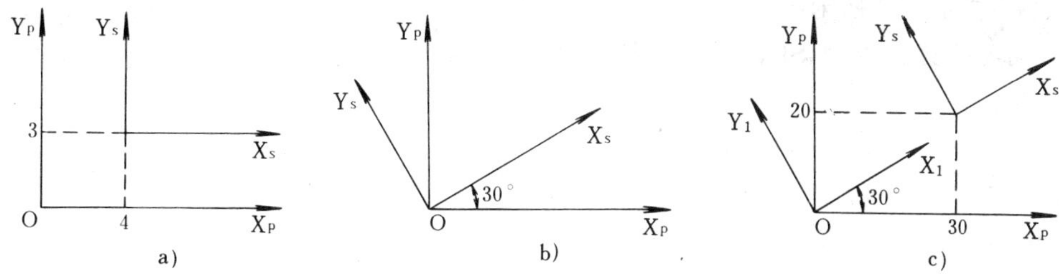

图 7-87 矩阵的平移、旋转、积

a）M1 b）M2 c）M3

M1＝MATRIX/TRANSL，4，3，0

M2＝MATRIX/XYROT，30

M3＝MATRIX/XYROT，30，TRANSL，30，20，0

2．参考坐标系（REFSYS）方法

形式： ⋮

REFSYS/矩阵名

⋮

REFSYS/NOMORE（参考坐标系定义结束）

从语句 REFSYS/矩阵名～REFSYS/NOMORE 之间的图形全是按经过矩阵变换的坐标系来定义的。

例如，图 7-88 的部分元素定义如下：

M＝MARTIX/XYROT，40，TRANSL，150，100，0

C1＝CIRCLE/…

⋮

REFSYS/M

C2＝CIRCLE/…

L1＝LINE/…

⋮

REFSYS/NOMORE

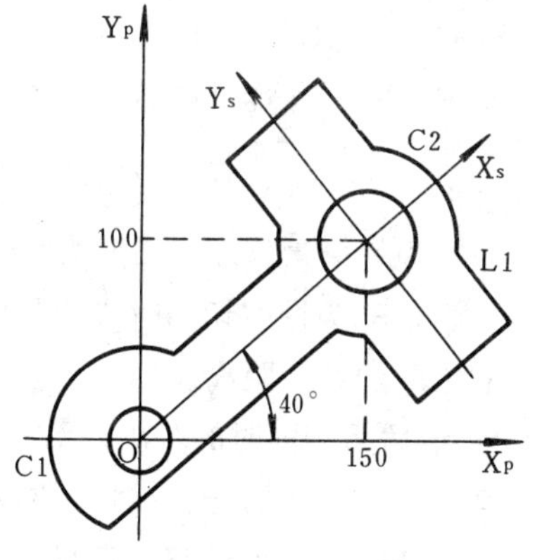

图 7-88 使用 REFSYS 定义的图形

3．坐标变换切削（TRACUT）方法

REFSYS 是在定义几何图形时进行坐标变换。而 TRACUT 则是在指定刀具运动时进行坐标变换。因此在几何定义语句之后，刀具运动语句之前，先定义出变换矩阵，然后再写坐标变换切削语句。其语句形式为：

矩阵名＝MATRIX/…

TRACUT/矩阵名

⋮ （相应的一组刀具运动语句）

TRACUT/NOMORE （坐标变换结束语句）

从语句 TRACUT/矩阵名～TRACUT/NOMORE 之间的刀具运动语句全是按经过矩阵变换的坐标系进行指定的。

例如，如图 7-89 所示。

```
M=MATRIX/TRANSL，6，2，0
FROM/SETPT
GO/TO，L1，TO，PL1，TO，L3
TLLFT，GOLFT/L1，PAST，L2
GORGT/L2，TANTO，C
GOFWD/C，TANTO，L3
GOFWD/L3，PAST，L1
GODLTA/−1，−1，5
TRACUT/M
GO/TO，L1，TO，PL1，TO，L3
TLLFT，GOLFT/L1，PAST，L2
GORGT/L2，TANTO，C
GOFWD/C，TANTO，L3
GOFWD/L3，PAST，L1
GODLTA/−1，−1，5
TRACUT/NOMORE
```

4. 槽腔（POCKET）方法

POCKET/语句能使刀具以同心多角形轨迹一圈圈从中心部分向外对多角形进行切削，并能自动计算出切削掉各顶点连线所形成的轮廓内侧部分的刀具轨迹。如图 7-90 所示，语句形式为：

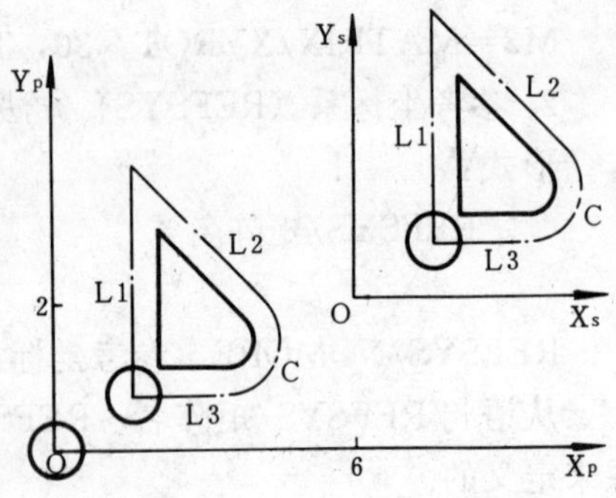

图 7-89 使用 TRACUT 的刀具运动

POCKET/R_e，C，f，F1，F2，F3；J，P，TP1，TP2，…，TPn

句中，R_e：有效刀具半径。由下式决定：

$$R_e=\sqrt{R^2-(R-H)^2}+(D/2-R)$$

式中，H 为切剩量高度；C 为槽腔切削时的步距系数，$C=S_c/(D/2)$；

其中，S_c 为槽腔切削时步距量的上限值。即对槽腔同一面，从上一圈切削到与它平行的下一圈之间的切削距离。

f：最后精切削时的步距系数。$f=S_f/(D/2)$

其中，S_f 为最后一圈精切削时步距量的上限值。

F1：进入槽腔时的进给速度。

F2：最后精切削时的进给速度。

J：需要作非切削试验（不需测试）时，J=1，否则 J=0（需测试）。

P：指定表示边界的多角形顶点形式。若 P=1 时，槽腔的形状就是连接各顶点形成的轮廓（TLLFT 或 TLRGT）；若 P=0 时，则表示刀具中心在各顶点的连线上（TLON）。

TPn：点的数据。

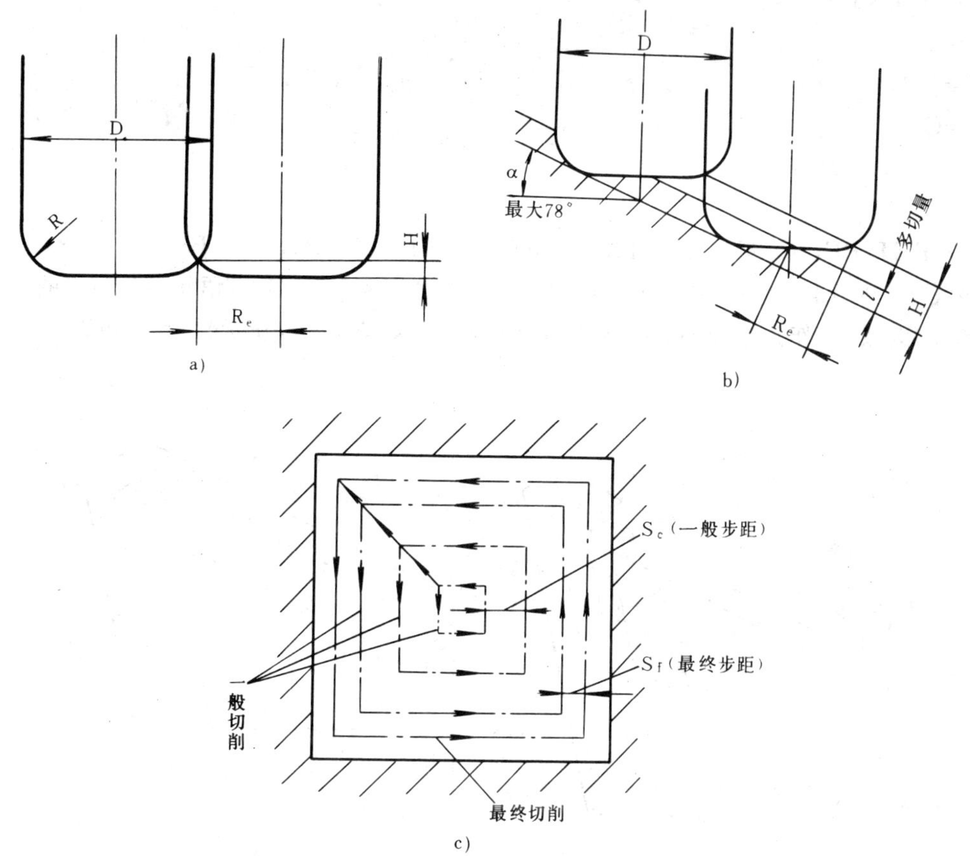

图 7-90　底面与有效半径 R_e 的关系及步距系数 c、f

a）底面垂直于刀具轴线　b）底面倾斜于刀具轴线　c）步距系数 c、f

在确定相邻刀具轨迹间的步距时，若只考虑切剩量H，则在锐角处就会产生切剩现象（图 7-91）。为防止这种现象，非切削试验应满足下式：

$$R_c \leqslant R_e \left(1+\sin\frac{\phi}{2}\right)$$

式中，R_c 为归算刀具半径，R_c=C D/2。

若指定作切削试验，就边比较语句 POCKET/指定的步距和 R_e，边加以检查，可通过适当地减小步距量的操作，或通过改变 POCKET/语句中形成多角形的各顶点在加工路线中排列的顺序来消除锐角处的切剩量 H。如图 7-92a 所示的源程序为：

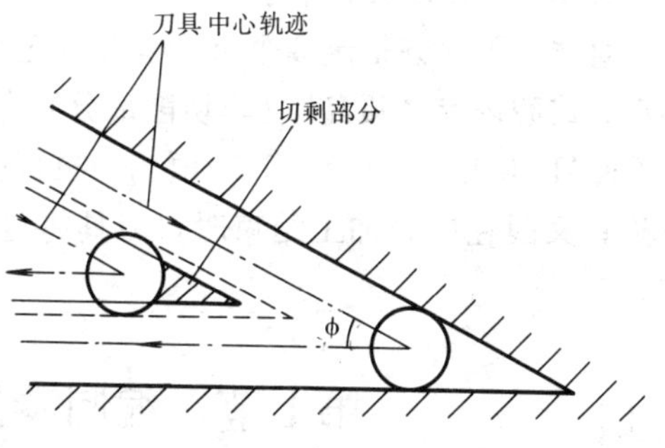

图 7-91　锐角处的切割部分

P1=POINT/0，0，0

P2=POINT/40，0，0

P3=POINT/50，40，0

P4=POINT/40，50，0

```
P5=POINT/0, 30, 0
D=10
C=1.7
F=C
RE=C * (D/2) /2
CUTTER/D
POCKET/RE, C, F, 120, 100, 80, 0, 1, P1, P2, P3, P4, P5
```

该程序在加工路线拐角处产生了切剩现象。下面改变 POCKET/语句中各顶点的排列顺序，选择 P3 或 P4 作为槽腔加工路线的第一个顶点（如图 7-92b 所示），其语句为：

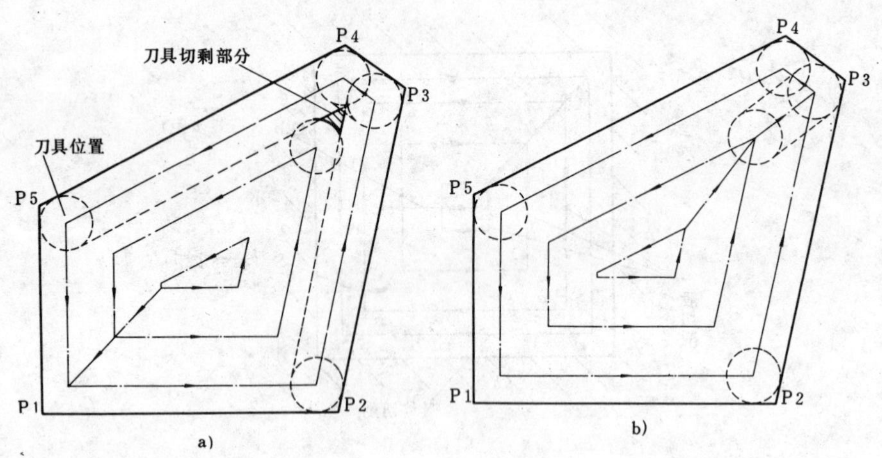

图 7-92　消除切剩量举例

```
POCKET/RE, C, F, 120, 100, 80, 0, 1, P3, P4, P5, P1, P2
```

该语句的加工路线即可消除切剩现象。

规定：POCKET/语句中要写上全部参数，槽腔的顶点最多为 20 个；点不能重复指定，同一直线上不允许指定 3 个点，全部点应在同一平面内；槽腔形状必须是凸多边形，若有凹形部分或腔内有“弧岛”（非切削部分）存在，则要分割成凸形，再分别对各凸多边形使用 POCKET 语句。因 POCKET/语句一执行就进行型腔加工，所以事先应将刀具移到槽腔中心附近；又因在槽腔加工结束时，刀具将再返回到中心部分，所以还应将刀具提起来离开槽腔。

第七节　编制零件源程序的方法及步骤

下面将以图 7-93 所示工件为例，总结运用 APT 数控语言编制零件源程序的方法，步骤及 APT 语言的运用。

一、分析零件图、选择坐标系、确定有关几何元素的标识符

1. 分析零件图

在编写源程序前，应对零件图形的加工外形的几何元素构成进行分析，并进行工艺分析：

选择加工起点、加工路线，选择工夹具等。

2. 选择坐标系

确定坐标系原点位置的原则是使编程简便，换算简单。所有的几何元素都须在所选定的坐标系中定义（图 7-94）。

3. 确定几何元素标识符

确定几何元素标识符，是为了定义几何表面和便于编写刀具运动语句（图 7-94）。

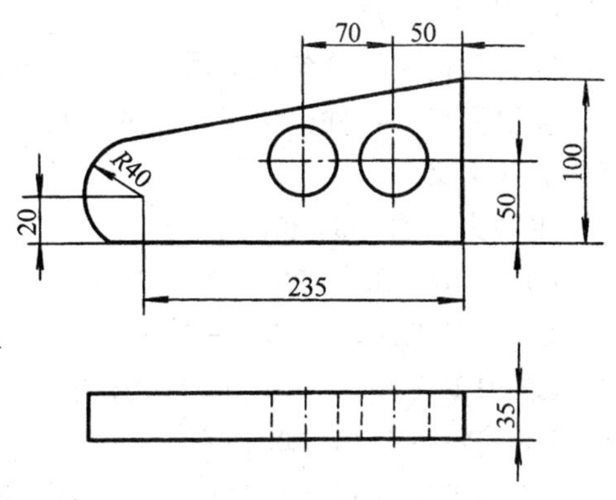

图 7-93　零件图

二、确定对刀方法、对刀点和换刀点

当零件在加工过程中不需要换刀时，对刀点是程序的起点；当零件在加工过程中需要换刀时，就必须选择换刀点（有时和对刀点选在同一点上)，并且换刀点作为换刀后继续加工零件的程序起点。对刀点、换刀点要根据刀具类型和加工路线等因素合理选择。

对刀方法是关系到重复加工精度的重要环节。本例是在夹具上专设一对刀销钉为程序起点。本例中对刀点也是起刀点。

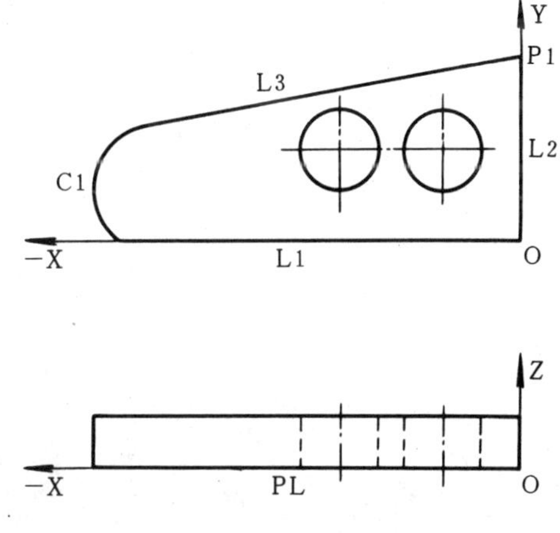

图 7-94　几何定义图

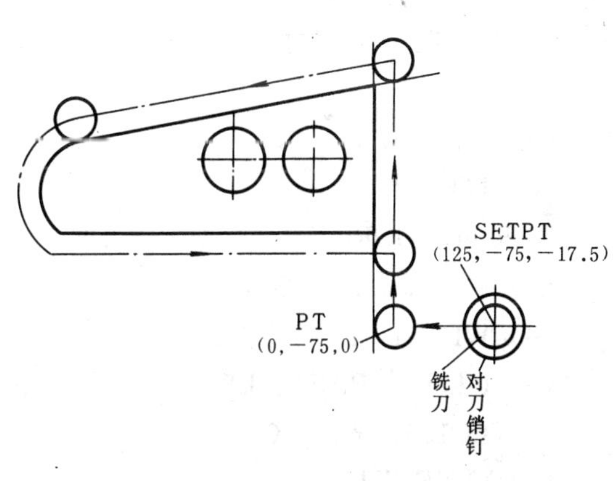

图 7-95　进给路线图

加工路线的确定要与对刀点和起刀点一起综合考虑，要根据机床、工件及刀具的类型及特点综合考虑而定。原则是便于编程，保证加工要求，路线简捷、合理。本例加工路线的确定如图 7-95 所示。

三、选择容差、刀具等工艺参数

容差和刀具的选择要根据机床的能力、工件的要求而定。本例定义为：

```
INTOL/0.01
OUTTL/0.01
CUTTER/12
```

一些工艺参数和特有指令，要根据特定的数控机床而定。如本例为：

FEDRAT/50

SPINDL/900，CLW

COOLNT/FLOOD

COOLNT/OFF

四、几何定义语句的书写

要根据已知条件，依照作图的先后次序书写几何定义语句，并注意凡用到的任何标识符事先必须定义。

本例为（图 7-94 和图 7-95）

C1=CIRCLE/－235，20，0，40

L1=LINE/0，0，0，－100，0，0

L2=LINE/0，0，0，0，100，0

P1=POINT/0，100，0

L3=LINE/P1，RIGHT，TANTO，C1

五、刀具运动语句的书写

根据进给路线（图 7-95），逐条写出运动语句。刀具从起刀点 SETPT 开始运动至 PT 点，为此，要先对这两点进行几何定义：

SETPT=POINT/125，－75，－17.5

PT=POINT/0，－75，0

然后，再书写刀具运动语句：

FROM/SETPT

INDIRP/PT

GODLTA/0，0，17.5

GO/TO，L2

TLRGT，GORGT/L2，PAST，L3

GOLFT/L3，TANTO，C1

GOFWD/C1，PAST，L1

GOLFT/L1，PAST，L2

GOTO/125，－75，0

GOTO/SETPT

六、插入其它语句

一类是将上述各部分连接起来需插入的指令和语句，例如改变进给速度的申明语句：FEDRAT；一类是前面未列入的指令和语句，例如调出后置处理程序：MACHIN/3（调 3 号机的后置处理程序）和程序结束语句 FINI 等。

七、核查书写的源程序

常见错误，一类是漏定义和漏加工；一类是语法错误。这些都应在上机前尽量消除，以提高上机效率和节约费用。

八、填写程序单

核查过的源程序，要用规定格式填入程序单，见表 7-10。

表 7-10 自动编程源程序单

	程序 名称	设计人 日 期	
1 6	7 72	73 80	序 号
PARTNO	/TEST PART		0010
	MACHIN/3		0020
	CLPRNT		0030
	INTOL/0.01		0040
	OUTTOL/0.01		0050
	CUTTER/12		0060
C1	=CIRCLE/−235，20，0，40		0070
L1	=LINE/0，0，0，−100，0，0		0080
L2	=LINE/0，0，0，100，0，0		0090
P1	=POINT/0，100，0		0100
L3	=LINE/P1，RIGHT，TANTO，C1		0110
SETPT	=POINT/125，−75，−17.5		0120
PT	=POINT/0，−75，0		0130
	FEDRAT/50		0140
	SPINDL/900，CLW		0150
	FROM/SETPT		0160
	GODLTA/0，0，17.5		0170
	INDIRP/PT		0180
	GO/TO，L2		0190
	COOLNT/FLOOD		0200
	TLRGT，GORGT/L2，PAST，L3		0210
	GOLFT/L3，TANTO，C1		0220
	GOFWD/C1，PAST，L1		0230
	GOLFT/L1，PAST，L2		0240
	COOLNT/OFF		0250
	FEDRAT/200		0260
	GOTO/125，−75，0		0270
	GOTO/SETPT		0280
	PRINT/3，ALL		0290
	STOP		0300
	FINI		0310

第八节 零件源程序实例

一、存贮调用语句的应用举例

本例仍以图 7-63 为例。源程序中通过语句：

SYSLIB/LIB2

INCLUD/SPADEG

调用文件名为 SPADEG 的全部内容，即图 7-63 中的全部几何定义语句。见表 7-11。

表 7-11　自动编程源程序单

程序名称		设计人日　期		
1　　6	7　　72	73　　80		序　号
PARTNO	/SHADE EXAMPLE L. J. B FALL 1993 OP220			0010
$ $				0020
$ $	ROUGH CUTTING OPERATION			0030
$ $				0040
	CLPRNT			0050
	MACHIN/41			0060
	MACHIN/54			0070
	PPLOT/ALL，LOWLFT，－40，－30，0，XYPLAN，UPRGT，$			0080
	40，70，0，SCALE，1，PAPRSZ，80，100，0			0090
$ $				0100
	SYSLIB/LIB2			0110
	INCLUD/SPADEG			0120
$ $				0130
	TOLER/0.005			0140
	CDIA＝15			0150
	CRAD＝0			0160
	RAP＝800			0170
	FR1＝100			0180
	FR2＝200			0190
$ $				0200
$ $	MILL PERIPHERY			0210
$ $				0220
	CUTTER/（CDIA＋（2＊0.2）），CRAD			0230
	SPINDL/600，CLW			0240
	COOLNT/FLOOD			0250
	FROM/TLCH			0260
	RAPID			0270
	GO/TO，L2，TO，PL735，TO，L1			0280
	TLLFT，GOLFT/L2，TO，L3，FR1			0290
	GOLET/L3，PAST，L6			0300
	GORGT/L6，TANTO，C10			0310
	GOFWD/C10，TANTO，L9			0320
	GOFWD/L9，TANTO，C8			0330
	GOFWD/C8，TANTO，L12			0340

·(续)

程序 名称	设计人 日　期		
1　　6	7　　　72	73　　80	序　号
	GOFWD/L12，PAST，L13		0350
	GORGT/L13，PAST，L3		0360
	GORGT/L3，TO，L14		0370
	GOLFT/L14，PAST，L1		0380
	GORGT/L1，PAST，L2		0390
	GOTO/TLCH，RAP		0400
	SPINDL/OFF		0410
$ $			0420
$ $	DRILL 2 HOLES		0430
$ $			0440
	CUTTER/3		0450
	SPINDL/1000，CLW		0460
	GOTO/DPB，RAP		0470
	GODLTA/0，0，－13.0，FR2		0480
	GODLTA/0，0，13.0，RAP		0490
	GOTO/DPA，RAP		0500
	GODLTA/0，0，－13.0，FR2		0510
	GODLTA/0，0，13.0，RAP		0520
	GOTO/TLCH		0530
	COOLNT/OFF		0540
	SPINDL/OFF		0550
$ $			0560
	PRINT/3，ALL		0570
	STOP，END		0580
	FINI		0590

刀具运动轨迹由自动绘图机按源程序要求绘出（图 7-96）。

二、循环功能的应用举例

图 7-97a 是三角形零件图，图 7-97b 是几何定义图。要求用平行于 Y 轴的等间距 D＝0.9mm 的一组直线填充三角形内部及加工外形，并用“TLON”的刀具状态在绘图仪上绘出（图 7-97c）。对于其重复操作使用了循环功能，并在 L1 和 L2 交界处附近的平行线 L3（N）采用了复合检查面的运动语句。平行线 L3（N）的总数为 30/D，工艺参数的选定见源程序表 7-12。

三、复制功能的应用举例

图 7-98a 是带有四个弧形槽的盘类零件图。要求编写加工其内、外圆和四个弧形槽的源程序（只要求编出在 XY 平面的刀具运动轨迹，暂不考虑 Z 向的运动），刀具进给状态选用 TLON〔目的是用绘图仪划线模拟（复现）并检查零件 XY 平面图形〕。同时要求在弧形槽内设计一个切入点，并用 OBTAIN 语句获得该点。

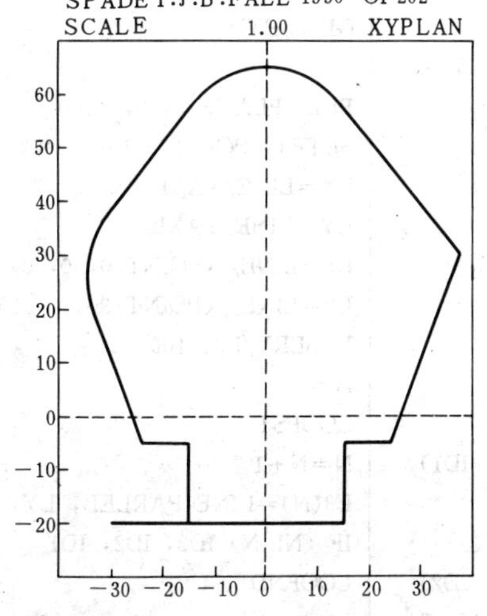

图 7-96　刀具运动轨迹

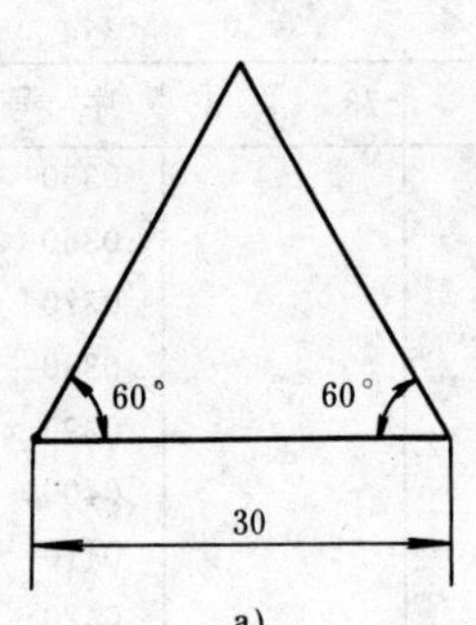

a)

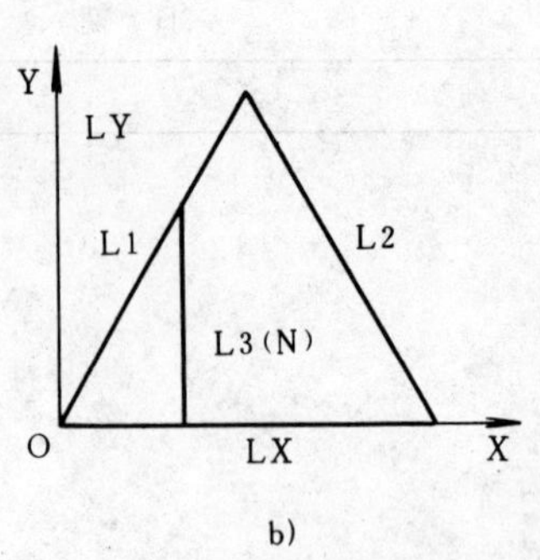

b)

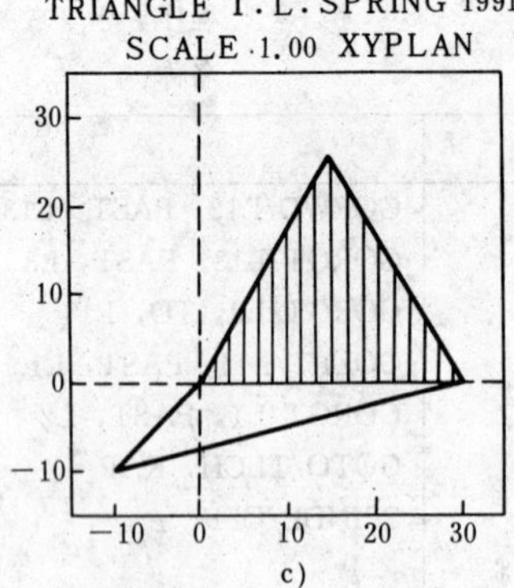

c)

图 7-97 循环功能应用举例

表 7-12 自动编程源程序单

	程序名称	设计人 日期		
1　　　6	7　　　72		73　　80	序 号
PARTNO	/TRIANGLE T.L.SPRING 1992			0010
	CLPRNT			0020
	MACHIN/41			0030
	PPLOT/ALL，LOWLFT，−15，−15，0，XYPLAN，UPRGT，$			0040
	35，35，0，SCALE，1，PAPRSZ，50，50，0			0050
$ $				0060
	PARAMETERS			0070
$ $				0080
	CUTTER/0.50			0090
	TOLER/0.01			0100
	D=0.90			0110
	NL=30/D−1			0120
$ $				0130
	GEOMETRY			0140
$ $				0150
	PLZ=PLANE/0，0，1，0			0160
	SETPT=POINT/−10，−10，0			0170
	LX=LINE/XAXIS			0180
	LY=LINE/YAXIS			0190
	L1=LINE/（POINT/0，0，0），ATANGL，60，LX			0200
	L2=LINE/（POINT/30，0，0），ATANGL，120，LX			0210
	RESERV/L3，100			0220
	N=0			0230
	LOOPST			0240
ID1)	N=N+1			0250
	L3(N)=LINE/PARLEL，LY，XLARGE，(N＊D)			0260
	IF (NL-N) ID2，ID2，ID1			0270
ID2)	LOOPND			0280
$ $				0290
	MOTION			0300

（续）

程序名称		设计人 日 期	
1　　6	7　　　　72	73　　80	序　号
$ $			0310
	FROM/SETPT		0320
	GO/ON，LX，ON，PLZ，ON，LY		0330
	TLON，GORGT/LX，ON，L2		0340
	GOLFT/L2，ON，L1		0350
	GOLFT/L1，ON，LX		0360
	N=0		0370
	LOOPST		0380
ID3)	N=N+1		0390
	GOLFT/LX，ON，L3(N)		0400
	GOLFT/L3(N)，ON，L1，ID4，ON，L2，ID4		0410
ID4)	GOBACK/L3(N)，ON，LX		0420
	IF (NL-N) ID5，ID5，ID3		0430
ID5)	LOOPND		0440
	GOTO/SETPT		0450
$ $			0460
	PRINT/3，ALL		0470
	STOP，END		0480
	FINI		0490

图 7-98b 是零件的几何定义图，切入点设在图中标识符为 C10 圆的圆心上。用 OBTAIN 语句获得该点的源程序为：

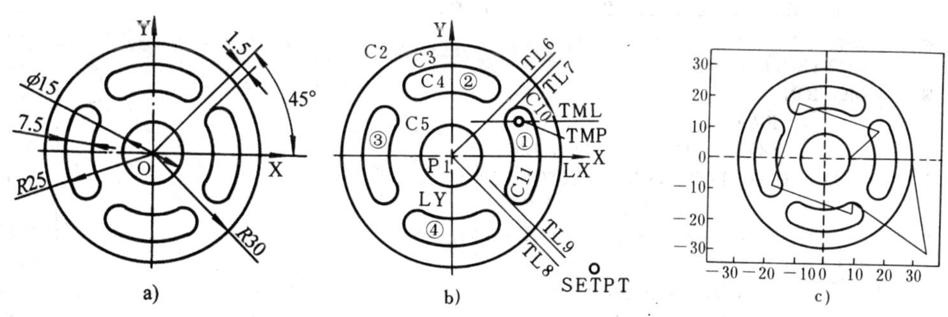

图 7-98　复制功能应用举例

```
OBTAIN，CIRCLE/C10，X，Y
TMP=POINT/X，Y
TML=LINE/TMP，PARLEL，LX
GO TO/TMP
```

在程序中，只编制了一个弧形的加工，然后用 COPY 中的旋转复制功能语句对其余的三个弧形槽进行复制加工。

图 7-98c 是绘图仪自动绘出的刀具运动轨迹。

选择的有关工艺参数见零件源程序表 7-13。

表 7-13 复制功能应用源程序单

程序 名称		设计人 日 期	

1　　6	7　　72	73　　80	序 号
PARTNO	/WAN WHEEL L. J. DW. FALL 1993		0010
	CLPRNT		0020
	MACHIN/41		0030
	SYN/PT, POINT, LN, LINE, PL, PLANE, CIR, $		0040
	CIRCLE, XL, XLARGE, XS, XSMALL, YL, $		0050
	YLARGE, YS, YSMALL, RAD, RADIUS, PR, $		0060
	PARLEL, TAN, TANTO, CEN, CENTER		0070
	PPLOT/ALL, LOWLFT, −40.0, −35.0, 0, XYPLAN, $		0080
	UPRGT, 40.0, 35.0, 0, SCALE, 1, $		0090
	PAPRSZ, 80.0, 70.0, 0		0100
	TOLER/0.001		0110
$ $	GEOMETRY		0120
	LX=LN/XAXIS		0130
	LY=LN/YAXIS		0140
	SETPT=PT/35, −30, 0		0150
	PL1=PL/0, 0, 1, 0		0160
	P1=PT/0, 0, 0		0170
	C2=CIR/CEN, P1, RAD, 30		0180
	C3=CIR/CEN, P1, RAD, 25		0190
	C4=CIR/CEN, P1, RAD, (25−7.5)		0200
	C5=CIR/CEN, P1, RAD, (15/2)		0210
	TL6=LN/P1, ATANGL, 45, LX		0220
	TL7=LN/PR, TL6, YS, 1.5		0230
	TL8=LN/P1, ATANGL, 45, LY		0240
	TL9=LN/PR, TL8, YL, 1.5		0250
	C10=CIR/YS, TL7, XL, IN, C3, RAD, (7.5/2)		0260
	C11=CIR/YL, TL9, XL, IN, C3, RAD, (7.5/2)		0270
$ $			0280
	CUTTER/1.0, 0		0290
$ $	MOTION		0300
	FROM/SETPT		0310
	GO/ON, C2, PL1, ON, LX		0320
	TLON, GORGT/C2, ON, 2, INTOF, LX		0330
	GO/ON, C5, PL1, ON, LX		0340
	TLON, GORGT/C5, ON, 2, INTOF, LX		0350
	INDEX/1		0360
	OBTAIN, CIR/C10, X, Y		0370
	TMP=PT/X, Y		0380
	TML=LN/TMP, PR, LX		0390
	GOTO/TMP		0400
	INDIRV/−1, 0, 0		0410
	GO/ON, C10, PL1, ON, TML		0420
	TLON, GORGT/C10		0430
	GOFWD/C3		0440
	GOFWD/C11		0450
	GOFWD/C4		0460
	GOFWD/C10, ON, TML		0470
	COPY/1, XYROT, 90, 3		0480
	GOTO/SETPT		0490
	PRINT/3, ALL		0500
	FINI		0510

四、宏指令功能的应用举例

如图 7-99a 是一个具有三个台阶的槽腔零件。可利用宏指令或槽腔方法对其进行加工。本例中，考虑到按零件圆角半径选择刀具仅切削一圈就可完成一槽腔的加工，因此选用宏指令功能编制零件源程序。

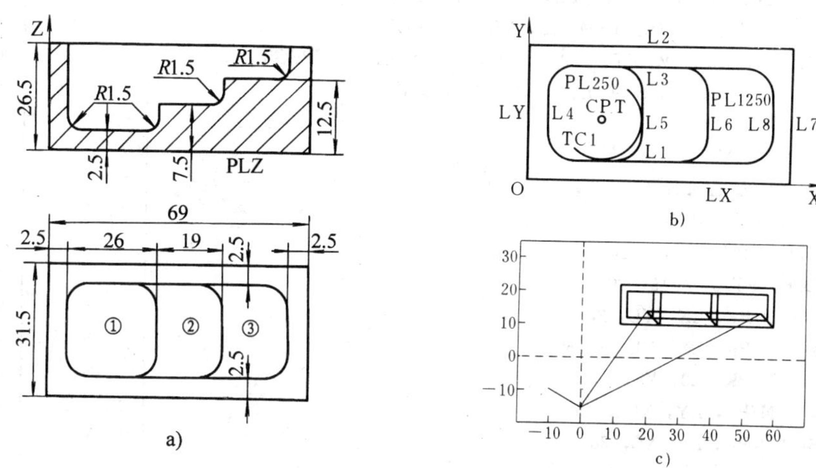

图 7-99　宏指令功能应用举例

要求：粗、精铣三个槽腔的内侧和底面。

选择刀具及工艺参数如下：

1．铣刀　直径 ϕ15mm，圆角半径 R=1.5mm。

2．容差指定　TOLER=0.01mm。

3．进给速度　快速 F=900mm/min，切入速度 F=125mm/min，加工速度 F=100mm/min。

4．工步划分　①粗加工槽腔内侧和底面，侧面和底面各留 0.2mm 的精加工余量；②精加工槽腔内侧和底面至要求尺寸。

5．进给路线按图 7-99a 所示的槽腔①、②、③顺序依次进行各槽腔的粗、精加工，各槽腔内的进给路线为逆时针方向。

6．对刀点和换刀点　根据几何定义图（图 7-99b）的坐标系，对刀点选在点（−15，−10，0）上，换刀点选在点（0，−15，30）处。该零件采用组合式真空吸盘装夹。

绘图仪自动绘制的刀具运动轨迹见图 7-99c。该零件源程序见表 7-14。

表 7-14　宏指令功能应用源程序单

	程序 名称	设计人 日　期	
1　　　6	7　　　　72	73　　80	序　号
PARTNO	/RCTANG MACRO L. J. B. FALL 1993		0010
	CLPRNT		0020
	MACHIN/41		0030
	MACHIN/54		0040
	SYN/PT，POINT，LN，LINE，PL，PLANE，CIR，$		0050

（续）

程序名称	设计人 日 期

1　6　7　72　73　80　序　号

```
          CIRCLE，PR，PARLEL，XS，XSMALL，XL，$
          XLARGE，YS，YSMALL，YL，YLARGE
      PPLOT/ALL，LOWLFT，−20，−20，0，XYPLAN，UPRGT，$
            70，35，0，SCALE，1，PAPRSZ，90，55，0
$ $
$ $   GEOMETRY
      LX=LINE/XAXIS
      LY=LINE/YAXIS
      SETPT=PT/−15，−10，0
      TLCH=PT/0，−15，30
      L1=LN/PR，LX，YL，2.5
      L2=LN/PR，LX，YL，31.5
      L3=LN/PR，L2，YS，2.5
      L4=LN/PR，LY，XL，2.5
      L5=LN/PR，L4，XL，26
      L6=LN/PR，L5，XL，19
      L7=LN/PR，LY，XL，69
      L8=LN/PR，L7，XS，2.5
      PLZ=PL/0，0，1，0
      PL250=PL/0，0，1，2.5
      PL750=PL/0，0，1，7.5
      PL1250=PL/0，0，1，12.5
$ $
$ $   PAPAMETERS
      CUTTER/15，1.5
      TOLER/0.001
$ $
$ $   MACRO
      RCTANG=MACRO/VL1=L1，VL2=L5，VL3=L3，$
                VL4=L4，ZDP=2.5，FL=0.2，ZFL=0.2，$
                MD1=TO，MD2=TLLFT，MD3=TLLFT
      TC1=CIR/XS，VL2，YL，VL1，RADIUS，10.0
      CPT=PT/CENTER，TC1
      OBTAIN，PT/CPT，X，Y，Z，$ $ Z=0
      CUTTER/15+（2*FL），1.5
      GOTO/X，Y，（Z+28.5），900 $ $ FAST FEDRAT
      ZPL=PL/0，0，1，（ZDP+ZFL）$ $ ZPL=2.7
      GO/TO，VL2，ZPL，VL1，125
      TLLFT，GOLFT/VL2，TO，VL3，100
            GOLFT/VL3，MD1，VL4
      MD2，GOLFT/VL4，TO，VL1
      MD3，GOLFT/VL1，TO，VL2
            GOLFT/LV2，TANTO，TC1
      GOTO/X，Y，（Z+28.5），900
      TERMAC
```

（续）

程序名称		设计人 日期	
1　　6	7　　72	73　　80	序　号
$ $			0510
$ $	MOTION		0520
	FROM/SETPT		0530
	GOTO/TLCH，900		0540
	STOP		0550
	SPINDL/HIGH，ON		0560
$ $	CUTTING POC（1）		0570
	CALL/RCTANG		0580
	CALL/RCTANG，FL=0，ZFL=0		0590
$ $	CUTTING POC（2）		0600
	CALL/RCTANG，VL2=L6，VL4=L5，ZDP=7.5，$		0610
	MD1=PAST，MD2=TLRGT		0620
	CALL/RCTANG，VL2=L6，VL4=L5，ZDP=7.5，$		0630
	FL=0，ZFL=0，MD1=PAST，MD2=TLRGT		0640
$ $	CUTTING POC（3）		0650
	CALL/RCTANG，VL2=L8，VL4=L6，ZDP=12.50，$		0660
	MD1=PAST，MD2=TLRGT		0670
	CALL/RCTANG，VL2=L8，VL4=L6，ZDP=12.50，$		0680
	FL=0，ZFL=0，MD1=PAST，MD2=TLRGT		0690
$ $			0700
	GOTO/TLCH，900		0710
	SPINDL/HIGH，OFF		0720
	STOP，END		0730
	FINI		0740

五、宏指令和 TRACUT 组合的应用举例

如图 7-100 所示为具有两个形状完全相同但分散在两处的图形，可用宏指令和 TRACUT 组合起来对其轮廓进行加工。即是说，因为基本的刀具运动相同，所以可把这些刀具运动指令归纳在宏指令中给予定义，而且根据 TRACUT 使刀具运动的坐标进行变换。当然，也可考虑用 REFSYS 进行坐标变换，但本例中，因程序段数大量增加而不宜采用。加工该图形的零件源程序见表 7-15。

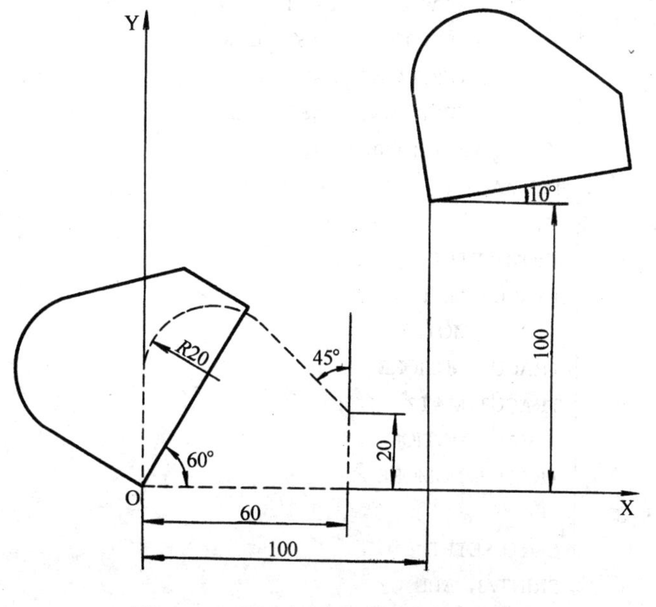

图 7-100　两个相同形状的轮廓切削加工

表 7-15　宏指令和 TRACUT 组合应用源程序单

	程序名称	设计人　日　期	
1　　6	7　　　　　　　　　　　　　　　　　　　　72	73　　80	序　号
PARTNO	/TEST SAMFOM L. B. 1993		0010
$ $	TRACUT AND MACRO TEST		0020
	NOPOST		0030
	OUTTOL/0. 005		0040
	INTOL/0. 005		0050
	CLPRNT		0060
	CUTTER/10 $ $FLAT END MILL D=10mm		0070
$ $	MATRIX DEFINITION		0080
	MAT1=MATRIX/XYROT，60		0090
	MAT2=MATRIX/XYROT，10，TRANSL，100，100，0		0100
	LN1=LINE/0，0，1，0		0110
	LN2=LINE/0，0，0，1		0120
	LN3=LINE/（POINT/60，0），PARLEL，LN2		0130
	LN4=LINE/（POINT/60，20），ATANGL，45，LN3		0140
	CIR=CIRCLE/XLARGE，LN2，YSMALL，LN4，RADIUS，20		0150
	XYPL=PLANE/0，0，1，0		0160
	SETPT=POINT/−20，−20，10		0170
$ $	MACRO ROUTINE		0180
	MOTION=MACRO		0190
	GOTO/−10，−10，1，1000		0200
	GO/TO，LN2，TO，XYPL，TO，LN1，120		0210
	TLLFT，GOLFT/LN2，TANTO，CIR，100		0220
	GOFWD/CIR，TANTO，LN4		0230
	GOFWD/LN4，PAST，LN3		0240
	GORGT/LN3，PAST，LN1		0250
	GORGT/LN1，PAST，LN2		0260
	GODLTA/0，0，10		0270
	TERMAC		0280
$ $			0290
	FROM/SETPT		0300
	TRACUT/MAT1		0310
	CALL/MOTION		0320
	TRACUT/NOMORE		0330
	TRACUT/MAT2		0340
	CALL/MOTION		0350
	TRACUT/NOMORE		0360
$ $			0370
	GOTO/SETPT		0380
	PRINT/3，ALL		0390
	FINI		0400

六、POCKET 和复制功能组合的应用举例

图7-101是一个用槽腔方法加工零件的例子。因为该零件对称于原点，所以加工中又运用了 COPY 功能。

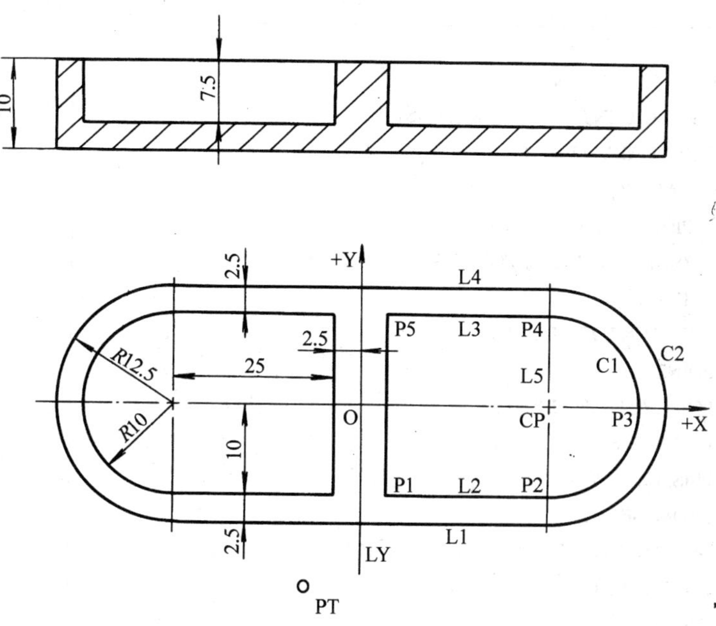

图7-101　壳体零件内外轮廓的加工

该零件的槽腔底面和侧面均厚2.5mm，为了使刀具顶端能在槽腔底面厚2.5mm 的平面上加工，本例采用了“ZSURF/平面名”语句，来定义 Z 坐标值为2.5mm 且平行于 XY 坐标平面的平面内的一组点，以此作为槽腔语句中所需要的顶点。此外，还使用了作为刀具运动技巧的 DNTCUT～CUT 语句。编写的零件源程序见表7-16。

表7-16　POCKET 和复制功能组合应用源程序单

程序名称		设计人 日期	
1　　6	7　　72	73　　80	序　号
PARTNO	/POCKET EXAMPLE NO5 1993 LIN		0010
	NOPOST		0020
	OUTTOL/0.005		0030
	INTOL/0.005		0040
	CLPRNT		0050
	D=5，$ $ CUTTER DIAMETER		0060
	CUTTER/D $ $ FLAT END MILL		0070
	SETPT=POINT/−5，−20，20		0080
	L1=LINE/XAXIS，−12.5		0090
	L2=LINE/XAXIS，−10		0100
	L3=LINE/XAXIS，10		0110
	L4=LINE/XAXIS，12.5		0120
	LY=LINE/YAXIS		0130

（续）

程序名称	设计人 日 期		
1　　6	7　　　　72	73　　80	序 号

```
CP=POINT/27.5，0
L5=LINE/CP，ATANGL，90
C1=CIRCLE/CENTER，CP，RADIUS，10
C2=CIRCLE/CENTER，CP，RADIUS，12.5
PL1=PLANE/0，0，1，0
PL25=PLANE/0，0，1，2.5
    ZSURF/PL25 $ $POINT AT SURF PL25
P1=POINT/2.5，-10
P2=POINT/INTOF，L2，L5
P3=POINT/35，0
P4=POINT/INTOF，L3，L5
P5=POINT/2.5，10
   PSIS/PL1
   FROM/SETPT
   GO/TO，L1，TO，PL1，TO，LY，150
   INDIRV/1，0，0
   INDEX/7
 TLRGT，GOFWD/L1，TANTO，C2，120
      GOFWD/C2，TANTO，L4
      GOFWD/L4，ON，LY
   COPY/7，XYROT，180，1
   GOTO/0，-15，12.5
   C=1.7
   F=C
   RE=C*（D/2）/2
   INDEX/9
   GOTO/20，-2.5，12.5
   POCKET/RE，C，F，150，120，100，0，1，P2，$
         P3，P4，P5，P1
 DNTCUT
   GODLTA/-2.5，2.5，0
   PSIS/PL25
   GO/TO，L2，TO，PL25，TO，L5
 TLLFT，GOLFT/12，TANTO，C1
 CUT
      GOFWD/C1，PAST，2，INTOF，L5，100
      GODLTA/0，-2.5，12
   COPY/9，XYROT，180，1
   GOTO/SETPT
 FINI
```

第八章　微机 CAM 系统简介

本章将简要介绍具有交互绘图功能的微机 CAM 系统 EZ-CAM6.0 软件的基本情况。使读者对 EZ-CAM6.0 软件的主要功能等有一个概略的了解。

第一节　CAM 系统概述

一、EZ-CAM6.0 对软硬件的要求

1. 硬件

1）主机：EZ-CAM6.0 软件在 IBM/PC/AT、386/DX 及兼容机上运行，主机内存必须在 4MB 以上，有 1 至 2 个软盘驱动器及 35MB 以上的硬盘，且必须配备 80387 协处理器。

2）图形卡及显示器：使用 VGA 和 EGA 图形卡及显示器。

3）图形输入装置：使用鼠标（Mouse）或数字化仪、键盘。

4）输出装置：EZ-CAM6.0 的图形、数控加工程序可以通过绘图机和打印机输出。这些输出设备通过标准的串行接口或并行接口与主机联接；数控加工程序还可以通过接口直接输出给数控机床。

2. 软件

1）操作系统必须是 MS-DOS3.3 以上的版本。

2）若 EZ-CAM6.0 是 Windows 版，则必需用 Windows。

二、EZ-CAM6.0 的基本功能

1. 多样化的用户接口

用户可以用多种方式与 EZ-CAM 对话，进行交互式的操作，即所谓用户接口。

通过键盘进行对话，可以输入绘图数据和加工参数。

通过下拉菜单、屏幕菜单进行对话，这些菜单都是多级树形结构，用户可以通过逐级选择菜单功能，实现与 EZ-CAM 的对话。

通过鼠标或数字化仪进行对话，鼠标可以选择菜单项，配合图标菜单可以进行光标定位，绘制零件图，指定加工路线等。

2. 编程功能

EZ-CAM6.0 软件具有 EZ-TURN、EZ-MILL、EZ-SURF、MBUILD、TBUILD 等功能模块，可以实现数控车、铣和钻削的绘图自动编程。

3. 编辑功能

EZ-CAM6.0 可以对所绘制的零件图和指定的加工路线进行编辑，并能模拟数控加工过程，显示零件加工后的三维图形。

用户可以根据自己使用的数控机床功能编写适合于具体数控机床的后置处理程序，或编辑已有的后置处理程序。

4. 与高级语言和 CAD 系统的通信

EZ-CAM 提供图形交换文件（DXF 文件）。这个文件实际上是一个与高级语言连接的接口，通过该接口，经高级语言处理的数据送给 EZ-CAM 就可以生成图形。EZ-CAM 还支持 IGES（基本图形交换规范）格式文件，可以实现与 CAD 系统的通信。

第二节　EZ-MILL 使用简介

EZ-CAM 中的 EZ-MILL 功能模块可以实现数控铣和钻削等的自动编程。其基本操作分为

一、Setup

通过鼠标选择 Setup 下拉菜单中的相应菜单项，可以设置绘图区域和工件坐标系，并显示在屏幕上。

二、Geometry

利用鼠标选择 Geometry 下拉菜单中的相应菜单项，并配合图标菜单进行几何定义、绘制或编辑零件图。

三、Part Program

选择 Part Program 下拉菜单中的相应菜单项，可以设置或选择加工工艺参数，刀具等；配合图标菜单，用鼠标可以直接在屏幕显示的零件图形上指定或编辑加工路线；最后模拟数控加工过程，显示加工后零件的三维图形。

四、Post

选择 Post 下拉菜单的相应项，进行后置处理，输出零件的数控加工程序。

各章练习与思考题

第一章　练习与思考题

1-1　试说明 NC 与 CNC 的区别。

1-2　什么是数控加工“零件程序（或零件加工程序单）”？它有何作用？

1-3　数控机床由哪几部分组成？各部分起什么作用？

1-4　数控机床有何特点？

1-5　何谓点位控制系统、直线控制系统、连续控制系统？三者有何区别？

1-6　数控机床按伺服系统类型不同分为哪几类？各有何特点？

1-7　何谓脉冲当量？

1-8　某数控机床的控制装置，其脉冲当量为 0.002mm/脉冲。当机床沿某坐标运动时，该控制装置在 8.5s 内产生了 42380 个脉冲。问机床的进给率是多少？

1-9　比较数控机床的开环和闭环控制系统。对于一个载荷稳定并要求保持恒定速度的传送带系统，应当采用什么控制系统？为什么？

1-10　什么是插补？何谓直线插补和圆弧插补？

1-11　某点位数控机床的控制装置可以同时计算各坐标寄存器的内容。设始点坐标为（0，0），若寄存器的内容具有以下顺序：

X 寄存器　1.0　1.5　4.5　6.5　1.0　0.0

Y 寄存器　1.0　3.0　3.0　4.0　1.5　0.0

试绘出刀具运动轨迹。

1-12　利用上题所列的坐标表，设机床的控制装置一次只计算一个寄存器的内容，试绘出其刀具运动轨迹。

1-13　某台数控机床进行直线插补，其始点和终点坐标分别为（1.5，3.0）和（7.5，7.0）。设数控装置的最高脉冲频率为 30000 脉冲/s，而最大的位移量为 0.6m，若要求的进给率为 1.2m/min，问各个坐标输出的脉冲频率应是多少？

1-14　CNC 系统有何特点？

1-15　数控机床常用的输入方法有哪些？

第二章　练习与思考题

2-1　怎样确定数控机床的坐标系？

2-2　常见的程序段格式有哪些？

2-3　在某数控机床说明书中查到其编程格式为

N04 G02 XL＋053 YL＋053 ZL＋053 F032 S04 T02 M02

试解释各字的含意。

2-4　常用的穿孔纸带有哪几种？八单位穿孔带常用的标准代码有哪几种，各有何特点？

2-5　根据习题图 2-1 所示的穿孔纸带，试回答下列问题：

（1）该代码符合哪种编码标准？为什么？

（2）该纸带中各行代码孔表示什么含意？

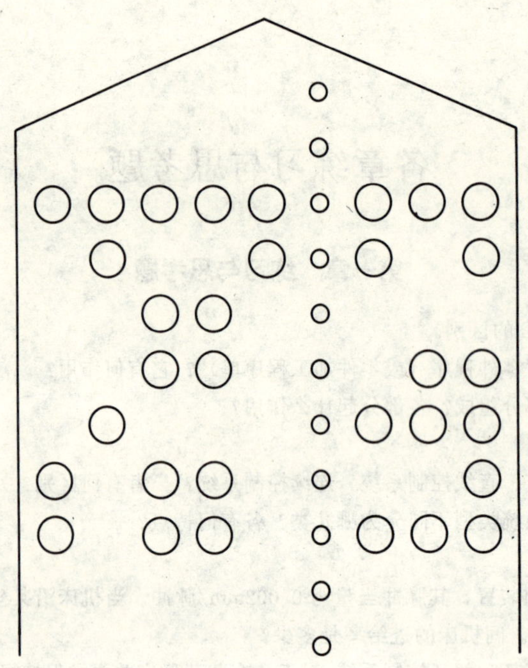

题图 2-1

2-6 试用八单位穿孔纸带的标准代码孔表示下列程序段：

O 0012

N0010 G01 X40.6 Y－30.5 F125

：0013

G92 X100.0 Y70.0 Z60.0

M02

2-7 数控加工工艺处理有哪些内容？

2-8 何谓数控加工的工艺路线？确定数控加工路线时应考虑哪些问题？

2-9 用点位机床铣削一个长为 250mm、宽为 100mm 的槽。若铣刀直径为 ϕ25mm，交迭为 6mm；加工时，以槽的左下角为坐标原点，刀具从点（500，250）开始移动，试绘出刀具的最短加工路线，并列出刀具中心轨迹各线段始点和终点的坐标。

2-10 确定零件安装方法和选用夹具时，应考虑哪些问题？

2-11 何谓对刀点、换刀点、刀位点？对刀点与刀位点有何联系？

2-12 对刀点与机床坐标系、工件坐标系有何联系？

第三章 练习与思考题

3-1 数控车床的机床原点、参考点及工件原点之间有何区别？大致的相对位置怎样？

3-2 何谓增量编程与绝对编程？

3-3 机床坐标系是怎样建立的？显示器上显示的坐标值表示什么意义？

3-4 工件坐标系是怎样建立的？显示器上显示的坐标值表示什么意义？

3-5 建立工件坐标系（执行 G50 指令）前，对刀具位置有何要求？如何调整数控机床？

3-6 单一固定循环切削指令（G90、G94）能否实现圆弧插补循环？

3-7 多重复合循环指令（G71、G72、G73）能否实现圆弧插补循环？各指令适合于加工哪类毛坯的工件？

3-8 设定刀具补偿量有哪几种方法？

3-9 编制习题图 3-1 中各零件的数控加工程序。并说明在执行加工程序前如何对刀？怎样调整数控车床？

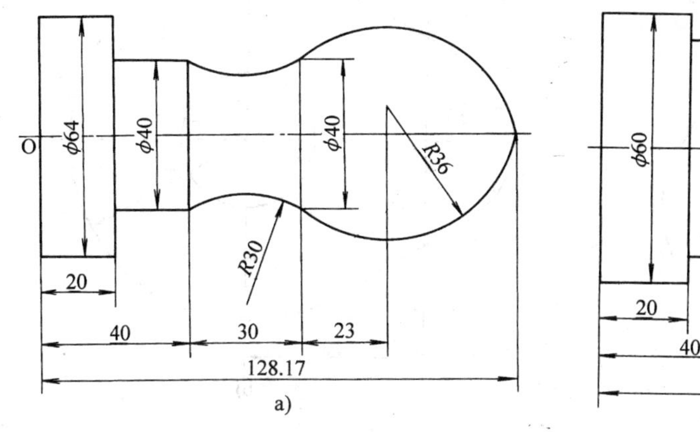

a)

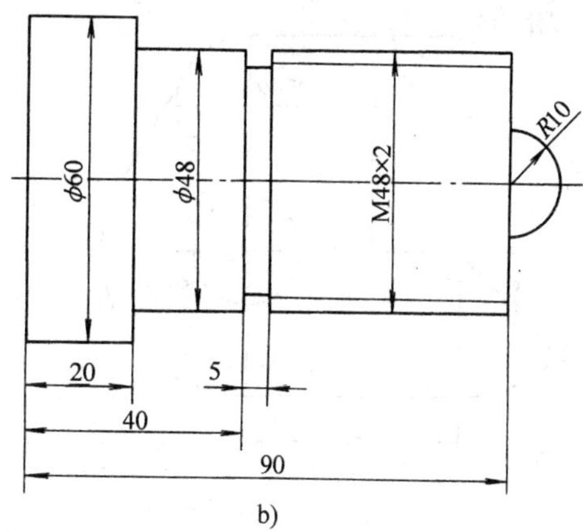

b)

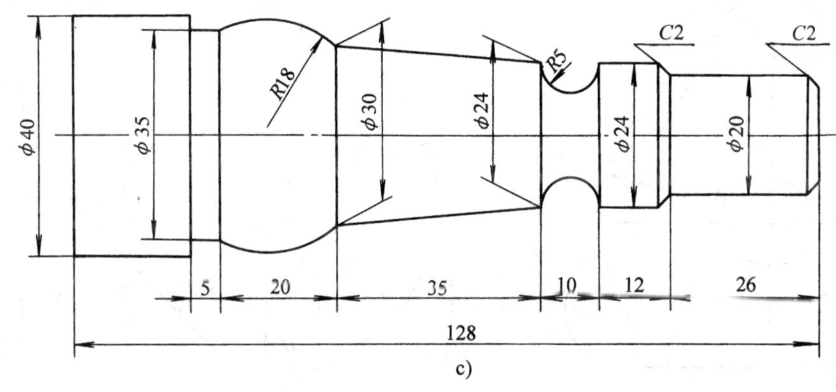

c)

题图 3-1

a）铸件 b)、c）棒料

3-10 数控车床上有哪些功能键、数据输入键和编辑键？

3-11 数控车床上有哪些工作方式？由什么开关控制？

3-12 数控车床上有哪些修调开关？起什么作用？

第四章 练习与思考题

4-1 何谓数控铣床的参考点？

4-2 机床坐标系是怎样建立的？显示器上显示的坐标值表示什么意义？

4-3 工件坐标系是怎样建立的？显示器上显示的坐标值表示什么意义？

4-4 建立工件坐标系（执行 G92 指令）前，对刀具位置有何位置要求？怎样调整数控铣床？

4-5 何谓偏移矢量？

4-6 建立或取消刀具半径补偿时，刀具中心运动轨迹与编程轨迹有何相对位置关系？

4-7 改变刀具偏移量或偏置状态时，刀具中心运动轨迹与编程轨迹有何相对位置关系？

4-8 编制习题图 4-1 中各零件的数控加工程序。并说明在执行加工程序前应如何对刀调整数控铣床。

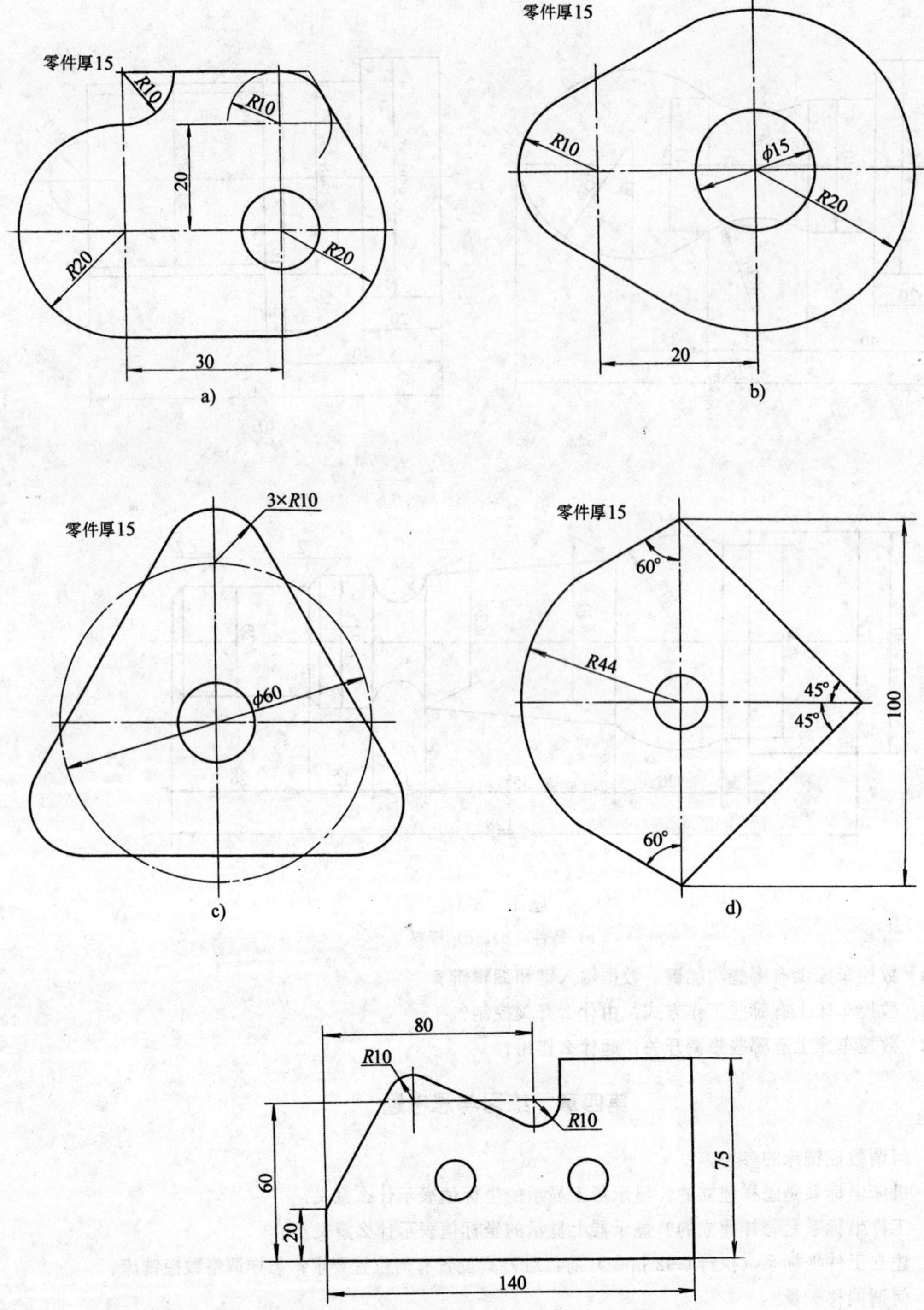

零件厚15
R10
R10
20
R20
R20
30
a)
零件厚15
R10
φ15
R20
20
b)
零件厚15
3×R10
φ60
c)
零件厚15
60°
R44
45°
45°
100
60°
d)
80
R10
R10
60
20
75
140
e)

题图 4-1（之一）

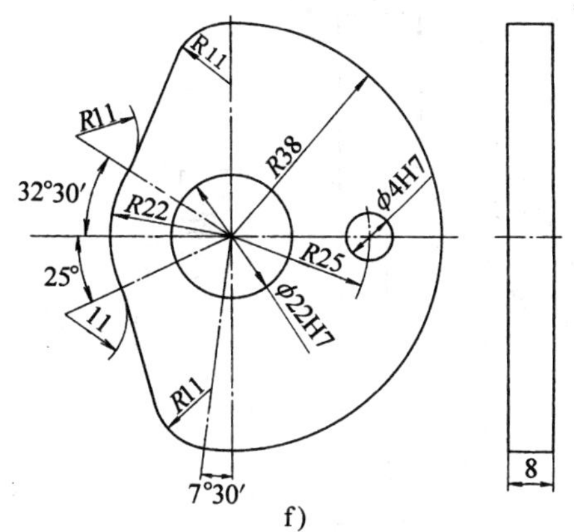

f)

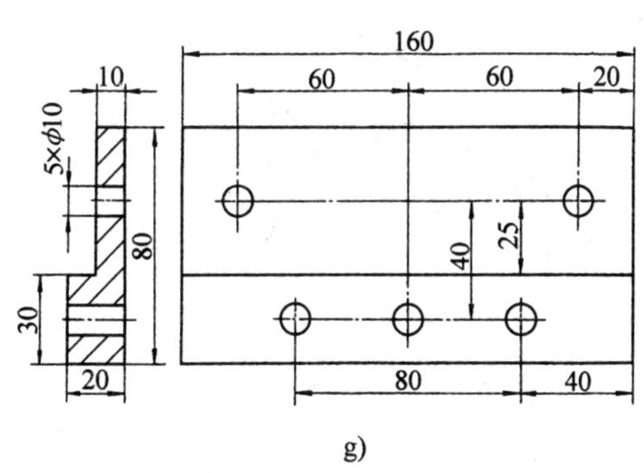

g)

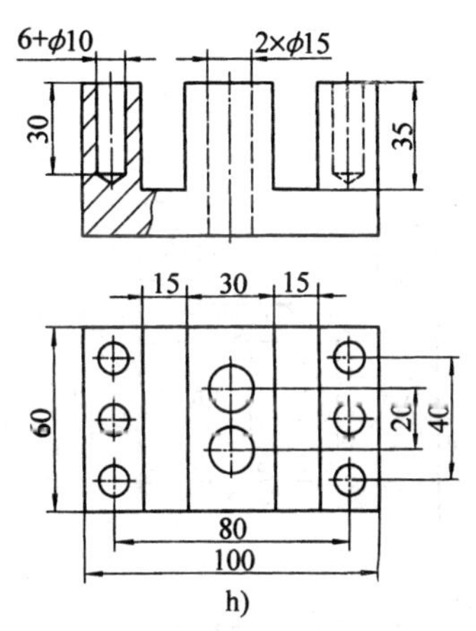

h)

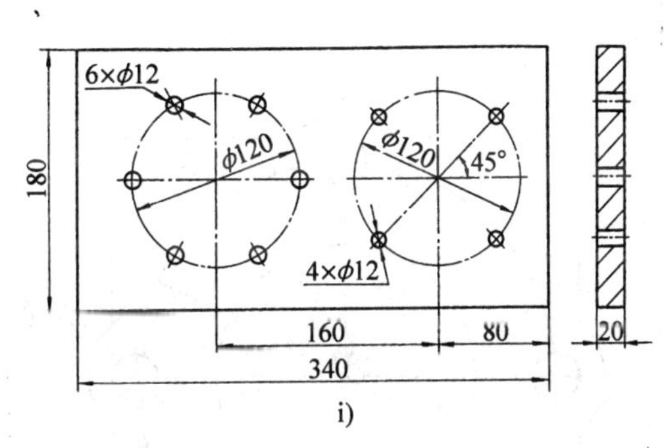

i)

题图　4-1（之二）

4-9　数控铣床上有哪些功能键、编辑键、数据输入键？

4-10　数控铣床有哪几种工作方式？由什么开关控制？

4-11　数控铣床有哪些修调开关？各起什么作用？

第五章　练习与思考题

5-1　简述加工中心的换刀过程。

5-2　在加工中心上加工零件时，刀具和工件之间的相对位置怎样确定？

5-3　何谓定距换刀？定距换刀是否占用加工时间？

5-4　编写习题图 5-1 中各零件的数控加工程序。

5-5　简述各型数控机床的一般操作方法。归纳总结数控机床有哪些常见的功能键、编辑键、选择开关、修调开关等。

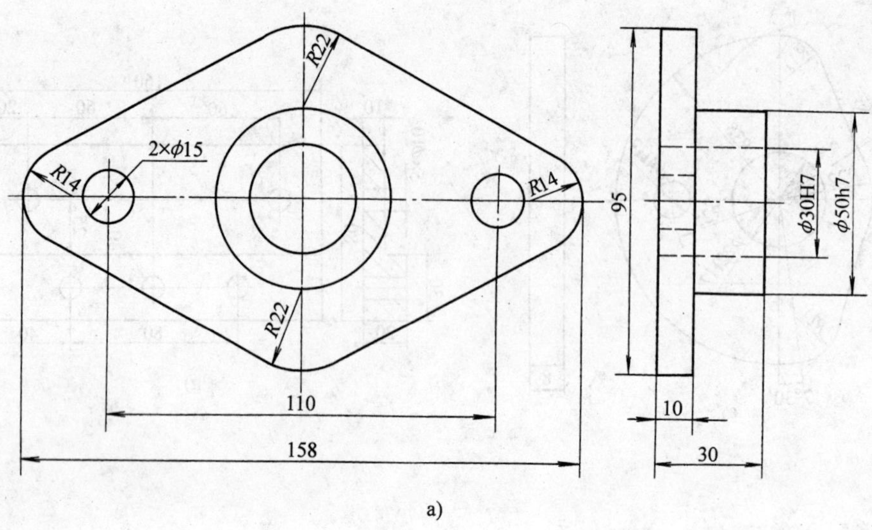

a)

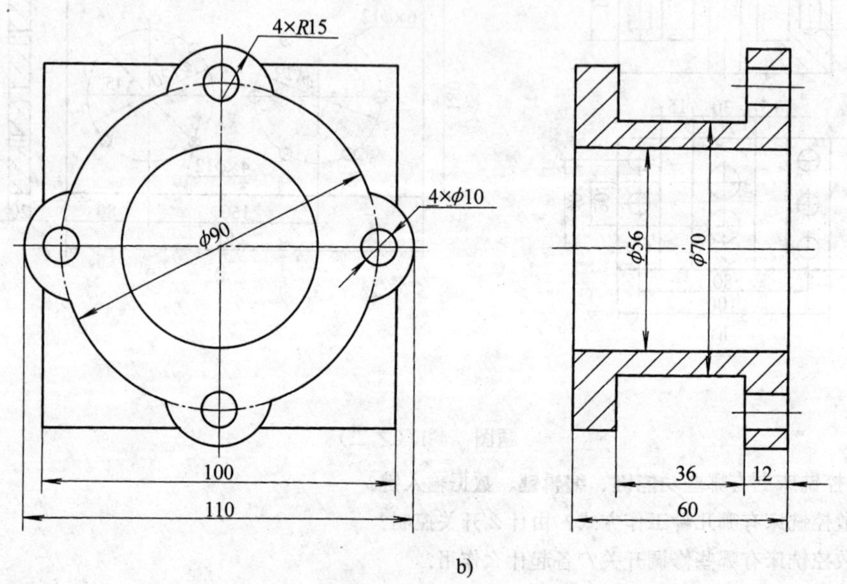

b)

题图　5-1

第六章　练习与思考题

6-1　简述线切割的加工原理。

6-2　如何区分加工图形的曲线形式（凸或凹）？

6-3　如何将凸模、凹模的补偿量输入数控系统？

6-4　分别用 3B 和 4B 格式编制习题图 6-1 中各零件的切割加工程序。

R20
φ40
60
a)
R10
80
b)
φ60
2×R10
80
c)
R50
40°
R30
d)
2×φ60
54
50
e)
4×R5
60°
20
60
60
f)

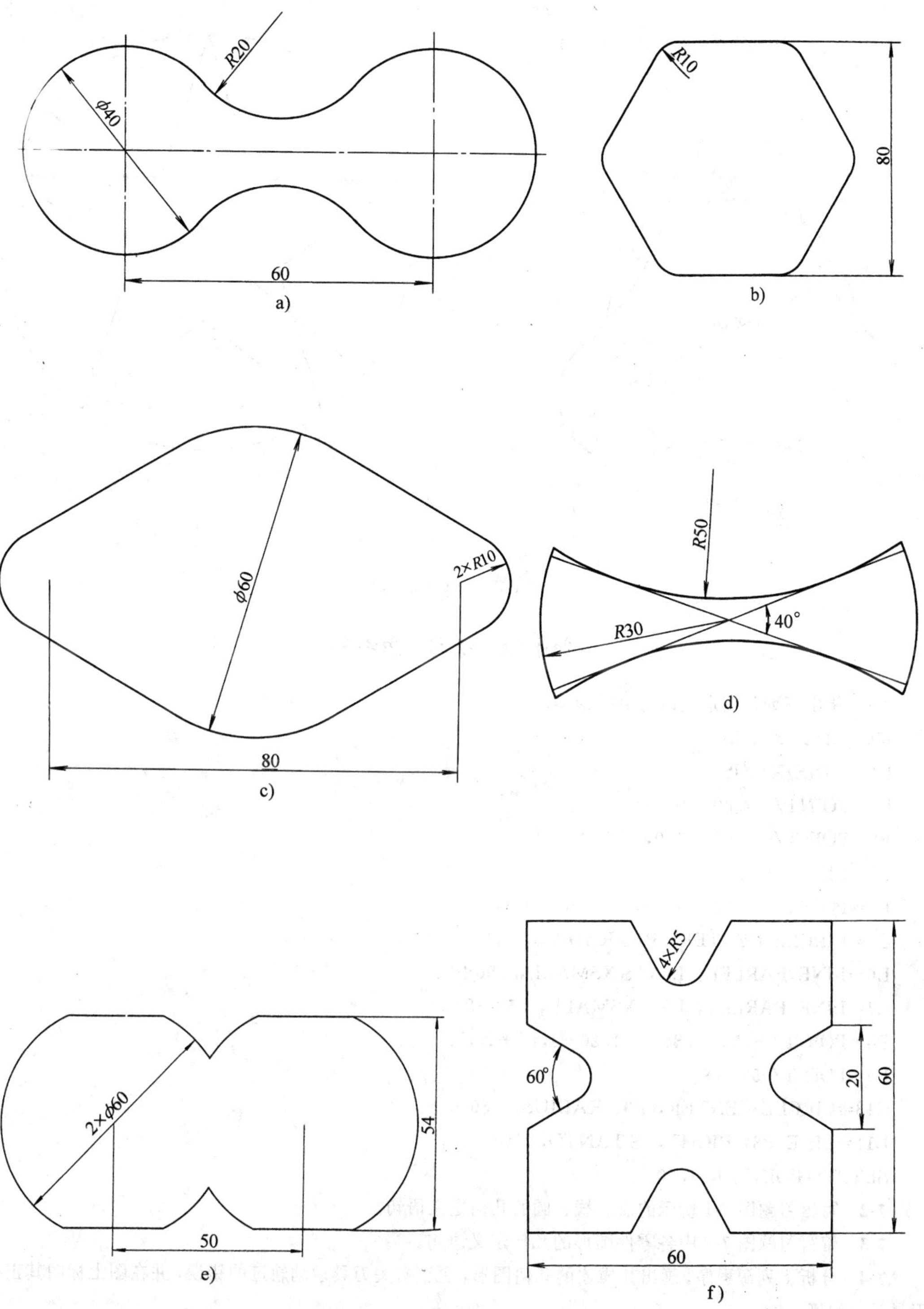

题图 6-1（之一）

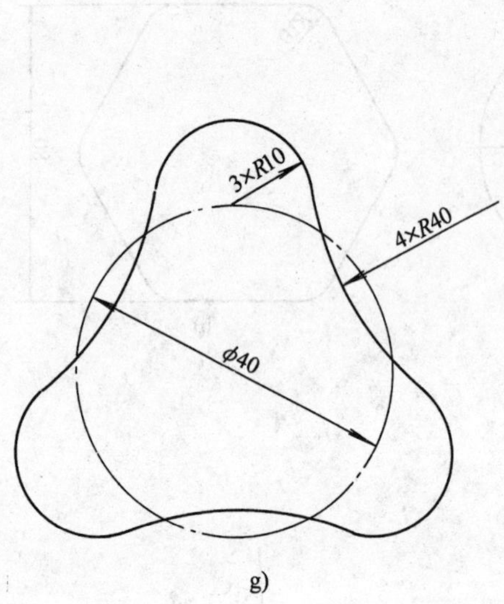

g)

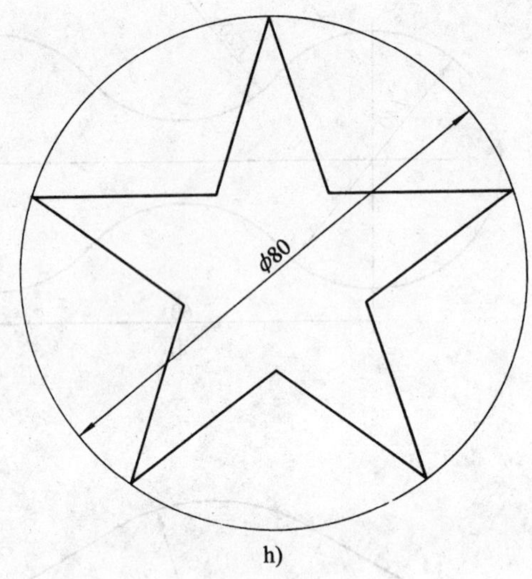

h)

题图 6-1（之二）

第七章 练习与思考题

7-1 指出下列几何定义语句中的错误。

```
LX=LINE/XAXIS
LY=LINE/XAXIS
P1=POINT/-2.60，0
P2=POINT/-2.60 -1.0，-1.20
L3=LINE/P1，P3
P4=POINT/-2.60 -1.09，-1.20 -1.00
C5=CIRCLE/CENTER，P4，RADIUS，1.00
L6=LINE/PARLEL，LX，$XSMALL，.50+84
L7=LINE/PARLEL，LY，XSMALL，.50+84
P8=POINT/-.50 -.84，-1.20-1.00+1./K
P9=POINT/.53，89
C13=CIRCLE/CENTER，P9，RADIUS，.50
L11=LINE/P8，RIGHT，$TANTO，C10
SETPT=POINT/0，1.50
```

7-2 写出习题图 7-1 所示的点、线、圆的几何定义语句。

7-3 编写习题图 7-2 中各零件图形的几何定义语句。

7-4 分析下列源程序。画出其描述的几何图形，更正有关刀具运动轨迹的错误，并在图上标明其正确的刀具运动轨迹。

```
PT1=POINT/0.0，0.0
PT2=POINT/3.0，1.0
```

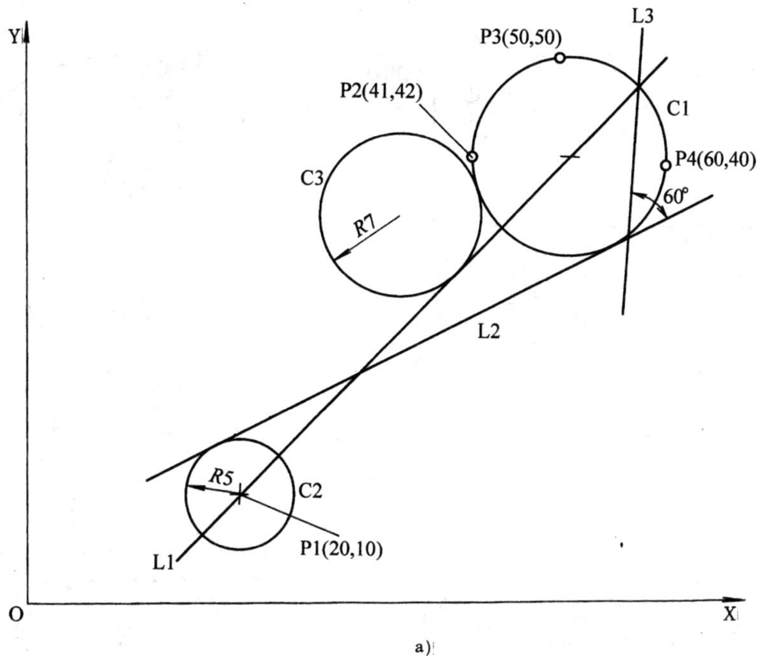

a)

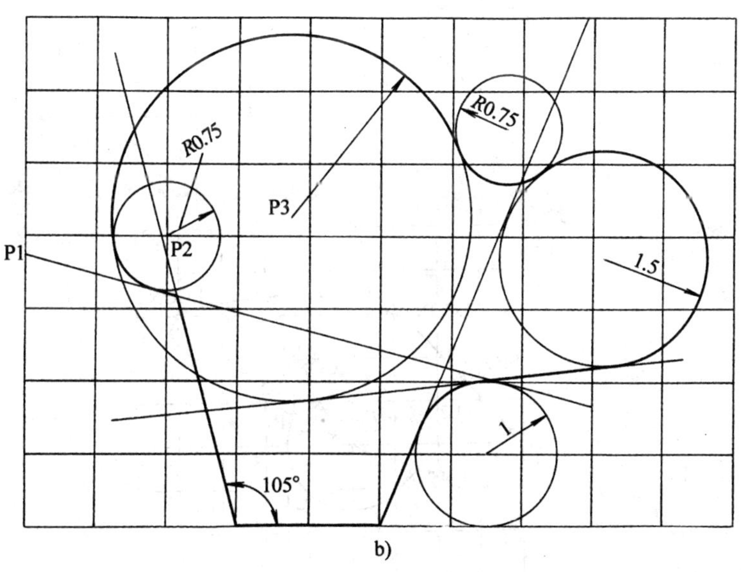

b)

题图 7-1

```
PT3=POINT/4.3, 3.0
PT4=POINT/0.0, 3.0
C1=CIRCLE/PT2, 1.0
L1=LINE/PT1, RIGHT, TANTO, C1
L2=LINE/PT3, LEFT, TANTO, C1
L3=LINE/PT3, PT4
```

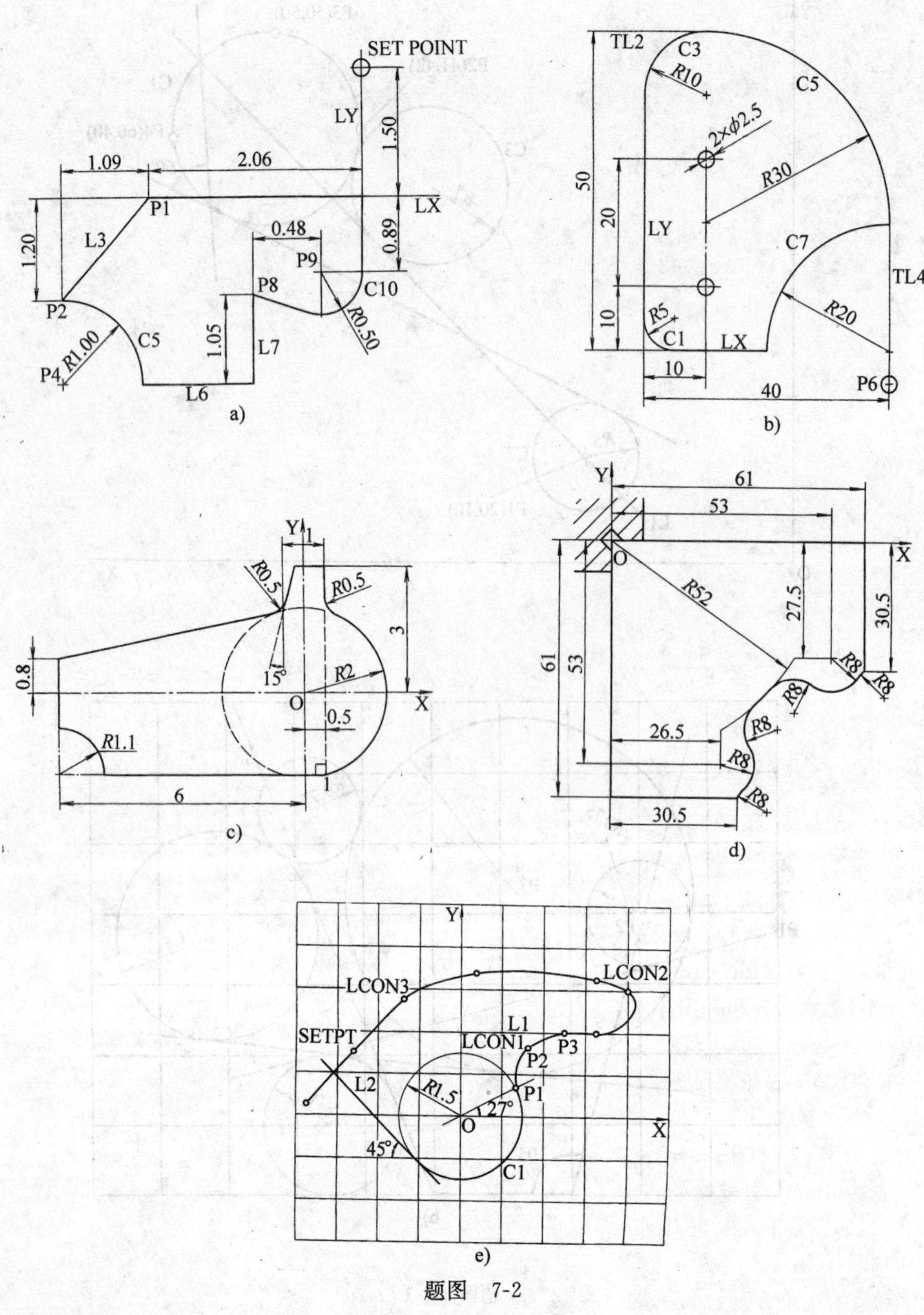

题图　7-2

```
L4=LINE/PT4，PT1
GFWD/L1，TANTNO，C1
GFWD/C1，TAOTO，L2
GFWD/L2，PAST，L3
GRIGHT/L3，PAST，L4
GLEFT/L4，T0，L1
```

7-5 已知下列源程序：

PT1=POINT/3.0，6.0，0.0

PT2=POINT/5.0，6.0，0.0

L1=LINE/PT1，PT2

L2=LINE/PT2，PT3

GFWD/L1，T0，L2

GLEFT/L2，…

若刀具轴线平行于Z轴，试更正语句错误，并作图标时导动面、检查面和零件面。

7-6 编制习题图7-2中各零件图形的刀具运动语句。

7-7 编制习题图7-3中三维零件的PSIS的连续切削运动语句。设对刀点SETPT的坐标为(0，0，40)。

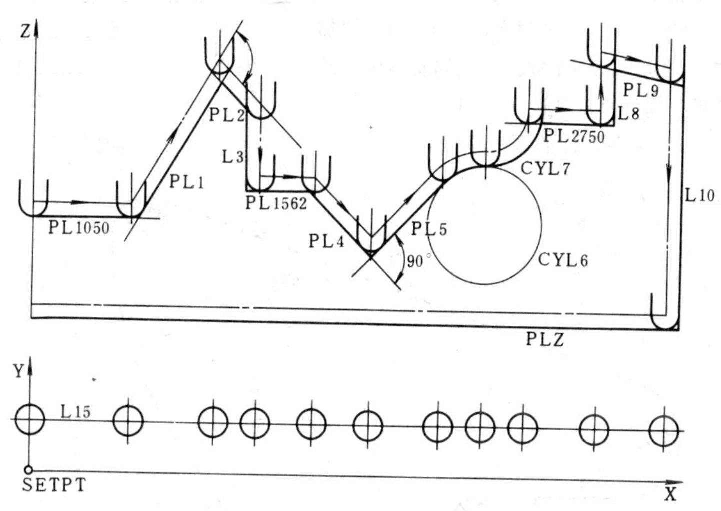

题图 7-3

7-8 用刀具运动语句的简化形式，编制习题图7-4所示图形的刀具运动语句。

7-9 编制铣削习题图7-2b和图7-2c所示零件外廓的源程序。已知习题图7-2b和图7-2c所示零件的几何定义语句已分别以文件名“COVERG”和“PEGG”存入库名为“LIB2”的APT系统源程序库中。试直接调用并采用下列条件及有关参数。

绘图仪：41号　　机床：54号

内容差：0.01mm　外容差：0.05mm

刀具直径：习题图7-2b为ϕ10mm；习题图7-2c为ϕ1mm

主轴转速：顺时针方向1200r/min

进给速度：100mm/min

加工时用切削液。

7-10 编制习题图7-5中零件的源程序。设后置处理调用语句为MACHIN/TURDRL，02。用直径为ϕ20mm的铣刀进行铣削，主轴转速为500r/min。内容差为0.02mm。两个ϕ16mm孔用作定位，不考虑其加工。

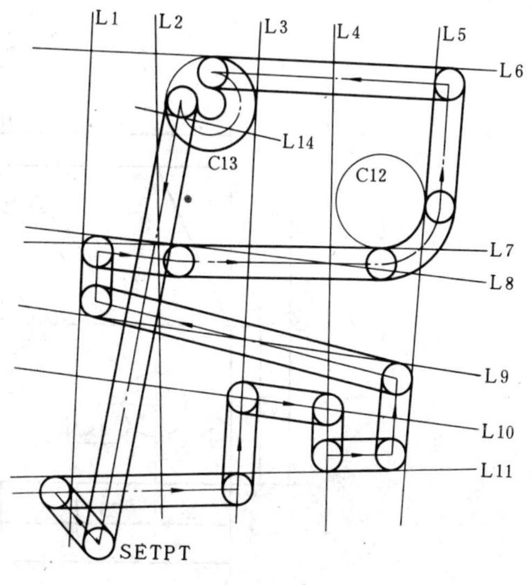

题图 7-4

7-11 用直径 15mm 的立铣刀铣削习题图 7-6 所示凸轮。已知内、外容差为 0.013mm，进给速度为 75m/min，主轴转速为 500r/min，后置处理调用语句为 MACHIN/MILL，01。若零件的粗轮廓已由带锯工序获得。暂不考虑零件的安装问题，试编制凸轮的源程序。

7-12 在转塔式数控钻床上加工习题图 7-7 中零件。4-ϕ10mm 孔用 ϕ9.7mm 的钻头预钻后，再用铰刀铰到最终尺寸。转塔共有 6 个工位，本工序只用到三个工位。设三种刀具的刀号分别为 01，02，03；钻孔切削速度为 22m/min，进给速度为 0.1mm/r；铰孔切削速度为 15m/min，进给速度为 0.2mm/r。试编制孔加工的源程序。

7-13 用直径 ϕ26mm 的铣刀，分两次进给铣削习题图 7-8 所示的零件。若第一次进给在零件轮廓上留下 1.5mm 的加工余量，第二次进给铣削到零件规定的尺寸。试编制零件的几何定义语句和为完成两次进给的刀具运动语句。

7-14 编制习题图 7-9 中各零件的源程序。

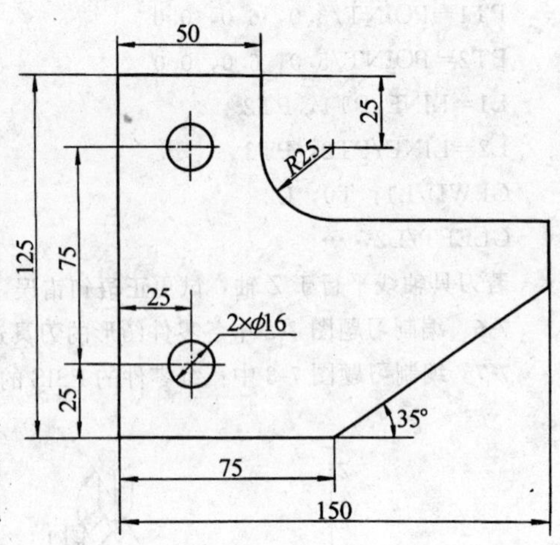

题图 7-5

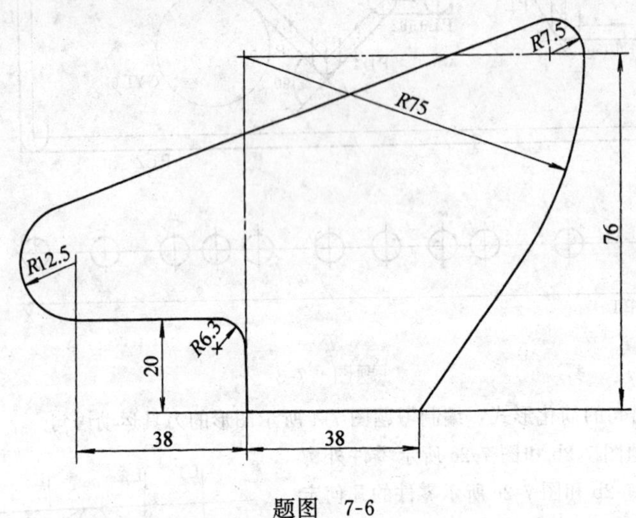

题图 7-6

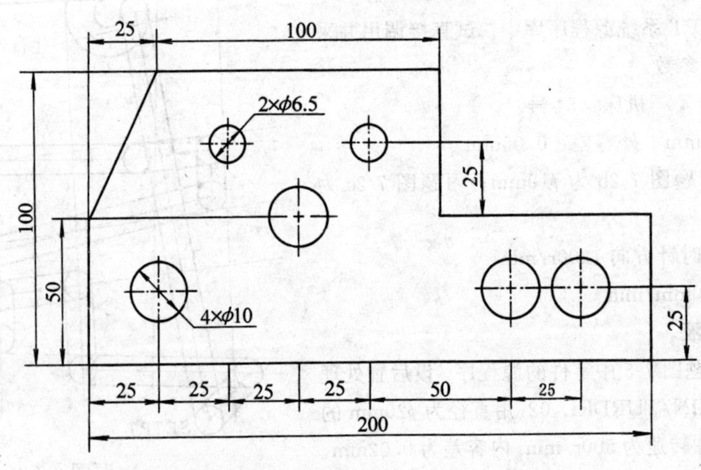

题图 7-7

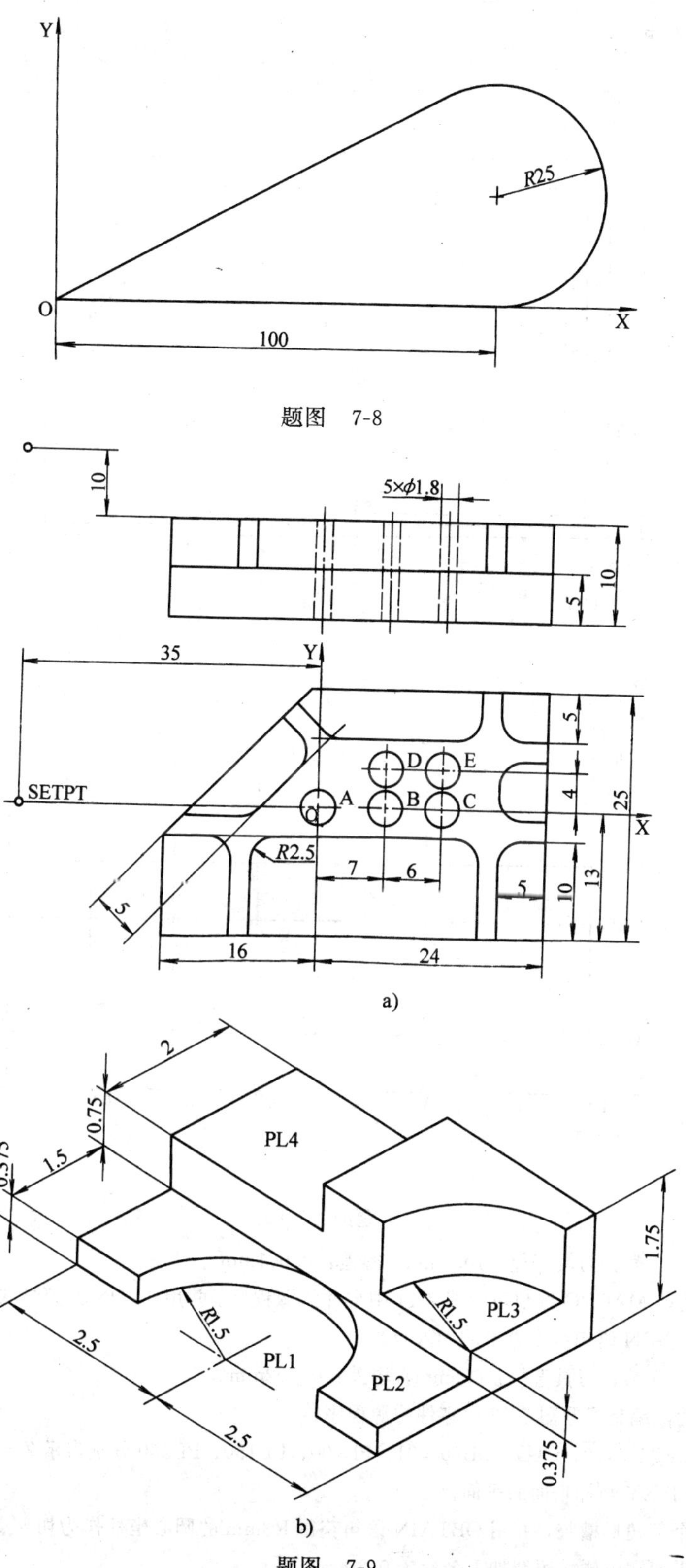

Y
O
X
R25
100
10
5×φ1.8
10
5
35
Y
SETPT
A
B
C
D
E
X
R2.5
7
6
5
4
25
10
13
5
16
24
2
0.75
0.375
1.5
PL4
PL3
PL1
PL2
R1.5
R1.5
2.5
2.5
1.75
0.375

题图 7-8

a)

b)

题图 7-9

7-15 用循环功能 LOOP 编制习题图 7-10 中各零件的源程序。并用 TLON 的刀具状态在绘图仪上把图形描绘出来并进行检验。

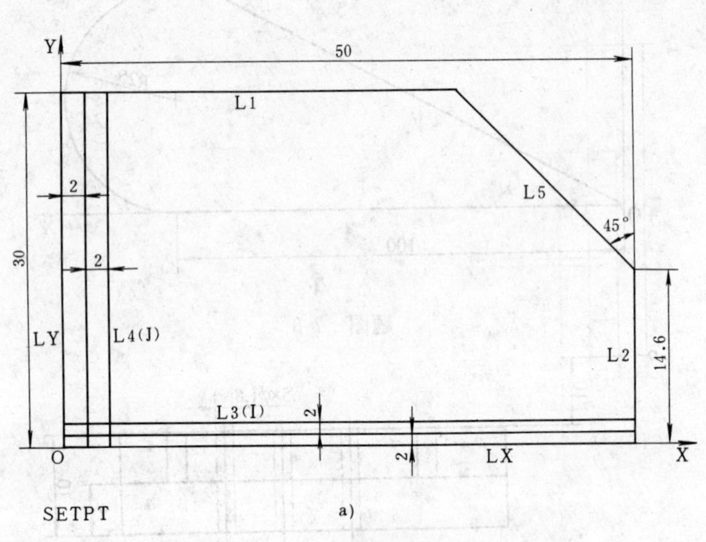

a)

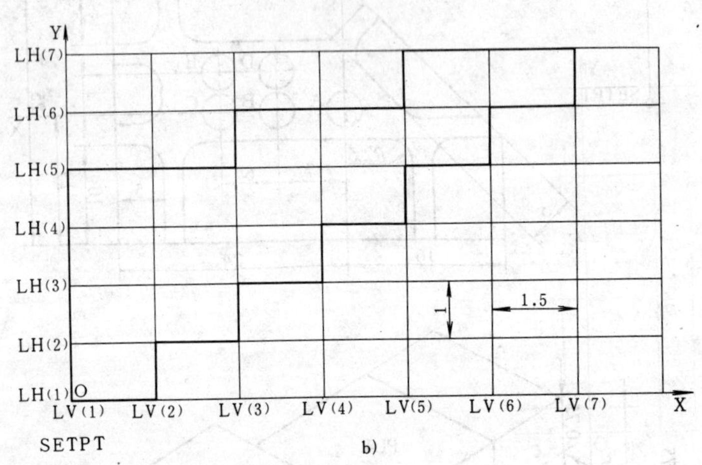

b)

题图 7-10

已知绘图仪：41 号；刀具直径：ϕ0.7mm；容差：0.001mm。

7-16 用宏功能 MACRO 编制习题图 7-11 中零件的源程序。并用 TLON 的刀具状态在绘图仪上把图形描绘出来（用 OBTAIN 语句找出方槽的切入点）。

已知绘图仪：41 号；刀具直径：0.5mm；容差：0.002mm。

7-17 用宏功能编制习题图 7-12 中零件的源程序。

已知 CUTTER/2.5，0；OUTTOL/0.001；PL100、PL150、PL250 分别表示 Z=1mm、Z=1.5mm、Z=2.5mm 的平行于 XY 坐标平面的平面。

要求铣削三个三角形槽腔，并用 OBTAIN 语句获得 R3mm 的圆心坐标作为切入点，工步为：

(1) 粗铣底平面和内侧；留精加工余量各 0.2mm。

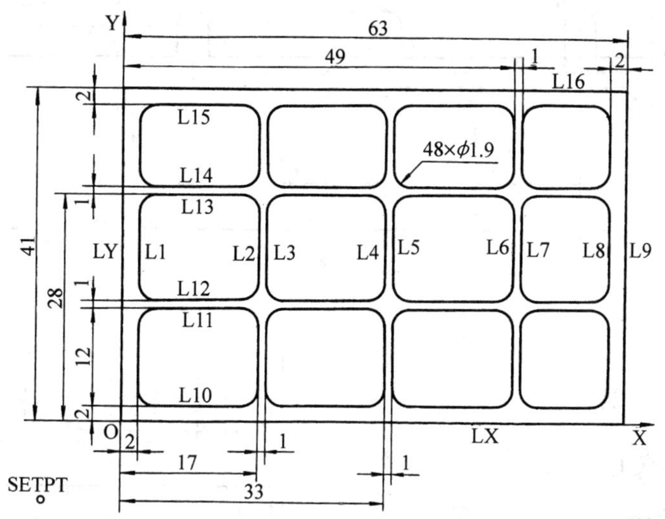

题图　7-11

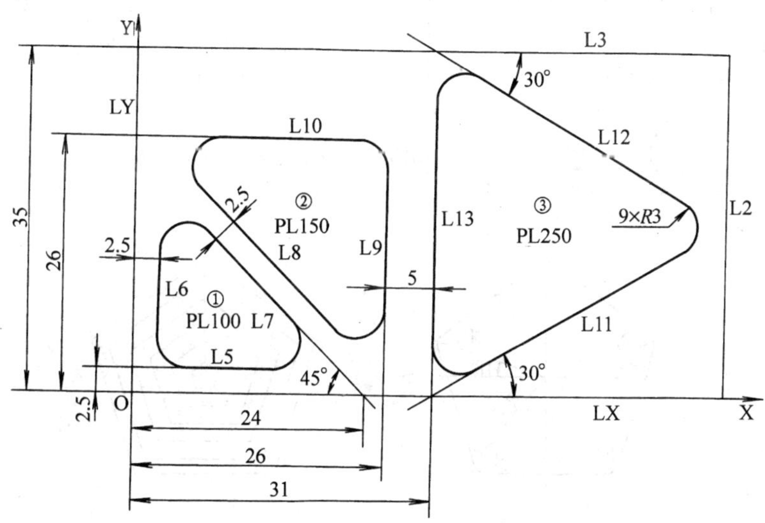

题图　7-12

(2) 精铣底平面达到图样要求。

(3) 精铣内侧使零件达到要求。

7-18　用复制功能 COPY 编制习题图 7-13 中各零件的源程序。

7-19　用 TRACUT 语句功能编制习题图 7-13a 所示零件的源程序。对刀点改设在（1，−0.5，1）处。

7-20　用 POCKET 语句功能编制习题图 7-14 中五角形槽腔零件的源程序。

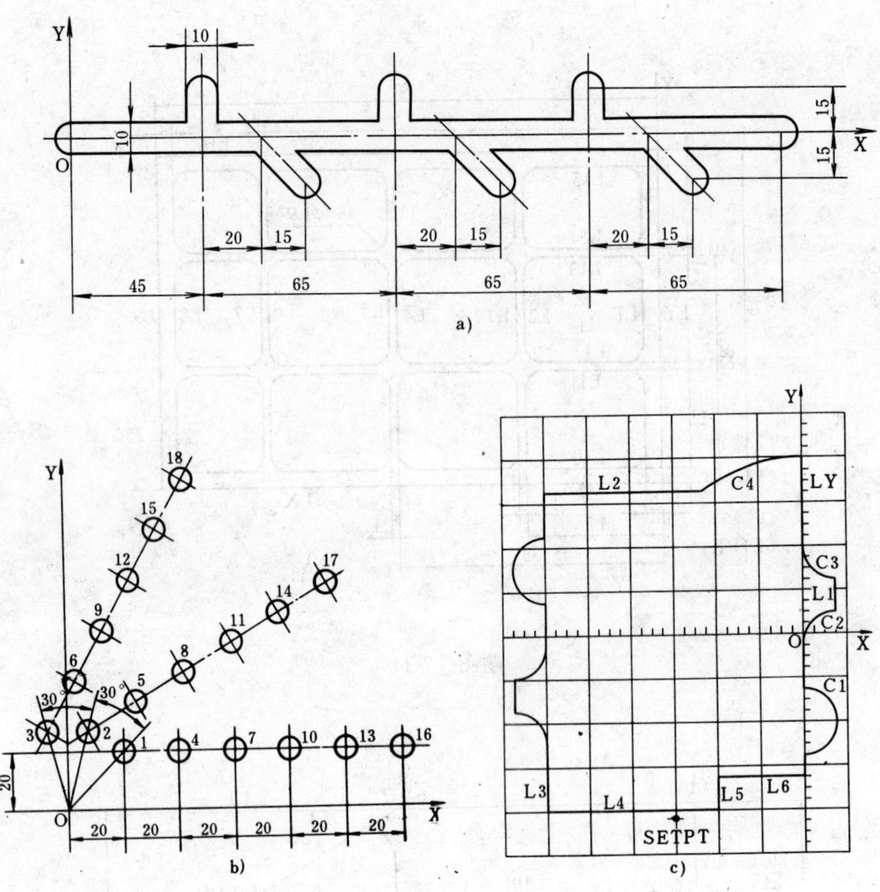

Y
10
10
O
15
15
X
20
15
20
15
20
15
45
65
65
65
a)
Y
18
15
12
9
6
3
2
1
5
8
11
14
17
4
7
10
13
16
30
30°
20
O
20
20
20
20
20
20
X
b)
Y
L2
C4
LY
C3
L1
C2
O
X
C1
L3
L4
L5
L6
SETPT
c)

Y
P2
P1
R5
P3
18°
X
O
R50
P4
P5
Z
ϕ10
100
O
5
X

题图　7-13

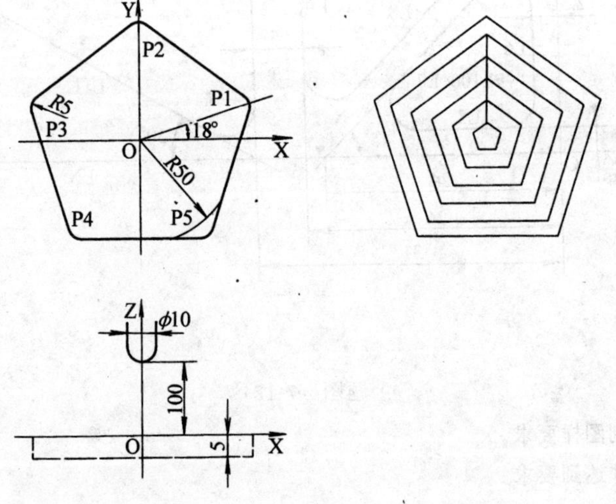

题图　7-14

参考文献

1 巫维标编著．数控工具机．台湾科技图书公司，1988
2 王润孝编著．机床数控原理与系统．西安：西北工业大学出版社，1989
3 吴祖育等编著．数控机床．上海：上海科学出版社，1990
4 丁乃键．现代数控系统的技术特点及发展趋势．机床．1990，(1)
5 刘继远．法纳克数控系统功能概要．重型机床．1983，(3)
6 机床数字控制标准资料汇编．国家机械委北京机床研究所与北京数控技术开发中心．1988
7 王力等编著．数控技术．兰州：兰州科协出版社，1988
8 上海电气自动化研究所．机床的数字控制与计算机应用．北京：机械工业出版社，1983
9 机床数控技术编译组．机床数控技术．北京：机械工业出版社，1978
10 齐祥元编著．微型计算机在数控技术中的应用．北京：科学出版社，1987
11 曲澈泽．32 位 CNC 装置开发新动向．世界制造技术与装备市场．1992，(2)
12 王先逵编著．机械制造工艺学．北京：清华大学出版社，1989
13 方明伦等编著．机械制造工程系统自动化．上海：上海工业大学出版社，1982
14 范炳炎编著．数控加工程序编制．北京：航空工业出版社，1992
15 树志编著．数控机床程序编制．北京：科学出版社，1978
16 李福生编著．数控机床程序编制——手工编程．北京：机械工业出版社，1982
17 刘又午编著．数字控制机床．北京：机械工业出版社，1983
18 范俊广等编著．数控机床及其应用．北京：机械工业出版社，1993
19 林洁编著．数控加工程序编制．北京：航空工业出版社，1993
20 Kral I H. Numerical control programming in APT USA：1986
21 McDonnell Douglas Automation Company Uniapt Part Programming Handbook、USA；1981
22 Luggen W W Fundamentals of Numerical Control. 1984
23 GROOVER M P. Automation Production Systemes and Computer-Aided Manufacturing New Jersey：1980
24 SMITH T. American Numerical Control Programming Textbook Farmingdale College New York：1987
25 International Business Machines Corporation System/360AD-APT/AUTOSPOT New York：1975
26 Waelkens J. NC-Programmierung Berlin Heidelberg 1974
27 岸甫 NCソフトラエ厂工业调查会编．数控软件．沈阳日用机械研究所译．北京：国防工业出版社，1980
28 李福生等编著．数控机床程序编制——自动编程．北京：机械工业出版社，1988

参考文献

1 [illegible]等著. 数控工具机. 台湾[illegible]图书公司, 1986
2 王润孝编著. 机床数控原理与系统. 西安: 西北工业大学出版社, 1990
3 [illegible]著. 数控机床. 上海: 上海科学出版社, 1990
4 [illegible]. 现代数控系统的技术特点与发展趋势. 机床, 1990 (6)
5 刘[illegible]. 微机数控系统的[illegible]. 组合机床, 1988 (1)
6 [illegible]. 国家科委[illegible]中心. 1988
7 [illegible]. 数控技术. 二版. [illegible], 1988
8 上海电气自动化研究所. 机床的数字控制[illegible]. 北京: 机械工业出版社, 198[illegible]
9 [illegible]. 数控技术. 北京: 国防工业出版社, 1978
10 [illegible]. 微型计算机在数控[illegible]中的应用. 北京: 科学出版社, 1987
12 [illegible]. CNC[illegible]. 1992 (9)
13 王先逵等著. 机械制造工艺学. 北京: 清华大学出版社, 1989
15 [illegible]. 北京: 北京大学出版社, 1989
14 [illegible]. 数控加工程序编制. 北京: 国防工业出版社, 1989
15 [illegible]. 数控机床编程[illegible]. 1978
16 [illegible]. 数控机床[illegible]. 北京: 机械工业出版社, 1992
17 刘文华编著. 数字控制机床. 北京: 机械工业出版社, 1983
18 [illegible]. 数控机床及其应用. 北京: 机械工业出版社, 1993
19 [illegible]. 数控加工编程[illegible]. 北京: 航空工业出版社, 1993
20 Kral I. H. Numerical control programming in APT. USA, 1986
21 McDonnell Douglas Automation Company. Unigraphics Programming Handbook. USA, 1981
22 Leggen W. W. Fundamentals of Numerical Control. 1981
23 GROOVER M. P. Automation Production Systems and Computer Aided Manufacturing. New Jersey, 1980
24 SMITH T. American Numerical Control Programming Textbook [illegible]. New York, 1980
25 International Business Machines Corporation. System/360 DAPT/AUTOSPOT. New York, 1972
26 Waeckerle [illegible]. NC-Programmierung. Berlin Heidelberg, 1971
27 [illegible]NCソフト[illegible]. [illegible]. 北京: [illegible], 1980
28 [illegible]. 数控[illegible]. 北京: 机械工业出版社, 1988